中国社会工作理论

ZHONGGUO SHEHUIGONGZUO LILUN

■ 宋海啸 辛一山／著

时事出版社

图书在版编目（CIP）数据

中国社会工作理论/宋海啸、辛一山著. —北京：时事出版社，2013.9
ISBN 978-7-80232-598-2

Ⅰ.①中…　Ⅱ.①宋…②辛…　Ⅲ.①社会工作—理论研究—中国
Ⅳ.①D632

中国版本图书馆 CIP 数据核字（2013）第 143896 号

出 版 发 行：时事出版社
地　　　址：北京市海淀区巨山村 375 号
邮　　　编：100093
发 行 热 线：（010）82546061　82546062
读者服务部：（010）61157595
传　　　真：（010）82546050
电 子 邮 箱：shishichubanshe@ sina. com
网　　　址：www. shishishe. com
印　　　刷：北京百善印刷厂

开本：787 × 1092　1/16　印张：22　　字数：315 千字
2013 年 9 月第 1 版　2013 年 9 月第 1 次印刷
定价：58.00 元

序　言

本书写作的着重点在于理论，因为西方社会工作理论没有较为统一的模式，比较杂乱，不利于我们的社会工作者学习和把握，那么多的西方工作理论模式要我们的社会工作者都学懂弄通不容易。

本书在于提出一种统一的理论框架来解释社会工作，在实际社会工作模式指导性方面可能略显单薄。但现在我国的社会工作刚刚开始实践，还没有全面推广，要总结出符合实际工作的行动指导模式是很困难的。在这些方面请我国社会工作方面的专家见谅。希望我们全体的社会工作者在以后几年的实践中可以总结出我国的社会工作实践模式，创作出《中国社会工作实务指南》之类的书籍。

虽然我国现在没有全面推广实务性社会工作，只是在广东、上海等地区试行，但这并不妨碍我们比对西方工作模式和我国的文化传统和社会特点，找出比较适合我国的社会工作方法。在方法论一章我们就简单介绍了“抓住主要矛盾”结合动态的宏观系统论观念这样的工作方法和思路，也指出了理论研究的模式“实践、认识、再实践、再认识”这样的螺旋上升的理论建构模式。在实践中我们还介绍了内外因相互影响的分析，量变到质变影响的分析，相信这些中国传统的智慧可以帮助到我们的社会工作者。

我国的社会工作实践还有很多优势可发挥和拓展，如社会化服务，以及在源头上消灭社会问题。这些都有别于西方只是注重个案的工作方式。西方个案工作方式有点“头痛医头，脚痛医脚”，难以在宏观上处理社会问题。即使是现在西方稍有改进的社区工作理论和模式，在组织上和处理社会问题的效率上也远远落后于我们国家。因为我国具有社会主义计划经济的历史，早年建立起来的居委会、村委会工作帮扶模式比现在的西方社区工作模式更有组织效率，我们只是稍微跟进就可以很好发挥社区社会工作功能。

社会工作的规模化和社会化是全世界的发展潮流，我们可以发挥我国的社会主义优势和后发优势，一步到位的计划发展社会化的社会工作，以期在源头上解决社会问题。社会一线工作者总结在工作中社会问题的根源和经验，再回馈给社工委就有利于社工委研究形成新的政策以批量解决社会问题，这是西方国家所没有的优势。另外在志愿者组织和社会服务工作的组织上西方发达国家的组织力度也不能够与我们国家相比较，我们有民政、妇联、团委、街道居委会系统可以统一完成社工委的指令，只要政策的方向性正确，就可以形成强大的行动力，可以在源头上解决大量的社会问题。

本书有两个创新点：一是“国际社工”，这是非常先进的，实际上只有美国这样少数国家有发展“国际社工”这样的业务。而我们发展的方向和动机又与美国人有很大的不同。在柬埔寨、缅甸、老挝、斯里兰卡、巴基斯坦和非洲、南美等多国我们可以实行新型的“国际社工”，将我国居民和企业在相应国家赚到的钱的一部分用于当地的社会工作，在近期还没有实行新的国外收入税制的情况下，我们国家可以先行拨款投资这些国家的“国际社工”，这比以前的援助好。因为慈善是最能打动人的，我们用在这些国家赚到的部分钱用于这些国家和地区，必定可以获得当地人民的信赖，而对于长远保持与这些国家的良好关系也有相当重要的作用。我们只是将以前的医疗队援助模式推进，向专业性方向发展，除了医疗、教育，我们还可以搞培训就业、餐饮语言学习等等。这样就有利于我们的软实力发挥。

二是在道德和伦理方面本书也有相当的创新，因为道德方面的研究，就是国际上的哲学研究界，也难以清楚界定和说明。我们依据传统文化和现代人类学知识比较清楚地说明道德的原理，这是相当大的一个创新和贡献。如果有可能，以后我们会在哲学方面专门出版一本书来说明道德原理。道德原理这样的知识通过社会工作推广而被世人广为接受之后，我们国家的道德水准也将有很大的改善，因为“讲道德是自利的”这样的原理民众并不是都知道。如果全面铺开推广社会工作，那么“讲道德是自利的”这样的理念将广为传播。这是我们希望达成的高于社会工作的愿望。

辛一山

2013 年 5 月

目录
CONTENTS

第三章 西方社会工作理论的借鉴 / 91

第六章　社会工作者助人的动力 / 219

第七章　社会工作的功能 / 254

第八章　中国特色社会工作 / 283

引　论

西方社会工作系统和专业是在20世纪初快速发展并成熟起来的。回顾西方社会工作的发展，我们可以看到西方工业化之后，由于社会转型，大量的社会问题相继涌现，贫富悬殊、分配不公等问题的出现导致社会矛盾激化，社会秩序不稳。而社会工作在处理社会问题与缓和社会矛盾上又有着卓有成效的表现。因此20世纪初至今，西方社会工作系统专业化和理论化有着快速的发展。社会工作现在已成为西方福利社会的一种制度补充，也是西方发达国家缓解社会矛盾的有力机制。

改革开放之后，我国由原来大包大揽的计划体制转化为以计划经济为主、市场经济为辅的新型社会主义经济体制。由于经济转型迅速，各种各样的新型社会问题随之涌现，因此我国也出现了类似西方工业化之后社会问题众多的局面。借鉴和引入西方社会工作系统是处于经济转型期的我国的现实迫切需要。

一般大众会将社会工作与居委会的工作联系起来，因为居委会平时就负责大量的社区服务，为居民服务是居委会的职责。但是类似居委会的工作还不是真正意义上的社会工作。并不是为居民做事或为居民服务就是社会工作。专业意义上的社会工作与居委会的工作有很大的不同。

为了让大家更加深刻了解专业意义上的社会工作与一般居委会的社会工作之间的不同，我们以2011年为撰写本理论著作所进行的实地调研中得到的一个例子来作说明。

广州沙湾镇有这样一个案例。案主是一个家庭暴力的施行者，在以前的居委会调解工作中，案主的老婆多次投诉，街道与妇联在进行多次思想工作教育后都不能缓解案主在家中实行暴力的倾向。最后迫不得已只能诉诸法律，将案主绳之以法，案主被判入狱三年。

三年后，案主释放。居委会为了帮助案主改变习性，重新生活，专门安排组织了夫妻关系调解会，希望让这对夫妻尽快达成谅解，并重新生活。可是事与愿违，在夫妻调解会之后，这个案主觉得没有面子，了无生趣，三年监狱生活中所积累的不满和屈辱一时间完全释放出来，随后就发生了案主将其老婆砍成重伤，自己自杀的事例。（本着专业的精神，案主姓名隐去，服刑年限只是假设）。

这个例子说明，有些社会问题需要专业的社会工作者来解决。因为有时好心并不能够办成好事。没有专业知识，即使本心是想将事情办好，但并不能够达成完满的效果。

假如居委会的工作者经历过一定的社会工作专业训练和学习，那么他们就会知道案主出狱后，心理上积累了太多的不满和不解，如果社会工作者没有消除案主这些心理上的阴影，就贸然进行新的教育工作，那换来的就是直接的暴力对抗，会事与愿违。

从专业角度上看，这样的事例如果一早有社会工作者介入，就不至于发展成案主到监狱乃至后来砍人自杀的地步。

拿出狱后的案主来说，能消解其心理上的不满以及其对社会的抵触情绪最为重要。假如安排专业的社工，通过沟通技巧获取案主信任，然后向其解释他遭受牢狱之灾并非其妻子所希望的，也是他妻子力所不能及的。他遭受牢狱之灾主要是因为他本人家庭暴力的行为触犯了法律，法律的惩罚是为了规范社会秩序，使社会安定。这是一种制度安排，谁触犯法律都没有办法，都要遭受法律的惩罚。

其次，消解案主对妻子的不满情绪之后，再做他妻子的工作，要他妻子谅解丈夫坐牢的苦衷，要妻子表现出歉疚之意，而不能采用威胁的口吻对待其丈夫，如“不老实就会再到监狱去”。妻子一时的恐吓会暂时起作用，激烈言论可以一时形成对案主行为的限制，但也会使案主不满情绪不断叠加积累，当达到一定程度之后就会爆发，酿成恶性案件。

再有，如果是专业的社会工作者处理这样的事件就不会在没有完成消解双方心理障碍和问题之前就进行公众式的夫妻调解会。因为这样的公开式调解，只能使得丈夫觉得更加没有面子，而且妻子在这样的场合下也不会退让，她以为有妇联和居委会做后台，会在语言上更加刻薄，这样就会激化矛盾。

用实例说明专业社会工作者与非专业社会工作者的区别，是为了说明社会工作者所拥有的专业知识的重要性。具备心理学知识背景的专业社会工作者就不会像那些没有心理学背景、只凭一腔热血或好心做事的居委会干部一样处理事情，他们会系统地考虑案件各个环节的相关性，制订出适合的工作方案。

专业与非专业社会工作者的工作成效由此可以略见一斑。故而在社会问题大量涌现的现阶段，引进和吸收西方社会工作系统和制度，尤其是相关的社会工作理论就非常必要和迫切，因为理论是指导实践的工具。

但是，西方的社会工作理论并不完全适用于我们国家的现状，因为我们国家的社会发展程度、社会文化、政治制度，伦理观念等等众多方面都与西方有着很大的差异。对西方社会工作理论的引进必须有所取舍，利用其合理的理论观点和实践经验，再结合中国的实际情况和传统道德文化观念，形成中国自己的社会工作理论。

一、后发优势

很多人会觉得我们中国开展社会工作的时间短，只有很少的经验积累，因此，要构建“中国式”的社会工作理论不知道要到多少年之后，这样的想法有些妄自菲薄。

中国现在对社会工作的需求十分迫切，因为现在经济转型，社会问题不断涌现，社会矛盾不断激化。而中国的社会工作如果照搬西方的理论则难免出现偏差，严重的话还有可能失去社会话语权。而照搬台湾或香港地区的社会工作理论也会出现同样的问题，虽然香港和台湾地区与我们的文化性质相似，但政治制度却有很大不同。

不同的政治制度造就了不同的社会管理形式，例如照搬香港社会工作模式，那么不但我们会在以后的社会工作实践中失去话语权，也会令社会上的各式各样的人怀疑我们自己的社会制度，发展到最后将造成对现行社会制度的极大冲击。

西方和香港的社会工作理论也不是说一无是处，因为毕竟他们的社会工作实践已进行多年了，有着丰富的实践经验，也有着很丰富的理论探索和研究，这些都可以作为我们的“他山之石”。

对西方文献的研究是中国社会工作理论构建的一个主要路径，总结他们有益的工作经验，学习他们有用的社会工作理论，仔细区分他们的长短处，将他们有用的理论内核运用于我们自己的理论构建之中。这就是所谓的“后发优势”。

后来者可以学习前行者的有用经验，可以避免前行者的错误，少走弯路。我国的改革开放在经济上之所以有如此迅猛的发展速度，就是发挥我们的后发优势，急速追赶先进国家的经济发展。同理，现在我们引进社会工作系统和模式非常重要的一点就是吸收西方有用的经验和理论，摒弃对我们不适用的经验和理论，要对西方的理论进行改进吸收，但不能照搬。因为中国的经济基础与西方发达国家的经济基础不能类比，西方经过多年的经济发展的成果累积，他们可以实行完全的社会保障和高福利制度，而我们国家现在还无法像西方国家一样，也进行同样的社会保障和高福利，因为国家的社会财富积累不够。

不同的经济基础就造成了不同的社会问题，在西方高福利社会保障健全的制度下，大多数的社会问题都是个人的心理和感受问题，他们的生活保障基本无忧。而中国的情况则与西方发达国家大大不同，很多的社会问题并不局限于个人感受或精神方面的问题，大多数的社会问题都涉及经济收入、社会保障问题，大都是这类的经济保障性的根源性问题生发出来的次生社会问题。对于这些问题的解决，不能简单靠西方式社会工作模式来解决，必须依靠社会化的社会工作来解决。所谓的社会化工作就是将社会工作中遇到的问题归类总结，找出其问题的引发点，集中反馈到政府部门，让相关的政府部门制定相关的政策来大规模减少类似的社会问题。这就是我们中国式社会工作的特色，我们有着西方所不能比拟的社会控制优势，我们现有的社会制度优势和组织决策优势必须在社会工作中充分发挥出来。

总的来说，学习西方现有的工作经验和工作理论，吸收西方理论有用的内核，再加上注意发挥我们国家的社会主义优势和后发优势，是构建中国社会工作理论的一个思路。

二、系统论观点

当西方许多哲学家及心理学家审视20世纪，并感叹现代文明给人类带来了物质富裕，也带来了精神贫乏的负面影响时，他们开始在东方思想中寻求拯救人类的力量，他们对东方思想的仰慕与虔诚，是我们东方人都自愧不如的。

大家知道庭箱游戏疗法的理论来源于荣格的精神分析和禅宗的顿悟，其中的水游戏则是受到《道德经》老子关于水的性质的阐述的启发。

21世纪的西方社会工作理论经过一百多年的发展，开始注意从东方文化中寻找理论灵感。例如西方《社会工作概论》第十一版中就有专门对《道德经》的引用，在书中的第136页："老子在《道德经》中之处领导者应达到的境界：太上，不知有之……，悠兮其贵言。功成事遂，百姓皆谓我自然。"①

而在《现代社会工作理论》第三版中有专门的一个理论介绍，其小节的标题就是《东方思想、艺术思想与符号理论》。"布兰登试图找出方法来帮助处在极端困难中的，努力的方向是自我理解、开悟（enlightenment，用禅的术语来说是satori，突然能够进行直觉理解）以及社工和案主的自我成长"。②

在《挪威的社会工作和社会福利》一书中，第一个章节就专门对挪威文化与中国文化进行了对比，涉及的相关主题是："平等"、"个人与家庭"、"社会福利概念"等。③

在国外学者将社会工作理论视域转向东方文化和中华文化的大形势

---

① 威廉·法利、拉里·史密斯、科斯特·博伊尔：《社会工作概论》，中国人民大学出版社，2010年版。

② 马尔科姆·沃恩、冯亚丽，叶鹏飞译：《现代社会工作理论》，中国人民大学出版社，2008年版，第199页。

③ 欧文·图特维特、劳伦斯·杨：《挪威的社会工作与社会福利》，中国社会出版社，2004年版。

下，我们身为中国人更加应该合理利用我们传统的文化观念来指导社会工作，解决社会问题。

通过对西方社会工作理论的文献研究，我们发现，西方的各式各类的社会工作理论都离不开心理学和系统理论。可以说系统论是西方社会工作理论的一个主要支柱。

我们回看中国的历史就会惊奇地发现，实际上系统论观点贯穿于我们整个历史的发展之中。儒家、道家、医家、兵家、法家等等，它们使用的都是系统论的观点。因此，展开阐释中国各式系统论观点是中国社会工作理论的主要构成，将这样的理论运用于社会工作也将成为中国社会工作理论的基础。

在这样的系统论观点基础上，再对西方社会工作理论中的工作动力理论进行修改。因为西方的社会工作理论“助人自助”的理念源于他们的宗教信仰，他们都相信基督，认为人是生而有罪的。人为了死后可以进入天堂就必须不断进行赎罪，而最好的赎罪方式就是替上帝完成工作，因为上帝是博爱的，所有的民众都是上帝的子民。社会工作者帮助别人的过程就是一个赎罪的过程。因此，“助人自助”对于西方基督教信仰的信众来讲就非常容易理解。

可是中国是无法照搬这样的逻辑来教导社会工作者，因此中国必须有自己的社会工作者动力理论，来促进社会工作者保持工作动力和工作热情。这样的理论必须摆脱说教的形式而采用民众熟知和容易理解的文化模式来进行。

还有，西方社会工作理论的另一大支柱是心理学理论。而我们古代中国在心理学研究和实际运用上独步天下，心理学研究只是在近代才慢慢落后于西方。因此，在心理学运用和实践上，我们如果借鉴古代的心理学研究成果，那么，中国的社会工作理论将不会比西方心理学理论逊色很多，而且相信会有不少亮点。

在西方社会工作理论研究者不断将目光投向东方文化或中国文化的时候，我们作为中国人理应更加珍惜我们自己的文化传统的价值，并将传统的系统论观点和心理学研究成果运用于社会工作中。

三、中国社会工作的方法

中国人历来有不同于西方人的工作方法，而且卓有成效。因此系统介绍中国传统世界观和方法论是中国社会工作理论的另一个特色。

从哲学观点上说明中国人的世界观与方法论有利于介绍中国人独特的思维方法和工作方法。而且将这样的方法运用于社会工作中将会非常简单实用，具有很大的普适性。

中国式方法论无非就是抓住主要矛盾，解决主要矛盾。然后就是考虑量变导致质变，内因与外因的相互影响。祸福相依的观点所形成的工作理论就是要乐观地对待每一问题，什么问题都有解决的方法和途径，不必悲观。

中国式工作方法将贯彻始终，因为西方式的社会工作理论明显不适用于中国社会。西方将很多的问题案主描绘成“精神方面有问题的人”，所采用的方法也是类似针对精神病人的治疗方案来对待问题案主，并依据这样的精神病治疗理论来对案主进行辅导和治疗，显然，在中国这样处理社会问题的社会工作的方式和理论是不适用的。

西方人从个案开始进行专业社会工作，并由此形成了相应的工作模式和理论，可以说个案工作是西方社会工作理论的支撑点，由此再形成小组工作方法和模式，再次形成社区工作模式。西方人的工作方法和模式是基于他们的哲学观念。西方人习惯于将问题分解，然后再解决分解后的问题。这样的方法在进行自然科学研究时非常有效，可是在进行社会学研究时则与事实很不相符。例如西方经济学理论将所有的人都设定为“经济人”，也就是假设所有的人都具有理性，在这样的假设下再对各类的经济运行规则进行推演。但是我们知道一个人的消费决定和其他人的消费是有很大的不同的，群体的消费与个人的消费也不同，不同文化结构的人群的消费习惯也不同，如果依据这样的逻辑进行推理就难免出现大的谬误。事实上，西方社会经常性的经济危机就说明西方经济理论的无效性。

同样的，在社会工作理论上，西方人也是按照同样的逻辑对社会人群进行分类，再细分到个人，对个人进行分析，解决个人问题，形成个案工作方法。之后，因为社会工作发展需要，再发展出小组的工作方法，也就是将社会问题性质类似的人组合形成小组，由专业社工进行辅助指导，解决社会问题。再后来西方人又发现社区结构和文化对于社区的稳定有着非常重要的作用，因此，西方人又再发展出社区工作模式以提高社区的稳定，兼利用社区结构的作用来进行社会工作。

而我们中国不一样，由于历史上就有系统论的思想观念指引，我们做什么事都是先从整体思考开始。例如社会工作，我们中国最早就构建了居委会和村委会，并由居委会和村委会对居民和村民进行帮助。所以中国社会工作的方式和思路与西方有着很大的不同。例如现在广州和上海等地区实行试点社会服务购买，都是依据村镇来进行的，也就是说，都是先解决社区结构性服务，再进行社区内的个案服务。而小组服务在现时还没有全面推广。

因此要依据不同文化和观念，发展我们自己的社会工作模式，不能简单地拷贝西方的工作模式，这样才能找到有效的推广社会工作的方法。因此中国式方法论就成为了本理论构建的另一个思路。

四、中西道德伦理观念的异同

中国和西方在伦理道德方面有很大的不同，因此我们要详细研究和区分，因为伦理道德值是社会工作者的基本出发点和工作规范。然而，不同的文化会产生不同的道德伦理观念。

林语堂在《吾土吾民》中这样写道：“在西人看来，不借助上帝力量而又能够维系人与人之间的道德关系，几乎是不可思议的。而在中国人看来，不借助第三者力量，人们就不能相互以礼相待”。这说明不同的伦理道德理念对于人际关系和社会问题的解决有着不同的理解和不同的方法。中国的伦理是以人为中心发展出来的，而西方的伦理道德值由上帝衍生出来。因此厘清中西伦理道德差别，有助于更好地理解社会工作理论。

西方的道德理论源于古希腊，但西方的道德研究一样受到西式方法论的局限。西方人研究道德也是从个人开始，因为出发点是从个人，那么很多因个人感受的差异而导致的不同理解，让西方道德研究者费解。时至今日，西方人对于道德的理解还比较肤浅，他们还没有形成较为有说服力的道德理论。即使是康德这样的大理论家对于道德也只是用理性来解释。可是大家知道所谓的理性只是个人的判断，但人的判断会因人的文化背景和生活经验的不同而不同，所谓的理性根本没有统一的标准。因此在道德标准和道德研究上，西方人陷入困境。

而我们中国的先人在道德研究上就很到位，一早就将道德定位为世界发展规律，并从系统论观点进行解释。也非常早就实践运用道德规则，是世界上最早提出“德治”，并运用于实际生活的国家。

基于中国传统对道德研究的透彻基础上，本理论会在道德与伦理上作出与西方人很不同的解释。

还有，本理论也将阐述中国在社会工作中的一些传统优势，如家庭观念、血亲情缘等等。一些传统的中国文化理念对于社会工作也会有很大的作用：如“老吾老以及人之老，幼吾幼以及人之幼”、“良医治未病”等等，要合理地将之运用起来。

五、社会工作的功效

西方工作理论鲜有涉及社会工作的社会学功能及效用，那些有涉及社会工作能效的理论也难以深入，无法从系统观念上说清楚社会工作的目的、作用及功效。

本理论力求在宏观意义上对社会工作作出解释，以令其成为一个独立的学科和系统，并最终发挥其独特的效用。

在系统观念上说明，社会工作是为了维护社会正常的生产秩序和社会发展秩序而创立的。这样的社会工作是为了适用复杂社会发展而产生的。在社会经济发展迅速、社会问题大量产生的情况下，社会问题和矛盾会导致社会正常生产秩序和发展秩序出现停滞或中断，因此及时解决社会问题将会起到维持社会正常发展秩序的效用。

厘清社会工作的效用，有利于提高社会工作者的工作热情，也有利于政府更加重视社会工作的宏观调控作用，对于促进社会工作的成熟和发展具有非常积极的作用。

邓小平设计国家发展的“三步走”战略，对第三步只作了一个大致的构想。现在，在走完前两步目标的时候，把第三步目标和步骤进一步具体化，作出新的战略规划，是历史的必然和现实的要求。

江泽民同志在党的十五大上指出：21世纪我们的目标是，第一个十年实现国民生产总值比2000年翻一番，使人民的小康生活更加宽裕，形成比较完善的社会主义市场经济体制；再经过十年的努力，到建党一百年时，使国民经济更加发展，各项制度更加完善；到世纪中叶建国一百年时，基本实现现代化，建成富强、民主、文明的社会主义国家。江泽民在十六大报告中重申：“根据十五大提出的到2010年、建党一百周年和新中国成立一百周年的发展目标，我们要在本世纪头二十年，集中力量，全面建设惠及十几亿人口的更高水平的小康社会，使经济更加发展、民主更加健全、科教更加进步、文化更加繁荣、社会更加和谐、人民生活更加殷实。经过这个阶段的建设，再继续奋斗几十年，到本世纪中叶基本实现现代化，把我国建成富强民主文明的社会主义国家。”

这实际上提出了一个新的“三步走”发展战略。按照这个战略部署，我们从20世纪末进入小康社会后，将分2010年、2020年、2050年三个阶段，逐步达到现代化的目标。2010年前，是第一步，2010年国民经济和社会发展的主要奋斗目标是：实现国民生产总值比2000年翻一番，人民的小康生活更加宽裕，形成比较完善的社会主义市场经济体制；从2010年到2020年，是第二步，根据十六大的规划，到2020年实现国内生产总值比2000年翻两番的目标；从2020年到2050年，是第三步，通过30年的奋斗，基本实现现代化。国家领导层将我们国家现在的时期定义为“战略机遇期”。为把握好这样的战略机遇，我们的社会必须保持稳定的秩序，才能够很好地发展生产。因此构建中国社会工作理论对于我们稳定社会秩序，把握现在的战略机遇期是一个很关键的环节。

看到最近香港掀起反对国民教育的思潮，我们就非常感慨，毕竟生活环境和社会制度不同，人的思想观念就不同。国民教育本来就是一个爱国主义教育，教导儿童国家的优秀文化传统和价值观念以培养儿童的爱国主义情怀。所以广东和上海地区引入和借用香港与台湾以及新加坡等的西方工作理论和工作模式有待改进。让我们看到了中国自己社会工作理论构建的紧迫性。

六、理论研究的一些问题点

“理论是由一系列逻辑上相互联系的概念和判断组成的知识体系，它从一个一般性水平较高的层次上来描述和解释某类现象的存在和变化，是对经验知识的抽象与概括。”①

西方人思维中的理论必须解释存在现象，而且西方人认为理论必须有确切的预测功能，这些都源于牛顿科学理论体系的范式思维。可是社会服务工作是实践的工作，工作中所出现的社会问题千变万化。因此西方人很难想象有一个理论可以包罗万象，对现象进行解释，并且进行预测。

由于着力于理论的预测功效，可是在实践中大多遇到的是突发多变的，因此西方在理论研究发展时就遇到了一个瓶颈，那就是无法完成理论的预测功能。因此西方人就只着力在理论对社会工作实践的解释和工作模式的构建上。也因为感受不到社会工作理论对于实际问题预测的能力，因此很多西方研究对于社会工作完整性理论构建缺乏信心。

而我们中国人在处理理论问题时，多着力于其对实践的指导作用。历史上的中国哲学、理学、道学、军事学说等都着力于实际运用，很少有专门对系统知识的阐述或研究思路的说明，这是中国古代理论研究的特点。中国古代理论研究的这些特点特别适合于现在的社会工作。

在关于社会工作理论的预测问题上，我们认为社会工作理论的预测功能要集中于其共性，而不能执着于其个案的特殊性。也就是说，各种个案虽然千差万别，表现不同，但引发这些社会问题的根源应该是比较一致的，因此在社会工作理论的预测研究上要着力于根源追寻，也就是找出引发社会问题和矛盾的根源。这样就可以在宏观上指导社会问题的

① 王思斌主编：《社会工作概论》，高等教育出版社，2006年版，第57页。

解决，也可以在宏观上预测社会问题的出现。例如现在房价高涨，而工资水平低下，一般的大学生出来工作光靠工资是无法购房的。如果这样的情况持续十年或者十五年，社会将产生一大批无力购房者，这就会引发大的社会问题。

现在我国的社会问题大多集中在经济问题上，也就是社会保障不充分引发的问题。因此，建立健全保障系统有利于在根源上解决社会问题，会让中国社会的社会问题大幅减少。如果中国社会的福利保障制度可以与西方发达国家相类似，那么我国的社会问题将会比西方社会少很多。这是因为中国传统文化理念的影响，让人民多了忍让与宽容，也就是说人的理性成分很高。所以我们都应该对中国社会工作理论有所期待。

总之，本理论将运用中国传统的系统论思想来解释社会工作的效用并指导社会工作。用中国传统的抓主要矛盾的方法来发现社会问题的本质和关键点，找出解决社会问题的主要方法。本理论力争采取一以贯之的逻辑来解释社会工作，尽可能避免出现西方那样逻辑混乱的社会工作理论。纵观西方社会工作理论，什么动力心理学、发展心理学、系统生态、优势视角、赋权理论、女性视角、行为理论……，多而杂乱，没有一以贯之的逻辑和理论，因此若要称西方现在的社会工作理论为理论还为时尚早。西方的社会工作的理论发展只是为了适应社会，及早在大学里面可以成为独立学科，为此他们胡乱寻找现有的理论进行解释和替代，但是最终都难以完满解释社会工作原理和现象。因此很多西方工作者将他们的目光投向东方文化和中国文化。

我们因为有着悠久的发展历史，有着丰富的文献记录，有着深厚的经验积累，因此中国的社会工作理论的构建如果依据古代文献和传统理论，应该说可以信手拈来，逻辑连贯，并且理论的解释力将非常强大，估计西方的理论研究者以后会多加引用。

第一章　中国社会工作理论基础

工作经验的概括和总结形成了一般性的概念和工作模式，将一般性概念和工作模式等相关知识进行抽象概括，形成的具有普适性解释力的知识系统就是理论。理论建构一般是依据以前原有的哲学理论模式来进行，这就是范式。中国社会工作理论的基础范式是系统论。下面详细解释为什么要用系统论来作为中国社会工作理论的基础范式。

在研究西方社会工作理论的过程中，我们可以发现，心理学理论和系统理论是西方社会工作理论的两大主要支柱。西方社会工作理论最先是从心理学模式开始的，然后逐渐演化为以系统论为主调的现代社会工作理论。例如：一般系统理论、生态系统理论、结构视角理论、女性主义理论、激进理论、优势视角理论、网络支持理论等，它们都或多或少以系统论观点来解决社会问题，一反早期西方以个体心理学为基础的格调。因此，我们确定以系统论为基础来建构中国社会工作理论是建立在全面研究和借鉴西方社会工作理论之上的。

在近代人类发展的进程中，牛顿万有引力的发现是物理界的革命，由此而产生了近代科学研究，催生了工业革命。到了20世纪，科学技术的发展极大促进了物质生产组织、社会组织形式的发展和变化，同时也促进了科学研究本身和社会研究的进步。社会物质生产的复杂性、社会管理的组织性和复杂性、科学研究对象的组织性和复杂性也极大增加了。这些复杂的组织和事物，可以概括为：因素众多，涉及面广，联系紧密，结构复杂，动态多变，随机性强，非线性，非加和性，因果关系的反直观性等等。于是，以系统为研究和实践对象的理论应运而生。最先是以一般系统论、控制论和信息论、系统工程的诞生为标记，接着又随着耗散结构理论、协同学、超循环理论、突变论、混沌学等新成就而被推向了一个发展的新阶段。这就孕育和发展起来以系统为特定研究对象的新兴学科——系统科学。

系统科学被引进社会工作中始于20世纪中期，并且很多西方学者都极力在系统科学中寻找理论依据以弥补社会工作在理论上的不足。由此而产生了“网络支持”、“生态视角”、“优势视角”、“任务中心”、“赋权理论”等等相关的社会工作理论，其实质都是以系统观点来观察世界和发现问题，并以此为依据来解决社会工作中的实际问题。

多数学者和理论研究者都认为我国社会工作的专业学习和实践模式的引进不过才20多年，从1988年设立学科开始到现在短短的25年里，我们的实践经验积累和理论研究成果远远不足以产生中国现代的社会工作理论。但是我们要注意到我国持续悠久的历史发展中的文化价值，西方社会工作理论中最主要的系统论基础和心理学基础，在我们国家以前的历史发展中就有很深厚的文化积淀。这里大篇幅介绍我国历史上的各种系统论观点就是为了说明我们构建中国式的社会工作理论有深厚的系统论文化根底和社会实践经验总结。在系统论运用层面上我们具有先天的优势，只有详细了解到我国传统的系统论观念，我们才能深刻理解我国构建中国式社会工作理论的优势。

第一节　中国传统的系统论思想

审视中国的传统文化，可以惊奇地发现我们的先人一直就是在使用系统的观念和理论来解决社会问题和其他实际问题的。下面我们将详细讲解中国系统观念的源流，以方便我们以后直接借鉴和引用。

一、易经的系统论思想

首先，《易经》把世界看作一个由基本要素组成的系统整体。《周易》易辞下传有文“古者包牺氏之王天下也，仰则观象于天，俯则观法于地，观鸟兽之文与地之宜，近取诸身，远取诸物，于是始作八卦”，其目的是“以通神明之德，类万物之情”。

《易经》确切地讲就是周文王在坐牢时所作的《周易》。而“易”所含的智慧并不是文王一人所能成就的，在文王作《周易》之前已有《连山易》和《归藏易》。《周易》是周文王对古人传统智慧的归纳和总结。易包含了多代人的实践经验和智慧，它是由前人众多细小的、点滴的真知经长年累月汇集而成，最终才成为了包罗万象、屡屡应验的《周易》。

《周易》最初的版本是伏羲氏发明的八卦，就此而发明出易变推算的方法。《连山易》是一种已失传的古籍，据《周礼》记载，相传为伏羲氏或神农氏所创，成书于夏朝。《连山》和《易经》、《归藏》并称为占卜的三易之法。连山是三易之一，以“艮卦”为首，艮卦属性为山，故称为连山，也直白说明了易的推算原理。

《归藏易》传统认为是商代的《易经》，汉唐时代随日本遣唐使到日本，中国在解放以后已经失传。《商易》以坤为首卦，坤为地，为万物生长收藏之处所，故名为归藏。《归藏》是三易之一，《周礼·春官》曰：“太卜掌三易之法，一曰连山，二曰归藏，三曰周易。其经卦皆八，其别皆六十有四。”意思是说《连山》、《归藏》、《周易》是三种不同的占筮方法。

殷商将“夏易”的《连山》卦改为《归藏》，由坤卦开始，象征“万物莫不归藏其中”。

《周易》由周文王在监狱中发明，由乾卦开始。由于《连山易》、《归藏易》所使用的方法与《周易》大同小异，因此这三种易就合三为一，有了周易，大家就不再使用《连山》与《归藏》，因此周礼中记述的三种易就只剩下《周易》。

《周易》的灵验是因为它是科学化、抽象化的经验总结，是真理。中国先人看到男人和女人、太阳和月亮、天空和大地，随之总结出来“阴”“阳”两个既对立又相辅相成的概念。这犹如数学，开始由三个人加五个人等于八个人，三个苹果加五个苹果等于八个苹果一样，把后面的具体概念去掉，就剩下 $3+5=8$ 这样的等式，当原理通了，就发展出来数学这样的学科。简单的数字等式到后来又有几何、微积分、代数等等不同的数学分支。特别是二进制的发展，催生了信息技术。真理的掌握不在于古代或现代，古人所研究掌握的周易原理就是类似于这里所讲述的数学发展。简单的开或关（0、1）原理也类似阴阳原理，但发展成为电子信息技术就有许多人类自己都意想不到的功能出现，现在的视频聊天、网络看电影是信息技术发明者自己所难以想象的。掌握周易这样的科学原理犹如学数学一样可以知道或推理很多我们所不知道的事情。例如20世纪四五十年代，物理学界认为基本粒子不可再分，而不是物理学家的毛泽东就准确预言：粒子无限可分。现在的发现证明了毛泽东预言是正确的。所以正确的世界观是解决问题的关键。大道简易，而不在于你怎么专业。中世纪欧洲的经院派学者因为坚持所谓的"地球中心说"，所以无法发现正确的天体运行规律。

古代的很多观念是非常重要的，它们是经过长期经验观察与验证得出来的。例如一天又一天的日出日落，可是冬天的日子却会比较短，夏天的日子会比较长，这些不同在现代人看来是如此简单，可是古人却难以理解。经过常年累月的观察，古人发现了太阳的运转规律，因此发明了年的观念和二十四节气以方便农耕。还有阴阳观念，虽然是八九千年前的概念，可是现代的物理研究发现世界是由如此对称又相关的阴阳之物、正负粒子相互作用构成的。这正好应证了古代阴阳观念的正确性。

同样，古代易理将乾、坤视为天地，也即阴阳相互作用，然后才产生了天地之间的人。这就是天、地、人三才。周易的演化原理是天、地、人相互影响，也即所有现象都是人与天地的相互作用，因此一个卦就有三爻，三爻中阴阳位置的不同和数量的不同就组成了八卦。这八卦就像代数一样代表着一定的事物。事物之间在相互影响变化下，就产生了六十四卦。六十四卦各卦所展现的特性就依据相关事物的关联来进行分辨（有变卦、复卦、内卦、外卦等），这就是一个系统的代数推演。最为明显的是将周易原理简化的《奇门遁甲》，奇门遁甲和周易可以准确预测事物就在于其系统论观点。

《系辞上传》说："是故易有太极，是生两仪，两仪生四象，四象生八卦"。两仪即阴阳，阴阳再演化生出老阳、老阴、少阳、少阴四象，四象产生乾、坤、震、巽、坎、离、艮、兑八卦。这是一种以阴阳为基准的层次演变系统论。

周易还有一个重要的原理就是周而复始原理。古人从观察天象的日月变化，到人间的一年四季，发现天体运行和大地衍生都遵循着一个周而复始的原则。再进而观察人的衍生，从结婚生子到老弱病死。再看动物界生老病死，植物界的开花结果，更新替换，我们古代先人得出了一个重要的原则，那就是“周而复始”。但是周而复始并不能准确反映事物的发展状态，后来毛泽东在他的《实践论》中对这一周而复始的循环描述进行了进一步的完善。那就是《实践论》的新认识论：实践——认识——再实践——再认识。通俗点来讲，就是螺旋式上升、周而复始的演进，我们的认识不断在实践中检验，不断更新，用更为符合事物发展的经验总结来表述。螺旋上升是另外一种系统论表述，讲的是正确认识的来源和演进。

遵循这样的原理，我们关于社会工作的理论会不断改进以适用于实际的社会工作，没有什么终极的真理可以发现和生成，真理是相对的，并不是绝对的，我们不能教条。

易经理论的演化还出现了另外的次生系统，那就是阴阳五行和中医原理。在中国的传统思维中，阴阳五行学说对于中国古代的政治、文化、社会各方面都产生了极为重要的影响。

八卦周易是总的系统论，五行学说是次一级的系统论。它是一种物性代数，讲的是人生存接触的一切事物，这一切事物都是由五种性质的元素所构成。

《尚书》中的《洪范》篇已比较系统地记载了早期五行学说的思想。箕子乃言曰：“我闻在昔，鲧堙洪水，汩陈其五行。帝乃震怒，不畀‘洪范’九畴，彝伦攸斁。鲧则殛死，禹乃嗣兴，天乃赐禹‘洪范’九畴，彝伦攸斁（音 dù，意思：败坏）。”

初一曰五行，次二曰敬用五事，次三曰农用八政，次四曰协用五纪，次五曰建用皇极，次六曰乂用三德，次七曰明用稽疑，次八曰念用庶征，次九曰向用五福，威用六极。

五行：一曰水，二曰火，三曰木，四曰金，五曰土。水曰润下，火曰炎上，木曰曲直，金曰從革，土爰稼穡。润下作咸，炎上作苦，曲直作酸，従革作辛，稼穑作甘。”在《洪范》里已有比较成熟的五行相生相克的思想。

古代医术的积累与发展是阴阳与五行的结合。中国古代的医家将人的身体当作一个整体的系统来看待，人体是一个五行齐备的和谐整体，是一种阴阳平衡。当人体阴阳失调时，人就会生病。人体五脏对应的五行是：肾，五行属水，主管人体水和溶于水中的各种物质，是人体的根本。肝，五行属木，主管人体营养物质和有毒物质的转化，是人体的化工厂。心，五行属火，主管人体血液循环，并把含有较多氧的物质传到身体各处。脾，五行属土，主管人体营养吸收并把胃肠吸收的营养物质经过肺和心液输送到全身。肺，五行属金，主管人体氧气的吸入和二氧碳的排出，并把富氧血送到心脏。

《黄帝内经》把人的身体结构看作是自然界的一个组成部分，人的养生规律与自然界的发展规律密切联系。如春夏秋冬各有不同的养分摄取需求。《黄帝内经》提出了天人感应的原则，主张把生理现象与自然现象相联系来治疗疾病。

“阴阳匀平，以充其形，九候若一，命曰平人。”（《素问·调经论》）“平人者不病。”（《灵枢·通天》）与此相反，“阴阳乖戾，疾病乃起。”（《素问·生气通天篇》）阴阳不和，不平就要生病，而且人体与自然也是一个有机的和谐整体，天地之间也是阴阳二气的相互作用，阴阳平和也是最好的状态。人体对于天地，“从其气则和，违其气则病。”（《素问·五运行大论》）①

传统的中医理论将五行与阴阳结合起来，养生防病的机理就是阴阳平衡，五脏调和。所有的疾病都是某一方面因素的过量引发身体的不平衡，因此而导致病变。因此中医的治疗就是泻火、滋阴、补阳、调理。从不会像西医一样“头痛医头、脚痛医脚”。有可能头痛症状在脚上医，如足疗针灸等。用五行相生相克及量变质变（阴阳量的变化）原理来解释人体的生理现象，以及人体与自然界之间的相互联系。其中任何一个腑脏组织的健康都关乎整体的生理健康，而且各腑脏之间又是相互影响和相互联系的。保持阴阳平衡以及五行的平衡是调养身体的关键。

① 引用自魏宏森、曾国屏：《系统论》，清华大学出版社，1995年版，第14页。

中医理论从另一侧面证明了周易原理的科学性。而且中医理论在几千年间一直广为流传。遇到高明的中医师真的可以达到药到病除的功效。中医的疗法和理论已经有很多外国人在学习，而且像针灸这样的刺激局部、利用人体内部应激机制来治病的方法已经在世界很多地方推广。

二、道家的系统论思想

道教作为宗教创始于汉代，创建者为张道陵。因此很多人将先秦之前的区分道家学说归为了汉代之后的道教学说。因为张道陵创教引用的经典是《老子》和其他的道家学说，先秦将之统称为“黄老之术”。道家学派的观念较为客观和科学，而道教将这些道家的观点教条化并奉为经典。其毛病就是教条化，不容质疑与修改。而教条化也有一个好处，就是将这些经典研究深化，繁衍出很多的学术分支。

老子《道德经》认为，道为万物的本体，“道生一，一生二，二生三，三生万物”（四十二章）。一为原生，创始之初的混沌状，类似现在的土星。经过演化之后就产生了天地，即为二。天地交互作用就产生了人和万物。

道家的世界观也来源于伏羲八卦，太极即是一，一分阴阳，阴阳演化出万物。只是道家的道含义更广，包含着发展规律。道的观念是先将世界和宇宙看成一个整体，而道的概念又结合中文的意会化、模糊化特点给出定义：“其大无外，其小无内”。将道的概念涵盖一切，大小都可解释。一即是道，道也是一。这是因为大范围的宇宙概念就是一个总体，因此也就是一，也就是道。而相对于微观来看，“视之不见，名曰夷；听之不闻，名曰希；博之不得，名曰微。此三者不可致诘，故混而为一。其上不皦，在下不昧。绳绳不可名，复归于无物。是谓无状之状，无物之象，是谓忽恍。迎不见其首，随不见其后。执古之道，以御今之有。以知古始，是谓道纪”（《道德经》十四章）。

《道德经》运用中文的意会、多义等特性对道从宏观到微观进行了系统化解释。因此道不仅是对于天地万物的一种整体性表述，而且是对于天地万物生成和发展的一种概括。

在这里还要顺便讲一下道家对于“一”的定义，这样的定义实际上解决了西方的哲学困境。这也是哲学和伦理学的基础，所以这里详细讲解一下西方的哲学困境，以及中国道家哲学怎么解决这个问题。因为我们要构建中国自己的社会工作理论，就必须清楚我们传统哲学的优势。

西方哲学主要是来源于希腊的数学和几何的逻辑思维，并机械地认为像数学和几何一样从已知的知识可以推出未知的结论。大家知道要进行逻辑思维首先要进行定义，可是定义往往难以精确，推理的过程也经常与事实不符，这就是西方哲学的困境。因此英国哲学家罗素在他的《哲学问题》结尾这样说道：“哲学之所以应该学习并不在于它能对于所提出的问题提供任何确定的答案，因为通常不可能知道有什么确定的答案是正确的，而是在于这些问题的本身；原因是这些问题可以扩充我们对于一切可能事物的概念，丰富我们心灵方面的想象力，并降低教条式的自信，这些都可能禁锢心灵的思考作用。”在这段话里罗素明白无误地告诉我们，西方哲学家要求精确定义的哲学是根本精确不了的。

先说西方哲学的困境。第一个层面，哲学的基础是定义和逻辑。而西方哲学家们发现就是对简单的“一”都难以科学地定义。例如一张椅子它由一些木头组成，而木头又由众多的纤维组成，而纤维又是由有机分子组成，有机分子又是由不同的原子组成。即使面对自然界最简单的物质氢气都难以定义“一”，因为氢分子由两个原子组成，而氢原子又由电子和质子组成，再推究还能到中微子、以至到超玄的结构。这就是西方哲学界的“哲学丑闻”。还有西方哲学赖以生存的逻辑也出现了问题，先是发现“主”、“谓”结构的推理会出现谬误和混乱，后来又发现逻辑悖论。第二个层面，传统西方哲学有三大主题：上帝（第一存在）、物质（自然界）和灵魂（精神界）。随着人们对世界认识的加深，上帝在哲学中占有的地盘越来越少，上帝只存在于宗教哲学里，可以说根本不是现代哲学的研究对象；随着自然科学的快速发展，哲学对自然世界的一般性原理和结论——即对物质的研究也被各相应的自然学科所替代；近代发展起来的精神分析、语言分析也独立成为了心理学科，它替代了哲学对精神的研究。因此说哲学面临失去研究对象的危机。

由于在研究逻辑悖论中罗素发现逻辑悖论的出现就是因为主谓语的使用倒错，如果不使用主谓语判断就可以避免出现逻辑悖论。因此罗素和德国的数学家弗雷格提出了一种数理逻辑，认为数理逻辑是完美的逻辑体系。罗素在《哲学问题》中用“2+2=4”的例子来说明问题，就是他用数理的概念来替代原来的主谓概念。它们应该比其他的事物具有更纯的逻辑性。

即使是“2+2=4”这样被哲学家罗素经常举例的例子，也难以正确，不能够成为真理。两个苹果加两个苹果就是四个苹果，可是两个人加两个人就不一定是四个人，这里还需要时间或其他的条件加以限制，等式才能成立，要不然就会出现两个人加两个人生出多少个人的问题；还会出现人与人争斗仇杀减少人数的问题。因此看上去明白无误的真理却不是真理。还有我们平常经常有的概念：明天太阳会再出现。这也不是真理，因为在南极或在北极都有可能出现明天看不见太阳的情况，因此也不是真理。还有一天24小时是固有的概念，可是，这样大家认为精确的概念也是不精确的，因为地球自转的加快每年还有零点几秒的误差，因此也不能有精确的概念。例子还有很多，这就是西方哲学的困境。也是西方哲学流派繁多却难以统一的原因，因为他们超越不了，找不到事物的本质。

回头再看《道德经》十四章对于“一”的定义，可以清楚知道道家哲学观念定性不定量的先进性，道家采用变化的观点来看待世界，认为没有绝对的真理。“道可道，非常道，名可名，非常名”，“道生一，一生二，二生三，三生万物”则强调世界的系统性。“天下万物生于有，有生于无”（《道德经》四十章），“三十辐共一毂，当其无，有车之用。埏埴以为器，当其无，有器之用。凿户牖以为室，当其无，有室之用。故有之以为利，无之以为用。”《道德经》十一章说明的正是大哲学家罗素他们搞不明白的“2+2=4”的问题。当两千多年前的老子说明“有”消失于“无”时，西方哲学家们还在讨论2+2=4的逻辑是否真实的问题。由于中国哲学的进步，也就是世界观的进步，中国人早就没有什么“神”的概念。中国文化中的“天命”、“道”实际上就是事物的发展规律。

另一位道家的杰出人物庄子在《大宗师》中写道："夫道，有情有信，无为无形，可传而不可受，可得而不可见；自本自根，未有天地，自古以固存；先天地生而不为久，长于上古而不为老。"《天地》篇中说："夫道，覆载万物者也，洋洋乎大哉！"《知北游》篇中又说："万物皆往资焉而不匮，此其道与。"

在庄子看来，道不仅是产生天地万物的实体，而且又支配天地万物的运动变化，是天地万物生长、发展和变化所必须遵守的规律。道就是合乎于自然发展的法则。《渔父》篇中说："道者。万物之所由，兹物失之者死，得之者生，为事逆之则败，顺之则成。"其中的观念是，整个世界和宇宙是一个系统，其中事物的发展有其规律（如能量守恒、质量守恒，但都不全面，还会有质量与能量的转变等等，这些原则概括起来说就是"道"）。道是事物的本源，又是事物发展变化的法则。在《庚桑楚》中庄子借庚桑楚的口说："夫春气发而百草生，正得秋而万宝成。夫春与秋，岂无得而然哉？天道已行也。"说清楚天道运行不止，才有春秋交替，春气勃发而百草生，秋季瓜果谷物成熟得以丰收。

庄子还特别说明了人是道的产物。《知北游》篇中说："人之生，气之聚也，聚则为生，散则为死。"《德充符》篇中还写道："道与之貌，天与之形"，万物和人的外貌都是道所赋予的。天地人都是道的产物。

道家的系统思想，尤其是关于系统自发组织的思想，受到当代系统思想家的高度重视。庄子在《天运》篇里发问："天其运乎？地其所处乎？日月其争与所乎？孰主张是？孰为纲是？孰居无事而推行是？意者其有机械而不得已邪？意者其运转而不能自止邪？"当代著名科学家普里戈金说，庄子这段话提出的"这些问题对我们今天依然存在"。这也正是今天系统自发组织理论所要解决的问题。他还相信："我们正是站在一个新的综合、新的自然观的起点上。也许我们最终有可能把强调定量描述的西方传统和着眼于自发组织世界的中国传统结合起来。"普里戈金在与斯唐热合著的《从混沌到有序》一书中再一次强调了这种观点。普里戈金在首次访华的演讲中指出："西方科学和中国文化对整体性、协和性理解的很好结合，将导致新的自然哲学和自然观。"①

① 魏宏森、曾国屏：《系统论》，清华大学出版社，1995年版，第17页。

三、儒家的系统论思想

儒学的经典《洪范》，洪就是大，范就是规则典范。

“惟十有三祀，王访于箕子。王乃言曰：“呜呼！箕子。惟天阴骘下民，相协厥居，我不知其彝伦攸斁。”

箕子乃言曰：“我闻在昔，鲧堙洪水，汨陈其五行。”帝乃震怒，不畀“洪范”九畴，彝伦攸斁。鲧则殛死，禹乃嗣兴，天乃赐禹“洪范”九畴，彝伦攸斁。

初一曰五行，次二曰敬用五事，次三曰农用八政，次四曰协用五纪，次五曰建用皇极，次六曰乂用三德，次七曰明用稽疑，次八曰念用庶征，次九曰向用五福，威用六极。

（1）五行：一曰水，二曰火，三曰木，四曰金，五曰土。水曰润下，火曰炎上，木曰曲直，金曰従革，土爰稼穑。润下作咸，炎上作苦，曲直作酸，従革作辛，稼穑作甘。

（2）五事：一曰貌，二曰言，三曰视，四曰听，五曰思。貌曰恭，言曰従，视曰明，听曰聪，思曰睿。恭作肃，従作乂，明作哲，聪作谋，睿作圣。

（3）八政：一曰食，二曰货，三曰祀，四曰司空，五曰司徒，六曰司寇，七日宾，八曰师。

（4）五祀：一曰岁，二曰月，三曰日，四曰星辰，五曰历数。

（5）皇极：皇建其有极。敛时五福，用敷锡厥庶民。惟时厥庶民于汝极。锡汝保极：凡厥庶民，无有淫朋，人无有比德，惟皇作极。凡厥庶民，有猷有为有守，汝则念之。不协于极，不罹于咎，皇则受之。而康而色，曰：‘予攸好德。’汝则锡之福。时人斯其惟皇之极。无虐茕独而畏高明，人之有能有为，使羞其行，而邦其昌。凡厥正人，既富方谷，汝弗能使有好于而家，时人斯其辜。于其无好德，汝虽锡之福，其作汝用咎。无偏无陂，遵王之义；无有作好，遵王之道；无有作恶，尊王之路。无偏无党，王道荡荡；无党无偏，王道平平；无反无侧，王道正直。会其有极，归其有极。曰：皇，极之敷言，是彝是训，于帝其训，凡厥庶民，极之敷言，是训是行，以近天子之光。曰：天子作民父母，以为天下王。

(6) 三德：一曰正直，二曰刚克，三曰柔克。平康，正直；强弗友，刚克；燮友，柔克。沈潜，刚克；高明，柔克。惟辟作福，惟辟作威，惟辟玉食。臣无有作福、作威、玉食。臣之有作福、作威、玉食，其害于而家，凶于而国。人用侧颇僻，民用僭忒。

(7) 稽疑：择建立卜筮人，乃命十筮。曰雨，曰霁，曰蒙，曰驿，曰克，曰贞，曰悔，凡七。卜五，占用二，衍忒。立时人作卜筮，三人占，则從二人之言。汝则有大疑，谋及乃心，谋及卿士，谋及庶人，谋及卜筮。汝则從，龟從，筮從，卿士從，庶民從，是之谓大同。身其康强，子孙其逢，汝则從，龟從，筮從，卿士逆，庶民逆吉。卿士從，龟從，筮從，汝则逆，庶民逆，吉。庶民從，龟從，筮從，汝则逆，卿士逆，吉。汝则從，龟從，筮逆，卿士逆，庶民逆，作内吉，作外凶。龟筮共违于人，用静吉，用作凶。

(8) 庶征：曰雨，曰旸，曰燠，曰寒，曰风。曰时五者来备，各以其叙，庶草蕃庑。一极备，凶；一极无，凶。曰休征；曰肃、时雨若；曰乂，时旸若；曰晰，时燠若；曰谋，时寒若；曰圣，时风若。曰咎征：曰狂，恒雨若；曰僭，恒旸若；曰豫，恒燠若；曰急，恒寒若；曰蒙，恒风若。曰王省惟岁，卿士惟月，师尹惟日。岁月日时无易，百谷用成，乂用民，俊民用章，家用平康。日月岁时既易，百谷用不成，乂用昏不明，俊民用微，家用不宁。庶民惟星，星有好风，星有好雨。日月之行，则有冬有夏。月之從星，则以风雨。

(9) 五福：一曰寿，二曰富，三曰康宁，四曰攸好德，五曰考终命。六极：一曰凶、短、折，二曰疾，三曰忧，四曰贫，五曰恶，六曰弱。”

《洪范》是一篇系统性文章，里面的五行（金木水火土）是指这个世界各类事物的属性；五事是指社会人际交往（态度、言论、眼光、听闻、思想）；八政指政务的八个方面（农业生产、商业流通、祭祀活动、居住交通、教育管理、司法治安、礼宾接待、国防军务）；五纪讲的是年、月、日、星辰、历法。

皇极是讲皇权建立的规则，那就是将五种幸福聚集起来普遍地给予民众，这样民众就会拥护；不准结成私党为非作歹；不要有私心偏好等等，说的就是作为君王的规则。

三德是社会秩序维持的要点，要正直，对于强硬者要用强硬手段对待和征服，对柔弱者要用柔和手段处理。不允许官员作威作福。稽疑讲解了解决疑难的方法。庶征是讲解要注意不同方面的征兆，也即是注意事物发展变化的前兆。

同样，尚书里面的《禹贡》也是一篇系统论的文章，讲述的经济地理，这里不作赘述。

孔子的思想体系以礼为出发点。他认为礼治是社会得以安定的必要保障，唯有实行礼治才能建立“天下有道”的社会秩序。他说：“天下有道，则礼乐征伐自天子出；天下无道，则礼乐征伐自诸侯。”（《论语·季氏》）他认为春秋时期社会之所以动荡不已，其根本原因就是“礼崩乐坏”，因此要使社会由乱变治，就必须恢复礼治。他明确表示“郁郁乎文哉，吾从周。”（《论语·八佾》）“从周”也就是恢复周朝礼治，而恢复周礼首要的一条就是正名。孔子在卫国时，子路问他：“卫君待子而为政，子将奚先?”他直接地回答：“必也正名乎!”所谓正名，也就是“君君，臣臣，父父，子子”，每个社会成员都按照自己的等级名分尽义务，作君主的要像君的样子，作臣子的要像臣的样子，作父亲的要像父的样子，作儿子的要像儿子的样子。否则，“名不正则言不顺，言不顺则事不成，事不成则礼乐不兴，礼乐不兴则刑罚不中，刑罚不中则民无所措手足。”（《论语·子路》）总之，正名是治理国家的首要环节。复礼、从周、正名等主张反映出孔子思想带有浓厚的宗法传统，但他并不抱残守缺，他一面维护传统，一面超越传统。这表现在他从新的视角看待礼法，对周礼作了损益。他认为礼不仅仅是礼仪条文的总汇，不是一套死板的规定。

孔子重视礼制就是重视社会秩序，这与我们社会工作的功能是一致的，我们社会工作者所有工作的功能就是解决社会问题，消除社会矛盾和不满，以维护现有的社会秩序。

仁义与礼乐结合是孔子的思想特色之一。《礼记·中庸》引孔子曰：

“仁者人也，亲亲为大；义者宜也，尊贤为大。亲亲之杀，尊贤之等，礼所生焉。”这是关于仁、义、礼定义及其相互关系的准确表述。仁义是内容，礼乐是形式，仁义、礼乐是密不可分的统一体，分言之则辞义各别，合言之则二者为一。因此，他一则说：“人而不仁，如礼何？人而不仁，如乐何？”（《八佾》）“礼之所尊，尊其义也。”（《礼记·郊特牲》）“君子义以为质，礼以行之。”（《卫灵公》）一则又曰：“克己复礼为仁，一日克己复礼，无下归仁焉。”（《颜渊》）都说明仁义与礼乐是一体的，互相依存。

孔子的系统论观点认为，社会问题多是因为混乱，混乱是因秩序缺失而引发，秩序是社会发展最为关键的问题。而秩序的缺失是因为人们没有推彼及己的观念，也即没有爱人的观念，义则是行为规则。没有爱人之心，则行为没有准则，没有准则，则社会相互征伐，结果社会混乱。因此克己守义、恢复以往的社会秩序是孔子的希望。

孟子认为现实世界是道德的世界，而道德根源背后的标准，便是“天”，“天”表现于人，便是“性”。人若能有足够修养，便能知天，达至“天人合一”。“道德天”是孟子的系统观念。由这样的观念，孟子推演出“性善说”，主要发挥孔子“仁”的观念。孔子中的“仁”缺乏了理论基础及尚未解释“道德价值根源”的问题。因此，孟子要建立“道德价值根源之自觉心”，认为善是人的基本自觉，这种自觉是表现于“恻隐、羞恶、辞让及是非”四端。四端说明道德价值的自觉，是与生俱来的。这便能补充孔子“仁”学理论的不足。孟子认为“四端”是内在于自觉心的，属于人的“本质”，即所谓人的“性”。人之性，必有异于禽兽之处，这种“异于禽兽”的人性，便是“善端”。他指出，人之所以不善，是由于受私欲蒙蔽。因此，人应放弃私利，以达到社会的公义。目的是建立良好的个人道德观。

孟子指出“民为贵，社稷次之，君为轻”，认为政府要保障人民的利益，君主应以爱护人民为先决条件。因此，天命在于民心而不在于君主，若君主无道，人民便可推翻他；但若君主有道，人民便应谨守岗位。孟子主张施行仁政，必须先有仁心，然后方推行仁政。孟子认为“人有不忍之心”，乃有“不忍人之政”，仁政，是统一天下者必须具备的条件。而仁政的具体表现，就是使家给人民、百姓安乐的王道，要实行王道，又要“尊贤使能”。这又是孟子的另一个系统论观点，说明民众与统治者的关系。

董仲舒的哲学基础是“天人感应”的学说。他认为天是至高无上的人格神，是最尊贵的“百神之君”。(《春秋繁露·郊义》）天不仅创造了万物，也创造了人。因此，他认为天是有意志的，和人一样“有喜怒之气，哀乐之心”。(《春秋繁露·阴阳义》）而人在自然界的万物之中处于特殊地位，最为可贵。人与天是相合的，“天人一也”。(《春秋繁露·阴阳义》）这种“天人合一”的思想，继承了子思与孟子学派和阴阳家邹衍的学说，而且将它发展得十分精致。董仲舒认为，只有人的结构能与天地偶合：成人有骨366节，与一年的天数相近；大骨12节，与一年之月数相符；体内有五脏，与五行相同；外有四肢，与四季相同。(《春秋繁露·人符天数》）如此等等，总之，人确乎与天数相似而“合二为一”。

董仲舒还认为，天生万物是有目的的。他说：“天地之生万物也，以养人。故其可食者以养身体，其可威者以为容服。”(《春秋繁露·服制象》）其实天本无目的可言，在自然界只存在因果关系，而并不存在目的关系，天有目的之说，是董仲舒强加给自然界的。它便于统治者假借天的目的来推行自己的主张。董仲舒精心构筑的“天人感应”的神学目的论，正是为汉皇朝统治者巩固其中央集权专制制度服务的。首先，他通过“天命”的桥梁服务于已经建立起来的统治秩序。他认为，天意是要大一统的，汉皇朝的皇帝是受命于天来进行统治的。各封国的王侯又受命于皇帝，大臣受命于国君。家庭关系上，儿子受命于父亲，妻子受命于丈夫，这一层层的统治关系，都是按照天的意志办的。(《春秋繁露·顺命》)

董仲舒还利用阴阳五行学说来体现天的意志。他认为天的意志是“贵阳而贱阴”的，而阳为天之德，阴为天之刑。(《春秋繁露·阳尊阴卑》）因此，天“任德不任刑”。他还用阴阳的流转，与四时相配合，推论出东南西北中的方位和金木水火土五行的关系。而且突出土居中央，为五行之主的地位，认为五行是天道的表现，并进而将五行伦理化。他说："五行者，乃教子忠臣之行也。"（《春秋繁露·五行之义》）董仲舒还把这种阳尊阴卑的理论用于社会。他说："君臣、父子、夫妇之义，皆取诸阴阳之道：君为阳，臣为阴，父为阳，子为阴，夫为阳，妻为阴。"（《春秋繁露·五行之义》）从此而推论出"三纲五常"的道德哲学。他说："王道之三纲，可求于天。"（《春秋繁露·五行之义》）又说："夫仁、谊（义）、礼、知（智）、信五常之道，王者所当修饬也。"（《春秋繁露·服制象》）这里所说的三纲，即《礼纬·含文嘉》："君为臣纲，父为子纲，夫为妻纲。"三纲五常为董仲舒提倡之后，成为我国古代维护历代封建皇朝统治的工具。

董仲舒认为"道"是源出于天的，"天不变，道亦不变"。即是说"三纲五常"、"大一统"等维护统治秩序的"道"是永远不变的。即矛盾的对立双方是不转化的。这种思想当然是形而上学的。那么，如何解释皇位的更换和改朝换代呢？为此，他提出了"谴告"与"改制"之说。他认为统治者为政有过失，天就出现人事或天象的再次磐生，以表示谴责与警告。如果还不知悔改，就出现人事或天象的再次警告。若是还不知畏惧，于是大祸就临头了。（《春秋繁露·必仁且智》）可见"谴告"之说是对君权神授的一种变相解释。而"改制"之说则是保证新继位的君主执掌政权的一种形式。即新即位的统治者表示接受天命之后，必须"徙居处、更称号、改正朔、易服色"。（《春秋繁露·楚庄王》）但是"其大纲、人伦、道德、政治、教化、习俗、文义尽如故"，即"三纲五常"等丝毫没有改变，因此他说："王者有改制之名，无易道之实。"（《春秋繁露·楚庄王》）

董仲舒将儒家学说的系统论与阴阳五行的传统文化结合，生成了新的"天人感应"系统论。

北宋周敦颐吸收道家的部分理论，使儒学的系统论出现大转变，他把儒学理论的视野转到了宇宙自然上，以"太极"、"无极"两个范畴为基点，描述了宇宙万物化生图式，从而弥补了儒学的短处，使之第一次成为一个完整而严密的体系。周敦颐的宇宙化生图式集中体现在《太极图》及《太极图说》中，"无极而太极。太极动而生阳，动极而静，静而生阴。静极复动，一动一静，互为其根，分阴分阳，两仪生焉。阳变阴合，而生水、火、木、金、土。五气顺布，四时行焉。五行，一阴阳也；阴阳，一太极也；太极，本无极也。”这样，周敦颐构建了“太极（无极）—阴阳—五行—万物”的图式。同时，周敦颐又进一步解释说：“二气五行，化生万物，五殊二实，二本则一。是万为一，一实万分。万一各正，小大有定。”上述图式又可以逆变成“万物—五行—阴阳—太极（无极）”图式，两个图式可以正反顺逆推理，使得“无极而太极”同时蕴含着生成论和本体论两层含义，周敦颐的“天道观”因此而建立。周敦颐《太极图》及《太极图说》，是儒学系统阐释宇宙自然的开端，揭开了儒学思想史上新的一页，意义重大，影响深远。

周敦颐提出心性本体化思想。周敦颐“破暗”之功在于“阐发心性义理之精微。”心性与天道（义理）是先秦原儒思想的重要部分，《周易》体现天道，《中庸》、《孟子》关注心性。原儒按照“尽心知性以知天”、“穷理尽性以至于命”的理想，追求“心性与天道”的内在贯通。但实际上，原儒并不重视“天道”思想的阐发，《周易》反而成了道教阐释和利用的重点，因而并未实现“心性与天道”的贯穿。真正实现“心性与天道”的完全贯通，则是周敦颐。他以“诚”为双方的贯通点，把《周易》的天道观与《中庸》、《孟子》的心性论融合成一体，从而实现了心性的本性化，开创儒学发展的又一个新境界。

“诚”对“心性与天道”的贯通具有十分重要的作用，做到了“诚”，也就能达到“心性与天道”的融合，也即实现“天人合一”的目标。“诚”既是社会伦理道德的规范和标尺，又是宇宙自然万物的源泉，此即“诚，五常之本，百行之源”意义所在。怎样才能做到“诚”？那就必须“成圣”。周敦颐对此系统地提出三种心性修养主张，也即修身成“圣人”的功夫与手段。一是无欲故静，这是成为“圣贤”的必由之路。人性中的“恶”与生俱来，未达“纯粹至善”前难以去掉，故人不可能不存在过错，只有“迁过改善”，才有可能成为圣贤。“动而正，曰道。用而和，曰德。匪仁、匪义、匪礼、匪智、匪信，悉邪矣。邪动，辱也；甚焉，害也。故君子慎动。”人的行动必须符合“仁、义、礼、智、信”五常行为规范，否则会犯错，变成“邪动”，招来祸端自受其辱。当然，慎动不是完全不动，只是动之前必须全面考虑后果，化解“邪”的隐患。同时，行动之前，还要善于听取别人的意见和经验，充分考虑各种因素，做到有备无患，“拟人而后言，议之而后动，拟议以成其变化。”只要按照上述三条功夫去修炼，那么就离“圣贤”不远了。周敦颐的“诚”论是天人感应说的具体推演。

周敦颐理论提升了儒学的思辨水平。思辨不足，是儒学的另一个短处。周敦颐融《周易》的“太极”与《老子》的“无极”于一体，形成《太极图》及《太极图说》，内含丰富的辨证法思想，从而把儒学的思辨水平提升到了新的境界。周敦颐构建的宇宙万物化生图式，涉及宇宙本体与原始实体、天地、四时、万物等几个层次，相互之间的关系是“前后关联、循序渐进”的统一过程。“二气交感，化生万物。万物生生，而变化无穷焉。”周敦颐肯定了宇宙万物化生是一个循环的过程，此前的儒学中尚无人如此清晰地说过。周敦颐的思想学说中还内含着丰富的对立统一规律。“动”与“静”、“一”与“万”、“阴”与“阳”等对立范畴，有机地融合在其宇宙生成图式中，并给予了深刻的阐释。周敦颐以他的辨证思维能力，把儒学的思辨能力提升到了一个全新的水平。儒学从此一改“跛脚”形象，获得了重生。周敦颐的思想影响很深，此后理学家所倡导的本体论和发展观大多源自周敦颐，围绕“无极”、“太极”、“阴阳”、“动静”、“一万”等范畴进行再认识而构建的。这也就是周敦颐能从宋初众多理学家中脱颖而出，成为“理学鼻祖”而得到后世广泛推崇的根本原因。

之后的二程、朱熹、张载、邵雍、王阳明、王夫之等等对于儒学的系统论都有所发展和推演，这里就不再进行一一阐述了。

四、佛家的系统论思想

在组稿时，很多专家同行对于为什么这么多篇幅介绍佛教因果循环理论不解。这里需要说明一下，因为佛教的因果循环论，有着劝人行善的功能，有点类似于基督教的“赎罪论”，对于我国社会民众的影响是巨大的。初步了解佛教因果循环理论可以有助于我们社会工作者与案主沟通，或借助佛教的理论劝人为善，也有助于坚定社会工作者的信念。

佛教自东汉传入中国以后就在中国蓬勃发展，它与中国传统文化结合成为中国化的宗教。在中国受众甚广，影响深远。

三世轮回、因果报应，是中国佛教基本教义之一。它对佛教在中国的传播和发展起了极为重要的作用，在中国社会各阶层，特别在下层平民中有极为广泛的影响。

轮回，梵语为 samsara，原意是“流转”。本是古印度婆罗门教的基本教义之一。婆罗门祭师将“梵我”的理论与轮回学说相结合，认为常住不灭的灵魂——“梵我”是轮回的主体。作为与婆罗门思想相对立而出现的佛教，借用和发挥了古代印度的轮回思想。一方面否定婆罗门教的梵我说，一方面将之与“业力”说更紧密地结合。佛教认为：一切有生命的东西，依据自身行为及其结果的总体，即“业力”，永远在“六道”（轮回中生死相继，好像车轮转而无穷，所以称之为“轮回”，或“六道轮回”）。如《心地观经》曰：“有情轮回生六道，有如车轮无始终。”但轮回并不是简单的重复，并非是有情个体生存的周而复始的流转，而是后世的生存依据前生的变化而发展。现世有情个体的知识、行为等等总体，决定着来世的生存，所以佛教的轮回说与业报说相结合，是佛教对人生的看法。佛教的最终目标，是从轮回中寻求“解脱”，亦即轮回的终止，处于一种不生不灭、寂然不动的境界，这就是佛教所说的“涅槃”。可见轮回说是佛教宗教理论重要组成部分。

人总是生活在一定的社会环境中，每个人的思想意识和言行举动，按照社会道德习俗，有善恶之分，所有“业力”亦相应有善恶之分。轮回的具体实现，就是按业力的善恶而进行的。因此，这一学说自然有一定的道德意义，成为佛教伦理思想的重要内容。

在古代印度，来源于婆罗门教的各分支，《吠陀》也有部分记载，《吠陀》观念认为用牺牲、布施等来祭祀神灵，会得到未来的幸福。依据《吠陀》诸神话传说，人的肉体死后，灵魂不灭，死者的灵魂随父祖所经过的道路走向永远光明的乐土。在这乐土里，充满着绿荫、酒肴、歌舞、音乐等。这种观念与轮回、业报的思想全然不同。轮回说是一世一世地流转变化，既无开始，亦无结束，没有最后的目的地。

由于佛教的轮回说与“业报”说相结合，否定了外在的主宰力量，故又与西方上帝创世说或由人格化的上帝、鬼神来主宰人们的命运、执掌生杀权柄的神鬼观念不同。

在中国传统思想中，还没有类似“轮回转世”的说法。古代人们认为：人死后，魂魄出窍而为鬼（英雄人物则为神）。鬼生活在与人相隔的另一世界，谓之“阴间”。鬼与人一样，也要吃、喝、住、行，所以每到一定时候，就要宰牲上供祭祀祖先。与印度古代《吠陀》文献中的送葬、祭祖诗里叙述的有点相似。另外，古人认为鬼还像人那样具有情感，能报生前的恩怨。齐襄公杀彭生，后在田猎时，看见彭生鬼魂变大豕“人立而啼”。《左传·宣公十五年》中结草衔环以报恩的故事等等。由此可见，中国古代的鬼神观念完全不同于佛教的轮回转世说。

另外，佛教轮回说是以个人“业力”为动力，使有情个体流转于轮回之中。既没有一种外来的强制力量施以报应，也无需为他人（家属）行为承担后果。中国古代的鬼神信仰则认为，上帝或鬼神会施人以祸福。如《易》曰：“履信思顺，自天佑之。吉无不利。”又曰：“为不善于幽昧之中，鬼得而诛之。”就是说“天”或“鬼神”能够按人的善恶使人得祸福。这种思想在汉代还大量存在。特别是汉武帝“独尊儒术”之后，经董仲舒发挥的“天人感应”的谶纬神学到处泛滥。王充在谈到当时人们对善恶报应的看法时说：“世谓受福者既以为行善所致，又谓被祸者为恶所得，以为有沉恶伏过，天地罚之，鬼神报之。天地所罚，小大犹发，鬼神所报，远近犹至。”又说：“祸福之应，皆天也，人为之，天应之。阳恩，人君赏其行；阴惠，天地报其德。”很明显，按照人们行为的善恶施以祸福的说法，具有人格意志的天地、鬼神与因个人业力而陷入轮回的学说不一样。

还有，中国古代所说的善恶报应是有血缘联系的。个人身上不一定能体现出因果关系。以血亲关系为基础的中国封建社会中，血缘关系是封建宗法制的纽带。通过这一纽带，封建家族内部生死相依，荣辱与共，一荣俱荣，一损俱损。故《易》言“积善之家必有余庆；积不善之家，必有余殃”。个人的行为可影响家族、子孙。家庭成员之间要互相为其他成员的行为承担道义上的后果。这与印度佛教的轮回有类似之处。

在中国佛教史上，系统阐述业报轮回的，是东晋慧远。慧远是道安的学生，是继道安之后东晋的佛教领袖。慧远的佛学思想及其宗教活动在中国佛教史上有重要地位。他着重发挥了佛教三世报应和神不灭的理论，著有《沙门不敬王者论》、《三报论》、《明报应论》等多篇著作。这些著作系统地论证了神不灭的思想。他说："神也者，圆应无主，妙尽无名，感物而动，假数而行。"所以"物化而不灭"，"数尽而不穷"。他还把形神关系，即肉体和灵魂关系比作薪与火的关系，认为火能从前薪传后薪，就好像灵魂从一个肉体附入另一肉体，肉体虽腐朽，灵魂却永远传下去。慧远认为这种不灭之"神"，正是轮回报应的主体承受者，也就是说，慧远的三世轮回说是建立在神不灭论的理论基础上的。

他依据《阿毗昙心论》中"若业现法报，次受于生报，后报亦复然，余则说不定"一偈，系统发挥三世轮回说。他说，经云："业有三报，一曰现报，二日生报，三日后报。"认为有情个体按自己所作的善恶之"业"而接受报应，受报应时间可分为现报、生报、后报。所谓现报，是指今世善恶之业今世得受报应；所谓生报，是指来生才受报应；后报则指或二生，或三生不定，然后才受报应。他把善恶报应从时间上区分为三种，从理论上解释了为什么在现实生活中，会产生善者遭殃，恶者得福的不合理现象。

关于产生报应的根源，慧远说："无明为惑网之渊，贪爱为众累之府"。愚昧无知而产生迷惑、烦恼等，是堕入轮回的根本原因。因为"无明掩其照，故情想凝滞于外物，贪爱流其性，故四大结而成形"。由于愚昧无知，使自己的思想感情滞累于外物；由于贪爱欲望而放任自己的本性。这样，业力积聚而成轮回的主体。有了这一主体，则分彼我，然后各人都偏爱自己，为自己私利打算，执着于自我，陷入迷梦之中，贪恋已生，从而使失得相推，祸福相袭，善恶之报也就相继而至。

至于现实生活中"积善而殃集"，"凶邪而致庆"的现象，他认为是"现业未就而前行始应"，是前世业力在现世产生的报应。他说："倚伏之势，定于在昔"，祸福是前生就已决定的。他认为世人怀疑轮回报应之说，是因为"世典以一生为限，不明其外"，所以一旦报应到来，感到疑惑，认为积善无庆，积恶无殃，于是悲天悯人，叹息天丧善人。

他说，只要“合内外之道，以求弘教之情，则知理会之必同，不惑众涂而骇其异”。综合儒佛之说，就会懂得善恶报应之理，明白两家所说之理相同，不会对轮回之说产生疑惑，感到惊讶了。

要想摆脱轮回，必须“不以生累其神”、“不以情累其生”。即不随顺世俗流化，不受无明贪爱之累，不使情感有所滞，使心神对外境而不起任何念头，断绝一切思想，“冥神绝境”，这就是佛教的最高境界——所谓涅槃境界。

十二因缘是佛教理论的主要概念。什么叫作十二因缘呢？一、无明，二、行，三、识，四、名色，五、六入，六、触，七、受，八、爱，九、取，十、有，十一、生，十二、老死。

(1) 无明：指人们心中无明烦恼，晦昧空境，无所明了，以为心性最初一念叫作生相无明，无明是粗细烦恼迷惑妄心，是分段生死与变易生死的根源。同时也是涅槃解脱，菩提寂静的根本。《楞严经》对于真妄二种根本道理，讲得十分透彻。

(2) 行：行是业行，因为有了无明迷惑妄心，所以于诸法本来无我妄执有我，本来无法可得，妄执有法。因有我法二执，就起惑造业，就有了业行。无明缘行，是过去惑业的因。

(3) 识：一刹那之间在父母面前，看到现前欲境，就生起一念爱心，为爱生的种子，纳于父精母血之中，而为胞胎。

(4) 名色：指心法与父精母血的色法，和合成为我们的身心。

(5) 六入：六入就是人的眼、耳、鼻、舌、身、意六根，因为六根能入于六尘，又为色、声、香、味、触、法六尘所入，六根六尘，互相涉入。譬如眼根能够见色，就入于色尘，其他诸根也是这样的，所以叫作六入。

(6) 触：三和合是触，因为有了六根，它就能够感受和触对六尘境界。触是十二因缘中十分重要的一支，能触是根，所触是境。环境的好坏，就会联系到我们根的感受，所以古人说：“近朱者赤，近墨者黑。”例如孟母，她为什么要选择邻居呢？这都是充分表明了客观的环境对我们人主观的意识是起极大作用的。我们经常能够亲近高贤，或大善知识，时时受到至理名言的薰陶，那一定是天天向上，步步前进。如果因缘成熟，经常能在名山古刹清净道场安心居住，时时刻刻常受佛教的薰陶，即能："名山久住道心生。"清净佛地，因缘殊胜。对于所触的环境，《遗教经》说："当制五根，勿令放逸，入于五欲，譬如放牛之人，执杖视之，不令纵逸，犯人苗稼。若纵五根，非唯五欲，将无涯畔，不可制也。亦如恶马，不加控制，将牵人坠于坑阱。"能够把住这个触的大关，是一件重要的大事。

(7) 受：根尘相互触对，一定就会接受所触对的尘境，譬如我们的耳根，对声尘就会接受各种声音，如笙箫鼓乐，同时演奏，我们就会同时接受，而且层次分明，清楚明白。以上识、名色、六入、触、受，是现在世的五支苦果。

(8) 爱：爱是贪爱，六根既然领受六尘，对于所接之境，妄生思量分别，对于称意的就欢喜，便生贪爱之心，不称意的就生烦恼厌恶之心。这个贪爱和厌恶之心，它是众生六道轮回的生死根源，发心学佛修行，就是要修这个妄想心。《金刚经》说："云何应住，云何降伏其心?"也就是用金刚般若妙智来回光返照降伏妄想。要令它对境不生爱染之心，不起分别之念，心如枯木寒灰，意似寒潭死水，一念不生，万虑俱寂，这就是"一刀斩断烦恼因，双脚踢开业障苦"。记得古德说："铁牛哪怕狮子吼，恰似木人看花鸟，但自无心于万物，何妨万物常围绕。"这里最为吃紧的是无心二字，就是六根对六尘不生贪爱之心，一心念佛或照顾话头，就能降伏其心。日久月深，功夫自然成熟。古人赞无尽意菩萨说："世界无边尘扰扰，众生无数业茫茫，爱河无底浪滔滔，是故我名无尽意。"说明爱的作用很大，爱有喜、怒、哀、乐、爱、恶、欲的七种情念。一、喜，成就我所爱的，心中就欢喜。二、怒，夺了我所爱的，心中就要发怒。三、哀，失去我爱的，心中就生悲哀。四、乐，得到我所爱的，心中就生快乐。五、爱，一切环境，对我有利的，心中就生起贪爱，贪得无厌的妄念。六、恶，违背我所爱的，心中就生厌恶。七、欲，顺从我所爱的，心中就生贪欲。依此看来，爱的确是生死的根本，烦恼的首恶。古人说："踏断脚下红丝线，跳出红莲大火坑。"什么是脚下红丝线？就是这个爱字。

(9) 取：既爱了所贪的五欲境界，就想尽办法把它攫取过来，随心所欲为我享受，多多益善，贪得无厌，毫无疑问，就会做出种种恶业。如果感到违反我所贪爱的环境，就横生忿恨，不顾一切，任意胡为做出许多罪业。所以说取是罪魁祸首，我们要时刻把住这个取的关口，能够断除烦恼因。可以免受生死苦，这个取和上面的爱以及最初的无明，这三支叫作烦恼的迷惑因。

（10）有：有就是因果不昧的有，对于所爱之境，将其取来，对不爱之境，把它舍掉，因此就做出种种业，真是业海茫茫，苦恼无量，有业因一定招感业果，因果定律，丝毫不错。爱、取、有三支是于现世造作的未来三支苦因。

（11）生，根据爱、取、有三支苦因，依因感果，又出世投生。

（12）老死，凡有生，一定就会由少而长，由长而壮，由壮而老，步步向前迈进，最后走向死亡的道路，这是不可抗拒的客观规律。世界每个人的生老病死苦，正如释迦牟尼佛未出家之前，游四门时看到的那样，真是令人感到万分痛苦。而且这种痛苦，我们每人都是无法解决的，这是由于现在的爱取有三支苦因，而感招未来世的生、老、病、死的苦果。古人有一首偈语：过去二支因，现在五支果，现在三支因，未来二支果。概括的说明了十二因缘三世二重因果，佛对缘觉人说这十二因缘法门，就是揭示过去、现在、未来三世的因果轮回循环的规律。总的说来就是无明缘行、行缘识、识缘名色、名色缘六入、六入缘触，触缘受、受缘爱、爱缘取、取缘有、有缘生、生缘老死。古人有四句偈：“无明爱取三烦恼，行有二支为业道，从识至受并老死，如是七事为苦道。”是说十二因缘为惑业苦三道流转的道理。

十二因缘又是一个连环钩锁，相互牵连的关系。更有流转门和还灭门。上面所讲的就是流转门的十二因缘道理。辟支佛在小乘圣人中称为利根。他们听到佛说十二因缘流转门的互相关系，互为因果的道理，觉悟到无明这一支，正是十二支因缘中间苦因苦果的总根源。无明一灭掉，所有其他的十一支因缘就会一起断灭了。因此辟支佛就下定决心来斩断无明。譬喻砍树一样，先砍树根，树根一断，而整棵大树，便自然倒下。无明灭才能复还真性，灭除烦恼，所以叫作还灭门。这就是缘觉圣人所修的十二因缘的道理。佛教还有三界六道等概念，这里就不作赘述。

佛教的生死循环、因果报应学说是一个大的系统论，它用因果的观点来解释世界的一切事物，很有解释力度。因此，有其合理的内核。这里说明的是佛教的系统论观点对于中国人的影响是巨大的，中国人秉承这样的文化浸淫，知道因果报应，善恶有报这样的系统论观点。因此佛教对于慈善性质的社会工作具有潜在的影响，正是佛教的因果循环理论的影响才使得社会上的大多数人具有行善的行为动机。这样的行为动机影响是深远的，有点类似于基督教的“救赎”理论，有助于信众行善，是我们进行社会工作的一大助力。明白理解佛教的系统论，也有利于培养和保持社会工作者的工作热情，因为“善有善报”。

此外中国传统文化中的系统论观点还有很多。如兵家的思想和观念也有很多系统观念，纵横家的天下势力均衡与发展也是国际关系上的系统论观点。但限于篇幅这里就不一一介绍。

介绍这么多中国传统的系统论观念，是为了让大家都明白我们建构中国社会工作理论的基本范式“系统论”并不是简单总结和借用西方现代的社会工作理论，而是依据我国深厚的传统文化理念来构建我们自己的社会工作理论。

第二节　中国社会发展中的慈善传统

一、历史上相关的慈善记录

南北朝时期就有专门收养穷人和孤幼之人的场所。《梁书·武帝纪下》载：诏曰：“春司御气，虔恭报祀，陶匏克诚，苍璧礼备，思随乾覆，布兹亭育。凡民有单老孤稚，不能自存，主者郡县咸加收养，赡给衣食，每令周足，以终其身。又于京师置孤独园，孤幼有归，华发不匮。若终年命，厚加料理。尤穷之家，勿收租赋。”这是世界上最早的老人院。

“九月丙申，诏司州洛阳人年七十以上无子孙，六十以上无期亲，贫不自存者，给以衣食。及不满六十而有废痼之疾，无大功亲，穷困无以自疗者，皆于别坊，遣医救护，给太医师四人，豫请药物疗之。”（《北史》卷三魏本纪第三）北魏太和二十一年（公元497年）。这是养老院与医院的最早结合。别坊是晋朝时的太医院，晋书就有记载贾后囚禁太子于别坊的内容，只是到了北魏时更加进化为养老性质并带有太医的场所。

“会昌五年十一月。李德裕奏云。恤贫宽疾。著于周典。无告常馁。存于王制。国朝立悲田养病。置使专知。开元五年。宋璟奏悲田乃开释教。此是僧尼职掌。不合定使专知。元宗不许。至二十二年。断京城乞儿。悉令病坊收管。官以本钱收利给之。今缘诸道僧尼。尽已还俗。悲田坊无人主领。恐贫病无告。必大致困穷。臣等商量。悲田出于释教。并望改为养病坊。其两京及诸州。各于录事耆寿中。拣一人有名行谨信。为乡里所称者。专令勾当。其两京望给寺田十顷。大州镇望给田七顷。其他诸州。望委观察使量贫病多少给田五顷。以充粥食。如州镇有羡余官钱。量予置本收利。最为稳便。敕。悲田养病坊。缘僧尼还俗。无人主持。恐残疾无以取给。两京量给寺田拯济。诸州府七顷至十顷。各于本置选耆寿一人勾当。以充粥料。”（《唐会要》卷四十九）

这段话的意思是宋璟奏请将悲田养病坊制度化，规定各州县应该设立一定的田地作为悲田，以收养贫病孤寡老人和收留乞丐，并“州镇有羡余官钱，量予置本收利”，作为济贫施粥的本钱。（开元五年为公园717年，至开元22年是公元734年。会昌五年是公元845年，这是唐武宗时代。）所以中国的慈善制度化在一千三百多年前就开始实施了，我们不必羡慕英国伊丽莎白时期的《济贫法》，我们国家制度化济贫在伊丽莎白之前就已实施了九百年。只是到了唐武宗时稍有更改，但还是有个州县负责提供田地，所处田产接济贫弱。

“合同前月日见在本利钱，总壹佰叁拾贯柒拾贰文：壹佰贯文本，叁拾贯柒拾贰文利。合同前月日见在杂药，总玖佰伍拾斤贰拾枚。合同前月日见在什物，总玖拾肆事：铛叁口，一受贰斗，一受一斗，一受伍胜，釜壹口，受伍斗。凡盆贰，凡灌叁，缲肆具，刀壹口，镢壹具，锹壹张，泥漫壹，四尺床子二，八尺床贰张，食柜壹，药柜壹，药杵壹，药臼壹，吃单壹，步硙壹合，食单壹，子壹面，按板壹，手罗壹，拭巾贰，白毡伍领，席伍领，绯絁被叁张，盘壹面，甑壹口，瓮大小伍口，椀拾枚，匙箸各拾口，木盆壹，食合拾具。合同前月日见在米，总壹硕陆斗捌合。”①

《天宝年代敦煌郡会计牒》是悲田养病坊存在的实物证据，这一段记载是天宝年代敦煌郡病坊基金、利息及物资设备的决算单。

“癸亥，诏给官田五百亩，命临安府创慈幼局，收养道路遗弃初生婴儿，仍置药局疗贫民疾病。”（《宋史·本纪四十三·理宗三》，宋理宗淳佑九年，即1249年。这是官办孤儿院的历史记录。

“傅慎微，字几先。其先秦州沙溪人，后徙建昌。慎微迁居长安。宋末登进士，累官河东路经制使。宗翰已克汴京，使娄室定陕西，慎微率众迎战，兵败被获，送至元帅府。元帅宗翰爱其才学，弗杀，羁置归化州，希尹收置门下。宗弼复取河南地，起为陕西经略使，寻权同州节度使事。明年，陕西大旱，饥死者十七八，以慎微为京兆、鄜延、环庆三路经济使，许以便宜。慎微募民入粟，得二十余万石，立养济院饲饿者，全活甚众。”（《金史·列传第六十六》，金朝大定年号为1161年至1189年，是金世宗唯一的一个年号）养济院是金朝设立的官方扶贫济贫机构。

徽宗三年三月，丁未，置漏泽园（《宋史·本纪第十九·徽宗一》，徽宗三年为公元1103年）。高宗十四年己卯，命诸郡收养老疾贫乏之民，复置漏泽园，葬死而无归者。（《宋史·本纪第三十·高宗七》，高宗十四年为公元1141年）漏泽园是官方办的丧葬机构，专门为那些贫苦人服务。

“九月戊子，京师置居养院，以处鳏寡孤独，仍以户绝财产给养。”（《宋史·本纪十九·徽宗一》，徽宗崇宁元年为公元1102年）居养院是官办的养老院，专门收留鳏寡孤独者，以颐养天年。

“其无妻子者，蠲除之。诸父母在，分财异居，父母困乏，不共子职，及同宗有服之亲，鳏寡孤独，老弱残疾，不能自存，寄食养济院，不行收养者，重议其罪。亲疾亦贫不能给者，许养济院收录。”（《元史·志第五十一·刑法二》）这条记载说明元朝时将养济院制度化，成

---

① 引用自盛会莲《敦煌研究》，2009年第01期。

为法律记载在刑法上。

“初，太祖设养济院收无告者，月给粮。设漏泽园葬贫民。天下府州县立义冢。又行养老之政，民年八十以上赐爵。复下诏优恤遭难兵民。然惩元末豪强侮贫弱，立法多右贫抑富。”（《明史·志第五十三·食货一》）明朝时继承前代的养济院和漏泽园制度，将慈善制度化、完善化。

在《清史稿》的列传中有多处记载养济院的记录。《列传二十六》记载丁文盛儿子思孔，“修苏州府学，置育婴堂、养济院，诸政皆举。”《列传六十四》记载于成龙，“成龙到官，召吏民拊循之，申明保甲。盗发即时捕治，请于上官，谳实即处决，民安其居。邻瑶岁来杀掠，成龙集乡兵将捣其巢，瑶惧，誓不敢犯罗山境。民益得尽力耕耘。居罗山七年，与民相爱如家人父子。牒上官请宽徭役，疏鹾引，建学宫，创设养济院，凡所当兴罢者，次第举行，县大治。总督卢兴祖等荐卓异。”《列传七十六》记载陈元龙，“五十年，迁吏部侍郎。授广西巡抚。值广东岁歉，广西米价高，元龙遣官诣湖南采米平粜。五十四年，修筑兴安陡河闸，护两广运道。并于省城扩养济院，立义学，创育婴堂，建仓贮穀。”

《列传二百二十一》记载黄辅辰，“陕西自回乱，地多荒芜，巡抚刘蓉议兴营田。辅辰书陈方略，采官私书为营田辑要三卷，大旨在用民而不用兵，与民兴利，不与民牟利，蓉疏荐之。五年，授陕西凤邠盐法道，任以西安、同州、凤翔、延安、乾州、邠州、鄜州七属营田事。辅辰建议谓：‘关中土旷人少，非招徕客民，事末由济。然耕牛、籽种、农具、棚舍，官不能给，民不乐趋也。莫若即以地畀之，薄收其租，亩二斗为差，六年后给券，使世其业。虑田无限制，赋无定则，吏得以意高下为民患，当先正经界，略如古井田法，量地百亩为区，编列次第，书赋额于券，视土肥瘠别等则上下授之。凡领垦者以先后为次，十区为甲，十甲为里，置长焉。里长总十甲租课，岁输之官，凡移徙更替事皆责之。别授田六亩，俾食其人，为庶人在官者之禄，而官总其成。’令下，民皆便之。复定考课举劾法，策奉行不力者。期年，凡垦田十八万馀亩。时军事急，赖所入租麦以饷之。又拨产给书院、义学、养济院、育婴堂、种痘局及灞岸堤工、渠工，诸废皆举。寻卒，祀名宦。”

清代这么多记载说明，在清代，养济院、医学、育婴堂等慈善机构大都由政府出面办理，不但制度化，而且范围很广，遍布全国。

由于历史上有秦始皇的焚书坑儒和项羽的秦都大火，很多的远古史籍已经遗失，所以难以找到秦以前的慈善记录。但是我们相信秦以前的慈善也是很发达的。因为如果不是当时的人有很好的慈善观念和习惯就不可能出现“老吾老以及人之老，幼吾幼以及人之幼”这样的理念和口号。

二、古代慈善救助理念与思想

社会工作实际上就是从慈善事业的基础上发展起来，除了要明白历史的慈善事例，我们还必须明白古人关于慈善救助的理念和思想。这对于我们构建中国社会工作理论非常关键。

中国的《道德经》是古代智慧的结晶，在世界上也广为流传，是除了圣经之外发行数量第二大的书籍。

“执大象，天下往。往而不害，安平太。乐与饵，过客止。道之出口，淡乎其无味，视之不足见，听之不足闻，用之不可既。”（《道德经·三十五章》）“执大象”是一个概念，意思是说如果按照道的原理执政，那么天下的大众都会很向往。这样的地方清平稳定，到了这里，个人不会受到什么损害，大家也会安居乐业，居住下来。快乐繁荣的生活环境使得过往的客人都不自觉地留驻。以后的一小段文字是对道的再说明。事实上这样的社会情境确实出现过，我国的唐宋时期就是这样吸引人，以致马可波罗等欧洲人后来都将中国描述成乐土。后来欧洲的经济学家和哲学家居然得出中国宋代守城门的小小官吏的生活水平就要比十六七世纪的欧洲国王的生活水平好这样的结论。

“善建者不拔，善抱者不脱，子孙以祭祀不辍。修之于身，其德乃真；修之于家，其德乃余；修之于乡，其德乃长；修之于国，其德乃丰；修之于天下，其德乃普。故以身观身，以家观家，以乡观乡，以国观国，以天下观天下。吾何以知天下然哉？以此。”（《道德经·五十四章》）这段讲的是道德的修养，德的修养在中国人来讲是多方面的，不单单是做慈善，还有品格要求。其最主要的考察点是：是否帮助到别人或帮助生命的成长与维持。道德经要求在德上的修养从人，到家庭，再到乡里，再到国家。从小的社会组成部分要求起，再逐步递进上升到国家层面，乃至国际层面。

“天下皆谓我道大，似不肖。夫唯大，故似不肖。若肖，久矣其细也夫！我有三宝，持而保之。一曰慈，二曰俭，三曰不敢为天下先。慈故能勇；俭故能广；不敢为天下先，故能成器长。今舍慈且勇，舍俭且广，舍后且先，死矣。夫慈以战则胜，以守则固。天将救之，以慈卫之。”（《道德经·六十七章》）这段话将慈善道德上升到了“道”的层面来讲解。长治久安的方法有三种，那就是慈爱、勤俭、不敢为天下先。关键的一点是“不敢为天下先”，这里指的是享乐。对于享乐的事还有其他的好事，如果有“不敢为天下先”的理念，那么长治久安、安居乐业并不难。

“天之道，其犹张弓与？高者抑之，下者举之；有余者损之，不足者补之。天之道，损有余而补不足。人之道则不然，损不足以奉有余。孰能有余以奉天下？唯有道者。是以圣人为而不恃，功成而不处，其不欲见贤。”（《道德经·第七十七篇》）这段话很重要，讲明了一个道理，“天之道”是我们以后章节解释慈善与社会工作原理的基本根据。

昔者仲尼与于蜡宾，事毕，出游于观之上，喟然而叹。仲尼之叹，盖叹鲁也。言偃在侧曰：“君子何叹？”孔子曰：“大道之行也，与三代之英，丘未之逮也，而有志焉。大道之行也，天下为公。选贤举能，讲信修睦，故人不独亲其亲，不独子其子，使老有所终，壮有所用，幼有所长，矜寡孤独废疾者，皆有所养。男有分，女有归。货，恶其弃于地也，不必藏于己；力，恶其不出于身也，不必为己。是故，谋闭而不兴，盗窃乱贼而不作，故外户而不闭，是谓大同。（《礼记·礼运第九》）这是礼记中对于大同的解释。

“丘也闻有国有家者，不患寡而患不均，不患贫而患不安。盖均无贫，和无寡，安无倾。夫如是，故远人不服，则修文德以来之。既来之，则安之。”（《论语卷八季氏·第十六》）在孔子看来，平均、公平最为重要，只有公平才能和睦，才能使社会安定无倾覆的危险。这段话与《道德经》中老子所说的“执大象”有点类似。

“王如知此，则无望民之多于邻国也。不违农时，谷不可胜食也；数罟不入洿池，鱼鳖不可胜食也；斧斤以时入山林，材木不可胜用也。谷与鱼鳖不可胜食，材木不可胜用，是使民养生丧死无憾也。养生丧死无憾，王道之始也。五亩之宅，树之以桑，五十者可以衣帛矣；鸡豚狗彘之畜，无失其时，七十者可以食肉矣；百亩之田，勿夺其时，数口之家可以无饥矣；谨庠序之教，申之以孝悌之义，颁白者不负戴于道路矣。七十者衣帛食肉，黎民不饥不寒，然而不王者，未之有也。”（《孟子卷一·梁惠王章句上》）这是孟子养生丧死的一个慈善理念。同一篇的梁惠王中还有这样的话：“老吾老，以及人之老；幼吾幼，以及人之幼。天下可运于掌。”这是孟子总结性的话语，多为后世引用。

“无恒产而有恒心者，惟士为能。若民，则无恒产，因无恒心。苟无恒心，放辟，邪侈，无不为已。及陷于罪，然后从而刑之，是罔民也。焉有仁人在位，罔民而可为也？是故明君制民之产，必使仰足以事父母，俯足以畜妻子，乐岁终身饱，凶年免于死亡。然后驱而之善，故民之从之也轻。今也制民之产，仰不足以事父母，俯不足以畜妻子，乐岁终身苦，凶年不免于死亡。此惟救死而恐不赡，奚暇治礼义哉？王欲行之，则盍反其本矣。五亩之宅，树之以桑，五十者可以衣帛矣；鸡豚狗彘之畜，无失其时，七十者可以食肉矣；百亩之田，勿夺其时，八口之家可以无饥矣；谨庠序之教，申之以孝悌之义，颁白者不负戴于道路矣。老者衣帛食肉，黎民不饥不寒，然而不王者，未之有也。”（《孟子卷一·梁惠王章句上》）孟子的这段话与现代的慈善保障思想已很接近。

足国之道：节用裕民，而善臧其余。节用以礼，裕民以政。彼裕民，故多余。裕民则民富，民富则田肥以易，田肥以易则出实百倍。上以法取焉，而下以礼节用之，余若丘山，不时焚烧，无所臧之。夫君子奚患乎无余？故知节用裕民，则必有仁圣贤良之名，而且有富厚丘山之积矣。此无他故焉，生于节用裕民也。不知节用裕民则民贫，民贫则田瘠以秽，田瘠以秽则出实不半；上虽好取侵夺，犹将寡获也。而或以无礼节用之，则必有贪利纠譑之名，而且有空虚穷乏之实矣。此无他故焉，不知节用裕民也。康诰曰：“弘覆乎天，若德裕乃身。”此之谓也。

礼者，贵贱有等；长幼有差，贫富轻重皆有称者也。故天子袾裷衣冕，诸侯玄裷衣冕，大夫裨冕，士皮弁服。德必称位，位必称禄，禄必称用，由士以上则必以礼乐节之，众庶百姓则必以法数制之。量地而立国，计利而畜民，度人力而授事，使民必胜事，事必出利，利足以生民，皆使衣食百用出入相揜，必时臧余，谓之称数。故自天子通于庶人，事无大小多少，由是推之。故曰：“朝无幸位，民无幸生。”此之谓也。轻田野之赋，平关市之征，省商贾之数，罕兴力役，无夺农时，如是则国富矣。夫是之谓以政裕民。

人之生不能无群，群而无分则争，争则乱，乱则穷矣。故无分者，人之大害也；有分者，天下之本利也；而人君者，所以管分之枢要也。故美之者，是美天下之本也；安之者，是安天下之本也；贵之者，是贵天下之本也。古者先王分割而等异之也，故使或美，或恶，或厚，或薄，或佚或乐，或劬或劳，非特以为淫泰夸丽之声，将以明仁之文，通仁之顺也。故为之雕琢、刻镂、黼黻文章，使足以辨贵贱而已，不求其观；为之钟鼓、管磬、琴瑟、竽笙，使足以辨吉凶、合欢、定和而已，不求其余；为之宫室、台榭，使足以避燥湿、养德、辨轻重而已，不求其外。诗曰：“雕琢其章，金玉其相，亹亹我王，纲纪四方。”此之谓也。（《荀子·富国篇第十》）荀子在这里讲清楚扶贫助困是社会安定一个很重要的环节，扶贫助困的重要手段是节制国家费用，使民众富裕。

“所谓乱也。子自爱不爱父，故亏父而自利；弟自爱不爱兄，故亏兄而自利；臣自爱不爱君，故亏君而自利，此所谓乱也。虽父之不慈子，兄之不慈弟，君之不慈臣，此亦天下之所谓乱也。父自爱也不爱子，故亏子而自利；兄自爱也不爱弟，故亏弟而自利；君自爱也不爱臣，故亏臣而自利。是何也？皆起不相爱。虽至天下之为盗贼者亦然，盗爱其室不爱其异室，故窃异室以利其室；贼爱其身不爱人，故贼人以利其身。此何也？皆起不相爱。虽至大夫之相乱家，诸侯之相攻国者亦然。大夫各爱其家，不爱异家，故乱异家以利其家；诸侯各爱其国，不爱异国，故攻异国以利其国，天下之乱物具此而已矣。察此何自起？皆起不相爱。”（《墨子·卷四·兼爱上》）墨子指出世上的混乱的根本就是缺乏爱心，没有爱心只爱自己则社会就混乱。同样，伦理道德的丧失也是因为爱心的失落。

若使天下兼相爱，爱人若爱其身，犹有不孝者乎？视父兄与君若其身，恶施不孝？犹有不慈者乎？视弟子与臣若其身，恶施不慈？故不孝不慈亡有，犹有盗贼乎？故视人之室若其室，谁窃？视人身若其身，谁贼？故盗贼亡有。犹有大夫之相乱家、诸侯之相攻国者乎？视人家若其家，谁乱？视人国若其国，谁攻？故大夫之相乱家、诸侯之相攻国者亡有。若使天下兼相爱，国与国不相攻，家与家不相乱，盗贼无有，君臣父子皆能孝慈，若此则天下治。故圣人以治天下为事者，恶得不禁恶而劝爱？故天下兼相爱则治，交相恶则乱。故子墨子曰："不可以不劝爱人者，此也。"（《墨子·兼爱》）虽然墨子的言论有理想主义成分，难以实施，但其道理却可以说得通。

讲述这么多的历史上关于慈善文献记录和慈善救助思想，为的是让大家明白，我们国家有着良好的慈善传统，一直都将扶贫济困作为政府的工作。不单单是简单的救助，而是将这样的救助制度化，这比西方最早的英国还要早近千年。所以我们不要妄自菲薄，质疑为什么我们现在的保障系统和社会工作比西方落后。这完全是因为我们国家在历史上遭受重大变故，在历史发展中错失良机，导致现在的经济发展水平远远落后于西方发达国家。但是现在我们正在奋起直追，很快就会在经济上重新居世界前列。如果经济条件许可，有悠久的慈善传统、而且又有系统论观念指引的中国人必定会在慈善和社会保障以及社会工作中作出我们的创新，赶超西方发达国家。

第三节　传统系统论观念运用于社会工作

社会工作理论是解释社会工作的一种框架，而且社会工作理论还必须具备指导社会工作的具体实施的功能。

先讲理论上必须解释的问题：1. 中国社会工作理论必须有如何理解人与环境的问题；2. 如何理解受助人系统及资源；3. 理解与助人者的角色；4. 理解帮助人的过程及如何解读这样的过程；5. 如何给予社会

工作者工作动力和热情；6. 在整个社会宏观层面上社会工作对于社会发展有何意义。

再看实际的工作问题。社会工作者在实际工作中会面临复杂多变的问题，应该采用什么样的方法论来处理复杂多变的社会问题？有没有较为固定的思路和模式？这些都是中国社会工作理论所要解决的问题。而以上介绍的中国传统的系统论观念正好可以解决这样的问题。

西方的社会工作理论虽然发展时间长，实践经验丰富，但是现在纵观西方学界的理论还没有一以贯之的逻辑和理论可以对社会工作理论进行解释和指导。我们构建中国社会工作理论就是试图建立逻辑连贯的、解释力强大的理论，对社会工作从工作者动力、社会工作的宏观意义、社会工作的具体方法和思路、社会工作的价值观等等进行有逻辑的解释。这些都依赖于我们传统的系统论观念。

系统论有一个很关键的目的性原理，那就是：系统范围内其发展变化不受或少受条件变化或途径经历的影响，坚持其表现出来的某种趋势，预先确定状态的特性。依据系统论的目的性原理，我们可以解释社会工作系统的工作性质、状态和目的。

从系统论的稳定性原理上我们又可以解释社会工作的发展前景和社会工作这个子系统对于整个社会大系统的功效，可以解释社会工作的总体目的是为了稳定整个社会系统的秩序，是社会系统稳定性的需求。

从系统论的自组织性上看，我们可以解释慈善、社工发展到政府出资引导整个演化过程。在社会工作发展进程中，自组织现象到处都可以观察到。

"爱因斯坦曾经断言，我们的理论决定我们能够观察到什么。对于这一观点，卡尔·波普尔也表示赞同。"①

因此我们站在传统文化的系统论观念上就可以看清楚，社会工作对于整个社会系统的作用，以及看清楚社会工作的发展前景和方向。

我们从社会工作专业和理论发展的过程即可以清晰看出系统论的作用。20 世纪初期，由于工业化欧美发达国家出现了众多的社会矛盾，社

① 彼得伯克：《什么是文化史》，蔡玉琴译，北京大学出版社，2010 年版，第 89 页。

会正常的生产和发展秩序遭到扰乱（失业、罢工、偷盗、娼妓、酗酒等等），为了稳定社会秩序，社会工作发展壮大形成专业。到了1929年的经济危机时，社会工作更加成为各国政府稳定社会秩序的主要手段，社会工作行业的发展突飞猛进。而到了20世纪70年代末80年代初，欧美的经济发展出现萎缩和衰退，人们检讨社会发展政策时，看到政府过分主导影响了自由的市场经济成分的发挥，导致经济发展不良。也就是说凯恩斯主义被宣判无效，人们转向哈耶克和弗里德曼的自由主义发展思想。就此欧美各国相继削减了对于社会服务的采购额度，致使欧美的社会工作在上世纪80年代开始出现缩减，面临发展困境。这是证明系统论观念对社会工作专业有用和有效的最好例子。

看西方20世纪末到21世纪的社会工作理论，我们就可以知道系统论在社会工作理论构建中的重要作用。如上世纪70年代的任务中心模式理论、危机干预理论、系统理论；上世纪80年代的生态系统理论、认知行为治疗理论、女性主义视角理论；上世纪90年代的优势视角理论、结构式社会工作理论等等都与系统理论相关。

21世纪开始至今，优势视角理论、网络支持理论、生态系统、任务中心、赋权理论等成为了西方社会工作的主流理论，其中大部分都与系统观念和理论相关。

第四节 举例说明处理社会问题必须采用系统论观点

一、案例1

二战后，由于美国1935年实行《社会保障法》的影响，以及苏联社会主义模式的成功影响，欧洲各国都致力于构建均富社会和社会保障。由于欧洲各国经济基础不一致，而落后国家实施的社会福利又争取与发达国家的福利水平持平，高福利制度和高消费文化盛行，致使生产力较为落后的南欧国家希腊财政难以为继，出现了财政危机。

希腊是欧债危机的引发点，希腊经济只占欧元区国内生产总值的

2.5%，但是由于希腊政府执行的是无节制的高福利政策，结果导致入不敷出。为了维持政府信誉，希腊政府必须满足欧盟和国际货币基金组织关于缩减开支的承诺才可以获得借款维护政府信誉。因此希腊政府就推出了大规模的财政缩减计划，2010年3月希腊政府第一次推出了48亿欧元的减缩财政开支的计划。由于希腊民众多年来习惯于高福利、低强度工作，政府的减缩开支计划直接引发了民众的抗议。公务员不再办公，公交车罢工，机场一片平静，加油站停业，商场停业，面包店也关门了。

长期以来，像希腊这样，以选举为中心、政府权力少受限制的欧洲国家，不同政党做出各种不切合实际的承诺，争取选民。一旦上台后，出于同样目的，又不断给福利制度加码，造成了高福利的恶性循环。若经济形势喜人，高福利也能维持，但希腊经济发展停滞不前，政府靠借债度日，却把借来的钱用来发放不合理的福利，这就使得欧盟有些国家，如德国和法国的民众在援助希腊时心理不平衡。

一国的社会福利和财政政策本来只是一个国家内部的事务，但是一个国家如果在处理自己国家内部事务时失当，那么就将危及周边的国家。这就是系统论的观点。如果没有采用系统论观点来处理社会问题，那么就将出现难以预料的困境。

二、案例2

2010年12月17日，据称“受不公待遇”的突尼斯水果小贩穆罕默德·博阿齐齐在当地政府门前绝望自焚。这把火引爆的革命在不到一个月的时间里，推翻了统治23年之久的总统本·阿里。随后，一场被称为“阿拉伯之春”的运动“传染”到埃及、利比亚、也门、摩洛哥、叙利亚等国，激烈的社会动荡让这一地区多位政治强人或下台，或殒命。

谁也想不到突尼斯的一个小贩遭受不公平待遇这样简单的社会问题会引发国际局势的重大变化，甚至还影响到美国的亚太战略和整个国际战略。这些源自突尼斯小贩自焚的世界性变化，只有用系统论观点才可以解释清楚。

三、案例3

高福利、高消费等社会保障制度本来是为了社会更好发展，但是，现在却出现了明显的问题。即使是美国这样先进的国家，也出现入不敷出的局面，与希腊一样出现了养老金和社会医疗保险的偿付缺口。可以说，养老是现代国家所面临的严重社会问题。

可是，就是这样的社会问题，在中国古代却可以较为圆满地解决。在中国古代实行的“孝”文化，倡议社会行孝，以孝来确立社会权利与义务。孝文化除了明确感恩形态和秩序外，还兼顾了社会养老问题，将社会养老问题落实到子女和亲属身上。对于那些孤寡无助的老人，则由国家成立机构负责。可以说现代视为重大难题的“养老问题”在中国古代早已不是严重的社会问题。之所以如此，完全得益于中国人按照系统论观点来办事。

纵观西方现代社会工作理论，我们可以发现系统论是各式各样现代社会工作理论的共通之处。由此我们确立了采用“系统论”范式来建构中国社会工作理论的思路。而中国传统文化中的各式系统论观点又是我们建构中国社会工作理论的基础。中国古代扶贫济困的社会慈善记录又为我们建构中国社会工作理论提供了丰富的实践经验、模式和工作思路，如养老等。

第二章　社会工作心理学

西方最初的社会工作模式是依据弗洛伊德的精神分析学的治疗模式来帮助有问题的案主。所以，西方早期的许多社会工作模式都以心理分析为基础来构建社会工作理论，开始是诊断学派，后来是功能学派，还有诊断与功能结合，再后来就是心理行为理论与系统理论和其他社会学理论的结合。现在，西方基本的社会工作理论还是以心理学理论为基础。心理学在西方的社会工作理论当中具有相当重要的位置。故而，我们借鉴和学习西方的社会工作理论，必须将心理学理论梳理好。

在现代，构建中国自己的社会工作理论，我们明显在心理学研究上要比西方差很多。但是，我们文化发展历史悠久，历史上的我国心理学研究的成就足以弥补我们现代在心理学研究上与西方世界的差距。讲解清楚我国古代心理学研究的情况，也有利于打消人们对于我国心理学研究很弱、难以支撑构建社会工作理论的顾虑。

第一节　中国心理学研究方面的历史记录

五千年前，我国已将美德归类为九种。《尚书·皋陶谟》记载：皋陶曰："都！亦行有九德。亦言，其人有德，乃言曰，载采采。"禹曰："何?"皋陶曰："宽而栗，柔而立，愿而恭，乱而敬，扰而毅，直而温，简而廉，刚而塞，强而义。这是世界历史上最早将人格分类的文字记录。

大家知道，心理学的英文是"psychology"，源于古希腊语，意思是"灵魂之科学"。在希腊文中，"灵魂"也有呼吸的意思。因为古希腊人认为人的生命依靠呼吸，呼吸一旦停止，生命也就完结。随着心理探索的发展，心理学的研究对象由灵魂改为心灵，心理学也就变成了心灵哲学。我们古代的杰出人物鬼谷子早就指出了人生命之根本。“命之机在于气，气之机在于心”。（《鬼谷子·阴符七术》）鬼谷子早在两千多年前就指出所有生命的基础就是气（动植物都是），而动物（特指人）相关于气最重要的就是心。也就是说心里怎么想就决定一个人的气怎样。例如一个人惊恐就有可能导致这个人气血变化甚至死亡；一个人发怒或者长期压抑就很容易得病。所以我们的中医才有“平人无病”的说法。

“知人者智，自知者明。胜人者有力，自胜者强。知足者富。强行者有志。不失其所者久。死而不亡者寿。”（《道德经·三十三章》）这是心理学上对于个人及其相互人际关系的评价与定论。

“揣情者，必以其甚喜之时，往而极其欲也；其有欲也，不能隐其情。必以其甚惧之时，往而极其恶也；其有恶者，不能隐其情。情欲必出其变。感动而不知其变者，乃且错其人勿与语，而更问其所亲，知其所安。夫情变于内者，形见于外，故常必以其者而知其隐者，此所以谓测深探情。”（《鬼谷子·揣篇第七》）

“摩者，揣之术也。内符者，揣之主也。用之有道，其道必隐。微摩之以其索欲，测而探之，内符必应；其索应也，必有为之。故微而去之，是谓塞窌（音 jiào，收藏东西的地洞）匿端，隐貌逃情，而人不知，故能成其事而无患。

摩之在此，符之在彼，从而用之，事无不可。古之善摩者，如操钩而临深渊，饵而投之，必得鱼焉。故曰：主事日成，而人不知；主兵日胜，而人不畏也。圣人谋之于阴，故曰神；成之于阳，故曰明，所谓主事日成者，积德也，而民安之，不知其所以利。积善也，而民道之，不知其所以然；而天下比之神明也。主兵日胜者，常战于不争不费，而民不知所以服，不知所以畏，而天下比之神明。

其摩者，有以平，有以正；有以喜，有以怒；有以名，有以行；有以廉，有以信；有以利，有以卑。平者，静也。正者，宜也。喜者，悦也。怒者，动也。名者，发也。行者，成也。廉者，洁也。信者，期也。利者，求也。卑者，谄也。故圣人所以独用者，众人皆有之；然无成功者，其用之非也。

故谋莫难于周密，说莫难于悉听，事莫难于必成；此三者唯圣人然后能任之。故谋必欲周密；必择其所与通者说也，故曰：或结而无隙也。夫事成必合于数，故曰：道、数与时相偶者也。说者听，必合于情；故曰：情合者听。故物归类；抱薪趋火，燥者先燃；平地注水，湿者先濡；此物类相应，于事誓犹是也。此言内符之应外摩也如是，故曰：摩之以其类，焉有不相应者；乃摩之以其欲，焉有不听者。故曰：独行之道。夫几者不晚，成而不拘，久而化成。”（《鬼谷子·摩篇第八》）

鬼谷子所著揣摩两篇是古代心理学运用时的实用技巧，其中的很多技巧就连现在最先进的美国心理学研究都达不到。

“故知胜有五：知可以战与不可以战者胜，识众寡之用者胜，上下同欲者胜，以虞待不虞者胜，将能而君不御者胜。此五者，知胜之道也。故曰：知己知彼，百战不殆；不知彼而知己，一胜一负；不知彼不知己，每战必殆。”（《孙子兵法·谋攻第三》）这是社会心理学和群体心理学的概括运用。

故仁人上下，百将一心，三军同力；臣之于君也，下之于上也，若子之事父，弟之事兄，若手臂之扞头目而覆胸腹也，诈而袭之，与先惊而后击之，一也。且仁人之用十里之国，则将有百里之听；用百里之国，则将有千里之听；用千里之国，则将有四海之听，必将聪明警戒和传而一。故仁人之兵，聚则成卒，散则成列，延则若莫邪之长刃，婴之者断；兑则若莫邪之利锋，当之者溃，圜居而方止，则若盘石然，触之者角摧，案角鹿埵陇种东笼而退耳。且夫暴国之君，将谁与至哉？彼其所与至者，必其民也，而其民之亲我欢若父母，其好我芬若椒兰，彼反顾其上，则若灼黥，若雠仇；人之情，虽桀跖，岂又肯为其所恶，贼其所好者哉！是犹使人之子孙自贼其父母也，彼必将来告之，夫又何可诈也！故仁人用国日明，诸侯先顺者安，后顺者危，虑敌之者削，反之者亡。诗曰：“武王载发，有虔秉钺；如火烈烈，则莫我敢遏。”此之谓也。(《荀子·议兵篇第十五》）荀况对社会民众心理进行分析讲述出两种对待民众和用兵的方式，指出领导者必须爱人施仁，则兵散聚从容，死命拼搏。如若残暴对待民众和兵士，那么则会像桀纣一样众叛亲离。

“人之性恶，其善者伪也。今人之性，生而有好利焉，顺是，故争夺生而辞让亡焉；生而有疾恶焉，顺是，故残贼生而忠信亡焉；生而有耳目之欲，有好声色焉，顺是，故淫乱生而礼义文理亡焉。然则从人之性，顺人之情，必出于犯分乱理，而归于暴。故必将有师法之化，礼义之道，然后出于辞让，合于文理，而归于治。用此观之，人之性恶明矣，其善者伪也。”（《荀子·性恶篇第二十三》）人性的善恶定性是历史上的哲学家经常研究的，也是以后心理学上人格定型的基础。

“恻隐之心，人皆有之；羞恶之心，人皆有之；恭敬之心，人皆有之；是非之心，人皆有之。恻隐之心，仁也；羞恶之心，义也；恭敬之心，礼也；是非之心，智也。仁义礼智非由外铄我也，我固有之也。”（《孟子·告子上》）

“人皆有不忍人之心。先王有不忍人之心，斯有不忍人之政矣。以不忍人之心，行不忍人之政，治天下可运之掌上。所以谓人皆有不忍人之心者，今人乍见孺子将入于井，皆有怵惕恻隐之心。非所以内交于孺子之父母也，非所以要誉于乡党朋友也，非恶其声而然也。”（《孟子·公孙丑上》）

“人之所不学而能者，其良能也；所不虑而知者，其良知也。孩提之童无不知爱其亲者，及其长也，无不知敬其兄也。”（《孟了·尽心上》）

以上三段是孟子关于性善论的论述，也是心理学上人格定型的基础。孟子以性善论作为根据，在政治上主张实行仁政。

大家知道弗洛伊德《梦的解析》是西方心理学的关键著作。而我们中国在古代对于梦的研究就非常深入，常用的有《周公解梦》，历代都在民间广为流传，成为民间心理安慰和解除困惑的良方。还有出土的《解梦书》也是一部历史久远的关于梦的书籍，与现代流传的《周公解梦》非常相似。可以确定，一千多年前我国民间对梦的解释和梦与实际发生事物的相关性有了非常深入的研究。如今《通胜》上所附的《周公解梦全书》，实出于《玉匣记》。此书传出于唐代，为当时的妇女百科全书，洗头择日、出门择日、查生辰算命等等，应有尽有。一如今日之《通书》所附，只是详细得多。共分二十七类，一共解释了近千个梦境。

民国时道士王亭之在敦煌找到系列解梦书，名为《周公解梦书》以及《新集周公解梦书》等等。这些资料比唐《玉匣记》中的《解梦书》更久远，其为唐代抄本无疑。而《玉匣记》则明显有宋明人纂编的迹象。这些文献说明我国历史上对于梦的解释非常的详尽。

三千年前我国就有关于梦的文字记录。“占梦掌其岁时，观天地之会，辨阴阳之气。以日、月、星、辰占六梦之吉凶。一曰正梦，二曰恶梦，三曰思梦，四曰寤梦，五曰喜梦，六曰惧梦。季冬，聘王梦，献吉梦于王，王拜而受之，乃舍萌于四方，以赠恶梦，遂令始难，驱疫。”（《周礼·春官宗伯第三》）周礼中已将梦区分为很详细的六大类，这说明我国在三千年前就已经对于梦的预兆和实际生活中发生的关联性有了很多的总结与联想。

中国式释梦举例：1.“正梦者，无所感动，平安自梦也。”（《周礼注》）这是指没有内外因素刺激的情下，心无杂念、无忧无虑的自然之梦。2.“噩梦者，惊愕而梦也。”（《周礼注》）惧梦亦即恶（噩）梦，由惊吓而起。

到了汉代，人们还研究出防治噩梦发生的方法。《白泽精怪图》中，有一神兽名伯奇，黄帝命他专门吞食人间恶梦。书中记有辟恶梦之法：“人夜得恶梦，旦起于舍（面）东披发咒曰：伯奇！伯奇！不饮酒，食六（家）常食，高兴地，其恶梦归于伯奇，厌恶息，兴大福。如是咒七遍，无咎也。”（《后汉书·礼仪志》）

在中国古代社会里，梦更多被赋予了社会教育意义，例如《庄周梦蝶》、《黄粱美梦》、《南柯一梦》等，都是借梦境教育人。《红楼梦》更是集合生活情趣、人生际遇等来反映豪门生活，让人读完书犹如亲身经历，都会感叹人生如梦，盛衰不定。

对梦的解读在古代社会里已上升到了哲学的层面，将梦的虚幻与生活的真实相结合，教育人们要树立正确的人生观，不要为那些虚幻的功名利禄而枉费心机。

“开成七年，有卢生名英，字萃之。於邯郸逆旅，遇道者吕翁，生言下甚自叹困穷，翁乃取囊中枕授之。曰：‘子枕吾此枕，当令子荣显适意！’时主人方蒸黍，生俛首就之，梦入枕中，遂至其家，数月，娶清河崔氏女为妻，女容甚丽，生资愈厚，生大悦！於是旋举进士，累官舍人，迁节度使，大破戎虏，为相十余年，子五人皆仕宦，孙十余人，其姻媾皆天下望族，年逾八十而卒。及醒，蒸黍尚未熟。怪曰：'岂其梦耶？'翁笑曰：'人生之适，亦如是耳！'生抚然良久，稽首拜谢而去。经此黄粱一梦，卢生大彻大悟，不思上京赴考，反入山修道去也"。（《世说新语》）

《世说新语》是中国南朝宋时期（420—581 年）产生的一部主要记述魏晋人物言谈轶事的笔记小说。是由南朝刘宋宗室临川王刘义庆（403—444 年）组织一批文人编写的，梁代刘峻作注。全书原八卷，刘峻注本分为十卷，今传本皆作三卷，分为德行、言语、政事、文学、方正、雅量等三十六门，全书共一千多则，记述自汉末到刘宋时名士贵族的遗闻轶事，主要为有关人物评论、清谈玄言和机智应对的故事。黄粱一梦就此成为教育人的典型成语。

"昔者庄周梦为蝴蝶，栩栩然蝴蝶也。自喻适志与！不知周也。俄然觉，则蘧蘧然周也。不知周之梦为蝴蝶与？蝴蝶之梦为周与？周与蝴蝶则必有分矣。此之谓物化。"（《庄子・齐物论》）庄子认为人们如果能打破生死、物我的界限，则无往而不快乐。这种主客一体的形容，以及当主客分离为不同物时的感受，常为哲学家和文学家所引用。类似的哲学化社会教育文章只是到了萨特《变形记》我们才看到。

从中国对于梦的研究有那么长的历史、而且又有文字记录看，我们很奇怪中国没有发展出西方一样的心理学科。但是中国人对梦的社会性运用却非常早，从以上例子我们可以看出来。因此中国古人对于梦等心理学研究大多注重于实用，而非成系统的理论。如鬼谷子的揣摩、孙子兵法、庄周梦蝶等。

总体来看，我国古代的心理学可分为：

一、人性论

即关于人的本性是什么的理论。从古至今，对于这个问题争论可谓无休无止，始终没有定论。我国古代人性论主要有六个派别，分别是告子的“性无善无不善论”、世硕和宓子贱等的“性可善可不善论”、孟子和董仲舒的“性善论”、荀子的“性恶论”、扬雄的“善恶混论”以及代表人物不明的“有性善有性不善论”。还有鬼谷子“命之机在于气，气之机在于心”的性命论也分在这里面。

二、性习论

即人的生性与习性关系的理论。它是我国古代心理学思想中关于人性问题的一种占主导地位的观点，它起源于商朝。相传当时的政治家伊尹就说过“兹乃不义，习与性成”，是说当一种习惯形成的同时，一种性也就形成了。后来孔子提出了“性相近，习相远”的著名论断。其后儒家学者荀子提出“性伪合”的观点，认为人格是先天因素和后天因素混合而成。到了汉代，董仲舒指出“如其生之自然谓之性者，质也。”而老庄的性习论观点非但不重视后天的道德教诲，反而视之为万恶之源，他主张复归于朴的思想。

三、人格类别

中国最早的一本医学著作《黄帝内经》中就出现了关于气质分类的理论。把人按阴阳学说分为五种类型，即太阴、少阴、太阳、少阳、阴阳和平。我国伟大的教育学家孔子从智力上把人分为上智、中人、下愚三类，而且从性格上把人分为狂者、中行和狷者三种。三国时期时由于政治需要，又有人把人的性格分为十二种类型，更为具体，《尚书·皋陶谟》将好品格分为九类等。

四、理想人格

从《周易》开始，中国古代一些思想家包括孔孟、老庄等儒家与道家的代表人物都在构想自己的理想人格，即人所追求的理想目标或最高人生境界。儒家讲究积极进取，而道家主张清净无为。儒家的“圣人”、道家的“真人”、鬼谷子的“神”等等。

几千年以来，中国就有这么多的心理学方面的研究和文字记载。如孙子兵法、鬼谷子的揣摩篇、庄周梦蝶、黄粱一梦、周公解梦等等，这些都是值得我们中国人自豪的。如：“所恶于上，毋以使下。所恶于下，毋以事上。所恶于前，毋以先后。所恶于后，毋以从前。所恶于右，毋以交于左。所恶于左，毋以交于右。此之谓絜矩之道。”（《礼记·大学》）“己所不欲，勿施于人”。（《论语·颜渊》）这些都是实用性的心理学实际运用。现如今，我们为了构建中国社会工作理论，心理学理论是一个重要的支柱。我们主要借用古人的心理学上的实用性和简便性成果。

我们可以看到中国古代丰富的心理学研究成果足以支撑起我们构建中国社会工作理论的心理学需求。而且中国古代心理学研究多为实用性技巧，非常便利于我们的社会工作者学习和运用。如果再结合现代西方关于心理学研究的部分成果，那么我们完全可以摸索出我们自己的社会工作心理学模式。

第二节　社会工作心理学知识精简介绍

西方社会工作理论非常倚重心理学的知识，几乎所有现在的西方社会工作理论都是从心理学慢慢发展过渡而来的。心理学是西方社会工作理论的基础，又非常晦涩难懂，社会工作者想学习到可以独立的，以诊断形式来处理个案最少需要四至五年的时间进行专业学习。

可是，我国现在经济转型社会问题突出，急需大量的社会工作者。国家的计划是在2015年使得全国的有证社工达到500万，这是一个非常艰难的任务。因为如果按照美国的社会工作者学习课程来看，他们需要学习自我心理学、行为主义理论、人本心理学、认知心理学、心理社会学。这些专业知识取得学分并不等于就可以进行独立的诊断式治疗，还需经过一段时间的实践才可以慢慢接收和处理个案。也正是西方初期的社会工作者，强调专业的心理学水准，以及采用医疗室的个案诊断，使得西方发达国家的民众大都认可社会工作者的专业资格和水准。这样就树立了西方社会工作者的社会威信，方便社会工作者进行工作。而我们国家，这么大量的社会工作者需要在短期内培训出来，按照专业水平进行培训必定不能完成计划。因为光师资我们就严重不足。

怎么解决这样的困难呢？我们可以回归本源，从我国现存的社会问题来分析研究。我国的文化与西方的文化不同，西方出现众多的精神病问题者，这些在我国社会也有，但按比例来看我们要比西方社会低很多。因此，遵循治疗式的心理学水平来培养社会工作者就不是十分的必要和迫切。我们只是从社会工作者的最基本需求来要求，简化心理学的知识，这样就可以方便于培训有用的社会工作者。

顺着上面介绍我国古代心理学知识，就此精简介绍与社会工作相关的心理学知识，也算是一种借鉴。在以后的西方理论借鉴章节里就不再赘述西方心理学知识。

心理学一词来源于希腊文，意思是关于灵魂的科学。灵魂在希腊文中也有气体或呼吸的意思，因为古代人们认为生命依赖于呼吸，呼吸停止，生命就完结了。随着科学的发展，心理学的对象由灵魂改为心灵。直到19世纪初，德国哲学家、教育学家赫尔巴特才首次提出心理学是一门科学。而原先，心理学、教育学都同属于哲学的范畴，后来才各自从哲学的襁褓中分离出来。

科学的心理学不仅对心理现象进行描述，更重要的是对心理现象进行说明，以揭示其发生发展的规律。心理学是一门研究人类及动物的心理现象、精神功能和行为的科学，既是一门理论学科，也是一门应用学科。包括理论心理学与应用心理学两大领域。心理学研究涉及知觉、认知、情绪、人格、行为和人际关系等许多领域，也与日常生活的许多领域——家庭、教育、健康等发生关联。心理学一方面尝试用大脑运作来解释个人基本的行为与心理机能，同时，心理学也尝试解释个人心理机能在社会的社会行为与社会动力中的角色；同时它也与神经科学、医学、生物学等科学有关，因为这些科学所探讨的生理作用会影响个人的心智。心理学分为五个子领域，即：神经科学（neuroscience）、发展心理学（developmental psychology）、认知心理学（cognitive psychology）、社会心理学（society psychology）、临床心理学（clinical psychology）。简单来说的话，神经科学研究通过观察人类大脑的反应来研究他们的心理；发展心理学是研究人类是如何成长、发育和学习的一门学科；认知心理学是通过计算机和实验方法来研究心理，即将心理变化看成计算机演算或实验游戏，看人类是如何游戏、辨别语言和物体辨认等；社会心理学则是研究人类的群体行为，怎样与他人交流；临床心理学主要研究心理健康和心理疾病。心理学主要是帮助人们心理健康的学问。

本小节主要介绍社会工作者所必须掌握的心理学基本知识。

一、人际沟通技巧

社会工作是不断接触新的居民和案主，怎样在短时间内获取社区居民或案主的信任和认同？这涉及社会工作效率的问题。而且与人沟通的技巧基本就要依赖于心理学知识。

人际沟通是一种历程，在一段时间之内，一般是采用有目的式地进行一系列的行为。“沟通理论源于加利福尼亚的帕洛阿尔托的一群心理学专家和治疗师，其中最为著名的大概是萨提亚。萨提亚的著作涉及的是人类互动尤其是通过语言互动的复杂性，并试图改变行为模式。”①

你与人饭后闲聊，或和你的好友电话聊天，甚至你使用网络在电脑里与网友们对谈都是一种人际沟通的例子。在每一个沟通的历程里，都会产生意义，这些行为都算是人际沟通。

人际沟通重点在于它是一种有意义的沟通历程。沟通的过程中，其内容表现出的是“什么”？其意图所传达的是理由是“为何”？以及其重要性的价值对应出此沟通“有多重要”？

在沟通历程中各方所表现的是一种互动，在沟通的过程当时以及沟通之后所产生的意义都会影响以后的结果。而且沟通中存在着许许多多的语气态度等差别。下面将对沟通技巧进行下划分：

1. 非语言技巧：是一种面部表情、音调和姿态的运用技巧。

2. 语言技巧：使用文字以增加讯息的清晰性。

---

①　马尔科姆·派恩：《现代社会工作理论》，中国人民大学出版社，2008年版，第180页。

3. 自我表达技巧：帮助你使别人更了解你。

4. 倾听和反应技巧：帮助你解释他人的涵义并且分享所接受的涵义。

5. 影响技巧：帮助你说服别人改变他们的态度或行为。

6. 营造气氛的技巧：创造一种正向的气氛，使有效的沟通较易达成。

心理学上沟通包括了两方面的涵义，沟通方法和沟通的内容。当两个人通过他们的感觉器官交换信息时，他们表达的是非语言形式或文法及内容的暗示和启发。大多数的人类性格学和社会科学都研究人际沟通方式，他们甚至在他们的理论模式里把它划分等级。

在心理学上，过程被当作了一种“看不见的信息”。它被当作是精神症状的次级表达和影响。在《沟通原理》一书中，信息传递方式被称作“噪音”以区别于它所传递的“信号”（内容），噪音是对信号信息的定义和说明。在完形心理学、心理剧和家庭治疗的模式中，传递方法具有更高的地位。往往他们那些卓有成效的治疗，都归功于他们乐意积极地利用那些非语言的表达。在某种意义上，各种心理治疗理论的发展都是从非语言信息的分类开始的，如“性格保护”、“人格繁殖”、“机器人化”、“群体文化”、“家庭原则”等。但这里我们不讲那么多专业化的词语，而是要让读者一目了然地明白如何增强与人沟通的技巧。前面所说的沟通技巧的细微划分可能在你掌握初步沟通技巧之后，希望自己深化心理学知识，这是社工必须注意的细节，并非无用。

与人沟通最主要的是获得别人的认同，让别人信任你。所以心理学上的沟通要点就是要尊重所有沟通的对象。这样的尊重要表现在语言、眼光和情绪上。仔细倾听别人的讲话，并准确把握其讲话的要点，是让别人信任的关键。卡内基说：“要想获得别人的尊重，首先你必须先尊重别人。”认真听别人诉说是尊重人的重要环节。人类在几十万年的进化中已经发展出很发达的沟通信息收集系统，因此很多微小的细节都可以让别人感觉到你是否真心在听他说话。所以与人沟通必须在心底里发自内心的尊重的想法，才会有自然的尊重表现。才能获得沟通对象的认可。

其次就是寻找共同话题。对于社区妇女可以说一些买菜、做饭、购物、物价等问题；对于老人可以说一些小孩教育、社区历史、以前的好经验等；对于小孩可以谈一些什么特长，擅长干什么、喜欢做什么、希望做什么等等的话题。共同的话题是迅速拉近彼此距离的关键。

再次，在沟通中要依照被沟通者的特定方式来沟通。如照着被沟通者的说话句式进行沟通，例如我感觉、我认为等，如果一时找不到要点，可以照搬被沟通者的原话，也就是原话复述。其中还有很多如身体语言的模仿，如喜欢摸头发等等行动，如被发现可以说也是习惯这样，这样的沟通将非常成功。但一些比较过分的身体动作就不能去模仿，因为是特别的，有可能是一些毛病，你一模仿就会马上令对方反感。例如别人打嗝，你跟着学，肯定别人会认为你看不起他，在嘲笑他。

初次的沟通技巧容易把握，难处就在于以后的维持信任上。首先要牢牢记住案主或被沟通者的姓名和其他的相关资料，因为你一旦忽视或忘记，将损害被沟通对象的信任。所以在每次与新案主或沟通对象进行沟通时，最好做好笔记，记下沟通者的姓名和资料。然后就是尊重感觉的保持。以后的沟通要做到与第一次沟通时一样尊重案主或被沟通者。学习好沟通技巧才能做好社会工作。

二、对案主情绪或行为是否正常要有一定的专业判断

判定具体标准一时难于确定，但基本原则是可以说清楚的。心理学对人类心理活动的定义出发，明确提出区分心理正常与异常的三原则。

根据心理学对心理活动的定义——“心理是客观现实的反映，是脑的机能”，理解心理正常与异常应从心理活动本身的特点去考虑：

第一，主观世界与客观世界的统一性原则。因为心理是客观现实的反映，所以任何正常心理活动和行为，必须就形式和内容上与客观环境保持一致性。不管是谁，也不管是在怎样的社会历史条件和文化背景中，如果一个人说他看到或听到了什么，而客观世界中当时并不存在引

起他这种感觉的刺激物，那么，我们必须肯定，这个人的精神活动不正常了，他产生了幻觉。另外，一个人的思维内容脱离现实，或思维逻辑背离客观事物的规定性形成妄想。这些都是我们观察和评价人的精神与行为的关键，我们称它为统一性（或同一性）标准。人的精神或行为只要与外界环境失去同一，必然不能被人理解。

在精神科临床上，常把自知力作为是否有精神病的指标，其实这一指标已涵盖在上述标准之中。所谓无自知力或自知力不完整，是一种患者对自身状态的反映错误或称为自我认知统一性原则丧失。

第二，心理活动的内在一致性原则。人类的精神活动虽然可以被分为知、情、意等部分，但它自身确实是一个完整的统一体，过程之间具有协调一致的关系，这种协调一致性保证人在反映客观世界过程中的高度准确和有效。比如一个人遇到一件令人愉快的事，会产生愉快的情绪，手舞足蹈，欢快地向别人述说自己内心的体验。这样，我们就可以说他有正常的精神与行为。如果相反，用低沉的语调向别人诉说令人愉快的事，或者对痛苦的事作出快乐的反映，我们就可以说他的心理过程失去了协调一致性，称为异常状态。

第三，人格的相对稳定性原则。每个人在自己长期的生活道路上都会形成自己独特的人格心理特征。这种人格特征形成之后具有相对的稳定性，在没有重大外界变革的情况下，一般是不易改变的。它总是以自己的相对稳定性来区别一个人与其他人的不同。如果在没有明显外部原因的情况下，这种个性的相对稳定性出现问题，我们也要怀疑一个人的心理活动是否出现异常。这就是说，我们可以把人格的相对稳定性作为区分心理活动正常与异常的标准之一。比如，一个用钱很仔细的人突然挥金如土，或者一个待人接物很热情的人突然变得很冷淡，如果我们在他的生活环境中找不到足以促使他发生如此改变的原因时，我们就可以说他的精神活动已经偏离了正常轨道。

判定沟通对象是否正常对于社会工作者非常重要，这是避免受伤害和发现案主的过程，是社会工作者的一个必备技巧。

三、心理学学习和研究的基本原则

1. 客观性原则

所谓客观性原则，就是对任何心理现象必须按它的本来面貌加以研究和考察，不附加任何主观意愿的原则。人的心理虽是在头脑里进行的活动，但它是客观现实的反映，一切心理活动都是由内外刺激引起的，并通过一系列的生理变化，在人的外部活动中表现出来。研究人的心理，就是要从这些可以观察到的，可以进行检查的活动中去研究。人的心理活动无论如何复杂或作出何种假象与掩饰，都会在行动中表现出来或在内部的神经生理过程中反映出来。因此，在心理学的研究中切忌采取主观臆测和单纯内省的方法，应根据客观事实来探讨人的心理活动规律。

2. 联系性原则

人生活在极其复杂的自然环境和社会环境之中，人的第一心理现象的产生都要受自然和社会诸多因素的影响和制约，人们对某种刺激的反应，在不同的时间、环境和主体状况下，反应往往不相同。因此，在对人的某种心理现象研究和实验中，要严格控制条件。不仅要考虑与之相联系的其他因素的影响，而且要在联系和关系中探讨心理活动的真正规律。

3. 发展性原则

世界上一切事物都是运动、变化和发展的，心理现象也是如此。这就要求心理学的研究也要从心理史前发展、意识发展、个性心理发展以及环境和教育条件变化等不同方面，揭示人的心理发生和发展的规律。

4. 帮助性原则

学习研究某些人的心理是为了更好地帮助案主或居民，而不是为研究而研究。因此，进行心理学的学习与研究要在内容选择上考虑如何帮助别人，怎么使其他人获得乐观生活态度或改变不合时宜的生活观念，在实际生活上切实改善被帮助者。

5. 分析与综合的原则

把复杂事物分解为简单的组成部分和把各部分联合成为统一的整体，是任何科学深入认识其对象的有力手段。在心理学研究中贯彻分析与综合的原则，至少包括以下两层意思：其一，心理、意识虽然是很复杂的现象，但可以通过剖析，将其分解为各种形式进行专门的考察研究，而后通过综合将其看成为有机联系的整体加以理解；其二，在研究某一种心理形式与现实条件的依存关系时，也可以分别地考察某一条件在其中所起的作用，而后将其揭示的各种规律加以综合运用。综合的观点在心理学中也可以被称为系统论的观点，因此这个原则也被叫作系统性原则。这个原则在很多固化了的社会工作模式中都有运用。

四、心理变异

社会工作者应该给予心理变异充分的重视，因为在工作过程中如果可以及时发现案主或被帮助者有什么心理变异的征兆，就可以及时阻止，避免案件朝着恶性的方向发展。就像本书开头所举的例子一样，由于居委会工作人员不具备心理学知识，在案主已经发生心理变异、将要恶化的情况下，没有正常的疏导，导致恶性案件发生。

从心理学角度来看，心理变异是正常心理的恶化，它介于正常心理与变态心理之间。所谓心理突变，就是由于特定情势的发生，使得特定人的心理环境要素结构发生重组性变化，而致使心理环境产生实质性变化的心理现象。在现实生活中，人的心理总是不断地发生渐变（即量变），进而发生突变（即质变）。

对变态心理发生的原因和机制有多种探索途径。由于理论观点和研究方法不同，对变态心理的认识也不尽一致。在变态心理学的发展进程中，曾出现过不少试图解释各种变态心理病，出现了很多解释心理或行为的变态心理模式。这些模式都较注意根据统计结果区分病态和常态，考虑到变态心理和常态心理之间存在连续的量的改变。通常，人们总是把在群体中出现频率高的心理现象称为常态，反之则称为变态。例如，在群体中智力的分布，呈现为常态曲线，若以智商表示，群体中95%以上的人的智商在70～129之间，属正常；智商不到70者，约占5%以下，则被视为智力低下；130 以上者则一般是智力超常。

心理学上，按躯体疾病的模式来理解变态心理，称为生物医学模式，又称疾病模式。希波克拉底曾以四种体液不平衡来解释变态心理。中医沿用躯体疾病的理论对癫狂进行辨证论治，即属于这一模式的代表。19 世纪菲尔肖提出细胞病理学说之后，从人脑的组织结构改变中找寻变态心理的原因曾风行一时。最成功的例子是麻痹性痴呆，病理学家不仅发现了患者脑结构的典型改变，而且还从死者的脑组织中找到了苍白螺旋体。此外，各种急性和慢性器质性脑病综合征以及症状性精神病都显示了变态心理与躯体疾病、特别是脑病的因果关系。于是，变态心理的医学模式获得了大量的论据。精神异常被看作是一种疾病状态，躯体和行为的异常改变组成其症状，根据特别的症状组合即可作出疾病诊断。克雷佩林根据大量临床观察经验，按照医学模式对形形色色的变态心理加以分类，建立了精神疾病现代分类系统的雏形。心里动力学模式从弗洛伊德的精神分析理论说明变态心理发生的原因和机制，认为变态心理不符合一般疾病的概念，而是意识与无意识之间的冲突，即内驱力和欲望引起的内在冲突，以致产生固恋及倒退行为等，这均可引起情绪障碍甚至导致心理变态。处于无意识中的本能欲望经常要求获得满足，但又因社会的制约而不得不被意识压制下去，于是形成内心冲突，因而往往引起焦虑。为了减轻或消除焦虑时的紧张不安，以保障内心的安宁，在人的心理活动中存在着一系列心理防御机制，各种变态心理就是各种防御机制单个的或多个组合起来发生作用的外部表现。心理防御机制（如压抑）的过度运用，常引起明显的精神异常和人格缺陷。

1. 行为主义模式。行为主义模式以华生的行为主义理论和斯金纳的学习理论来说明病态行为发生的原因和机制。即所谓心理冲突之类概念不过是主观臆测，不可能进行客观的测量和评定，对变态心理的研究应注重于可观察的行为表现；病态行为和正常行为一样，是通过学习获得的，因而也可以经过再学习，通过对抗性条件作用加以矫正。行为疗法应用于临床，在矫正恐怖症性变态等病态行为方面取得的成效，使这一模式经受了实践检验，获得支持，并对行为医学的兴起产生一定的影响。

2. 社会学模式。社会学模式强调社会因素对发生变态心理的作用，认为经济贫困、种族歧视、生活变化、社会压力等，都可能引起变态心理，而变态心理乃是社会病理学的反映。跨文化精神病学的研究成果显示，社会文化背景不同，对变态心理的判断标准、患病率的统计分析、症状的表现形式以及预后的估计等，都可能存在差别。例如，从社会利益的角度来看，人格障碍、性变态、瘾癖之类问题，都是破坏性的、属于违反道德规范的行为，为社会所不容。从医学心理学的观点来看，这类人存在着心理变态，以致于不能恰当地适应社会生活。

3. 艾瑞克森认为：（1）发展包括生物、心理及社会三方面的变化过程，此过程由八个发展阶段组成，每个阶段都有一个发展的危机或中心任务必须解决。（2）成功解决每一个阶段的危机，人格会顺利发展，否则将出现人格缺陷或异常。（3）任何一个时期的发展顺利与否，均与前一发展时期密切相关。如果前一发展时期发展顺利，将为后一期的人格发展打下良好的基础。每个阶段都有一个发展的危机，分别是：（1）婴儿期信任对不信任；（2）幼儿期自主对羞愧或疑虑；（3）学龄前主动对内疚；（4）学龄期勤奋对自卑；（5）青春期自我认同对角色混乱；（6）青年期亲密对孤独；（7）中年期的创造对停滞；（8）老年期完善对失望。

以上这些解释变态的医学和心理学上的解释都适用于正常态和变态的中间态——变异心理的分析和解释。总的来讲，变异心理是在生活环境遭受大的变故或者人本身的生理期导致发生生理的器质性，如老年体衰等。生活环境变异主要是生活压力大增，让个体难以承受。在这样的情况下就很容易发生心理变异。如学生转学，不适应新同学和新老师等等。

导致心理变异的主要因素：

（1）痛苦，是导致心理变异的基本因素。痛苦产生的情景很大程度上决定了一个人是否心理是否变异。在一个通常认为应该痛苦的情境下（例如亲朋的葬礼）产生痛苦是正常的，反之不正常。这是识别标准之一。

（2）适应不良。也就是行为和既定目标之间的关系。假设你有一个理想的目标，如果你的行为能够在一定程度上帮助你达到目标，是正常的，如果你的行为阻碍了你达到目标，你就有可能是心理变异。

(3) 不合理。也就是说一个心理变异的人的行为都是没有正常理由的，或者正常的理由都很难解释的。

(4) 不可预知性。任何一个正常的个体在一定时间段里的行为具有一致性。其实就是说一个人的行为模式不会突然间有很大的变动。比如一个内向的人很少和陌生人说话，假如一天她突然不停地对陌生人说话，那就是有问题了。

(5) 少见的和非传统的。我们总是倾向于用自己的标准来衡量别人的行为是否合理，如果一个另类的人的行为不被大多数个体接受，通常人们会认为不正常。

注意心理变异可以防范自己受到伤害，也可以帮助案主或受助者。心理变异的观察和运用可以用于多个方面，如婚姻离异、老年体衰、学生学习环境大变动等等。抓住心理变异的苗头及时、有针对性地解决问题可以大量减少社会问题。

五、社工心理学运用的通用原理

心理学运用原理总结起来就是四个过程，发现、启发和诱导、支持、鼓励。现代的社会工作朝向非常明确，就是利用案主的优势，让案主自主解决面临的问题。西方社工理论界甚至还有人说社工的最终职能就是消灭社会问题，最后消灭社工。社工所要做的就是对案主进行发现、启发和诱导、支持和鼓励。

自体心理学认为所有的心理病态都源于自体的缺陷，自体的缺陷导致与周围环境的不协调，这样就引发社会问题。从这样的角度出发，心理学认为要给予人们第二次机会以完成自己的发展，从而形成或强化某种人格。

每一过程都不是单纯的，而是相互混合的。

1. 发现过程

发现指的是社工对案主提出问题。如 A 案主当前的症状是对当前生活压力的反应还是长期的人格障碍？这就与启发有关。B 案主的症状和问题在何种程度上体现为课题关系或自我病态？这也与启发有关，有利于社工聚焦于关键问题，提出解决方案。C 案主当前症状的问题是否体现了内在心理结构、冲突或发展缺陷？这也与启发案主相联系。D 案主解决问题的内在能量、动机、环境资源和社会支持是什么？

发现过程总共有十个方面的内容：

（1）探索案主当前生活情境中的有意义关系和社会支持，并明确他们如何影响案主的。

（2）探索案主是否正在经历生活转变或发生有影响的生活事件。

（3）思考案主当前的问题是否与案主独特的观察世界的方法或独特联接外界方法有关。

（4）明确案主面临的当前问题中，是否将自体的需要屈从于他人需要。

（5）理解案主自体概念是否现实，案主是否接受生活中并不乐见的东西。

（6）辨识案主与他人或外界的处理原则和概念。

（7）对案主的心理素质构成要有全面的了解，如防卫心理、内在能量等。

（8）调查案主早期经历和关系以了解案主问题的发展，以及问题如何变异过程。

（9）尊重案主文化背景、性别、性取向等等其他方面的多样性特征，特别要重视案主的独特经验对案主的影响。

（10）确认关系的性质和可以动用的环境资源。

2. 启发和诱导过程

美国心理语言学家乔姆斯基在 20 世纪 50 年代提出了句子的双重结构理论，他认为句子有两个结构层次，即表层的结构和深层结构。前者是指句子发出的声音，后者是指句子所表达的意义。对于语言的了解依赖于人的知识经验、语境言语材料的组织等。因此发问的词序、语序、句式、上下文及如何针对对话人特定的生活经验都需仔细斟酌。

所以诱导模式大都是语言式进行，但也有少数是通过行动来进行的。如蹦极活动，有些不敢跳的，直接的诱导方式就是同伴先跳，这就是行动诱导。

社工工作的诱导模式可以参考上面的发现过程，根据发现的需要来进行启发性诱导，将问题引向我们感兴趣的方向。

(1) 逻辑学上的方法

此类方法实质上运用了复杂问语。复杂问语中隐含着一个可能与事实相符也有可能不符的预设，而无论回答“是”或者“不是”都等于承认了这个假设。如：“你不经常搞恶作剧吧?”经常与不经常的回答都承认有搞过恶作剧。

(2) 修辞学方法

修辞学的诱导方法指利用模糊语、双关语、借喻语、含蓄语、暗示语等修辞方法来达到诱导的目的。模糊语指没有明确的外延或性状不确定而使得语义不明确的词语。“模糊概念要比明确概念更具表现力……在模糊中能够产生知性和理性的各种活动。”(《康德传》) 模糊语的使用可以促使案主自我切入与语境一致的对话中，这样社会就可以尽快发现所要关注的问题。如：“不管怎样我感觉到事件对你有很大影响。”这会诱导案主说出有没有影响，乃至多大影响。

双关语表面上是一层意思，暗中却曲折隐含着另一意思。而重在隐含之意。常用的双关语有语义双关、谐意相关、形象相关等形式。如说到案主的情况对其家里人的影响时，“是否要帮助”这样的问话就是双关语，可以说他的家里人是否要他帮助，也可以说他是否要帮助。

借喻语是比喻的一种，用比喻来作本体代表物的一种表达方式。谚语、歇后语、俗语、方言等结合使用。如“game over”，很多案主都明白游戏结束，可是在提及案主问题不处理导致的结果时就可以使用。

含蓄语措辞比较隐晦，为的是避免案主反感或恐惧。如：“能力不小啊，干了这样的事”虽然表面上说他能力大，实际上暗含着危害不小的描述。

3. 支持过程

社会支持是心理学的一个重要概念，社会支持这一概念最早由卡塞尔（John Cassel）于1974年提出来，经由卡普兰（Gerald Capulen）拓展，之后相继出现了大量关于社会支持的界定、测量以及有关社会支持影响因素的研究。舍马克（Shumaker）和布隆内尔（Bronell）把社会支持定义为：作为提供者和接受者的两个之间所感知到的资源及交换，目的是增进接受者的健康。

（1）社会网络、社会融合和社会支持

社会支持是个内涵丰富的概念。施瓦塞尔（Schwacer）等人区分了一些与社会支持相关的概念，如社会网络、社会融合等。

社会网络是对社会一体化和社会支持的客观基础。因为社会网络是个体所处环境可能给被支持者提供支持的数量。社会一体化和社会支持是理论上的结构。指个体融入社会、具有社区感、义务感和亲密感的程度。社会融合指社会关系的结构和数量，如社会网络的大小和密度以及相互作用的频率，有时还指社会融入的主观感觉。社会支持指社会关系的功能和质量，如感觉到的帮助或者实际接受的支持，它出现在相互作用过程中，并与利他主义、义务感、互惠感有关。

社会网络和社会融合可以用复杂、精确的方式评价，但研究者经常选择直接的方法——即最一般的人口学的指标，它包括个体在家庭和组织中所承担的角色的数量，接触的持久性和互惠程度。一个社会支持网络代表一个关系网，它把个体与网络特征连在一起，网络特征包括成员数量、相互作用程度、亲密程度（家人、同事、邻居）和成员的相似程度。

（2）工具支持、有形支持、信息支持和情感支持

社会支持从狭义上讲有各种不同的定义，它可以看作他人提供的有关的对应策略和交换的资源。施瓦塞尔（Svhwarzer）等人对已有的研究成果加以梳理，认为社会支持包括：第一，工具支持，如帮助解决一个问题；第二，有形支持，如捐助物品；第三，信息支持，如提供忠告；第四，情感支持，如提供一个保证。

布克提出健康和福利不仅是实际的社会支持的结果，而且也是参与有意义的社会背景的结果。社会支持接受者可以通过接受支持产生汇报动机、义务感和归属感，从而使社会支持对接受者产生影响。布克曾用

"伙伴关系"来说明这种共同帮助的和谐网络及义务，融入到积极社会生活中可能比接受帮助对人更为有利。

(3) 社会融入、现实的社会支持和感知到的社会支持

巴伦纳、舒马克、布劳恩内针对社会支持概念也提出了三个术语：社会融入、实际得到的社会支持、感知到的社会支持。

社会融入：属于广义的社会支持，其定义为：个体所拥有的能够给他提供帮助的重要他人的数量。社会融入与社会孤立相对，一个社会融入良好的个体有很多朋友、家庭成员以及从中可以得到社会支持的其他社会关系。实际得到的社会支持：指从他人那里可以实际得到的真实支持。个体可能有很好的社会支持网络或很好的社会融入，但其朋友可能并没有给予真正的支持，实际上支持他的朋友数量要少于他拥有朋友的数量。感知到的社会支持：指研究者研究最多的一种社会支持。它指个体对自己与他人可靠联结的认知与评价，换句话说，它是个体对如何得到社会支持或得到支持频率的感知。例如个体可能有许多能够支持他的朋友，但是这些支持有时是不能利用或者不及时的。

巴伦纳和舒马克都认为，研究者在开始调研之前要对这三种支持作出恰当的区分。更准确的、限制性更强的区分可能对研究更加有用，感知的支持是个体遇到问题时期望得到的帮助。前者经常是前瞻的，后者经常是回溯的，二者有着本质的区别。

一些研究表明，社会支持对应对困难的解决具有明显的效果。舒马克和布劳恩内研究表明，支持小组对初为父母者、丧失亲友者、被强奸者、癌症患者的确有帮助作用。科谢（1986）研究表明，社会支持对帮助慢性压力、企图自杀的青少年应对困境起到良好的效果。还有研究表明社会支持对老年人、患癌症儿童的父母、青少年的母亲、农村福利接受者、离婚女人、低收入母亲、残疾儿童及青少年药物滥用的母亲，以及为老年人服务者、赌徒、无家可归者等都有帮助。

社会支持效果包括三个方面，直接、间接和相互：第一，社会支持的直接效果是指人际接触和帮助直接促进健康的行为。例如朋友鼓励病人坚持医疗养生法、健康饮食，可以直接支持帮助不健康的个体。第二，社会支持的间接效果是指通过减少感知压力事件的严重性来促进个

体的健康，例如父母使孩子明白有难度的数学课程是一种挑战而不是压力事件，父母给孩子提供了间接的帮助。另一种提供间接支持的方法是把较大的问题化简为较小的、可以控制的问题。第三，社会支持的相互作用效果包括两种，一种舒适社会支持的缓冲器效应，这是社会支持被理解为通过影响应对资源的认知、数量和质量，减少或者改善压力事件的负面作用。例如处于压力情景中的个体如果有许多关心他的朋友，他对压力事件的应对就会从容一些。另一种是社会支持的助推作用，即社会支持实际上增强积极生活事件的有益效果。社会支持者提供一些积极经历会提升生活境界。

4. 鼓励过程

激励理论是当代管理学的一个不可或缺的分支，在管理实践中有着重要的作用。激励理论一般用作探求企业管理的启示，在企业管理中一般常用三种激励方法：

激励理论的根本原因可分为外因和内因，内因是由人的认知构成，外因是人所处的环境。为了引导人的行为达到激励的目的，管理者可在了解人的需要的基础上，创造条件促进这些需要的满足，也可以通过采取措施，改变个人的行动环境，对需要以及人内在动机和环境激发，形成各种各样的激励理论，一般可将激励理论分为激励的需要理论和激励的过程理论。

记住心理学使用几个关键过程：发现、启发和诱导、支持、鼓励。采用这样的方式可以简便地完成与案主沟通和达到快速帮助案主的目的。

（1）激励的需要理论

第一，需要层次理论：马斯洛1913年出版了《人的动机理论》一书，提出著名的层次理论，他认为人有五个层次的需求：生理需求，安全、保障需求，社交归属需求，尊重需求，自我实现需要这五个层次。是一个由低到高逐级形成并逐级得以满足。生理需求与安全需求成为低级需求，而社交归属、尊重、自我实现成为高级需要。

第二，双因素理论：双因素理论是美国的行为科学家赫茨伯格提出来的。20世纪50年代末期，赫茨伯格和他的助手在诶过匹兹堡地区对

200名工程师、会计师进行调查访问，访问主要围绕两个问题：工作中，哪些事项是让他们满意的，并估计这些积极情绪持续多长时间；又有哪些事项是他们不满意的，并估计这种消极情绪持续多长时间。赫茨伯格以对这些问题的回答为材料，着手去研究哪些事情使人们在工作中快乐和满足，哪些事情造成不愉快和不满足。结果他发现，使职工感到满意的都是属于工作本身或工作内容方面的；使职工感到不满意的，都是属于工作环境和工作关系方面的。他把前者叫作激励因素，后者叫作保健因素。保健因素与工作环境和工作条件有关，其内容包括公司的政策与管理、督导、工资、同事关系、工作环境、人际关系等方面。激励因素是指适合个人心理成长的因素，内容包括成就、赞赏、工作本身、责任感、上进心等。不是所有的需求得到的满足都能激励人们的积极性，只有那些被称为激励因素的需求得到满足时，才能调动积极性。缺乏保健因素时，将带来强烈的不满，但保健因素得到满足时，并不能带来强烈的激励作用。

（2）激励的过程理论

第一，公平理论是美国心理学家亚当斯提出来的。公平理论的基本内容包括三个方面：

A. 公平是激励的动力。公平理论认为，人能否受到激励，不但受到他能得到什么而定，还要受到他所得与别人所得是否公平而定。

B. 公平理论的模式及方程式：$Qp/lp = Qo/lo$

Qp代表一个人对他所获得报酬的感觉。

Lp代表一个人对他所投入的感觉。

Qo代表这个人对某比较对象所获得的感觉。

Lo代表这个人对比较对象投入的感觉。

C. 不公平心理行为。当人们感觉到不公平待遇时，在心里产生苦恼，呈现紧张不安，导致行为动机下降，工作效率下降，甚至出现逆反行为。

第二，期望理论。弗鲁姆认为，某一活动对某人的激励力取决于他所能得到的结果的全部预期价值乘以他以为达成该结果的期望概率。用公式可以表示为：$M = V \times E$，其中：M激励力量，总是调动一个人的积极性，激发出人的潜力的强度。V 目标效价，指达成目标后对于满足个人需求价值的大小。E 期望值，指根据以往的经验进行的主观判断，达成目标并能导致某种结果的概率。

采用恰当的激励手段可以有效激励员工工作。同理，在社会工作中，如果合理使用鼓励手法可以很快完成我们要达到的目标。

实际上，“网络支持理论”、“叙事治疗”、“优势视角”、“任务中心”等等典型的社会工作模式使用的都是支持和鼓励这样的模式。让案主自主解决自己的问题是现代社会工作的趋势。

第三节　社会工作有关常用心理学理论介绍

一、心理动力理论

心理动力观是建立在弗洛伊德以及其追随者的理论后续发展的基础之上的。心理动力理论之所以被冠以“心理动力”。是因为这些观点背后的理论——该理论的假设、行为产生于人们的意识之中的运动和互动。理论运用不同的技能，通过观察人们的行为，来阐述人们的意识事后如何运作的。心理动力理论强调意识刺激行为的方式，意识和行为都会影响个人的社会环境，并受个人社会环境的影响。

心理动力理论对于社会工作理论和实践的影响是基本性的，其有关发展、人格、治疗的理论影响甚广，它是第一个有很强解释性的社会工作理论。心理动力理论对于感觉和潜意识因素的重视对于社会工作具有重要的启示意义，这包括注重概念如潜意识、洞察、攻击、防御、焦虑、母子关系、移情，它们几乎成为社会工作的日常术语。

社会工作的早期实践模式无论是诊断学派或者是功能学派，还是在两者基础上形成的心理社会学派都加入了精神分析的因素。其中埃里克森人格发展八阶段理论是一个自我意识发生和发展的重要理论。

埃里克森（E. H. Erikson，1902）是美国著名精神病医师，新精神分析派的代表人物。他认为，人的自我意识发展持续一生，他把自我意识的形成和发展过程划分为八个阶段，这八个阶段的顺序是由遗传决定的，但是每一阶段能否顺利度过却是由环境决定的，所以这个理论可称为“心理社会”阶段理论。每一个阶段都是不可忽视的。

埃里克森的人格终生发展论，为不同年龄段的教育提供了理论依据和教育内容，任何年龄段的教育失误，都会给一个人的终生发展造成障碍。它也告诉每个人你为什么会成为现在这个样子，你的心理品质哪些是积极的，哪些是消极的，在哪个年龄段形成的，给你以反思的依据。

（一）婴儿期（0~1.5岁）：基本信任和不信任的心理冲突

此时不要认为婴儿是一个不懂事的小动物，只要吃饱不哭就行，这就大错特错了。此时是基本信任和不信任的心理冲突期，因为这期间孩子开始认识人了，当孩子哭或饿时，父母是否出现则是建立信任感的重要问题。信任在人格中形成了“希望”这一品质，它起着增强自我的力量。具有信任感的儿童敢于希望，富于理想，具有强烈的未来定向。反之则不敢希望，时时担忧自己的需要得不到满足。埃里克森把希望定义为：“对自己愿望的可实现性的持久信念，反抗黑暗势力、标志生命诞生的怒吼。”

（二）儿童期（1.5~3岁）：自主与害羞和怀疑的冲突

这一时期，儿童掌握了大量的技能，如爬、走、说话等。更重要的是他们学会了怎样坚持或放弃，也就是说儿童开始“有意志”地决定做什么或不做什么。这时候父母与子女的冲突很激烈，也就是第一个反抗期的出现，一方面父母必须承担起控制儿童行为使之符合社会规范的任务，即养成良好的习惯，如训练儿童大小便，使他们对随地大小便感到羞耻，训练他们按时吃饭，节约粮食等；另一方面儿童开始了自主感，他们坚持自己的进食、排泄方式，所以训练良好的习惯不是一件容易的事。这时孩子会反复应用“我”、“我们”、“不”来反抗外界控制，而父母决不能听之任之、放任自流，这将不利于儿童的社会化。反之，若过分严厉，又会伤害儿童自主感和自我控制能力。如果父母对儿童的保护或惩罚不当，儿童就会产生怀疑，并感到害羞。因此，把握住“度”的问题，才有利于在儿童人格内部形成意志品质。埃里克森把意志定义为："不顾不可避免的害羞和怀疑心理而坚定地自由选择或自我抑制的决心"。

（三）学龄初期（3~5岁）：主动对内疚的冲突

在这一时期，如果幼儿表现出的主动探究行为受到鼓励，幼儿就会形成主动性，这为他将来成为一个有责任感、有创造力的人奠定了基础。如果成人讥笑幼儿的独创行为和想象力，那么幼儿就会逐渐失去自信心，这使他们更倾向于生活在别人为他们安排好的狭窄圈子里，缺乏自己开创幸福生活的主动性。

当儿童的主动感超过内疚感时，他们就有了"目的"的品质。埃里克森把目的定义为："一种正视和追求有价值目标的勇气，这种勇气不为幼儿想象的失利、罪疚感和惩罚的恐惧所限制"。

（四）学龄期（6~12岁）：勤奋对自卑的冲突

这一阶段的儿童都应在学校接受教育。学校是训练儿童适应社会、掌握今后生活所必需的知识和技能的地方。如果他们能顺利地完成学习课程，他们就会获得勤奋感，这使他们在今后的独立生活和承担工作任务中充满信心。反之，就会产生自卑。另外，如果儿童养成了过分看重自己的工作的态度，而对其他方面漠然处之，这种人的生活是可悲的。埃里克森说："如果他把工作当成他惟一的任务，把做什么工作看成是惟一的价值标准，那他就可能成为自己工作技能和老板们最驯服和最无思想的奴隶。"

当儿童的勤奋感大于自卑感时，他们就会获得有"能力"的品质。埃里克森说："能力是不受儿童自卑感削弱的，完成任务所需要的是自由操作的熟练技能和智慧。"

（五）青春期（12~18岁）：自我同一性和角色混乱的冲突

一方面青少年本能冲动的高涨会带来问题，另一方面更重要的是青少年面临新的社会要求和社会的冲突而感到困扰和混乱。所以，青少年期的主要任务是建立一个新的同一性或自己在别人眼中的形象，以及他在社会集体中所占的情感位置。这一阶段的危机是角色混乱。

“这种同一性的感觉也是一种不断增强的自信心，一种在过去的经历中形成的内在持续性和同一性（一个人心理上的自我）。如果这种自我感觉与一个人在他人心目中的感觉相称，很明显这将为一个人的生涯增添绚丽的色彩”。

埃里克森把同一性危机理论用于解释青少年对社会不满和犯罪等社会问题上，他说：如果一个儿童感到他所处于的环境剥夺了他在未来发展中获得自我同一性的种种可能性，他就将以令人吃惊的力量抵抗社会环境。在人类社会的丛林中，没有同一性的感觉，就没有自身的存在，所以，他宁做一个坏人，或干脆死人般地活着，也不愿做不伦不类的人，他自由地选择这一切。

随着自我同一性形成了“忠诚”的品质。埃里克森把忠诚定义为：“不顾价值系统的必然矛盾，而坚持自己确认的同一性的能力。”

（六）成年早期（18～25岁）：亲密对孤独的冲突

只有具有牢固的自我同一性的青年人，才敢于冒与他人发生亲密关系的风险。因为与他人发生爱的关系，就是把自己的同一性与他人的同一性融合一体。这里有自我牺牲或损失，只有这样才能在恋爱中建立真正亲密无间的关系，从而获得亲密感，否则将产生孤独感。埃里克森把爱定义为“压制异性间遗传的对立性而永远相互奉献”。

（七）成年期（25～65岁）：生育对自我专注的冲突

当一个人顺利地度过了自我同一性时期，以后的岁月中将过上幸福充实的生活，他将生儿育女，关心后代的繁殖和养育。他认为，生育感有生和育两层含义，一个人即使没生孩子，只要能关心孩子、教育指导孩子也可以具有生育感。反之没有生育感的人，其人格贫乏和停滞，是一个自我关注的人，他们只考虑自己的需要和利益，不关心他人（包括儿童）的需要和利益。

在这一时期，人们不仅要生育孩子，同时要承担社会工作，这是一个人对下一代的关心和创造力最旺盛的时期，人们将获得关心和创造力的品质。

（八）成熟期（65 岁以上）：自我调整与绝望期的冲突

由于衰老过程，老人的体力、心智和健康每况愈下，对此他们必须做出相应的调整和适应，所以被称为自我调整对绝望感的心理冲突。

当老人们回顾过去时，可能怀着充实的感情与世告别，也可能怀着绝望走向死亡。自我调整是一种接受自我、承认现实的感受；一种超脱的智慧之感。如果一个人的自我调整大于绝望，他将获得智慧的品质，埃里克森把它定义为："以超然的态度对待生活和死亡。"

老年人对死亡的态度直接影响下一代儿童时期信任感的形成。因此，第 8 阶段和第 1 阶段首尾相联，构成一个循环或生命的周期。

埃里克森认为，在每一个心理社会发展阶段中，解决了核心问题之后所产生的人格特质，都包括了积极与消极两方面的品质，如果各个阶段都保持向积极品质发展，就算完成了这阶段的任务，逐渐实现了健全的人格，否则就会产生心理社会危机，出现情绪障碍，形成不健全的人格。

戈尔茨坦（Goldstein，1995）考察了女性主义者对埃里克森的批判，即埃里克森的男性主义观点。女性主义者认为在不同的阶段，女性会有不同的发展。戈尔茨坦的自我心理学者注重研究客体关系和自我发展。对于客体关系，存在两种观点，一种观点是外在的：自我角色是几乎没有什么敌意的建立和他人的可持续性关系，他人是客体。另一种观点是心理内部的，自我通过经验，与他人相比形成对自我的表现，内化他人，并管理这些和外部现实之间的关系。

自我心理学对个人功能的认识由以下七个层面进行认识：

1. 自我心理学视人们生而具有固有的能力以发挥适应性功能。在个人涉入的生理生活发展过程中，自我是一个动态且积极应对、适应外在环境的动力。

2. 自我是包含个人成功适应环境的基本功能的人格组成部分。自我功能是内在的、不断发展的，并且与不同的心理社会因素互动。其中最为重要的因素是驱动力、人际关系的特质（尤其是儿童早期）、社会价值与民俗、社会经济条件社会与文化变迁和社会制度的影响。

3. 自我发展是作为符合以下条件的结构而存在的，即满足基本需要、认同他人、学习、发展性任务的掌握感、有效的问题解决、成功应对内在需要与环境状况、期待、压力和危机。

4. 在自我具有独立发挥功能之时，它还只是人格的一部分，必须将其与内在需要、驱力、内在化的他人特征、期望联系起来进行理解。

5. 自我不仅在个人与环境之间进行协调，也在人格的不同层面之间进行协调。它可以诱导从而保护个人免于焦虑和冲突，服务于适应性或适应不良的目标防卫。

6. 社会环境影响人格，并成为促进或阻碍成功的条件。因种族、性别和年龄而导致的差异应该在自我功能的评估中得到理解。

7. 社会功能的问题要置于应对能力的可能缺陷与不同需要、能量和环境状况与资源之间的配合关系中进行理解。

实际上，戈尔茨坦的自我心理学是围绕自我功能、防卫机制和自我掌控这三个核心概念组成的。

自我心理学认为问题或挑战源自于个人的内部冲突或个人与环境的冲突。因此案主的压力来自于环境的压力或者发挥不良的自我功能。由此，自我心理学的干预目标是帮助案主建立新的自我优势或者有效利用现在的自我优势。自我心理学的治疗原则是：辨识案主的自我功能失调与当前问题之间的关联；考察案主问题、自我功能与外在环境之间的关联；经由自我发展提升案主的内在能量；改变环境条件；促进个人的自我能力和环境之间的配合度。

基于自我心理学的社会工作实践似乎有过于采取心理治疗或病态学的取向，为了克服这一弱点，并回应特殊人群的需要，包括妇女弱势群体等自我心理学加入了更多的赋权性或宏观的实践元素。提出了针对特殊人群的十个干预原则：（1）重视社会政治境遇的影响；（2）考察期压制的宏观背景；（3）践行自我意识；（4）在个人化和群体成员聚焦之间达成平衡；（5）提升案主优势；（6）构建自信、自尊和个人权力；（7）在治疗关系中实现权力平等；给予指导并最大化选择；（8）将案主与需求的资源进行连接；（9）将案主与互助团体或同类团体进行连接；（10）

鼓励集体和政治行动。

二、认知行为理论

认知和行为思想来自两类相关的心理学著作。理论的根本思想在于将行为与意识——人的心理认同之整体——分开。心理动力管以及传统观点认为，行为来自我们的意识过程。这与意识是什么、意识是否为人性之所在等哲学思想存在一定的关联。一个相关的问题是环境的影响是否限制了人的自由，或人们是否可以按照自己的意愿自由行动，即按照他们心中的所知所愿而行动。学习理论并否认这可能是事实，但认为我们无法知晓他人意识中正在发生的情况。因此我们只能研究我们看到的行为，并影响它。除了一些天生的反射作用之外，我们大多数的行为都是学习所得，也就是说行为来自我们自身之外的影响。因此我们才能学习新的行为，以满足自身的需要、或者已有行为产生问题时能够学习新的行为来取代现有行为（本书作者注：这里的行为指行为的模式，不是特定的行为）。据此，治疗的焦点在于，做哪些能够持续影响行为变化的事情。治疗并不关心我们的意识在此过程中的变化。

社会学习理论拓展了这些思想，认为很多学习是根据人们对自身经验的观察和思考而获得的。人们通过模仿周围的他人来进行学习。在这个过程中提供帮助能增强治疗效果。

在某种程度上，认知理论是行为理论和行为治疗的一种发展。近期它们对社会学习理论依赖更多。它亦成长于一种实用类型的治疗发展——由贝克（Beck，1989）和埃利斯（Ellis，1962）设计而成。

认知理论认为，行为学习过程中个人对环境的观察和解释的影响。显然会出现不适宜的行为，肯定会出现错误的感知和错误的解释。认知行为治疗试图修正这些错误理解。这样我们的行为就能对环境作出适当的反应。

甘布里尔（Gambrill，1995）列出了行为治疗的特征如下：

1. 行为治疗的焦点集中在让案主及其周围的人感到焦虑的特定行

为。如果行为改变了，那么焦虑也就消除了。

2. 以行为主义原则和学习理论为基础。

3. 社工在直接的观察基础上，对问题进行分析和描述。干预前测评、干预后评估等的方法上得到明确的界定。

4. 通过改变情境中的因素、看结果的变化，来辨识影响行为的因素。

5. 发现并运用案主的优良资源。

6. 动员案主环境中的重要人员参与进来。

7. 干预建立在有效的研究证据之上。

8. 运用客观指标和主观指标，监视进展，将有关现状的数据与有关干预前情况的数据进行比较。

9. 社工致力于在案主所关注的方面取得成效。

10. 社工帮助案主将变化了的行为应用到不同的情景中，即一般化情景。并帮助其在干预停止后维持所取得的进步。

甘布里尔认为，行为治疗的基本模式是关注改变那些影响到先导事件和行为的或然情况。她还解释了一些与此相关的改变方法。社会学理论的焦点在于我们从社会情境中，通过模仿别人成功的举止来进行学习（融会性学习 vicarious-learning）。认知行为方法，是治疗程序，其焦点在于改变思想或相应的感觉——而不是以一个先兆或作为一个先兆来改变行为。认知行为思想与任务中心工作模式有很多共同之处，而且彼此之间存在一定的相互影响。认知行为理论也与人本主义和建构主义思想相关，因为他们都关注心理和认知，试图将思想和行动联系起来。也因为行为主义思想强调科学研究方法作为治疗性的基础，而人文主义恰恰轻视非理性的证据。

认知行为实务有几个思路：（1）反应性或经典条件反射；（2）操作性条件反射；（3）习得性无助；（4）社会学习和模仿；（5）认知因素，诸如感知性紊乱或归因。行为纠正的反应性条件反射，虽然成果显著，但在本书作者看来缺乏人道，将人类似于动物的行为训练。“认知行为方法应用有限，在特定机构针对特定案主群体。该方法经常用于学校恐惧症和儿童问题，也被用于精神机构——特别是认知行为方法——

用在轻微焦虑和抑郁的治疗上。"[①] 因此，认知行为理论的实务操作这里不多做介绍。

但是认知行为理论认为改变观念和认知模式可以影响行为的思路值得学习。在学校社会工作中可以将认知行为理论付诸实践。因为成长中的学习很容易就认为暴力有效和形成暴力依赖。如果在认知模式教育学生“坚强者死，柔弱者生”、“勇于敢则杀，勇于不敢则生”，让学生明白法制社会里暴力的无效性，使用暴力会给自已带来不良的前景和后果。这样的理论对于防止黑社会对于学生的控制应该很有效。要在行为认知的模式上抢先教育，不让学生只靠自己摸索来学习。认知行为方法还适用于少数民族地区的社会工作。

三、社会心理学

社会心理学是研究个体和群体的社会心理现象的心理学分支。个体社会心理现象指受他人和群体制约的个人的思想、感情和行为，如人际知觉、人际吸引、社会促进和社会抑制、顺从等。群体社会心理现象指群体本身特有的心理特征，如群体凝聚力、社会心理气氛、群体决策等。社会心理学是心理学和社会学之间的一门边缘学科，受到来自两个学科的影响。在社会心理学内部一开始就存在着两种理论观点不同的研究方向，即所谓社会学方向的社会心理学和心理学方向的社会心理学。在解释社会心理现象上的不同理论观点，并不妨碍社会心理学作为一门独立学科应具备的基本特点。社会心理学：社会学家认为，社会心理学是从跟社会的关联研究人属的心理学和社会学的学问领域。而心理学家则认为，社会心理学是一门以社会情景下人的心理行为活动为研究对象，以实证方法为手段，以心理学、社会学相关理论为基础的社会科学。

从研究领域来看，社会心理学研究常常被分为三个领域，这三个领域涵盖了社会心理学研究的几乎所有问题。

---

① 马尔科姆·派恩：《现代社会工作理论》，中国人民大学出版社，2008年版，第135页。

（一）个体过程

主要涉及与个体有关的心理与行为研究，到目前为止这个领域的研究课题包括：成就行为与个体的工作绩效：如韦纳的成就归因、阿特金森（Atkinson）的成就动机研究、麦克里兰（McClelland）以及温特（Winter）等人对能力结构的研究，以及各式各样的对工作绩效的研究都包括在这个课题中。态度以及态度改变：态度问题一直受到心理学家的重视，许多理论被用来说明态度的形成及改变，霍夫兰德（Hovland）和西尔斯（Sears）等人在这一方面做出了重要的贡献。归因问题：产生于20世纪50年代，到80年代中期已经有许多这样的理论。90年代以来，随着文化心理学的兴起，人们对东西方归因差异的兴趣使得这一领域又受到了人们的关注。认知过程与认知失调：这是60年代到80年代人们关心的问题，现在人们把对这个领域的研究和消费以及决策问题结合在一起，有时候人们也用它的原理来处理大众传播问题。个人知觉与自我意识：一直就是心理学家关注的问题，随着心理学的进一步发展，心理学家发现，许多问题都和它有关，比如鲍姆斯特（Baumeister）、布斯（Buss）等人对内在自我和公众自我的区分就被用在广告、说服等许多领域。人格与社会发展：这是社会心理学的一个传统领域，它向人们展示了在个体的人格与社会发展中，许许多多的因素，比如学校、家庭以及社会环境以及先天因素是怎样起作用的。

应激和情绪问题：主要针对人们如何处理生活情境中的种种紧张源，以及采用何种方式去消除其影响。

（二）人际过程

这个领域涵盖了人与人相互作用的所有领域，研究的课题包括：侵犯和助人行为：侵犯行为为什么会产生？生活中挫折的来源，如何促进助人行为等都是这个领域的研究课题。心理学家研究这些问题的最终目的，在于减少侵犯、培养人们的利他观念，为创造幸福的生活提供理论指导。人际吸引与爱情：人际吸引是人际关系的基础，爱情则是一种最亲密的人际关系。对这些问题的研究可以为发展人际关系提供指导。有意思的是，从20世纪80年代以来，心理学家开始对中国人的人际关系模式及影响产生浓厚兴趣。从众与服从：谢利夫、阿希以及米尔格拉姆的研究为这一领域的研究树立了一系列榜样，同时也为社会心理学的发展做出了极大的贡献。社会交换与社会影响：把人际关系与人际交往看成是一种社会交换，看起来是对人的一种讽刺，但是霍曼斯（Homans）和蒂鲍（Thibaut）等人确实证明人的交换性。与此相反，人们对社会影响的看法倒是很一致，拉塔纳（Latanē）提出的社会影响理论就说明了这种影响的大小。

非语言的交流：在人际相互作用过程中，人们常常用非语言的线索表达自己的信念和情感，表情、体态以及语气等都是这个领域的课题。性别角色和性别差异：从20世纪80年代就引起了心理学家的极大兴趣。性别差异的基础是什么？男性和女性到底有什么不同？这些不同有什么样的影响？所有这些问题都促使心理学家去关注。

（三）团体过程

从宏观环境与团体的角度研究人类心理与行为问题，这个方面的研究包括：

跨文化的比较研究：这是产生于20世纪60年代的课题，到90年代末期的时候受到了越来越多的关注，其中有许许多多的人为此做出了贡献。60年代费正清等人提出的“近代化理论”，80年代Triandis等人对个人主义—集体主义的区分，以及90年代尼斯彼特（Nisbett）和彭凯平（Peng Kaiping）对中国人思维方式的研究就是这一领域最有代表性的研究。

拥挤与环境心理学：随着人们对地球环境及人类生活环境的关注，心理学家越来越多地考虑环境对人类心理与行为的影响。人口过快增长所引发的人口爆炸，人们对资源的过分消耗所引发的资源枯竭与环境污染等问题引起了心理学家的关注。人类必需改变自己的行为方式，以保护我们所赖以生存的环境。团体过程与组织行为：团体生活是人类生活的基本方式，我们所处的团体和组织对人们的心理与行为有着极大的影响。对团体运作过程中的规律进行研究一直被社会心理学所重视，组织结构、团体与组织决策以及团体领导等问题都包括在这一领域内。

种族偏见与伦理问题：从20世纪40年代心理学家就研究这些问题，但到目前为止，研究的结论还不足以解决这个问题。种族偏见不仅造成了不同民族之间的冲突与仇杀，而且也对世界的和平与稳定构成了威胁，这个领域的研究将会显得越来越重要。

健康心理学：这是自20世纪80年代以来比较受到重视的课题。社会支持、与疾病有关的社会心理因素等都包括在此课题内。

（四）社会心理学分类

1. 行为主义学派

刺激—反应理论：最初由桑代克（Edward Lee Thorndike，1874—1949）、斯金纳（Burrhus Frederic Skinner，1904—1990）等人所创始与发展起来的一种理论。该理论认为动物与人的大部分行为都是后天学习的结果，都是有机体在遇到某种刺激、引起某种行为反应受到强化而构成联结的结果。

模仿论：耶鲁大学社会心理学家米勒和道拉德（N. E. Miller & J. Dollard，1941）在《社会学习和模仿》一文中提到，模仿可以通过延伸"刺激—反应"关系与强化的概念来加以理解。他们认为人类许多社会行为都是通过人际相互影响——模仿而习得，都可以通过一般学习原则的使用来予以说明。

社会学习理论：社会学习理论是20世纪60年代由班杜拉和沃尔特斯（Albert Bandura & R. H. Walters）等人提出与发展起来的，以刺激—反应的观点为基础并通过实验的方法来扩大探讨社会环境如何影响人产生某些习得行为的一种理论。该理论认为人的一切社会行为都是在社会环境影响下，通过对示范行为的观察学习（observational learning）而得以形成、提高或加以改变的。

社会交换理论：社会交换理论（social exchange theories）是霍曼斯（George Casper Homans，1958）等采用经济学概念来解释社会行为有赖于相互强化而得以持续的一种理论。该理论认为：（1）客观上存有适合于有机体的规律；（2）人的社会行为除服从这种规律外，还服从社会交换规律；（3）由此也引出了分配公平原则。

2. 认知学派

格式塔学派的理论：格式塔学派的理论强调从整体和关系的角度研究心理与行为的理论。早期代表人物有韦特海默（M. Wertheimer，1890—1943）、科勒（Wolfgang，Kohler，1887—1967）和考夫卡（K. Koffka，1886—1941）等。该学派的理论认为，个人的行为不是对外界刺激的一种孤立的、简单的反应，也不是许多反射弧机械的总和，它是通过心理物理场、特别是认知活动的整合而作出的。

场论和群体动力学理论：应用格式塔认知理论进行社会心理学研究并发展了场论、创建群体动力学的著名人物是先在德国后到美国任教的心理学家勒温（Kurt Lewin，1890—1947）。群体动力学基于整体比部分重要的观点，认为整体作为一种由内在关系组成的系统，其影响力或作用远大于互不相干的个体。

认知相符理论和一致性理论：认知相符理论是阐释人心理的内部动机状态对其心理活动和外部行为的影响的社会心理学理论，形成于20世纪50年代末。它试图以人的认知活动为出发点，理解隐含在个体的社会心理活动背后的动机状态。美国心理学家W. J. 麦克盖尔首先提出认知相符概念。“一致性理论”是探讨和预测人在接受了对有关事物的新的信息后会调整原有态度的社会心理学理论。

3. 新精神分析学派

精神分析理论：精神分析理论是奥地利精神科医生弗洛伊德于19世纪末20世纪初创立的。这里看起来好像与前面介绍的心理动力重叠，但是他们的着眼点不同，心理动力着眼于意识对行为的影响。精神分析是分析、找出患者发病的关键点。精神分析早期理论认为，人的一切行为动机都和性本能冲动有关；性的实质是一种叫“里比多”的性潜力，它常驱使人去追求快感。后期理论认为，人有指向生命的生长和增进的性本能和自我本能，即生存本能，同时也有表现为求杀欲望的死亡本能。死亡本能一般引发出攻击行为，是社会工作者应该特别注意的一个方面。这里主要讲的是新的精神分析学派。

新精神分析中的社会学派别：这是20世纪40年代在美国从精神分

析运动中分离出来的一个心理学流派，开始否定弗洛伊德的本能论、泛性论和人格结构说，强调文化、社会条件和人际关系等因素对人的心理和行为的影响，强调家庭环境和童年经验对人格形成与发展的作用，重视自我整合与调节作用，逐渐形成了新的学派，其代表人物有：沙利文（H. S. Sullivan，1892—1949）、霍妮（K. Horney，1885—1952）、弗罗姆（E. Fromm，1990—1980）等。

4. 人际行为三维理论

这是以人际需要理论为基础阐述人际关系的形成、取向类型以及群体聚散过程特征的理论，是由社会心理学家舒茨（W. Schutz）于1958年提出的。舒茨认为，每一个个体在人际互动过程中，都有三种基本的需要，即包容需要、支配需要和情感需要。这三种基本的人际需要决定了个体在人际交往中所采用的行为，以及如何描述、解释和预测他人行为。三种基本需要的形成与个体的早期成长经验密切相关。

包容需要指个体想要与人接触、交往、隶属于某个群体，与他人建立并维持一种满意的相互关系的需要。在个体的成长过程中，若是社会交往的经历过少，父母与孩子之间缺乏正常的交往，儿童与同龄伙伴也缺乏适量的交往，那么，儿童的包容需要就没有得到满足，他们就会与他人形成否定的相互关系，产生焦虑，于是就倾向于形成低社会行为，在行为表现上倾向于内部言语，倾向于摆脱相互作用而与人保持距离，拒绝参加群体活动。如果个体在早期的成长经历中社会交往过多，包容需要得到了过分满足的话，他们又会形成超社会行为，在人际交往中，会过分地寻求与人接触、寻求他人的注意，过分地热衷于参加群体活动。相反，如果个体在早期能够与父母或他人进行有效的适当的交往，他们就不会产生焦虑，他们就会形成理想的社会行为，这样的个体会依照具体的情境来决定自己的行为，决定自己是否应该参加或参与群体活动，形成适当的社会行为。

支配需要指个体控制别人或被别人控制的需要，是个体在权力关系上与他人建立或维持满意人际关系的需要。个体在早期生活经历中，若是成长于既有要求又有自由度的民主气氛环境里，个体就会形成既乐于顺从又可以支配的民主型行为倾向，他们能够顺利解决人际关系中与控制有关的问题，能够根据实际情况适当地确定自己的地位和权力范围。而如果个体早期生活在高度控制或控制不充分的情境里，他们就倾向于形成专制型的或是服从型的行为方式。专制型行为方式的个体，表现为倾向于控制别人，但却绝对反对别人控制自己，他们喜欢拥有最高统治地位，喜欢为别人做出决定。服从型行为方式的个体，表现为过分顺从、依赖别人，完全拒绝支配别人，不愿意对任何事情或他人负责任，在与他人进行交往时，这种人甘愿当配角。

情感需要指个体爱别人或被别人爱的需要，是个体在人际交往中建立并维持与他人亲密的情感联系的需要。当个体在早期经验中没有获得爱的满足时，个体就会倾向于形成低个人行为，他们表面上对人友好，但在个人的情感世界深处，却与他人保持距离，总是避免亲密的人际关系。若个体在早期经历中，被过于溺爱，他就会形成超个人行为，这些个体在行为表现上，强烈地寻求爱，并总是在任何方面都试图与他人建立和保持情感联系，过分希望自己与别人有亲密的关系。在早期生活中经历了适当的关心和爱的个体，则能形成理想的个人行为，他们总能适当地对待自己和他人，能适量地表现自己的情感和接受别人的情感，又不会产生爱的缺失感，他们自信自己会讨人喜爱，而且能够依据具体情况与别人保持一定的距离，也可以与他人建立亲密的关系。

舒茨的三维理论在解释群体形成与群体分解中提出群体整合原则，即群体形成的过程开始是包容，其次是控制，最后是情感。这种循环不断发生。群体分解的原则是反其序，先是感情不和，继而失控，最后难于包容，导致群体分解。包容需要、支配需要和情感需要。

5. 符号相互作用学派

（1）符号相互作用理论：符号相互作用理论，也叫符号互动论，是一种通过分析在日常环境中人们的互动来研究人类群体生活的社会学理论派别，它主要研究的是人们相互作用发生的方式、机制和规律。社会心理学家米德被认为是符号互动论的开创者，除了米德之外，托马斯（W. l. Thomas）、库利等人也对符号互动论做出了重要贡献。

（2）角色理论：角色理论是关于人的态度与行为怎样为其在社会中的角色地位及社会角色期望所影响的社会心理学理论，是试图按照人们所处的地位或身份去解释人的行为并揭示其中规律的研究领域。参与这方面研究并有影响的人有莫雷诺（J. L. Moreno，1934）、林顿（R. Linton，1936）、纽科姆（T. Newcomb，1950）、萨宾（T. R. Sarbin，1954）和戈夫曼等。

（3）参照群体理论：参照群体理论是关于人的社会心理态度和行为怎样受其从属的或追求的群体参照力所影响的社会心理学理论。其代表人物有海曼、纽科姆、谢里夫（M. Sherif，1948）、梅顿（R. K. Merton，1957）及凯利（1952）等人。

在社会工作中，社会心理学的常用理论主要有两个：

第一，角色理论

（1）角色理论有两种类型：角色功能主义的角色理论（structural-functional role theory）假设人们在社会结构中占有一定的位置。每个位置都有一个相应的角色。角色是社会结构中与位置相关的一系列期望或行为。我们如何看待自身角色影响到我们能否很好地控制变化。

（2）拟剧角色理论：将角色视为附属一种社会地位的对社会期望的"设定"。人们在社会互动中观察他人的信号，我们通过控制他人从我们这里接受的信息来影响他们对于我们的看法。表现出一个适当的印象，我们的表象通常被理想化，因而包含了共同的社会期望。角色的某些方面被突出，某些方面被隐蔽。

这两个社会工作理论的价值在于：某些行为可以被理解为角色冲突和角色模糊。这回使案主容易理解，因为这样的方法可以指出案主的错误，而不会被认为是对案主个人的指责，案主容易接受。

第二，沟通理论

沟通理论有助于直接干预，它将众多的心理学理论聚合起来。其代表人物是美国的萨提亚。萨提亚的著作涉及的是人类的互动，尤其是通过语言互动的复杂性，并试图在过程中改变行为模式。萨提亚之外，还有霍尔（hall，1966）、谢弗伦（seheflen，1972）等人类学家和社会心理学家，他们关注与沟通相关的具体身体动作的微观层面，以及更为宽泛的文化议题，例如：地域性、个人空间和空间关系。指得是空间狭小及相关因素如何影响关系。

沟通理论起源于对心理治疗师语言互动的研究。这个理论关注来自环境的信息如何经人脑加工并进而被个人进行组织运用。强调语言作为文化的一个方面以及文化对于沟通研究渐增的影响。其中沟通包含语言沟通和书面沟通（书面沟通包括电子邮件和手机短信）。

这个理论认为，大多数沟通都形成一定的模式。人们习惯于和他们经常交往的人保持平稳的、可预见的沟通方式。这成为沟通者之间的关系基础。该理论主张采用的方法为：积极的暗示性语言、表明态度、创造认同、应用表达社会结构和关系中的权利。

沟通理论有助于识别压迫和不平等；有助于提高沟通技巧、分析案例和发展社工实务；可以帮助解决案主所经历的沟通问题；有助于分析团队在工作中出现的问题。

角色理论在于不直接抨击案主，将出现的问题解释为“角色冲突”或者“角色模糊”，使案主更容易接受批评，更容易改正自己的错误。沟通理论在于注重沟通细节和沟通环境，指出沟通对于社工和案主都有重要的作用。其比较先进的地方是创造认同，这样更容易获得案主的认可，可迅速影响案主。

总之，西方的心理学门派极多，分支繁杂，难以一一罗列。而且它们之间相互交叉涵盖，有些很难仔细分类，就像心理动力和新精神分析。其中最为有效的心理学技能就是牢记“发现、启发和诱导、支持、鼓励”的心理学工作模式。

第三章　西方社会工作理论的借鉴

中国社会工作理论由于起步晚，理论研究和实践方面都有所欠缺。因此，构建中国社会工作理论除了弘扬传统文化的优良理念之外还必须借鉴西方社会工作理论中的一些优点和经验。这一章简略介绍主要的西方社会工作理论，在总体上对西方社会工作理论的优缺点进行评论。然后进行扬弃，说明哪些我们可用，哪些不适合中国国情。

第一节　西方社会工作理论流派

西方社会工作理论由于发展时间长，实践经验多。因而一些社会工作经验被匆忙地总结为工作理论，因此西方社会工作理论流派很多，难以一一介绍。但是我们可以介绍一些有代表性的，或者现在西方社会流行的理论。

社会工作理论的发展大约经历了六个阶段：

第一阶段：19 世纪 90 年代至 20 世纪 20 年代是社会工作的初创期，这一时期以理查蒙德 Richmond（1997）《社会诊断》为标志。

第二阶段：20 世纪 30 年代是围绕着功能学派和诊断学派的论争而展开。

第三阶段：20 世纪 40—60 年代，是调整期，因为这一时期延续前一段的论争，出现了中间路线，包括问题解决模式、心理社会学。

第四阶段：20 世纪 70 年代是整合期，主要标志是系统视角的兴起，它肇始于社会工作的综合融化混合模式。

第五阶段：20 世纪 80 年代，是过渡期，这一时期社会建构主义、女性视角、后现代主义和不同的激进理论影响逐步浮现，这一时期为下一时期进行理论储备。

第六阶段：20世纪90年代以来，是多元化期，各种不同的理论相继涌现，其中不乏整合、折中的视角，这样的趋势在21世纪更为明显。

这是对西方社会工作理论的一个概述，但相关时段的代表性理论我们不一一列举。因为我们构建中国社会工作理论并不依据西方人的方法和模式，而是依据物质（社会形态）决定意识，意识反作用于我们的社会形态这样的马克思主义理论逻辑。因此我们要先明白我们周围的环境与我们行为的相互影响。

这里首先介绍的是人类行为与社会环境的知识体系，这样的知识体系是美国社会工作教育委员会要求各社会工作院校必须开设的系列课程。有鉴于美国社会工作实践经验丰富，教育体系完善，我们要充分重视美国人的教育经验。但是，我国多数的社会工作理论书籍对于人类行为理论知识的介绍较少，多是直接照搬西方的工作模式进行介绍。这里就一些人类行为理论进行重点的简略介绍。

一、需求层次论

层次需求理论的提出者是马斯洛。按马斯洛的理论，个体成长发展的内在力量是动机。而动机是由多种不同性质的需要所组成，各种需要之间，有先后顺序与高低层次之分；每一层次的需要与满足，将决定个体人格发展的境界或程度。马斯洛认为，人类的需要是分层次的，由低到高。它们是：生理需求、安全需求、社交需求、尊重需求、自我实现需求。

生理需求——生理上的需要是人们最原始、最基本的需要，如空气、水、吃饭、穿衣、性欲、住宅、医疗等等。若不满足，则有生命危险。这就是说，它是最强烈的不可避免的最底层需要，也是推动人们行动的强大动力。

安全需求——安全的需要要求劳动安全、职业安全、生活稳定、希望免于灾难、希望未来有保障等。安全需要比生理需要较高一级，当生理需要得到满足以后就要保障这种需要。每一个在现实中生活的人，都会产生安全感的欲望、自由的欲望、防御的实力的欲望。

社交需求——社交的需要也叫归属与爱的需要，是指个人渴望得到家庭、团体、朋友、同事的关怀爱护理解，是对友情、信任、温暖、爱情的需要。社交的需要比生理和安全需要更细微、更难捉摸。它与个人性格、经历、生活区域、民族、生活习惯、宗教信仰等都有关系，这种需要是难以察悟，无法度量的。

尊重需求——尊重的需要可分为自尊、他尊和权力欲三类，包括自我尊重、自我评价以及尊重别人。尊重的需要很少能够得到完全的满足，但基本上的满足就可产生推动力。

自我实现——自我实现的需要是最高等级的需要。满足这种需要就要求完成与自己能力相称的工作，最充分地发挥自己的潜在能力，成为所期望的人物。这是一种创造的需要。有自我实现需要的人，似乎在竭尽所能，使自己趋于完美。自我实现意味着充分地、活跃地、忘我地、集中全力全神贯注地体验生活。

马斯洛理论的主要观点是：(1) 五种需要像阶梯一样从低到高，按层次逐级递升，但这样次序不是完全固定的，可以变化，也有种种例外情况。(2) 需求层次理论有两个基本出发点，一是人人都有需要，某层需要获得满足后，另一层需要才出现；二是在多种需要未获满足前，首先满足迫切需要；该需要满足后，后面的需要才显示出其激励作用。(3) 一般来说，某一层次的需要相对满足了，就会向高一层次发展，追求更高一层次的需要就成为驱使行为的动力。相应的，获得基本满足的需要就不再是一股激励力量。(4) 五种需要可以分为两级，其中生理上的需要、安全上的需要和感情上的需要都属于低一级的需要，这些需要通过外部条件就可以满足；而尊重的需要和自我实现的需要是高级需要，它们是通过内部因素才能满足的，而且一个人对尊重和自我实现的需要是无止境的。同一时期，一个人可能有几种需要，但每一时期总有一种需要占支配地位，对行为起决定作用。任何一种需要都不会因为更高层次需要的发展而消失。各层次的需要相互依赖和重叠，高层次的需要发展后，低层次的需要仍然存在，只是对行为影响的程度大大减小。

（5）马斯洛和其他的行为心理学家都认为，一个国家多数人的需要层次结构，是同这个国家的经济发展水平、科技发展水平、文化和人民受教育的程度直接相关的。在不发达国家，生理需要和安全需要占主导的人数比例较大，而高级需要占主导的人数比例较小；在发达国家，则刚好相反。

这个理论的问题点：只注意了一个人各种需要之间存在的纵向联系，忽视了一个人在同一时间内往往存在多种需要，而这些需要又会互相矛盾，进而导致动机的斗争。

二、生存、关系和成长需要理论（ERG）

该理论简称为ERG理论，是阿尔德弗尔于1969年提出的一种与马斯洛需求层次理论密切相关但有些不同的理论。阿尔德弗尔把人的需要分为三类：

1. 生存需要（E）Existence

这类需要关系到机体的存在或生存。包括衣、食、住以及工作组织为使其得到这些因素而提供的手段。这实际上相当于马斯洛理论中的生理需要和安全需要。

2. 关系需要（R）Relation

这是指发展人际关系的需要。这种需要通过工作中的或工作以外与其他人的接触和交往得到满足。它相当于马斯洛理论中的感情上的需要和一部分尊重需要。

3. 成长需要（G）Grow

这是个人自我发展和自我完善的需要。这种需要通过发展个人的潜力和才能，才能得到满足。这相当于马斯洛理论中的自我实现的需要和尊重的需要。

ERG理论的特点：

1. ERG理论并不强调需要层次的顺序，认为某种需要在一定时间内对行为起作用，而当这种需要得到满足后，可能去追求更高层次的需要，也可能没有这种上升趋势。

2. ERG 理论认为，当较高级需要受到挫折时，可能会降而求其次。

3. ERG 理论还认为，某种需要在得到基本满足后，其强烈程度不一定减弱，还可能会增强，这就与马斯洛的观点不一致了。

三、需要理论

莫瑞（H. A. Murray）是美国心理学家。在《人格探索》（1938 年）和《人的评价》（1948 年）这两本个性心理学著作中，他指出了需要的性质、作用和需要产生的机制，并对需要进行了分类，设计了分析个人需要的主题统觉测验（TAT），又称投射测验。

莫瑞认为，需要有以下 4 个特点和作用：

1. 需要与需要之间相互关联。两种或多种需要可能融合在一起，引起同一种行为后果；各种需要之间也可能发生冲突；需要之间可能因辅助作用而彼此关联，一种需要可以被置于为另一种需要服务的位置。

2. 需要作为力，能够影响并组织个人的知觉、统觉、思维、意向，以及影响人的整个心理和行为。

3. 需要永远作为力推动着活动，它是个性结构中不可缺少的成分。

4. 需要有不同的发展阶段。

莫瑞把需要分为两大类：

1. 第一需要，又称生理性需要，包括对食物、水、排泄、性、避免伤害等几种需要；

2. 第二需要，又称心因性需要。其中包括两小类：

（1）与学习任务有关的需要（如条理、构造、守恒、获得等需要）和影响学生操作水平的一些需要（如成就、优于他人、避免失败等需要）；

（2）与人际关系有关的需要，包括使人们结合起来的需要（如尊重、归属、援助等需要）及使人们分裂的需要（如排斥、侵犯、防卫、统治等需要）。

对莫瑞的需要理论的评价：莫瑞的需要理论是建立在关于体内平衡学说的基础之上的，因此存在一定的弱点和不足。但他比较详细地研究了需要，看到了需要的复杂性，并把复杂的心理现象置于实验的基础之上。他用了很多时间试图对需要做出客观测量，提出了许多新的见解，为个性的动力研究开辟了一条新途径。

四、精神分析取向的社会工作理论

精神分析（psychoanalysis）是奥地利医学家 S. 弗洛伊德创建的治疗神经症的一种方法。其理论的中心概念是无意识；不符合社会规范的欲望和冲突被压抑在无意识中仍影响着意识，并可表现为神经症症状。

弗洛伊德的理论可分为两个时期：

早期理论一般指他在 1920 年以前的精神分析理论。主要包括：1. 意识和无意识。弗洛伊德认为，人的心理可分为三个部分：意识、前意识和无意识。意识指个人目前意识到的一切。前意识是指虽非目前意识到的但可以通过回忆而变为意识内容的一切。无意识则指被压抑而不能通过回忆再召唤到意识中的一切。这通常是不为社会规范所容的欲望。2. 压抑和抵抗。人的某些本能欲望常常是不被社会风俗、习惯、道德、法律等所容的。因此，欲望与规范就产生激烈的斗争，往往是欲望迁就规范受到压抑。由于压抑的无意识欲望不能闯进意识域里来，患者难以联想起自己的隐私这种现象，弗氏称为抵抗或抗拒。3. 泛性论。一个人从出生到衰老，一切行为动机，都有性的色彩，都受性本能冲动的支配。神经症的产生，就是由于性本能冲动受到压抑而得不到满足的结果。精神分析理论指出，在性的后面有一种潜力，这种潜力常驱使人去追求快感。这种潜力被叫作“里比多”，又称性力。“里比多”的发展分为：口腔期、肛门期、性器期以及生殖期等。4. 快乐原则和现实原则。人的行为受本能的支配，但同时又要受现实的限制。因此，人的心理也就有两种系统，每种系统各受特殊的原则支配。第一种系统受快乐原则的支配，形成于婴儿期；第二种系统除受快乐原则支配以外，还受现实原则支配，形成于婴儿期以后。

1920 年以后，弗洛伊德对他的理论开始作了一些比较大的修正，形成了他的后期理论。主要包括：1. 生存本能和死亡本能。弗洛伊德认为性本能和自我本能虽然各有不同的目的，但最后都是指向生命的生长和增进。因此，他把它们联成一体，称为生存本能。为了与生存本能形成两极性，于是他又假设了一个死亡本能。死亡本能不是表现为一种求死的欲望，而是表现为一种自杀的欲望。当它向外表现时，它就成为破坏、征服的动力，表现为侵略的倾向。但当向外界的侵略受到挫折时，它往往退回到自我，成为一种自杀的倾向，这种倾向的活动范围很广泛，不限于杀人和自杀，还包括自我谴责、自我惩罚、敌手之间的嫉妒以及权威的反抗等。2. 精神结构理论。在无意识概念的基础上，他还提出了人的精神是由本我、自我和超我组成的。最原始的本我是与生俱来的，是无意识的结构部分，由先天的本能、基本欲望所组成，是同肉体联系着的。自我是意识的结构部分，它处在本我和外部之间，它与本我不同，是根据外部世界的需要来活动的，所谓超我，就是“道德化了的自我”。它包括两个方面：一方面就是通常所讲的良心；另一方面就是自我理想。超我的主要职能在于指导自我去限制本我的冲动。在正常情况下，本我、自我和超我是处于一种相对平衡状态中的。如果这种平衡关系遭到破坏，即会产生精神病。弗洛伊德的精神分析理论是在1900年以后成熟起来的。他从各地吸收了一批信徒，其中最被器重的是奥地利的A. 阿德勒和瑞士的C. C. 荣格，从而构成了弗洛伊德的精神分析学派。

五、精神分析的分支荣格和埃里克森

荣格（Carl G. Jung，1875—1961）是瑞士心理学家和精神分析医师，分析心理学的创立者。早年曾与弗洛伊德合作，曾被弗洛伊德任命为第一届国际精神分析学会的主席。

荣格用了许多特定的词汇来描述心灵的各个部分，包括意识（conscious）和潜意识（unconscious）在内。这些概念源自于他大量的临床观察经验，包括他早期词语联想（word association）的实验研究，而词语联想则是日后多种波动描记器（polygraph testing，现今的测谎器）的前身，也是心理情结（psychological complex）这个概念的基础。

荣格概念中的心理图谱可划分成两个基本的区块：意识与潜意识。潜意识又可以进一步地区分为个人潜意识和客体心灵。荣格之前用“集体潜意识”（collective unconscious）这个词来指称客体心灵，而集体潜意识这个词至今依然是讨论荣格心理学时使用最广泛的词汇。荣格提出客体心灵这个词，是为了避免与人类的各种群体有所混淆，因为他想特别强调的一点就是，人类心灵的深度一如外在、“真实的”、集体意识的世界一样的客观真实。心灵有四个层次：1. 个人意识（personal consciousness），或称日常的觉察，也称自我。是人有意识的心智，是心灵中关于认知、感觉、思考以及记忆的那部分。2. 个人潜意识（personal unconscious），其之于个别心灵而言是独特的，但无法被察觉；由心灵中曾经被意识到，但又被压抑或遗忘，或一开始就没有形成有意识的印象构成。它类似于弗洛伊德的前意识。3. 客体心灵（objective psyche），或称集体潜意识（collective unconsciousness），人格中最深、最不易碰触到的层次。在荣格看来，如同我们每个人在个人潜意识里积累并存放所有个人记忆档案那样，人类集体作为一个种族，也在集体潜意识里存放着人类和前人类物种的经验。4. 集体意识（collective consciousness），其显然是人类心灵普遍存在的结构；集体意识中的世界，有共同价值与形式的文化世界。

荣格在个体的潜意识之外发现了一种社会或集体的无意识，并以此来解释个体以及集体的行为。按照荣格的解释，“集体无意识是心灵的一部分，它有别于个体潜意识，就是由于它的存在不像后者那样来自个人的经验，因此不是个人习得的东西。个人无意识主要是这样一些内容，它们曾经一度是意识的，但因被遗忘或压抑，从意识中消逝了。至于集体无意识的内容则从来没有在意识里出现过，因而不是由个体习得的，是完全通过遗传而存在的。个体潜意识的内容大部分是情结，集体无意识的内容则主要是原型。”原型是人心理经验的先在的决定因素。它促使个体按照他的本族祖先所遗传的方式去行动。人们的集体行为，在很大程度上也是由这无意识的原型所决定的。由于集体无意识可用来说明社会的行为，所以荣格的这一概念对于社会心理学有着深远的意义。

荣格和弗洛伊德的观点主要有两点分歧：一是对“里比多”概念的解释，弗洛伊德认为“里比多”是性能量，早年“里比多”冲动受到伤害会引起终生的后果。荣格认为“里比多”是一种广泛的生命能量，在生命的不同阶段有不同的表现形式。二是荣格反对弗洛伊德关于人格为童年早期经验所决定的看法。荣格认为，人格在后半生能由未来的希望引导而塑造和改变。以上分歧的发展导致两人对人性本身看法上的原则分歧。荣格更强调精神的先定倾向，反对弗洛伊德的自然主义立场，认为人的精神有崇高的抱负，不限于弗洛伊德在人的本性中所发现的那些黑暗势力。荣格的人格理论包括三个层次：1. 意识或自我。2. 个人潜意识。3. 集体潜意识。他提出内倾和外倾的心理类型，原型和作为人格核心的本性等都已成为心理学中的重要概念，对哲学和文学研究也有深刻的影响。

弗洛伊德和荣格的精神分析是现代心理学的出发点，很多社会工作初期都依赖于精神分析理论，只是到了现代才慢慢朝向系统论观点靠拢。

六、认知行为理论

行为主义的理论基础来源于巴普洛夫的条件反射论。巴普洛夫在多次试验中发现：狗的行为是对外界刺激的反应。他由此推而广之，认为动物都有类似狗一样的条件反射机制。

阿德勒（Alfred Adler，1870—1937），奥地利精神病学家，个体心理学的创始人，人本主义心理学的先驱，现代自我心理学之父；精神分析学派内部第一个反对弗洛伊德的心理学体系，由生物学定向的本我转向社会文化定向的自我心理学，对后来西方心理学的发展具有重要意义。

1911 年因突出强调社会因素的作用，公开反对弗洛伊德的泛性论而与弗洛伊德关系破裂，阿德勒创立个体心理学（individual psychology），另建自由精神分析研究会。同年，他宣布《心理分析汇编（Zentralblatt für Psychoanalyse）》复刊。从 1912 年开始，阿德勒着手宣传他的学说，取名为个体心理学。他创建了自己的科学协会，1912 年在维也纳学院内组织心理教育学咨询。1914 年他创办《国际个体心理学杂志》。1920 年后任教于维也纳教育学院，并在学校系统中组织儿童指导临床活动，成立儿童指导中心。在 1922 年至 1930 年期间，他主持召开了五次国际个体心理学会议。1924 年在维也纳教育学院教课，1926 年任美国哥伦比亚大学的客座教授，1932 年他到长岛医学院任职。1934 年定居纽约。1937 年赴苏格兰亚伯丁（Aberdeen）做讲演旅行时病逝。

基本理论：阿德勒承认一种运动的无意识的原则，但他却又缩小性欲和俄狄浦斯情结对于个性的形成以及在神经官能症的发生中的作用。他强调的是人与人之间的关系、竞争和完美的愿望。他在研究《器官劣势》的著作中阐明了自己的理论，他认为人类很早就体验到软弱感和需要安全。如果说婴儿在同他母亲的共生中自然地得到了延续生命所需要的保护——这一情况酝酿着人类相互关联的联系——而儿童就应该很快地单纯依赖自身的力量。儿童也总是渴望获得更大的能力：对力量的向往，增加自己的本领并超过别人。于是个人处于一种经常努力的状态，这既是为了补偿天生的劣势（甚至他的残疾），又是为了维持自身的平衡。根据增长能力的目的，从个人的能力、所受教育以及周围环境的影响出发，形成了个人的性格，也导致了个人的行动。不过也会碰到困难，首先是来自集体观念和自我肯定倾向之间的矛盾所引起的困难。有些困难表现出是不可克服的。人们日益感到不足，就日渐产生一种卑劣情绪和一种过度的心理紧张，而这是能引起躯体紊乱的。因为疾病不仅把人从他的责任感里解脱出来，使他避免因失败而引起的对自恋的创伤，而且还允许人延缓作出重要的决定，比如挑选一个职业或一位配偶。阿德勒认为，神经官能症患者通过与心理治疗者的对话能够学会同他内心的道德标准相一致。心理治疗者则努力将他的病人引导到对个人生活作风以及他自己的道德标准体系采取批判的立场。一切生存的问题都不外乎爱情、劳动和社会生活的问题。个人的幸福不能靠损害他人获得，而只能依靠他人或与他人共同取得。要从社会形成的苦恼中解脱出来并重新回到人类的充分一致，条件就是改变人类的生活安排。依靠自由意志，这种改变就有可能。阿德勒认为每个人在幼儿时期，就渐渐形成一种生活模式，根据此生活模式而形成生活的主观目标，但每个人的生活模式不同，因此每一个人的主观目标不完全相同，研究心理过程应以每个人的特殊心理经验为对象，故阿德勒的心理学被称为“个体心理学”或“个人心理学”。所谓“个人”，阿德勒强调每一个人都有一种奋力驱使追求优越以适应环境，从而达到个人的整合和统一。这种理论与弗氏人格理论的区别如下（表1）：

表1　阿德勒人格理论与弗洛伊德人格理论对比

阿德勒人格理论	弗洛伊德人格理论
强调意识的作用	强调无意识的作用
未来的目标是动机的重要源泉	未来的目标无关紧要
以社会动机为本源	以生物动机为本源
对人类未来持乐观的态度	对人类未来持悲观的态度
利用梦解决问题	利用梦分析无意识的内容
在决定自己的人格上，人是自由的	人格决定于遗传和环境因素
轻视性的重要性	夸大性的重要性
鼓励把生活格式置于社会利益之上	发掘受压抑的早年记忆

七、新行为主义理论

伯尔赫斯·弗雷德里克·斯金纳（Burrhus Frederic Skinner，1904—1990），美国心理学家，新行为主义学习理论的创始人，也是新行为主义的主要代表。1904 年 3 月 20 日出生于美国宾夕法尼亚州萨斯奎汉纳，1990 年 8 月 18 日逝世于马萨诸塞州坎布里奇。斯金纳引入了操作条件性刺激，著有《沃尔登第二》（Walden Two，也译《桃源二村》）、《超越自由与尊严》（Beyond Freedom and Dignity）等。

操作性条件反射这一概念，是斯金纳新行为主义学习理论的核心。斯金纳把行为分成两类：一类是应答性行为，这是由已知的刺激引起的反应；另一类是操作性行为，是有机体自身发出的反应，与任何已知刺激物无关。与这两类行为相对应，斯金纳把条件反射也分为两类：与应答性行为相应的是应答性反射，称为S（刺激）型，S型名称来自英文Simulation；与操作性行为相应的是操作性反射，称为R（反应）型，R型名称来自英文Reaction。S型条件反射是强化与刺激直接关联，R型条件反射是强化与反应直接关联。斯金纳认为，人类行为主要是由操作性反射构成的操作性行为，操作性行为是作用于环境而产生结果的行为。在学习情境中，操作性行为更具有代表性。斯金纳很重视R型条件反射，因为这种反射可以塑造新行为，在学习过程中尤为重要。斯金纳关于操作性条件反射作用的实验，是在他设计的一种动物实验仪器，即著名的斯金纳箱中进行的。例如：箱内放进一只白鼠或鸽子，并设一杠杆或键，箱子的构造尽可能排除一切外部刺激。动物在箱内可自由活动，当它压杠杆或啄键时，就会有一团食物掉进箱子下方的盘中，动物就能吃到食物。箱外有一装置记录动物的动作。

斯金纳的实验与巴甫洛夫的条件反射实验的不同在于：（1）在斯金纳箱中的被试动物可自由活动，而不是被绑在架子上；（2）被试动物的反应不是由已知的某种刺激物引起的，操作性行为（压杠杆或啄键）是获得强化刺激（食物）的手段；（3）反应不是唾液腺活动，而是骨骼肌肉活动；（4）实验的目的不是揭示大脑皮层活动的规律，而是为了表明刺激与反应的关系，从而有效地控制有机体的行为。斯金纳通过实验发现，动物的学习行为是随着一个起强化作用的刺激而发生的。

斯金纳把动物的学习行为推而广之到人类的学习行为上，他认为虽然人类学习行为的性质比动物复杂得多，但也要通过操作性条件反射。操作性条件反射的特点是：强化刺激既不与反应同时发生，也不先于反应，而是随着反应发生。有机体必须先作出所希望的反应，然后得到“报酬”，即强化刺激，使这种反应得到强化。学习的本质不是刺激的替代，而是反应的改变。斯金纳认为，人的一切行为几乎都是操作性强化的结果，人们有可能通过强化作用的影响去改变别人的反应。在教学方面，教师充当学生行为的设计师和建筑师，把学习目标分解成很多小任务并且一个一个地予以强化，学生通过操作性条件反射逐步完成学习任务。后来，斯金纳的认知行为理论在衍生出另外的一种《认知行为矫正学习理论》。

行为主义心理学的最新发展就是将多种认知过程（如思维、知觉、期望、自我陈述）融入行为主义的框架中。这些新理论认为，学生存在一些有缺陷的认知过程，这些有缺陷的认知过程引导或控制他们的行为，如果改变了这些认知，行为也将随之改变。在这种理论的指导下发展了一些被称为“认知行为矫正”的方法（或认知行为治疗或自我控制）。正如前所述，班杜拉的社会认知理论为使用这些方法治疗行为、情绪和学习问题提供了大量的理论依据。

（一）自我管理

20 世纪 60 年代和 20 世纪 70 年代出现了几种自我管理或自我控制治疗，虽然早期的自我控制的过程仍是以操作条件反射的原理为基础，但是，20 世纪 70 年代的发展则使得自我控制过程更多地偏向了认知。自我管理的过程是这样的：课堂教师利用传统的应用行为分析方法，以积极的强化和其他程序改进学生的行为，所期望的行为变化一旦达到，由教师作出的（外在的）控制就转向由学生作出的内在控制。这一转变过程包括：

1. 学生通过自我评估决定他们是否已经完成了特定的行为。

2. 学生通过自我监视，记录行为的成绩、持续记录他们以多大频率和在多大的程度上参与了某些活动，如此可以有效地训练学生监视自己的行为。

一开始，教师告知学生，教师正在观察他们的评估，学生一旦得知他们的自我监视的精确性正在受他人的评估时，这种自我监视的精确性确实能得到改进，学生对他们自己的适当行为予以自我强化，一段时间以后，让学生慢慢地消除这种自我强化，逐渐转向学生自然环境中的强化，如等级、社会地位和成就反馈。有研究表明，这种自我强化的程序和教师管理的结果一样有效。达班等人设计了这样一个教学生调节自己行为的过程。他们要求教师每天都评定学生的行为，并给获得较高等级的学生予以强化。然后他们改变这个程序，要求学生猜测老师给他们什么等级，猜对了予以强化，最后逐渐除掉强化。在强化和猜测的条件下，学生的行为改进了。在程序结束后很长一段时间里，学生保持了改进了的水平。这可能是由于教学生匹配教师的评定，发展了他们自己对适当行为的评估标准，并且当他满足这个行为标准时就强化。

（二）自我言语

今天，人们使用更加偏向认知的自我控制技术。有一种教个体控制自己行为的方法就是自我教学，这是一种以鲁利亚和维果斯基的理论为基础的自我控制方法。鲁利亚发现，随着儿童年龄增长，他们常常能够做到不靠成人的教学，而靠来自自己行为的信息来改变行为，即使这个信息是由自己提供的也可以。维果斯基描述了从外在语言到内化的语言、最后到无声的发展过程，他指出，自我语言非常重要，因为它提供了自我指导。

自我言语训练的理论基础是，个体的内在言语影响认知（思维）和引导行为。有些儿童以不当的方式行动，是受不当的自我言语的影响，因此，引入比较适当的自我言语，行为就能改变。

学生教育与改进的理论很多后来都被应用于社会工作知识的学习与督导上面。

以上和上一章的心理动力理论介绍的人类行为基础性理论，也是所有社会工作衍生的基础。

八、社会工作语境下的社会环境主要构成因素

（一）环境因素

社会工作语境下社会环境的含义：人类生存的环境是对人的生存（行为、生存状态和发展）带来影响的各种因素的总和。人类生存的环境包括自然环境和社会环境。社会环境是指与人的生存相关的社会因素，及其与人的生物遗传、心理状态相互作用而形成的社会系统。它是一个极其复杂庞大的系统，包括人造物质环境和纯社会环境。人造物质环境包括房屋、道路、活动空间和各种服务设施，它们对使用者构成了行动的外部环境。纯社会环境可简称为社会环境，主要包括家庭、学校、单位、群体、社区、文化等子系统。这些社会子系统与人们的生

物、心理因素之间发生互动，形成一个动态环境，这也是社会工作关注的对象。

1. 家庭：家庭是社会最基本的单位，是人最原始、最根本的环境，是人类社会生活的基础。家庭对个体的影响主要是通过家庭成员和家庭内互动发生的。

家庭成员关系指家庭成员的关系类型和这些关系的性质。一个人的家庭是核心家庭还是主干家庭，家庭成员之间的关系是好是坏，都会影响到个体的行为。

家庭互动包含纵向和横向两个方面。纵向影响主要来自家庭背景和家庭中过去的事件对当今家庭成员的行为影响，横向影响主要的是家庭成员间互动对个体行为的影响。

在家庭互动方面，不同的家庭教育模式对孩子的影响是不同的，良好的教育模式可以使儿童青少年向着积极主动的方向发展，不良的家庭教育模式会导致他们朝向攻击性、反抗性等消极的方面发展。比如：骄纵型、支配型、专制型、放任型、冲突型的教育都不利于孩子的成长，而民主型的家庭模式教育有利于家庭成员的正常发展。

2. 朋辈群体：朋辈群体是由年龄、性别、志趣、职业、社会地位及行为方式大体相近的人所组成的一种非正式群体。

在儿童期，朋辈群体的形成大部分处于偶然性因素。随着年龄的增长，朋辈群体形成的主动性、选择性变得越来越多。朋辈群体对个体行为的发展具有重要的作用。首先，它对个体的认知发展、行为塑造、情绪表达、精神追求及支持系统均有直接的影响。其次，朋辈群体往往有一套自己的价值标准，当这些标准与社会主流的标准一致时会有利于群体成员形成积极的行为，当这些标准与社会主流的标准不一致时，会对群体成员的行为产生消极的影响。伴随个体的成长，朋辈群体在不同的社会系统中扮演着不同的角色，这种角色的多样化对于群体成员来说具有多种意义。社会工作者要充分利用朋辈群体的正向功能开展服务工作。

3. 学校：学校是个体社会化最重要的场所，是专门为社会成员，尤其是儿童和青少年社会化而设立的正规化学习机构。学校对儿童青少年的行为影响主要表现在两个方面：

一是学校对儿童和青少年进行协调的正规教育，传统现代社会所需的文化和复杂的科学技术。

二是学校向儿童青少年灌输特定的社会价值规范，教育他们学会遵守规章和制度，并按照行为规范要求学习扮演各种社会角色。学校系统、老师、管理组、家庭、学生以及学校所在社区之间往往有着密切的交互作用，并共同影响着学生的行为发展。因此学校社会工作者在开展工作时要对学校系统有一个完整的了解。

4. 工作单位：工作单位是个人在社会中从事一定职业时所属的正式社会组织。工作单位对其成员的影响有：一是促使个人学习和实践专门的职业知识、技能和道德规范；二是指导个人简历各种社会关系，正确调适自我行为，以适应相应的工作需求和社会需求。在我国，工作单位对于社会成员来说尤其重要，个人的经济收入、社会地位、成就感、社会保障等等几乎都和工作单位相联系。同时遇到的一些问题如下岗失业、人际关系不佳、工作压力大等问题也都和工作单位密不可分。

5. 社区：社会是指一定地域为基础的社会生活共同体。社区生活强化了人类的群体意识和共同体意识，并拥有社区成员共同遵守的社会规范。社会对人类行为的影响主要有四个方面：第一，社区成员具有某些共同特征，如相似的社会经济地位、生活方式、文化和风俗习惯等。第二，社区成员之间存在着复杂的社会交往关系，在交往中彼此发生影响。第三，社区本身就是一种社会组织，具有本身的社会规范，对社区成员的行为具有约束作用。第四，社区成员对社区具有强烈的认同感和归属感，这种认同感也会影响社区成员的行为。

6. 文化：文化是指社会发展过程中人类创造物的总称，包括物质技术、社会规范和精神体系，是所有物质产品和精神产品的总和。文化是人类共同生活的基础，也是人类活动的重要社会环境。作为共享的价值和生活方式，文化对于人的行为的影响是通过对人的个性心理及行为模式来进行影响的。一个人的性格、能力、兴趣、认知、态度等都受文化的影响，一个人的行为也受到其认同文化中的行为模式的影响。人类在深受文化影响的同时又创造着文化，人类在接受文化的影响时也进行着选择。

7. 大众媒体：大众媒体（包括广播、电视、报纸、杂志、书籍、互联网等）对人的行为影响和社会实践的影响越来越大。大众传媒对人类的影响主要表现在几方面：（1）可以为受众提供支持其固有的立场、观点和行为的有关情况，从而增强受众固有的观念和行为；（2）在争议不大且没有其他因素干扰的情况下，大众传媒只要重复播放内容，就能直接改变观众的行为；（3）大众传媒可以使观众改变其立场；（4）可以提供信息引导人们的行为；（5）为观众提供行为规范，供他们选择。大众传媒对人的行为既有积极的影响也有消极的影响。积极的影响包括提供信息帮助个人和群体了解情况、作出判断、满足需求或实现目标；消极影响包括通过信息传递不恰当的价值观念和行为模式，对受众进行误导。

（二）人类行为和社会环境的基本关系

人类是在环境中生活的，同时人又具有能动性。人类行为和环境相互影响，二者关系是复杂的，主要表现在以下几个方面：

1. 人要适应社会环境

任何人都必须在一定的社会环境中生活，所以人们需要使自己的行为符合社会环境的要求，学习社会环境所允许和要求的行为。这在社会环境力量比较强大时更为明显。

2. 社会环境影响个人行为

社会环境影响个人行为的大致方向。各年龄段的人的行为都会受到社会环境的影响，但所受影响的程度可能不同。一般来说，儿童青少年的行为受当前社会环境的影响较大，而成年人受社会环境的影响相对弱一些。研究表明，环境因素所导致的童年期创伤会影响个体的健康人格的形成。

3. 社会环境和生物遗传共同对人类行为产生影响

社会环境对人类行为的影响不能脱离生物遗传因素的制约，同样，良好的遗传性也需要依托适当的社会环境才能发挥作用。人的发展是遗传和环境相互影响的产物，其路径取决于遗传因素和外部环境影响之间复杂的相互作用。

4. 人类能够改变社会环境

由于人类具有很强的能动性，所以人类可以改变自然环境，也可以改变社会环境。如个人的独创性模式被其他社会成员所模仿，并广泛推行，就可以形成一种新的行为模式。领袖人物或者大众的一致行为，对社会环境的影响作用巨大。

5. 人类行为与社会环境的非平衡性

总的来说，人类行为与社会环境相互影响的力是不平衡的，社会环境对人类行为的影响要大一些。社会工作者要正确理解和把握人类行为与社会环境的关系，不仅要评估服务对象的行为方面的情况，还要评估服务对象所处的社会环境，更重要的是评估服务对象与社会环境互动的状况，以帮助服务对象改变个人及其社会环境之间相互影响的状况，恢复和发展个人的社会功能。

第二节 西方社会工作常用理论

一、社会支持理论

社会支持在人类社会开始时就已经存在了，但是，社会支持概念的形成并不是一个自然的过程。鲍尔拜（Bowlby）首先在精神医学领域提出了依附理论，强调早期关系（特别是与父母的关系）的重要性。柯伯和卡塞尔发表文章提出了两个重要概念：工具性支持和情绪性支持。在过去几十年中，关于社会支持的研究主要集中在三个方面：一是关于社会支持概念。二是关于影响个人发展和使用社会支持因素的研究。三是关于社会支持影响个人心理状态的机制的研究。

社会支持理论的主要观点：

社会支持网络指的是一组个人之间的接触，通过这些接触，个人得以维持社会身份并且获得情绪支持、物质援助、服务和新的社会接触。依据社会支持理论的观点，一个人所拥有的社会支持网络越强大，就能够越好地应对各种来自环境的挑战。个人所拥有的资源又可以分为个人资源和社会资源。个人资源包括个人的自我功能和应对能力，后者是指个人社会网络中的人所能提供的社会支持。社会支持理论取向的社会工作强调通过干预个人的社会网络来改变其在个人生活中的作用。

1. 社会支持的概念

社会支持是由社区、社会网络和亲密伙伴所提供的感知的和实际的工具性或表达性支持。社会网络只是个人可以直接接触的一些人，包括亲戚、同事、朋友。亲密伙伴是个人生活中的一种紧密关系。关系中的人认同和期待彼此负有责任。工具性支持指运用人际关系作为手段以实现某种目标，如：找工作、借钱或帮忙照看孩子等；表达性支持既可以是手段也可以是目的，它涉及分享感受、发泄情绪和挫折、寻求对问题或议题的了解、肯定自己和他人的价值与尊严等。工具性支持包括引导、协助、有形支持与解决问题的行动等，表达性支持包括心理支持、情绪支持、自尊支持、情感支持和认可等。

2. 影响社会支持程度的因素

社会工作者对影响服务对象的社会支持因素的判断，是提供有效服务的一个重要前提。一般来说，影响个人社会支持程度的因素有三个方面，即发展因素、个人因素、环境因素。

（1）发展因索

一个人对关系的内在呈现是自生以来就不断发展的。从发展的观点看，个人对关系的观感是个人内在特质和外在环境互相作用的结果。不同的关系观感直接影响着个人以后的关系建立。从发展的观点来看，社会支持的关键问题在于过去的经验如何影响其今后的社会生活。进一步从治疗的角度看则在于如何改变个人过去生活中负面经验的影响或弥补个人生活经验的不足，意图改变个人生活中所出现的问题。

（2）个人因素

个人因素主要是指个人的人格因素，包括自尊程度、社会性和控制场域对发展和使用社会支持的影响。一般来说，低自尊对于建立关系是一个不利因素，而高自尊可能获得高的社会支持。一个对自我的评价高的人，更容易被人们接受，因而可能获得更多的社会支持。社会性高者倾向于利用更多的社会资源以满足自己的需求。因此就可能建立更广泛的社会支持网络，而自主性高者则倾向于自己解决问题，利用社会资源的倾向不高。

（3）环境因素

环境因素是个人的社会支持网络形成中的作用体现于不同的生活环境。在开放社会环境中，个人更容易建立起社会支持网络，也更倾向于利用社会支持网络；在封闭的社会生活环境中，个人对于社会支持网络的利用会减少。

总的来说，发展因素、个人人格因素印记环境因素对于个人社会支持网络的形成有重要的影响。而对于个人社会支持网络的形成来说，这三个因素又会有不同的组合，因此导致每个人形成社会支持网络的因素组合是不同的。另外，每个人对于社会支持网络的利用也是不同的，因此最终社会支持网络对于个人的意义是什么还有赖于个人对于社会支持网络的认知和运用。

社会支持理论发展到现在变成了社会工作的常用理论“社会支持网络理论”。这个理论的工作介入策略是：个人网络策略、自愿连接策略、相互援助网络策略、邻里辅助网络策略、社区授权策略。多用于儿童、青少年、老人、妇女、残疾人以及社区和邻里服务与资源连接上。先评估案主各类的网络资源，然后制定服务计划，也就是动员、倡导、促进、资源连接等，发挥案主周围的网络支持因素的积极作用，改善案主社会环境。在工作中社会工作者的角色是咨询商量的角色、倡导促进的角色、资源连接的角色、管理教导角色。找工作特点是改变案主与周围环境的性质，利用案主周围的资源帮助案主，直接获得改善案主环境的效果。

二、优势视角

“优势视角”是社会工作学领域的一个基本范畴、基本原理，是指“社会工作者所应该做的一切，在某种程度上要立足于发现、寻求、探索及利用案主的优势和资源，协助他们达到自己的目标，实现他们的梦想，并面对他们生命中的挫折和不幸，抗拒社会主流的控制。这一视角强调人类精神的内在智慧，强调即便是最可怜的、被社会所遗弃的人都具有内在的转变能力”。概括地说，“优势视角”就是着眼于个人的优势，以利用和开发人的潜能为出发点，协助其从挫折和不幸的逆境中挣脱出来，最终达到其目标、实现其理想的一种思维方式和工作方法。

优势视角超越了社会工作的传统理论模式，其关注点在于个案的优势、潜能和成绩，这一突破在社工领域具有“范式革命”的意义。它首先由美国堪萨斯大学社会福利学院丹尼斯·塞勒伯教授（Dennis Saleebey）在《优势视角：社会工作实践的新模式》一书中提出。社会工作的优势视角反对将服务对象问题化，认为问题的标签对服务对象“具有蚕食效应，重复的次数多了之后，就改变了案主自己对自己的看法和周围人对他们的看法。长远来看，这些变化融入了个人对他们的自我认同（越来越没有自信心）”。

丹尼斯·塞勒伯明确提出：“优势视角是对传统社会工作实践的一次戏剧性飞跃。优势视角取向的实践意味着：作为社工所应该做的一切，在某种程度上要立足于发现和寻求、探索和利用案主的优势和资源，协助他们达到自己的目标，实现他们的梦想，并面对他们生命中的挫折和不幸、抗拒社会主流的控制。”塞勒伯认为，在一段时间内，我们在发挥案主的优势方面做得不够。“优势视角的实践要求我们从一个完全不同的角度来看待案主、他们的环境和他们的现状，不再是鼓励地或专注地集中于问题，而把眼光投向可能性。在创伤、痛苦和苦难的荆棘之中，你能看到希望和转变的种子。其实这个公式很简单：动员案主的力量（知识、能力和资源）来达到他们自己的目标和愿望，这样案主将会有更好的生活质量”。

优势视角的基本信念包括：1. 赋权（empowerment）。西蒙（Barbara Levy Simon）将赋权的概念建立于五个理念之上：与案主和委托人之间的合作伙伴关系；对扩大案主能力和优势的强调；关注个人或家庭与环境；将案主视为积极的能动主体；将个人的精神指向一直受到剥夺和压制的人群；2. 成员资格（membership）。优势取向从承认我们服务的所有人如同我们自己一样，是一个种类的成员，并享有与成员身份随之而来的自尊、尊严和责任。成为成员和市民，享有参与权和责任，保证和安全等特征是赋权的第一步。成员资格的另外一个意义在于人们必须走到一起，让他们的声音被听到，需要得到满足，不公平受到重视，从而实现他们的梦想；3. 抗逆力（resilience）。越来越多的研究和实践正在使得人类的这样一个规则清晰可见——人们在遭遇严重麻烦时会反弹，个人和社区可以超越和克服严重麻烦的负面事件。它是一种面对磨难而抗争的能力；4. 对话与合作（dialogue and cooperation）。在对话中，我们确认别人的重要并开始弥合个人、他人和制度之间的裂缝。

优势视角强调每个个人、团体、家庭和社区都有优势（财富、资源、智慧、知识等）；创伤和虐待、疾病和抗争具有伤害性，但它们也可能是挑战和机遇（那些为面包、工作和住房而抗争的人们是具有抗逆力和具有资源的，即便在痛苦之中，他们也期望取得成就）；与案主合作，我们可以最好地服务于案主；所有环境都充满资源；注重关怀、照顾和人际脉络。以优势和资产为本的取向可以激发案主和工作者的乐观情绪、希望和动机。

优势视角贯穿于整个生命周期，并贯穿于评估、干预和评价的整个助人过程中。它强调人的能力、价值、利益、信念、资源、任务完成和愿望。

1. 优势视角的原则（Saleebey）

（1）每个个人、团体、家庭和社区都有优势；

（2）创伤和虐待、疾病和抗争具有伤害性，但它们也可能是挑战和机遇；

（3）与案主合作，我们可以最好地服务于案主；

（4）所有的环境都充满资源；

（5）关怀、照顾和人际脉络。

2. 优势词典

（1）赋权”（empowerment）

赋权意味着帮助个人、小组、家庭，以及社区在其内部或周围探求和扩展其资源与手段的意图和过程。

巴巴拉·西蒙（Barbara Levy Simon）的赋权五理念：与案主和委托人之间的合作伙伴关系；对扩大案主能力和优势的强调；关注个人或家

庭与环境；将案主视为积极的能动主体；将个人的精神指向一直受到剥夺和压制的人群。

(2)“成员资格”(membership)

人们需要成为市民，为他们的社区负责，成为有价值的成员。

(3)“抗逆力”(resilience):

第一，抗逆力（Resilience）是当代国际社会工作领域理论研究与实务探索的热点问题，它从优势视角挖掘案主的内在潜能，强调人在面对压力、挫折时的潜能激发和自我超越。个体在经历痛苦和危机时可能伴随着成长，个体面对的困难甚至创伤性事件导致个体具有更大的信心或者处理逆境的能力的提升，逆境可以促使一个人反省自己的适应生活的方法、态度和原则，从而作出必要的调整，进而改进个人的生活方式，当困扰出现时，个体会发现以前所不知的来自于他人的资源并意识到自己的脆弱性，这就成为改变的动力基础。

第二，优势视角与抗逆力

优势视角的概念框架是基于对缺陷模式的反思而建构起来，它的核心是对案主的优势和资源的洞察，“优势”（strength）与“抗逆力”(resilience）近年来成为西方社会工作领域中运用得越来越频繁的词语，其实它们都是对案主所具有的特征进行积极的、正面的描述。这个概念最早见于堪萨斯大学社会工作学院的威克、雷普、苏利文、基斯汉于1989年发表的《社会工作实践的优势视角》（A Strengths Perspective for Social Practice）一文，它是从批评现存的主流的病态或缺陷模式开始，并立足于积极心理学、抗逆力、社会建构和叙事治疗。优势视角已经成为社会工作实践的一种范式，将“优势视角（strength perspective)”运用于不同的人群和各种社会工作实务领域中，优势视角为指导的实践意味着作为社会工作者所应该做的一切都要从发现、开发和利用案主的优势和资源出发，协助他们达到自己的目标，实现他们的梦想和面对他们生命中的挫折和不幸，抗拒社会主流话语的控制。抗逆力的基本思想就是个人或者家庭虽然面临比正常情况要严重的问题和危险，但是过上了比预想的要好的生活，或者是能够很好地适应所面临的危机状态。“抗逆力”的概念被视作是人类天生的一种潜能，抗逆力是从积极心理学视角挖掘求助者的内在潜能，不再单纯关注问题的负面影响，而是强调人在面对压力、逆境时的潜能激发和自我超越。抗逆力研究发现，每个人都有抗击逆境的潜质，人在面对危机和困境时，潜质被唤醒，生成为应对困难的力量。越来越多的研究和实践正在使得人类的这样一个规则清晰可见——人们在遭遇严重麻烦时会反弹，个人和社区可以超越和克服严重麻烦的负面事件。它是一种面对磨难而抗争的能力；它使人在遇到挑战甚至危险和非常严重的危机后仍然能顺利地反弹复原的能力，其临床使用领域主要包括边缘青少年、家庭治疗和精神病人等领域。家庭在成员遭遇到不幸事件时仍能够发挥比较好的功能；那些有过创伤经历的人能够有一定程度的恢复。

第三，病态视角的假设

优势视角是对病态模式的反思和批评，认为在病态学模式背后有一系列假设，这些假设反过来为案主刻画出一幅并不可爱的图画，主要有以下假设：(a) 贴上问题或病态的标签，认为案主有已命名的问题或病态。对于各种类型的诊断的标签很快成为案主的“主要身份”，被贴上标签的人的社会身份或地位将会贬低，成为“异类”；(b) 悲观主义和怀疑主义倾向。强化案主的问题导致一系列对案主、案主环境、案主应对环境的能力的悲观期望和预测，对案主的看法经过多次重复，就改变了案主自己对自己的看法和周围人对他们的看法，认为自己的无力感，这些看法会融入他们个人对自己的社会认同，也使得他们自己对应付逆境能力产生怀疑，产生悲观主义和负面的思想，产生对他人的依赖。(c) 案主问题的个人化，导致问题评估中环境的抽离。以问题为本的评估鼓励对案主个人式的而非生态式的解释，忽视案主生活的重要要素（文化、社会、政治和经济），以及忽略这些要素如何导致和影响一个人的失败或错误；(d) 假设所有的障碍都由疾病导致，于是假定问题的解决之道必在于此。认为在原因与治疗直接存在线性简单关系的理念，忽略了案主情况的复杂性和不确定性，把个人、家庭、朋友、社区这些可能带来改变的能力和资源抛在一边，妨碍对案主应对逆境可能应变能力的探究，以及缺乏对案主问题、需要、可能性的了解，对案主问题进行简单的归因。

理论特点：优势视角可以被视为从人类的生存问题出发的包含一系列关于健康和潜力的假设和归因的组织建构，它是从批评现存的生存病态或缺陷模式开始的，并立足于积极心理学（鼓励）、抗逆力研究、社会建构、叙事治疗和寻解治疗。主要在于鼓励，“说你行就行”，并帮助寻找合理的优势发挥方案。寻解治疗聚焦于案主的优势和能力，将服务提供视为一个相互学习的过程，将案主的问题非个人化，致力于探索未来的可能性。抗逆力是说人处于极端困难的逆境会有超常的能力发挥。

优势视角的实践原则是从案主或案主的系统优势出发，并致力于一个合作的专业关系进入社会工作干预实践，肯定案主的优势，鼓励赋予案主一些权力和能力，激发案主的自尊，让案主发挥天生的突破逆境的抗逆能力。这样的工作方法为案主带来更多的希望。

三、任务中心介入模式

（一）理论背景

在个案社会工作发展过程中，传统的长期治疗由于目标过分远大而显示出效率低下。1972 年，雷德（Rind）和爱泼斯坦（Epsten）在他们的《任务中心个案社会工作》一书中提出了一个有时间限制的、针对生活问题的个案社会工作介入模式——任务中心介入模式。就是希望在有限的服务时间内，达成案主自己选择的、明确及有限的目标，从而提高个案社会工作的效果与效率。任务中心模式所持的短期治疗的观念，在时间短的压力下，对问题的解决采用较快见效的调适方法。

任务中心介入模式最根本的理论依据是缩短精神病人治疗的各疗程时间，一样可以达到长治疗周期的效果。还有很多社会工作服务是由政府出资购买的，因此在个案辅导和治疗上有时间限制，不允许进行长周期辅导和治疗。

任务中心的社会工作实务模式在最近发展很快，这主要是因为除了强调时间限制与效率之外，这一模式强调兼收并蓄，在实际服务过程中，可以采用其他模式的具体调适方法，不受限于某一种理论。所以与其他模式相比，这种模式有相当的特殊性，即它提供的是关于治疗过程的一个框架，而对具体治疗方法的选择则没有具体规定，而是采用博采众长的方法。

（二）基本假设与概念

1. 人性观

任务中心模式相信案主有解决其问题的能力与潜能，所以这一模式强调发挥案主本身的能动性。案主在界定问题与处理问题上有最后的决定权，他可以决定是否处理以及如何处理；同时案主在任务的执行上必须相当投入，主要靠自己的力量完成任务。

2. 有限的目标

任务中心模式所确立的任务是具体的、有限的、外在的目标，而不是整体性的内在目标，它的目标是案主的问题，而非案主的个人成长。

这一点，使其目标更具达成的可能性。在这一任务达成过程中，案主将学习解决问题的方法，从而有效地提高他处理生活问题的能力，这有助于案主自我功能的增强。

3. 问题的原因

人的生活与成长可以看成一个不断解决生活中的问题的过程，当无法解决问题时就会产生问题。而个案社会工作的任务就是协助案主界定任务，指导并鼓励案主达成任务，从而帮助案主处理某些生活上的任务。问题是工作的目标，而任务则是案主为解决问题而需要做的工作，是达成解决问题的手段。

（三）方法与技巧

1. 如何界定问题

一个“可处理的问题”必须具备四个条件：

（1）案主知道这个问题的存在；

（2）案主承认这是一个问题；

（3）案主愿意处理这个问题；

（4）案主有能力处理这个问题。

同时，从形式上看，任务中心介入模式所处理的问题必须具备两个条件：

(1) 此问题必须是有限度及清楚明确的；

(2) 此问题是可以用行为形式表达的。

具体地讲，里德与伊斯雷尔·爱泼斯坦把任务中心介入模式适合处理的问题分为七大类：

(1) 人际冲突；

(2) 不良社会性关系；

(3) 与正式组织互动中产生的问题；

(4) 角色扮演上的困难；

(5) 社会性变适所带来的问题；

(6) 反应性情绪困扰；

(7) 社会资源不足。

2. 如何界定案主

此模式中，案主必须有一定的自主能力。如果案主处于心智极其混乱、自我功能几近丧失的状况中，则不适宜这一模式。

3. 如何界定任务

在任务的制订过程中必须兼顾案主的问题、案主解决问题的愿望以及案主解决问题的能力这三个方面，其中特别应该注意案主的能力。

4. 介入程序

任务中心介入模式可以划分为一系列阶段，这些阶段包括：

(1) 工作者与案主找到目标问题；

(2) 工作者与案主就目标问题、服务时安排达成协议；

(3) 根据案主对各问题的焦虑程度，确定处理的先后次序；

(4) 双方就有关问题选择及确定任务，同时分配这些任务给案主及工作者；

(5) 案主与工作者完成有关任务；

(6) 检验成绩并计划案主在辅导结束后应该继续履行的任务。

在上述六个阶段中最重要的是完成任务，所以里德与爱泼斯坦在1975年提出了一套“履行任务程序”，以促使案主完成其任务。这程序包括五个连贯的步骤：

（1）提高案主承担任务的积极性；

（2）确定执行此任务的各种细节与步骤；

（3）估计可能出现的阻力；

（4）模拟任务的行为；

（5）总结并不断给案主鼓励，同时对案主的成功持乐观期望的态度。

5. 技巧

这一模式不太重视社会工作专业关系在治疗过程中的作用，但非常强调沟通的作用。沟通主要用于五类情况。

（1）探讨；

（2）组织；

（3）提高案主的意识；

（4）鼓励；

（5）提供方向。

此理论的特点就是短期任务完成效果明显，很适合社会工作有一定期限限制的工作特点，因此，很多社会工作机构完成服务任务指标时比较喜欢采用这个工作模式。

四、生态视角

生态视角是一个开放的系统，它融合了不同的理论和概念，它的早期传统可以追溯到达尔文进化论。再有就是总结实际工作经验，将实质性服务和病理治疗的临床服务结合起来。还有就是来自米尔斯关于“个人困扰”和“公共议题”思考，将个人困扰联系背后的社会结构因素一起考虑，重视环境对人的影响。随后，符号互动论的出现又为社会工作进一步认识人与人之间的互动提供新的认识架构。生态视角的共同点在于关注不同层次系统、重视人与环境之间的相互影响，并将系统作为一个整体来考察，关注系统内和系统之间的压力和平衡。

生态系统理论是社会工作的重要基础理论之一，它是由生态和系统两个理论结合产生的。

（一）生态理论

生态学（ecology），最早是由德国生物学家恩斯特·海克尔于 1869 年定义的：生态学是研究生物体与其周围环境（包括非生物环境和生物环境）相互关系的科学。

生态学研究对象：生物与其环境之间的相互关系。它们的研究方法经过描述——实验——物质定量三个过程。

生态学的发展大致可分为萌芽期、形成期和发展期三个阶段。

1. 萌芽期（亚里士多德的公元前 4 世纪到 14 世纪）：古人在长期的农牧渔猎生产中积累了朴素的生态学知识。

代表人物：公元前 4 世纪古希腊学者亚里士多德、亚里士多德的学生、公元前 3 世纪的雅典学派首领赛奥夫拉斯图斯、古罗马公元 1 世纪老普林尼的《博物志》、6 世纪中国农学家贾思勰的《齐民要术》。

2. 形成期大约从 15 世纪到 20 世纪 40 年代。15 世纪以后，许多科学家通过科学考察积累了不少宏观生态学资料。19 世纪，农牧业的发展促使人们开展了环境因子对农作物和家畜生理影响的实验研究，促使了生态学进一步发展。19 世纪初叶，现代生态学的轮廓开始出现。

3. 发展期是 20 世纪 50 年代以来，生态学吸收了数学、物理、化学工程技术科学的研究成果，向精确定量方向前进并形成了自己的理论体系。由于世界上的生态系统大都受人类活动的影响，社会经济生产系统与生态系统相互交织，实际形成了庞大的复合系统。有关生态组织：国际生物科学联合会（IUBS）制定了“国际生物计划”（IBP），对陆地和水域生物群系进行生态学研究；联合国教科文组织设立了人与生物圈（MAB）国际组织，制定“人与生物圈”规划，组织各参加国开展森林、草原、海洋、湖泊等生态系统与人类活动关系以及农业、城市、污染等有关的科学研究。

为了寻找解决自然资源、人口、粮食和环境等一系列影响社会生产和生活问题，许多国家都设立了生态学和环境科学的研究机构。

生态学的发展趋势是：由定性研究趋向定量研究，由静态描述趋向动态分析；逐渐向多层次的综合研究发展；与其他某些学科的交叉研究日益显著。

生态学被生物学者用来描述个人在社区中与他人日常的互动关系；社会行为科学家使用生态学来描述人类生存与社会中的综合性与系统系结构；文化人类学家使用人文生态学，来描述田野工作的整体性本质；心理学家也强调用生态学的观点来认定个人和社会及物理环境的关系。

社会学家帕克将生态学的层次分为：人类竞争为基础的共生层次；沟通与共识的文化层次。通过这两个层次的结合来解释各种社会组织，以影响和引导个人的社会生活功能。

生态学与社会工作：社会工作者使用生态观点来描述实务，首推史沃兹，他用共生的观点来描述个人与教养团体的关系，哈特曼也认为生态的观点引导我们去了解事件与行为的关系，它引导我们把焦点置于生活与环境的适应性平衡上，也引导我们了解评估世界与人们对适应、整合与分化的反应。

（二）系统理论

系统一词，来源于古希腊语，是由部分构成整体的意思。通常把系统定义为：由若干要素以一定结构形式联结构成的具有某种功能的有机整体。在这个定义中包括了系统、要素、结构、功能四个概念，表明了要素与要素、要素与系统、系统与环境三方面的关系。

系统思想源远流长，但作为一门科学的系统论，人们公认是美籍奥地利人、理论生物学家 L. V. 贝塔朗菲（L. Von. Bertalanffy）创立的。《一般系统理论基础、发展和应用》被公认为是这门学科的代表作。

系统科学的发展可分为两个阶段：第一阶段以二战前后控制论、信息论和一般系统论等的出现为标志，主要着眼于系统的分析；第二阶段以耗散结构论、协同学、超循环论等为标志，主要着眼于自组织系统的研究。

系统具有整体性和层次结构性。所谓系统是指由两个或两个以上的元素（要素）相互作用而形成的整体。系统作为整体具有部分或部分之和所没有的性质，即整体不等于（大于或小于）部分之和，称之为系统质。每个系统的构成部分具有互相依赖性，每一部分都以某种方式既影响着其他部分，又影响着整体，系统的构成部分还必须有边界和保护自身存在的机制，以便适用那些将会破坏这一系统的问题。

系统存在的各种联系方式的总和构成系统的结构。系统具有层次结构，任何系统要素本身也同样是一个系统，要素作为系统构成原系统的子系统，子系统又必然为次子系统构成。如此，则次子系统——子系统——系统之间构成一种层次递进关系。系统是动态的，可变化的。

系统观点的第二个方面的内容就是动态演化原理或过程原理。从哲学上看世界是过程的集合体，而非既成事物的集合体。

系统演化原理的提出，最终确立了现代科学在方法论上的动态性原则。这一原则也可称为历时性原则。这一原则要求：不能把系统看作“死系统”，即已经完成的、静止的、永恒的东西，不能仅满足于静态还原，虽然在研究中我们常常被迫采用理想的“孤立系统”、“封闭系统”的概念，但应始终牢记任何实际系统都是动态的“活系统”。

系统功能由元素、结构和环境三者共同决定。相对于环境而言，系统是封闭性和开放性的统一。这使系统在与环境不停地进行物质、能量和信息交换中保持自身存在的连续性。系统与环境的相互作用使二者组成一个更大的、更高等级的系统。

系统理论与社会工作的结合：社会工作者平克斯（Pincus）与米纳汉（Minahan）在概括社会工作实务过程的要素中，提出了“四个基本系统”的理论，指出社会工作过程是社会工作者运用各种知识与资源，与各要素系统共同努力，通过一系列具体的工作达到工作目标的改变过程。“四个基本系统”为社会工作者提供了一个实务工作的参考架构，这四个系统是：

1. 改变媒介系统：所谓改变媒介系统是指受雇于公立、志愿、非营利机构、组织、社区中的社会工作者以及与服务对象有关的具有不同专长的专业人士。他们是案主改变的媒介，又是改变努力的主要行动者，是专业的助人者。

2. 案主系统：所谓案主系统是社会工作服务的对象，是社会工作服务的直接受益人。案主系统可以是个人家庭、团体、组织或社区。他们可以是“现有的案主”，也可能表现为“潜在的案主”，因此辩清案主系统及类型，是开展社会工作服务的第一步。

3. 目标系统：为了达到改变案主系统的目的所需要改变和影响的系统就是目标系统，在确认了案主系统后，社会工作者紧接着的任务就是要与案主系统一起工作，确定目标系统——为达到改变目的所要被改变与影响的系统。比如，一群妇女（案主系统）向妇联和社会工作者（改变媒介系统）求助，诉说她们常在家里被丈夫虐待。经调查，这些施虐者是具有各种各样职业背景和文化背景的人所组成（目标系统），于是，社会工作者邀请医务人员、警方、法院工作人员甚至新闻单位（行动系统）一起出面处理这些事情。通常情况下，目标系统大于案主系统，而且具有时效性。

4. 行动系统：行动系统是指那些与社会工作者一起工作，实现改变目标的人。诚如上文所举的例子，行动系统就是与社会工作者一起进行改变努力的系统，系统中的所有人士是社会工作者开展工作的同盟军。

（三）社会生态系统

1. 发展史

1935 年，英国生态学家阿瑟·乔治·斯坦利爵士首次提出生态系统的概念。他认为生态系统是一个“系统的”整体。这个系统不仅包括有机复合体，而且包括形成环境的整个物理因子复合体……这种系统是地球表面上自然界的基本单位，它们有各种大小和种类。斯坦利对生态系统的组成进行了深入的考察，为生态系统下了精确的定义。

1940 年，美国生态学家 R. L. 林德曼（R. L. Lindeman）发现了生态系统在能量流动上的基本特点：能量在生态系统中的传递不可逆转；能量传递的过程中逐级递减，递减率为 10% ~20%；这就是著名的林德曼定律。

2. 组成

生态系统的组成分为“无机环境”和“生物群落”两部分。生态系统各个要素紧密联系，这使生态系统成为具有一定功能的有机整体。

3. 分类与分布

生态系统类型众多，一般可分为自然生态系统和人工生态系统。

4. 生态功能

（1）能量流动：能量流动指生态系统中能量输入、传递、转化和丧失的过程。

（2）营养关系：生态系统中，生产者与消费者通过捕食、寄生等关系构成的相互联系被称作食物链；多条食物链相互交错就形成了食物网。食物链（网）是生态系统中能量传递的重要形式。

（3）物质循环：生态系统的能量流动推动着各种物质在生物群落与无机环境间循环。

5. 信息传递

生态物种参与信息的传导和疏导，生态系统中生物的活动离不开信息的作用。

6. 生态价值

生态价值是区别于劳动价值的一种价值。指的是空气、水、土地、生物等具有的价值，生态价值是自然物质生产过程创造的。它是“自然——社会”系统的共同财富。无机环境的价值是显而易见的，它是人类生存和发展的基础，而随着日益严重的环境问题，生物多样性的价值也逐渐被人类发现。

7. 生物多样性

生物多样性指的是一定范围内动物、植物、微生物有规律地结合所构成稳定的生态综合体。

8. 稳定性

生态系统的稳定性指的是生态系统所具有的保持或恢复自身结构和功能相对稳定的能力，生态系统稳定性的内在原因是生态系统的自我调节。生态系统处于稳定状态时被称为生态平衡。

9. 生态系统与社会工作

社会生态系统理论是社会工作的重要基础理论之一。该理论强调人与社会系统各要素在环境中相互作用，并对人类社会行为具有重大影响。

10. 生态系统运用于社会工作的工具：生态视角社会工作图

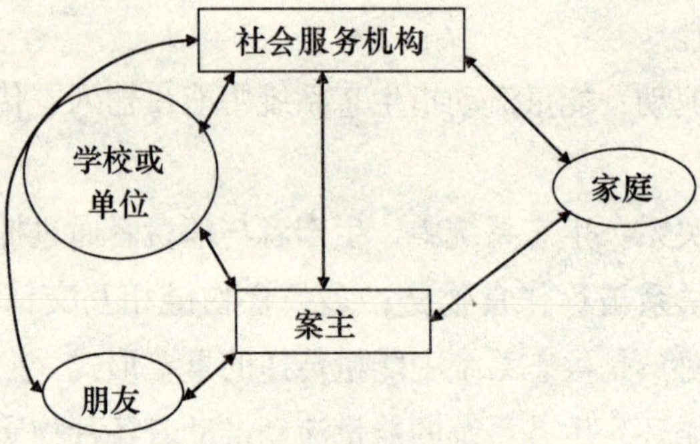

生态视角社会工作图

生态视角社会工作图是改变单一的针对案主的工作方法，采用多方式的工作方法，利用家庭、朋友、学校或单位等与案主相关的环境因素来影响案主。

（1）生态视角社会工作图的理论基础

生态学关注生物因应环境而作出的“适应”，及其生物在这个过程中所运用的、与环境达致“动态均衡”及“互惠”的手段和方法。生态学观点在社会工作实务过程中最突出的地方在于：专业工作者把着眼点置于服务对象与其环境的互动，即他所关注的是服务对象与其周围世界的衔接。

从有关生态学借来的观点把个人及其问题置于一个广阔的人类社会背景中，而个人与其他人或其他系统是不断地在一连串的“交叉互动”之中的。与传统心理学理论不同的是，生态学理论并不把个人问题看作是来自个人的“心灵”问题，而是认为个人问题及其解决方法取决于人和环境的相互交流互动。因此，人类只能在一连串“多重联系”和互动的背景下进行理解。

在人与环境这个着眼点的前提下，要满足个人、家庭、群体和社区的需要，环境必须有足够资源，环境必须鼓励人与环境做“正面积极的互动”。例如，在帮助个人时，个人与其家庭、朋友、同事及专业服务提供者之间的互动是社会工作者关注的焦点之一，因为个人的需要是否能有效满足取决于个人与这些资源系统之间能否有效地协调沟通。在现实生活中，个人或者家庭的需要可能因下面几项原因而未能得到满足：环境中的资源不足；因某些原因不能获得资源；资源未能有效协调；因缺乏有关的知识和技巧使他未能获得所需的资源；个人与环境之间未能成功进行“互动”。

可以说，生态学的观点是以宏观的角度去理解“人类的社会功能”，强调个人、家庭、群体和社区与他们社会环境之间的和谐互动，而要达到这一目标，社会工作者必须致力于改变环境，并使之能更有效地回应个人、家庭、群体和社区的需要。生态系统图就是为了协助社会工作者实现此目标，从生态学的观点提出的一个实务方法和工具。

（2）生态视角社会工作图的功能

生态视角社会工作图展示了服务对象的社会环境，清晰地呈现出个人、家庭及社会系统之间的相互作用和影响，有效地将服务对象与外在环境系统的关系通过图形的形式呈现出来，说明了系统之间能量的流动和各系统间的关系本质及其与服务对象需要和满足需要的资源系统、服务对象问题之间的关系。其具有如下功能：

第一，描述服务对象的社会功能；第二，以直观的方式呈现服务对象与这些系统的关系；第三，勾勒出系统间的交流；第四，呈现可使用资源的相关信息。

从生态图中，我们可以得出一幅整体图像，从中可以看出：哪些是个人、家庭、群体和社区可运用的资源；哪些资源支持不足或不存在。从而认识个人、家庭、群体和社区与环境之间关系的本质（通常以连接图中各系统的不同线段表示关系的性质，包括强、弱、紧张等，以箭头表示关系及资源的流向）。

根据服务对象的生态系统图，社会工作者可以提问下列问题：

第一，服务对象收入能否满足基本需要；

第二，服务对象是否获得足够食物和合适居所；

第三，服务对象的邻里关系是否和谐？居住的环境是否安全；

第四，服务对象是否获得足够的预防性医疗服务和良好的医疗资源；

第五，服务对象能否获得所需资源？会否因地理环境、缺乏电话、交通设施等因素而使服务对象未能获得所需资源；

第六，服务对象是否与邻居、朋友及小区组织保持良好关系；

第七，服务对象是否属于某个群体或参与某些群体活动；

第八，社会系统是否能接受其他不同文化、不同种族的价值观？个人、家庭、群体或社区持有的价值观是否与周遭的环境有所冲突。

生态视角社会工作图所带出的这些问题帮助社会工作者认识和判断服务对象的需要、问题及满足需要和解决问题的途径与方向。

生态视角认为社会工作事件要立足以下原则：视个人与环境不可分离；社工要成为助人过程的伙伴；检视个人与环境之间的交换；评估影响案主适应性所有层次的系统；评估导致高压力水平的生活情境和生活转型；致力于透过正面的关系和生活体验提高案主的个人胜任感；寻求不同层面影响案主与环境之间的调适度干预；聚焦于寻求解决方法和案主的赋权；干预之时要善用个人的生活体验和非正式的支持网络；最重要的一点是干预之时要记住案主问题的产生并非是单一因素，因此解决的方法必须是多元的。

生态视角使用生物适应性生存的原理又综合利用了系统论知识，因此在社会工作上兼顾了案主的主动性和社会环境之间的复杂关系，其取向在于关注变化的生存环境因素和社会环境因素及其与案主之间的互动性，社会工作是动态有机的、案主的主动性很重要，环境因素与案主是相互影响和联系的。工作重点在于实际操作性思路采用生态视角。这与很多社会工作手法侧重心理学知识和理论不同。生态视角以整合的角度来调整案主系统环境以达到帮助案主的目的。简而言之，就是用系统论观点发挥生物适应性和调适性特点来帮助案主。

西方社会工作理论还有一些常用的方法如：危机介入、存在主义、女性视角、赋权视角、叙事治疗、寻解治疗等，在这里由于重点不同和篇幅的限制就不多做介绍了。要说明一下的是：赋权视角、危机介入、叙事治疗、寻解治疗侧重心理学，存在主义和女性视角则侧重于世界观的变化。

五、危机干预介入模式

危机介入模式是一种比较常用的社会工作模式，在西方有些书籍将危机介入模式与任务中心模式合在一起介绍。这是因为他们的工作理论都是自我心理学和个案问题解决经验总结。

在心理学研究上，危机介入的切入点不同，研究者们发现人们在遇到危机时常常会因为应对经验不足而出现更大的问题，而且个人因情绪变化大，环境应对能力下降，因此危机常常会使案主的问题更严重。而那些受到关注、有社工介入的案主则会比较好地处理危机问题，有时危机处理介入，反而可以激发案主发现自我的一些不知的能力，可以辅助解决案主的其他问题。

危机介入工作模式比较适用于学校社会工作，在干预和修正学生错误行为上比较有效。在应对社会群体性事件上，危机介入模式也比较好，但这是政府相关部门专家的事务，这里就不必过多介绍。如果有人感兴趣的话可以看范明林著的《社会工作理论与实务》或者英国人马尔科姆著的《现代社会工作理论》这两本书对于这个工作模式有相关的详细介绍。

这里提及这个模式是为了请大家注意，案主的危机发生是一个关键事件，对于处理案主原有的问题会有重大影响。而且所有的社会工作者都应该注意，根据卡普兰的研究：危机的激发状态会持续四周到六周。所以对于危机干预介入要注意时间节点，不能错过激发状态持续期，要及时介入，如果错过了，那么危机刺激下形成的意识影响将长期存在，很不利于我们开展社会工作。

第三节　西方社会工作理论借鉴

所谓的借鉴就是学习别人的长处，摒弃人家的缺点，也就是扬其所长，避其所短。下面就现有西方社会工作理论值得借鉴的长处和有待修正改进的短处两方面发表一下我们的观点。

一、西方社会工作理论值得借鉴的内容

（一）培训教育体系

西方社会工作的实践时间和连续研究发展时间长，故而我们应该借鉴他们在专业社工的培训教育方面所建立起来的系统，稍加修改就可以为我所用。因为在长时间里，一个教育培训体系会不断修正其制度与配套体系，而且西方社会工作教育体系所设置的系统知识是经过长期实践研究出来，很有参考价值。所以西方现在的教育培训体系很值得我们借鉴。

（二）社会工作管理制度

西方社会工作的管理制度也值得我们学习，包括社会工作等级制度、教育监察机制、社工服务机构管理机制、机构与工作者的牌证发放管理制度等有用的机制都值得我们跟进学习。这也是发挥后发优势的关键。在我国的社会工作实践中引进这些机制再发现其不足加以改进，就可以满足我们的需求。机制的建立需要长期的探索和研究，恰好西方人在制度建设方面有特长，我们引进合适的机制，可以在我国推广社会服务的初期节省大量的社会资源，发挥后发优势。

（三）社会保障制度

西方社会保障制度比较先进和健全，基本上解决了社会人群的各种大的忧患，很值得我们学习。现在我国正在经济转型，原来国家大包大揽的局面正在慢慢改进，朝着市场化的方向发展，因此西方的社会保障制度值得我们学习。但是健全的社会保障制度需要丰富的物质条件作为基础，由于我国刚刚脱贫，难以全面学习西方的保障制度。但我们可以量力而行地实施一些社会稳定作用大、国家有能力负担的项目，先进行推广，然后我们再根据自己国家的经济发展情况再全面跟进社会保障。但是社会保障制度也有隐忧，欧洲和希腊国家高福利拖垮经济的事例要引起我们充分的警惕。

（四）社会工作的督导

社会工作的督导制度是针对社会工作实践性强的特点发展出来的。原来的西方社会工作制度是有经验的人带没经验的人。此后，建立专业的培训机构后，实践的经验还是社会工作者必须具备的第一手技能，因此在实践中学习就成为社会工作者的培训需求。而督导是有全面工作经验的社工帮助新的学习者增长社会工作技能的特殊过程。这样的机制很难靠摸索就总结出来，因此全面借鉴非常必要。但是我们现在广东的深圳、东莞、广州在全面推广时完全依赖香港社工为督导这样的情形则值得反思。因为这样引进督导，就会流失话语权，就会让我们的社工委以后难以发挥权威作用，存在一定的弊端。但是，在起步阶段我们也没有其他办法。可是，如果在全国其他地区推广社会工作服务就不能再全部依赖香港社工。因为香港社工虽然有工作经验，但他们的社会生活环境与教育环境与我们有很大的不同，他们作为专业角色，对于居民的影响是巨大的。一些不良的倾向和观念如果在初期就由香港社工督导、指引，那么以后我们就很难修正。例如，他们大多否定我们的社会制度和民主制度，有些香港社工还带有宗教色彩，肩负香港基督教会的传教任务。所以这方面在引进的时候要千万注意。

（五）实践经验

西方社会工作发展的时间长，长期的社会工作实践使得西方社会工作积累了很多的实践经验，如小组工作、个案工作、社区工作、医疗社工、残障社工等等的分类都是西方社会工作者在经验的基础上进行分类的。将实际工作分类并专业化是西方社会工作的一个成就，值得借鉴。还有很多诸如沟通技巧、挖掘资源、细致的工作方案等也值得学习。特别是西方社会工作的精细化，他们将一些社会问题仔细分析，再仔细的研究工作方案，工作中工作方案的修正与跟进等等方法犹如精细的物理和化学实验，这些精细化的操作风格也很值得我们中国社会工作者学习。

（六）西方的研究工作

西方的社会工作研究进行的时间比我们要长得多，他们在不断的探索追求中积累了很多的理论模型。不管这些理论模型的解释力和预测力如何，这些理论都或多或少揭示了社会工作中的一些现象联系或因果关系。虽然西方社会工作理论庞杂，有政治理论、心理学理论、世界观理论、生态理论、社会结构研究理论等等，多少都有一些道理，而且还可以解释部分社会工作实践和现象联系。这些理论虽然杂乱，但都是研究者耗费心血研究出来的，它们可以帮助我们后来的研究辨清方向，捋清思路。这等于为我们构建中国社会工作理论打下了基础，让我们知道哪些方向是可取的，哪些理论是有用的。也就是说为我们扬长避短进行理论构建提供坚实的基础。

（七）专业标准与专业伦理的建立

专业标准与专业伦理非常重要。因为专业标准是社会工作者的工作规范。社会工作者必须按照这样的规范来工作才能避免错误或恶化案主问题，专业标准还是评判社会工作者工作绩效的工具。专业伦理的建立则规范了整个社会关系，为社会工作者进行实践打好基础。道德要求、保密规定、知情权和隐私权等等都规定了各方的权利和义务，为社会工作顺利进行奠定了坚实的基础。这些专业的标准和社工伦理守则很值得我们借鉴与学习。但是不能照搬照抄，还必须根据我们实际的国情稍加修改。

（八）工作模式

西方社会工作的工作模式是建立在市场经济模式下的政府购买。我国也是正在进行经济转型，其中的市场经济成分会越来越高。因此，借鉴西方社会工作者的工作模式是我国构建社会工作体系的一个思路。完成小政府大社会、强政府好的社会服务，完全依赖于社会工作的全面推广。依照西方工作模式构建我们的社会工作模式非常有必要。因为同样都是由政府向社会购买服务，所以西方工作模式各种的报告、资料汇集、反馈等工作模式值得我们借鉴。这样的工作模式我们可以大部分照抄照搬，小部分留待我们自己发现后再改进。

（九）权威地位

西方社会工作者由于历史的原因，初始由专业的心理学权威人士带领，对案主进行治疗和帮助。这就使得社会工作的专业地位在一开始就获得西方社会民众的认可。树立社会工作者专业和权威的声誉应该说是西方人的成绩。因为社会工作者如果有了让人信服的权威地位，就很容易开展工作。被民众认为是专业资格的社会工作者的影响力也非常强大，因此社会工作者的工作成效就很明显和突出。很多社会工作对于民情的影响力很强大，这促使西方的很多政客都不得不抽身参与社会工作实践。因此西方社会工作树立社会工作者的权威地位和专业资格这样的操作例子我们可以照搬，用“拿来主义”将之应用于我国社会工作的初创期。而且在初期对于社工的专业资格和权威地位的树立上不能马虎，这会影响到以后民众对于社会工作者的观感。

二、西方社会工作理论模式存在的弊端

（一）理论杂乱

西方社会工作理论的弊端就是理论杂乱，没有一以贯之的理论进行解释和指导。这就客观上造成了话语体系不一致，各说各话，难以调和，很难整合整个社会工作系统。再有就是因为理论杂乱，使得新入行的社会工作人员无所适从，不知道学习哪一派的理论会适合以后的社会工作。如果照单全收进行学习则会耗费很大的经历和时间。这对于整个社会来讲是一种资源浪费。而且很多社会工作培训机构或学院难以选择教材，不知道教育培训的侧重点在那里；复杂多变的理论使得西方社会工作者无所适从，因此西方的社会工作者转而选择那些没有多少系统理论依据，但又切实可行的工作模式。如任务中心，因为这样的模式很适合于短期工作和目标改善，但是所有的改善都是短期的，而且难以发生根本性的质变。虽然可以清楚地向政府反馈汇报说工作做了，有成效

了，但对于社会问题则难以根本性消除。还有原来的优势视角是从系统观点来进行工作的，可是为了适应短期的工作要求，西方社工就将其简化为抗逆力工作模式，这与优势视角的整体理论就相去甚远。这样理论杂乱的状态是我们国家社会工作推广要注意的大问题。

（二）缺乏宏观性

西方社会工作理论由于缺乏中心理论，理论庞杂，就导致了西方社会工作只注重实践，也就是怎么才能将社会工作做好。他们刻意努力将各类社会问题细化分析，工作方案丝丝入扣，衔接性很强。但是由于方向性错误，西方社会工作者的理论研究方面缺乏宏观的考虑，没有解释“助人”为什么可以“自助”？社会工作对于整个社会系统的作用和效能等等宏观理论性问题的探讨和研究很欠缺。这样的缺陷对于我国这样文化传统的人群来说反而不是什么难题。我们中国人出的理论书籍就明显要比西方人有宏观思维和宏观概念。

（三）对社工动力来源解释不足

“助人自助”是西方社会工作者的口号，对于这一口号简单地以利他主义来解释。没有进行详尽的研究，进而再进行说明。把这个本来就是社会工作者的动力来源忽略了，将之简化为口号，或只是用一些不痛不痒的事例来进行解释。让我们这些搞理论研究的中国人很难理解，感觉很欠缺理论依据。

（四）社会服务工作的目的不明

西方社会工作理论研究对于社会工作的定性很欠缺，也就是说社会工作的目的是什么？其宏观社会效能是什么？基本上没有系统的理论对之进行阐述。社会服务工作目的的不明确使得政府很难进行宣传，也难以让民众意识到，无法起到积极效用并进行配合。民众只是意识到这些社工是专业工作者，是服务民众做好事的。但意义的不明无法让民众主动来协助社工进行工作。如果让民众明白社会服务工作是一个关乎社会发展秩序、社会再生产秩序和社会的稳定的重要问题时，民众对待社会工作者就会不一样。例如：和谐社区的建立肯定对每个居民都有益处，首先大家想得到的好处就是治安良好。

（五）许多不适合中国国情

西方社会工作理论和模式很多不适合中国的国情。如灵性视角就不适合我国的国情。灵性视角使用或利用宗教信仰向案主灌输一些超乎个人心理的感受来影响案主，使案主身心得到改善。但是我国的基督信众较少，而且现在也不会提倡推广。还有叙事治疗和寻解治疗都是心理学治疗方法，我国现在不同于西方社会。西方社会由于保障制度健全，民众的社会问题就集中在个人的情绪或心理感受上，因此心理治疗对于他们来讲非常重要。可是在中国比这样问题严重的社会问题很多，因此现时期难以将精力集中在解决心理问题上。

（六）“头痛医头，脚痛医脚”

西方社会工作模式或者理论的一个缺陷就是“头痛医头，脚痛医脚”，很表面化，不够深刻，很少有透过现象看本质的理论描述，很多的理论只是局限于解释某个工作模式或理论。宏观地或者系统地将整个社会联系起来观察的理论很少。这可能与西方人的思维习惯有关。西方人习惯于将问题分解、研究。历史上的化学和物理学都是得益于这样的研究方式，才有大的发展。可是将问题细分研究的方式并不适合于社会问题的研究，社会问题的研究不是细分问题，而是总体观察问题，找出问题的引发点和根本点，从根本上解决社会问题。也就是因为这样，西方的社会工作模式很少出现大规模解决社会问题的思路和模式，而常见的只是那些解决具体个别问题的社会工作模式。

（七）忽视家庭

虽然西方社会工作模式中有家庭工作模式，但是他们认为并不重要。西方人着重介绍的是“个案、小组、社区”等等工作模式。忽视家庭在社会中的重要作用是一个大的缺陷。特别在中国，如果哪个社会工作者忽视家庭的作用必将会出现不良的工作效果。因为中国的传统文化就是特别重视家庭教育和家庭的社会作用的。忽视家庭在社会学上的意义和作用是西方社会学理论研究中一个比较明显的问题。

（八）只重视工作经验的积累

西方社会工作只重视工作经验的积累。在专业资格认证上就可略见一斑，他们对于社会工作专业资格的认证很重视服务年限。而且在很多的社会服务机构中他们只重视资料与经验的积累。而对于经验的积累是为了提炼理论这样的必然路径缺乏认识。西方很多的社会工作书籍由于理论上的缺陷，只能以案例来作讲解，这离形成理论还有很大的距离。也就是说只知道积累经验而忽视总结和提炼所积累的工作经验。

西方社会工作理论的长短处如果细加分析还有很多，但是我们没有必要进行那么深的探究。我们只是把握吸收西方社会工作理论的长处，发现西方社会工作理论在工作模式上不适应我国实际情况某些具体情况，尽力避免其不良的影响，并看是否可以加以改进。有前面西方发达国家丰富的社会工作经验和理论做基础，我们完全可以对之进行学习、借鉴，在此基础上再发挥我们的后发优势。

第四章　中国社会工作伦理

西方人著作《社会工作伦理》[①] 一书中将一个伦理学难题“格拉瓦案例”作为开篇的说明例子，来说明社会工作的伦理难题。在西方人看来是两难的“格拉瓦案例”，如果用中国传统的道德和伦理观念来解决就不是什么难题了，这个伦理难题的解决会在这一章的后面进行详细讲解。下面先讲道德和伦理学的基础知识。

伦理学涉及到价值观的问题，也即判断是非的问题。社会工作者的价值判断要依据伦理学规则来进行。而伦理学则是关于道德的学问和理论。在西方很多场合都会将道德与伦理混用，把伦理当作道德或者将道德当做伦理。所以为了使得社会工作者很好进行价值判断，也就是说为了让社会工作者能有一个正确的价值观，我们必须对伦理学的各种原理进行详细的讲述，以让社会工作者明白道德的效用，明白伦理学的根本，知道正确的价值观。社会工作者有了正确的价值观就会有工作的动力和热情，也能够在进行社会工作遇到伦理道德难题时可以做出正确的判断。

第一节　道德

古今中外，几乎所有的哲学家和思想家都讲到“道德”。而我们的现实生活中也经常听到“讲道德”这样的词句，因此道德离我们很近，它很实际。然而，纵观哲学家们对“道德”的解释却没有确定概念和解说。道德讲不清楚，却又要人们讲道德，这是一个两难的问题，让人觉

① 拉尔夫·多戈夫、弗兰克·M. 洛温伯格、唐纳·哈斯林著：《社会工作伦理》，中国人民大学出版社，2010 年版。

得道德难以触摸，很遥远也很模糊。因为道德有用，是大家都感觉到的，而道德是什么，却又难以精确表述。这一节准备将这个概念讲清楚。

一、道德是什么

道德是什么？中国与西方的理解有交集，但也有不同。先看西方人对道德的认识。

苏格拉底认为自然万物都蕴含着内在目的，苏格拉底称之为“善”。具体到人的身上，“善”就表现为“德性”。“德性”是人之为人的本性。在苏格拉底看来，趋善避恶是人的本性，是行善还是作恶，关键取决于他的知识。因而每个人在他有知识的事情上是善的，在他无知识上则是恶的。由于苏格拉底把德性与知识等同起来的观点奠定了理性主义基础，所以人们称苏格拉底为伦理学创始人。

亚里斯多德继承了苏格拉底关于善和德性的概念和解释，将伦理学更加系统化。他认为道德是一种实践活动，因为人们评价一个人是否有德性的时候，主要看他的行为。而且亚里斯多德还将苏格拉底的“知识即德性”加以拓展，认为幸福是合乎德性的生活，而德性又主要决定于人的品质，也即人选择善恶、利害的能力。这就是伦理学“理性论”的开端。

亚当·斯密认为人都是从利己性本性出发的，他指出支配人类行为的动机有自爱、同情心、追求自由的欲望、正义感、劳动和交换倾向等，人的自爱本性与同情心是相伴随的。然而人在本能上又是自私的，总是在自爱心的引导下追求自己的利益，从而妨碍同情心的充分发挥。他认为“自爱”与“自私”不能混淆。他还把“自爱”当作是一种美德，认为它是人类经济活动的必要条件，即“看不见的手”。《国富论》和《道德情操论》都是从“人是自私的”这样的论点出发进行阐述的。亚当·斯密认为人们追其私利的自爱活动，促使社会总体利益增长和社会进步。

休谟对原有的西方道德理论提出了怀疑，“我大胆断言，只要我们把理性假定为道德独一无二的源泉，这样的理论就绝不会找到。”① “理性要么判定事实，要么判定关系。”② 每个人的判断无固定的标准，因而不可能成为公认的道德标准。还有人对事物发展过程的认识有限，因而难以准确判断。

康德则认为理性就是道德法则，而康德所说的这种“理性”不依赖于任何其他东西，而只会依照自身最一般的内容行动。“每一个人从法则那里得到的自由与他受法则限制的自由是同等的，这如同一个人的自由同时也限制另一个人的自由一样。”③ “除了纯粹意志，根本就不存在任何善。”这就是康德对理性与道德的注解。意志自由是康德的立论，康德又从意志自由反推到上帝存在，借上帝来解释道德。因为他不知道“至善”的标准是什么；怎么定性；每一个人的标准都不同，要怎么统一。只有上帝是解决的办法。上帝在康德那里就像是数学里的“X”，用来代表未知数。康德还有一个观点就是：一个行为是否具有道德意义不能从结果或者行为本身来判断，只能以动机来作为评判标准。因为同一个行为可以有许多不同的动机，而这些动机又并不都是善良的。

“美德存在于正确理性所养成的那种平凡习性”，“道德情感似涉及道德约束力造成的快乐的平均效果”。边沁认为道德是与法律类似的系统，它的功效是维持正常的社会秩序。“最大多数人的最大幸福”是边沁的道德标准。

尼采反对旧有的道德系统，批判基督教的“至善”观念，直接发出“上帝死了”的呐喊。他认为旧有的道德是一种有用的错误，它保护弱者。他认为道德本身的价值危害生命本身：1. 危害对生命享受和感受；2. 从个体的强化的角度看，损害生命的美化；3. 危害对生命的认识；4. 危害生命的发展。

尼采提出了自己的道德原则：1. 生命原则——每一种道德都受生命本能的支配，而生命就是强意志力；2. 强力原则——以强意志力为道德价值标准的自主的道德，超越善恶，体现生命道德的自主性；3. 个人原

① 休谟：《道德原则研究》，商务印书馆，2001 年版，第 138—139 页。

② 同上。

③ 《康德文集》第四卷，刘克苏等译，改革出版社，1997 年版，第 674 页。

则——以成为你自己的道德价值的自我道德在自我肯定的意义上，每个个体对自己生命力量的诚实。[①] 尼采提倡“弱肉强食”，他的理论对于冲破当时僵化的基督伦理有积极作用。但他提倡的“强意志力”学说催生了希特勒这样的“魔鬼”。

亨利·柏格森认为道德分为“社会道德”和“个人道德”。其中之一源自于人类社会的原始结构，另一部分在其对于解释这方面原则中得到说明。他认为道德是为了维护社会秩序。“社会颁布并维持社会秩序的规则在某些方面类似自然的法则。……任何一个法则无论是物理的、社会的还是道德的，都是一种命令。存在着某种以法则方式得到表达的自然秩序，众多的事实被认为“服从”这些法则以便与那种秩序保持一致。”[②] 柏格森的结论道德还是理性。“简单的说就是：文明社会中的道德活动在本质上是理性的。”[③]

托马斯·格林认为，自我意识不仅是客观事物存在的原则和前提，而且是人们获得自然知识的原则和前提。自我意识在逻辑上先于客观世界。因此，他认为“追求自我满足是一切道德的基础”。

西方哲学家关于道德的论述不可能在这里全部复述，只能蜻蜓点水，找一些典型的论点来说明。总之，西方哲学对道德的描述通常是从个体感受出发来进行，而且主要是从理性出发。而理性又是一个模糊概念。它因人而异，不同的人在成长和学习的社会实践中形成了自己不同的观念，它们是千差万别的。而理性是根据已有的观念和经验做出识别和判断的过程，因此理性没有统一的标准。故而在无法完全地解决道德推理的逻辑矛盾时，大哲学家康德只能求助“上帝”这个概念来进行暂时过渡。

中国的文化源流，大家公认的是儒释道，儒道两家来源于“易”。而来源于印度的佛教与中国的“易”文化的内涵暗合，因此发展出了中国式的禅宗，禅宗和佛教的因果循环与中国易学的天理循环有很多耦合

---

① 尼采著：《论道德的谱系：善恶之彼岸》，漓江出版社，2007 年版。

② 亨利·柏格森著：《道德与宗教的两个来源》，贵州人民出版社，2007 年版，第 3 页。

③ 亨利·柏格森著：《道德与宗教的两个来源》，第 50 页。

之处，只是禅宗更加注重于探索事物中的道理。因此我们要理解中国的道德文化应该从易学人手。

中国的道德是由两个不同概念的单词组合而成的组合词。中国人对组合词道德的理解，来源于易学。中国古人有很强的概括能力，他们根据男女、雌雄和日月就推断出世界的本质是阴阳互动；从四季变化、日夜交替而知道轮回变化，并由此而知道盛极而衰的量变到质变的道理。

“道”源自老子的《道德经》，“道可道也，非恒道也”。看上去“道”很玄妙，难以理解，可如果从哲学的观念上来理解就比较容易。“道”应该是西方哲学所力求解释的“本原”或事物发展规律，也就是说是一切事物的根本。只不过中国古代的哲学观并不认为它可以描述和解释，只能意会。因此才有“道可道也，非恒道也”的论述。实际的情况也正是如此，真理没有绝对，它会随着事物的发展而发展。因此现在对真理的真切描述，以后或另外的场合就不真确了。例如：“明天太阳还会出来”看上去好像是真理，可是在南北极地区这样的描述就有可能不能说明真正的情况。在《道德经》和《易经》里描述道的句子很多，如“一阴一阳谓之道”、“道之物，唯恍唯惚”、“人法地、地法天、天法道、道法自然。”《易传》“形而上者之为道，形而下者之为器”……总之，这些要说明的是道的不同形态和变化，因此我们可以这样理解：“道”指的是宇宙万物的发展规律。

《道德经》里的“德”比较难以理解，引用《庄子·天地》：“物得以生谓之德。”《管子·心术上》：“德者，得也。得也者，其谓所得以然也。”再有《道德经》：“故失道而后德，失德而后仁。”我们从上面这一句可以知道，德的排序在道之后，而“道”为宇宙万物的发展规律，则“德”为人类社会的生存发展规律。“道生之，而德蓄之、长之、育之、亭之、度之、养之、覆之。生而弗有，为而弗恃，长而弗宰，是谓玄德。”这是《道德经》对于道和德的关系和定义的具体描述。

孔子论道德“中庸之谓德也，其至矣乎，民鲜久矣。”（《论语·雍也》）将中庸作为至德的观念也来自于《易经》。“喜怒哀乐之未发谓之中。”用人的情绪来解释中的状态，即要把握事物的初始未发状态。这与易经把握“幾”理的原理是相同的，“幾”理即事物发展变化之关键和枢纽。“过犹不及”（《论语·先进》）也是来源于《易经》的原理老阴变阳、老阳变阴的原理。儒家将道德修养和要求具体化为“格物、致知、修身、齐家、治国、平天下”的标准模式，将之视同为道德修养的标准和要求。可惜中国古代长时期将孔子的儒学过分教条化，违背了“过犹不及”和“中庸”的初衷，出现了礼教吃人和礼教阻碍科技创新发展的情况。

中国古代也有类似西方关于人性的善恶的哲学性讨论，其中最著名的就是孟子性善论和荀子的性恶论。

告子曰：“性犹湍水也，决诸东方则东流，决诸西方则西流。人性之不分善与不善，犹水之不分东西。”孟子曰：“水信之无分于东西，无分于上下乎？人性之善也，犹水之就下也。人无有不善，水无有不下。”孟子曰：“恻隐之心人皆有之；善恶之心人皆有之；恭敬之心人皆有之；是非之心人皆有之。恻隐之心，仁也；恭敬之心，礼也；善恶之心，义也；是非之心，智也。仁义礼智，非由外烁我也，我固有之也。”①

荀子认为：“目好色，耳好声，口好味，心好利，骨体肌肤好愉佚。是皆生于人之性情也。感而自然不待事而后生之者也。”因人的本性有求于同伴和外界，难免产生冲突，这是恶的根本，因此坚持性恶论。但荀子认为人性虽恶，却可以通过道德礼义将之教育归化。“涂之人可以为禹，曷谓也？曰：凡禹之所以为禹，以其仁义法正也。然则，仁义法正有可知可能之理。然而涂之人也，皆有可以知仁义法正之质，皆有能仁义法正之具，然则其可以为禹明矣。”② 纵观中外贤哲对道德的解释，我们接着再来了解一下中西道德观念的差别。

二、中西方道德观念的差别

中国与西方在文明的发展进程中都相当重视道德的作用，不断有哲学家和思想家对道德原理和功效进行解释。但是中西方由于在世界观和方法论上面有很大的不同，因此在注解道德上也有很大的不同。西方人

① 《孟子·告子上》。
② 《荀子·性恶》。

擅长于逻辑推理和精细化发现，因此西方人对于道德也从社会的基本单元出发，即从个体的人出发来论述道德的功效和原理。因此西方的道德学家多从人的个体感受，如情感、幸福、功利等方面来论述解释道德。

中国人的世界观是系统论观点，从道的定义（一阴一阳谓之道），讲清道德是基本的天理，人要顺应天命。中国人认为“道不可须臾而离之，离之非道也”。

西方人论道德从个体出发，结果导致大哲学家休谟也难以明白为什么“自我克制、冷静、忍耐、坚贞、坚毅、深谋远虑、周密、保守秘密、有条理、善解人意、殷勤、镇定、思维敏捷、灵巧表达”这些仅仅有助于拥有者的功效，而与我们社会没有任何关联的品质，仍是敬重和尊重的。[①]

而中国人从系统论的观点出发，要求人的行为和修养必须符合大自然和人类社会发展的的规律，将道德规律化认为道德是不可须臾相离的。

中西方衡量是否道德的标准有很大的不同，中国人认为个人的私德非常的重要，只有自己个人的道德修养好了，才能有符合大众和社会的道德行为出现。私德通了则公德也通，公私一致，公德大于私德。而西方就不很注重个人的道德修养，他们认为只要社会大众认定是道德的就可以，至于私人的品行如何并不是很重要。他们认为道德具有契约功效。结果因为西方衡量和规制道德的标准与中国的不一样导致西方专门研究道德的学者经常出现很多不道德的现象，如培根、叔本华、尼采、卢梭等。

西方出于精细化推理的习惯来推导道德原理和标准，而道德的定义和标准又是难以有统一的定量和定性。没有定性定量的推导，照严格逻辑的推理的习惯推导就无可避免地要出现矛盾，而矛盾的出现又没有办法解决。因此很多西方哲学家如康德都通过“上帝”解决道德的证明和推导问题。

西方人还有一种很奇特的原罪观念，这种基于基督教原罪说的观念因为基督教的影响巨大而深深嵌入大多数西方人的脑海。西方人普遍相

① 休谟：《道德原则研究》，商务印书馆，2001年版，第94页。

信人是有罪的，既然有罪就必须不断通过忏悔来改善人格和德性。这一因素在西方社会的道德规制中起着很大的作用。但相信了上帝后就可以进入天堂的说教又让很多人选择投机，这又让有些西方人不吝作恶，认为临死相信皈依上帝也一样可以进入天堂，存在投机心理。[①] 将道德效用神化是西方哲学的一大特点。

中国的道德从原理讲起，说明道德是客观规律的要求，人要顺乎道德才能顺利发展。从系统论说起，从社会性说起，让人们明白遵守道德才是最有利于自己的事。并因此而提出“修身齐家治国平天下”的个人道德要求。以理服人，让人自己讲道德。而且中国古代的先哲在定义道德时就顺带解决了西方哲学的困境。西方哲学的困境就是怎么定义一，也就是什么才是事物的本源？中国人认为道就是事物的本源。道为一，一生二，二生三，三生万物；道迎着不见其首，随着不见其后；道“视之不见名曰夷，听之不闻名曰希，搏之不得名曰微。此三者，不可致诘故混而为一。其上不皎，其下不昧，绳绳兮不可名，复归于无物。是谓无状之状，无物之象，是谓惚恍。”

西方的道德从公德出发，讲究的是群体对违反道德的惩罚性，说明如果不遵守道德，就要遭受社会的惩罚。这多少带有外加的社会强制性，因此就有很多的“道德投机者”，一旦他们认为有利于自己且不会遭受惩罚时，他们就会进行道德投机，做不道德的事。这样的世界观也影响西方人的行为，美国这样的国家就是受这样观念所害的。美国认为自己是世界上最强大的国家，没有什么国家有能力和权力来惩罚美国的不道德行为，因此美国就随意行动，随意侵略和屠杀，结果阿富汗和伊拉克战争就让美国尝到了不讲道德的苦头！导致美国财政赤字扩张，入不敷出。这又迫使美国使用奸诈的手段推广次贷资产来敛财，结果发生次贷危机，引发世界对美元的信任危机，直接损害美国的根本利益。仔细辨清中西道德观念的差别后，我们可以再来考察道德的规律性。

---

① 这有可能因为我个人的见识短浅而有偏颇，但不说基督教的道德又会让人觉得叙述不全面。故而勉为其难，请大家见谅。

三、道德的源流

对于道德的理解是伦理学的基础，因为伦理学是道德的学问或理论，因此先明辨道德的概念就可以很好地学习和理解伦理学。世界上有很多哲学家都在研究道德，但是对于道德却都没有明确的定义，因此知道道德是什么和明白为什么要讲道德非常重要。

（一）道德溯源

研究道德的人都发现最早的道德来源是宗教道德规范。讲到宗教道德就必须先明白“神”是什么？怎么来的？

人类学家研究大量未开化的原始群体后发现，这些原始族群普遍信奉一定的神、巫。很多原始族群里的教条规范是借用神意来颁布的，也即原始族群的道德规范是通过神来强化的。

神是怎么来的？在人类社会的发展过程中，“神”的产生具有必然性。在人类生活中，由于人们对客观世界的认识还很有限，存在很多未知的和不解的问题，怎么办？创造一个概念“神”，用神来解释。这就像数学中用假设的“X”来解决问题一样，可以说人类最早运用数学概念解决生活问题的典型例子就是造神。不同地区的人、不同民族、不同宗教对神的解释都会有所不同。但我们可以分析和总结出不同“神”所具有的共同特性，并进而对神作粗略的定义：“神的基本原形是人，神是人的升华；神是被无限美化的代表，他集能力、平等、公平、赐福等众多功能于一身。神是万能的，所有的不解都是神在起作用。

神的概念被创造出来之后就被绝大多数人所相信，因为神的良好品性是从人类中提取出来的，与人类有相同的共性，极容易接受。有很多人甚至好像还有过“神”存在的亲身体验或经历，这应该是一种心理暗示所起作用，其效用如“杯弓蛇影”或“疑人偷斧”，先主观设定后找体验。还有许多人发现人都有献身精神，并将此作为“神”存在的最好证据，认为只有神才能让人献身。但是，如果我们进行仔细考证，我们就可以知道献身的精神只不过是一种生物的生存特性，蜜蜂、蚂蚁等都具有献身精神，它们为了种群的生存可以在必要时牺牲部分的个体。人类也一样，在进化中经常遇到险恶的情况需要部分人进行牺牲来维持群体的生存，献身只是人类进化中发展出来的潜藏在基因中的生物特性。它就像人们见到优秀的异性会有抑制不住的性冲动一样，这只不过是进化过程中为了鼓励优生而演化出来的基因效应，并不是神实际存在的证明。“神”的作用有好坏两个方面：好的方面就是提供 X 来解释未解的迷惑；人们在无助时可以把摆脱困境与苦难的希望寄托给神，以此来减轻痛苦和焦虑；神提供一个港湾让信者可以停靠，不会因为世俗的纠纷而烦恼；神提供一个公正的平台，使得一切的人在神的面前平等，不论他是贵族或者是皇室；神总结出人生的道理，劝导人们向善，并形成了一种隐形的惩罚力量促使人们不要作恶。神坏的一面就是被歹人利用来作恶；神使得人们产生依赖心理，不思进取，有时会成为社会进步发展的阻力，哥白尼、伽利略就是例子。总体来讲神的产生在人类发展的过程中好的作用要比坏的作用大得多。

原始社会里“神”最主要的作用就是起到规范宗教道德的作用。宗教道德是以人们相信的神来规范的，万能的神在人违背道德时就会对人进行惩罚。在原始社会里保护妇孺、勇敢作战、平分食物等等原则是人们在实践中得出来的有利群体发展的经验，这些经验经过多次的实践检验并固化为道德准则，它要求人们共同遵守。原始社会中，最好的维护道德准则的工具就是万能的“神”。

所以我们从根本的考证来看，人类道德的产生根本与人性的善或者人性的恶无关！道德是人类社会为了自身更好地生存，把好的生存经验固化出来形成相应的行为准则。理想主义者和现实主义者纠缠于人性的善恶，他们只是看到同一事物的两个方面，犹如“盲人摸象”，摸到大象身上的人就以为“象”的形象是墙，摸到大象的大腿的人就以为“象”的形象是柱子。

由于西方哲学家思考人类发展问题时发现道德起着非常重要的作用，贯穿于人类发展的始终。因此西方哲学家就从人性的善恶方面研究道德；也有些是从宗教神的方面来解释道德；后来康德等将理性确定为道德。虽然有对道德功效的深入研究，使得人们知道道德有效。

但是在研究方向偏差的情况下，西方人大多认为道德是一种约束，只要不让人知道就没有了约束，就可以违反道德，干自己想干的事。殊不知，道德是关于人类发展的普遍规律，谁违反了都将遭受道德规律的惩罚。连国家都毫无例外。例如美国以为自己最强大，可以任意为之，因此发动侵略伊拉克的战争，结果就是伊拉克战争将美国拖进了战争泥沼，使美国经济出现危机。这就是奇妙的道德效应。对于个人更是如此。

（二）道德定义

我们先来看原始部落里打到猎物时的分配。打到猎物后实行分配时，有功的人可以先取他认为好的部分，跟着是酋长，可在分量上他们并不能多取，在食物不够的时候部落里实行的是平均制度。平均的分配制度只是落后生产条件下为了适应生存环境而形成的，因为大家都知道打猎时不一定时时都能够获取猎物，在没有猎物收获时就需要别人的猎物来充饥和维持生命。因此平均分配在原始部落里是最为关键的分配原则，也是维持部落生存的必要条件。在长期的进化中很多有益生存的经验就这样被固定了下来，并慢慢地形成了道德规范，像平均分配、不能背叛、勇敢、热爱群体、帮助妇孺等等都慢慢地演化成为道德准则。因此，道德有着深厚的生活实践基础，也有着异乎寻常的影响力，这种影响力由于时间长久已经嵌入基因里面。“人皆是佛”说的就是这个道理。

为了加深大家对道德的理解，再举个例子。《博弈论》里面提到一个概念“囚徒博弈”，在单一的囚徒博弈过程里，囚徒们通常选择对自己最为有利的方案（就是“背叛同伴”），可是对每一方最有利的方案并不可能同时实现，决策者对最有利方案的选择有可能反而损害了自己实际的利益。囚徒博弈的演绎结果只是经过单独一次的抉择过程。那么多次的“囚徒博弈”结果又如何呢？

美国专家艾克斯罗德设计了一个“重复囚徒困境”（Iterated Prisoner's Dilemma）的游戏，然后邀请对策专家提交计算机程序参加这一游戏，每一个游戏在当前是否选择合作时可以参考游戏双方以前的交往历史。这些程序进行循环赛，最后分数最高者为胜。

合作 背叛

合作 R=3 R=3 S=0 T=5

背叛 T=5 S=0 P=1 P=1

R：对双方合作的奖励 T：对背叛的诱惑

S：给笨蛋的报酬 P：对双方被迫的惩罚

多次的演绎结果是：胜利者是所有参赛程序中最简单的程序“一报还一报”，这种程序在与另一个程序交锋中首轮必定选择合作，然后模仿对方上一步的选择：

自己 他人

第一轮 √（合作）×（背叛）

第二轮 × ×

第三轮 × √

第四轮

┆ √

┆ ┆

┆

艾克斯罗德指出，“一报还一报”在与一个对手比赛时得分不是最高，但在循环赛中总分第一；同时，“一报还一报”被运用于比赛双方不知道游戏的具体次数的博弈中，即“重复囚徒困境”；第三，这种合作产生不需友谊与道德的介入。这就是博弈规则：“先不背叛，同时一报还一报”得分最高。

这个游戏的整个过程类似于人类社会的相互作用的行为模式，人类在经过无数次的实践后得出的好经验被固化成为了道德，人们在出生后成长过程中就不断被告知要遵守道德，因为大人们也是从祖辈那里得到这样的经验。至于作为好经验的道德是怎么来的没有人去考究，大家只知道遵守道德对自己及对其他人都有好处。

道德的定义可以这么下：道德是人类对长期社会活动中好的行为模式的总结，也可以说道德是人类社会行为模式的定理或规律。

既然道德是人类行为模式的定理或规律，那么违反道德就好像违反规律，就要吃亏（量化的衡量，要从长远来计算，好比囚徒博弈，不能只算一次的博弈结果。）社会中绝大多数的成功人士是有道德的人，这样的事实就可以证明道德是定理或规律这样结论的正确性。

道德是好的行为经验的总结和固化，道德是一门行为科学。不同的地区、不同的宗教、不同的人群有着不同的道德标准，但有很多的道德标准却是公认的。如不欺骗、不背叛、热爱群体、尊老敬幼、禁止偷盗、禁止掠夺……不同的群体会形成不同的道德标准，也可以说相同的标准和行动对于不同的群体来说有时就可能成为互不道德的标准和行为。如自杀式袭击，在激进的伊斯兰分子来说是最道德的，可对美国来说就是不道德的。这里面涉及关于人类融合、认同等复杂的问题，以后再论述。

美国《科尔伯格的道德发展理论》（Kohlberg's Theory of Moral Development）和瑞士皮亚杰（Jean Piaget）的《发生认识论原理》只是侧重于个体道德教育的研究。如果道德教育从道德是优化的人类经验的总结这方面来进行解释和推广，并由政府倡导有组织地进行，则道德教育的效果会好很多。人类社会也会因此而减少很多不必要耗费的社会成本，应用到社会工作上。如果民众和社会工作者明白道德原理，那么社会工作的效率将会倍增。

（三）道德的效用

论述道德的书有很多，国外的有斯密的《道德情操论》、尼采的《论道德的谱系》、康德的《论道德情感》；国内最早的有老子的《道德经》。而涉及道德的评论则多如牛毛。老子的道德经讲述的是世间事物的生、化、转变的存亡道理，太过深奥，现今的道德理论和概念与《道德经》所描述的相去太远了。而各种关于道德的论述的出发点是情操、情感、同情心、善、恶等等，这些有关道德的论述都是局限于从个人层面来分析，这就造成了很大的局限性。如果从道德的社会性这一层面来分析，讲明道德是前人好经验的总结，是最低社会成本的行为模式，道德的优越功效将得以发挥。

从艾克斯罗德的重复囚徒博弈理论中我们可以看出，在采用“一报还一报”的群体中，成员间将相互合作，这在一定程度上为国家间对外行为选择合作而不是背叛（战争）提供了理论基础。也充分说明国际关系不可能像肯尼斯·华尔兹所描述的那样是随意的无政府状态。在现实社会中人们合作并不是法律规定，而是大家都有好处的道德要求。艾克斯罗德所设计的比赛环境与社会现实状况相类似，即现实社会中存在多个行为主体，各行为主体间相互关系一般都具有长期性，所以即使在没有条件约束的无政府社会中，利己行为仍然可以在自私的动机支配下选择合作，以互惠的形式实现各自的个体利益，达到推动整个社会发展的客观目的。这就是亚当·斯密研究道德后得出的结论：各个体为了私利行为，在总体上却推进了社会利益的发展。

举个例子，国际上有优待俘虏的《日内瓦条约》，规定不能虐待或残杀俘虏。这就是最优的适合各方的国际关系行为规则的形成，也可以说是国际道德标准。因为如果哪个国家残杀敌对国家的俘虏，会激起敌对国家士兵的仇恨也就是士气，结果只能给自己带来更大的麻烦。还有，如果虐杀俘虏会让敌对方的战士更加拼命，也会给自己造成极大的麻烦。朝鲜战争中，中国共产党优待俘虏的政策就收到了意想不到的效果，俘虏们到后来反而变成了反战促和平的主要力量。所以“不能虐待俘虏”为众多国家接受并成为国际道德标准。道德标准的确定是随着时间和实践变化而转变的，但有一些道德理念却不只是简单的观念，而是长期的历史积累总结出来的经验。如：中国的和平理念，也就是中国的国际关系道德标准。看起来，和平的口号表面上有些空洞无力，甚至有些人会觉得滑稽可笑。但这确确实实是中国人民经过长期的苦难折磨后总结出来的宝贵经验。

在个人经验上，很多到过欧洲或美国的人都会觉得他们的素质高。问为什么？有什么例子。大家都会将“搭便车”拿出来说。也就是在欧洲，你如果出门，随意在路边做一个共通的手势表示你要搭便车，就会有车子停在你身边问你要到什么地方去，如果顺路就会捎上你，将你送到目的地。这就是道德。为什么，大家都有这样的习惯，结果大家都便利。很多中国人都会问这些好心的外国人为什么这么做，结果大多数的答案就是以前也因为别人这么帮助过自己，现在觉得有义务帮助别人。

社会形成这样的习惯就会为大家提供便利。这就是最少社会操作成本的典型例子。

而相反的例子大家都可以看到，不久前，中国的三鹿企业，为了利益在牛奶里添加三聚氰胺，不但害了自己的企业和员工，也害了全社会的消费者，甚至整个中国奶业生产链都遭受沉重打击。还有诚信本来就是一种道德规范，是一种低成本的社会操作模式。可是如果社会不诚信，某个个体因短期诈骗得利就将经验向周围社会传授，结果人人信以为真，社会就出现了大面积的不诚信，结果就是人人受害。因为社会不诚信，大家都要吃不卫生的食品、地沟油、三聚氰胺。因为不诚信还大大加重了社会操作成本，要更多的警察、法庭来维持秩序和打官司，因为社会上欺骗太多，欺凌弱小的事件也屡见不鲜。

一个很简单讲道德得利的例子就是个人诚实。如果你是一个诚实的青年，那么你在工作中就会获得老板和同事的信任，你将因此而获得比其他人更多的发展机会。谁也不想与不诚实的人交往。可是就像囚徒困境一样，如果简单地将一次背叛得利的经验传授，那么以后将很快输得精光。

大家只要明白，道德是长期社会实践总结出来的好经验或好模式，遵照执行就会获益。大家也要明白一点，那就是讲道德是对自己有利的！

第二节　伦理知识

社会伦理有不同的层次、不同的方面。不同的社会层面、组织结构与社会团体在现代社会生活中都有相应的伦理要求。

一、伦理的中西区别

伦理与道德是“ethical”和“moral”的翻译，西方一直没有完成对道德的精确定义，而伦理学又是依据道德原理而产生的学问和理论，因此在大部分时间里，大部分西方人都将伦理与道德等同。只是极少数研究道德与伦理的学者对于伦理与道德细加区分。

在西方语言学词源学的意义上，“ethical”与“moral”并没有实质性的区分，在长期的使用发展过程中，也并没有多少变化。两者通常是通用的。

西方哲学界对于这两个概念最早进行明确的区分和运用的，据我们了解应该是黑格尔。“道德与伦理在习惯上几乎是当作同义词来用，在本书中则具有本质上不同的意义。普通看法有时似乎也把他们区分开来的。康德多半喜欢使用道德一词。其实在他的哲学中，各项实践原则完全限于道德这一概念，致使伦理的观点完全不能成立，并且甚至把它公然取消，加以凌辱。但是，尽管从语源学上看来道德和伦理是同义词，仍然不妨把已经成为不同的用于对不同的概念来加以使用。”①

康德在道德概念之下讨论的伦理学，大多讲述的是有关于个体的道德问题，主要是意志自由、道德律令和至善等问题。相对于社会制度，人际关系、家庭等有关社会工作的伦理，康德极少提到。

黑格尔不满康德对道德与伦理的描述，他希望对伦理与道德的区分来说明社会伦理的效用。“按照黑格尔的理解，涉及个体自由的领域，就是道德的领域，但这种自由是在我本身中，在主管自由中。他说：‘在这领域中所关紧要的是我的判断和意图，以及我的目的。’黑格尔认为个体道德领域本身有其内在缺乏。他说：‘不过在这里构成普遍目的的善不宜仅仅停留在我的内心，而应使之实现。’也就是说，必须从个体的道德领域过渡到社会伦理领域，因为道德真理不在个体之中，而在社会伦理中，‘只有伦理才是它们的真理。’也就是说：‘主观的意志要求它的内部的东西，即它的目的获得外部的“定在”②，从而使善就在外部的实存中得以实现。’在黑格尔看来，主观的善在外部生活中的展现是在这样三个社会领域：家庭、市民社会、国家。”

海德格尔从存在主义的本质指出了传统的西方伦理学分裂了人与世

① 黑格尔：《法哲学原理》，商务印书馆，1961年版，第42页。

② “定在”是黑格尔逻辑学中的一个概念。黑格尔把存在作为第一个逻辑概念，但没有任何规定性的存在是纯粹的无。由存在过渡到空无是变易或生成，变易就成为第一个具有特定内涵的概念，即具有质的规定性。

界，是将人的本质设定为理性与知识，在美德即知识，知识即理性的模式下演绎道德。传统伦理学在很大的程度上把道德的问题解决寄托于知识（也即理性）。从道德行为到道德修养无不贯穿知识论的倾向。传统的伦理学主张科学的理性，主张知识有助于达到道德的立项目标，断言美德本身就是知识。而忽视了第一存在“人”，人的“此在”决定了人的本质，人的本质是“自由”，因为一切都是人的选择导致的，人到了无可奈何的时候还有可以选择死亡的自由，因此人的本质是“自由”。而道德律令、规范本身是人的选择，人生活在善恶之外。伦理被海德格尔理解为“先前结构”。先前结构在一定的程度上限定了“此在”理解世界的可能性，“此在”为自己设计生存的可能性的范围。所以“此在”并不是四处漂泊的，没有任何规定性的自我。海德格尔还有一个先行决断的概念，他认为先行决断使“此在”洞察一切，领域孤独而自由的人生。海德格尔看到了传统伦理学将理论主题与道德实践隔断的现实。这说明他认为伦理与道德是不同的。

索伦·克尔凯郭尔在《非此即彼》中论述了“美学的”与“伦理的”两种不分伯仲生活方式。然而，这种“非此即彼”随之带来一种切中生命要害的绝望感。这种绝望已然不是针对具体对象，而是一种新的生活态度的选择。这种在新旧两种生活方式中选择的痛苦只能是伦理性的：“如果说美感地生活意味着个体是其直接所是的话，伦理则是由之成为他要成为的东西。从这个意义上讲，伦理选择就是要确立自我的意义，要从碎片化的现代生活的无名散乱状态取回自己，并给自己的生活以连续性和透明性。换言之，伦理生活对个体而言本质上不存在任何一种外在的强制力量，而是自我存在可能性的要求。个人在对未来各种可能性的关照以及对过往的自我批判中掌握他的生活史，并由此使得自己成为无可替代的个人和无可混同的个体。”①

尤尔根·哈贝马斯对索伦·克尔凯郭尔的伦理回归之路持谨慎考量的态度。他认为这项方案终究是将一切注意力都放在个体的自我反思与自我选择上，而相应地，伦理上自觉的生活安排也就被理解成狭隘的自我权。事实上，保证我们的生活不会误入歧途的那种力量和信念不是径

---

① 龚群：《伦理学十讲》，人民大学出版社，2010 年 2 月版。

直与上帝或先验自我同一的，而是在一种世俗的交往联系中我们必然遭遇的。正是基于“人是在交往中达到自我理解和彼此体谅”这一事实的考虑，哈贝马斯强调道德问题首先应关乎一种交互主体的关系。从这里我们也可以看出哈贝马斯对于伦理与道德也有区分，但在论述时则又不是混用。

西方哲学家对于伦理与道德基本上认为是同义的，即使像黑格尔和海德格尔这样明显意识到伦理与道德有差别，但又具体说不出不同点。他们找不到要点的原因都是沿用西方研究习惯，从人的个体来研究道德，在个体道德层面上当然很难区分社会功效的伦理与个人功效的道德。如果按照以上第一节关于道德是客观发展规律来理解，那么他们就应该很容易理解伦理与道德的差别了。

中国语言上的伦理二字本身就具有社会化伦理的意蕴。从中文的本义看，“伦”本来就是辈、类和顺其纹理的意思，其含义特指人之辈分和差别。理的本意是加工雕琢玉石，还有调理与纹理的意思。伦理两字结合就表示人与人之间的关系、标准、规范，而其中因其理字的本意是“治玉”，因此伦理还包含着强化治理人伦关系和社会关系的含义。因此伦理的中文含义就有其丰富的社会学含义，其中有定辈份、定规范、定标准，还有处理社会关系含义：协调、惩戒等的意蕴。

道德要在中文字义上理解，道是方法、道路、还有世界观；德，古代与得通用，在中国古代由于文字系统不发达，经常是同音字相互通用、串用。道是对世界的看法和解决问题的方法和路径，德是指在相关的观念指导下行事则自然会有所收获。在中国人来看道是本源，是世界的发展规律，因此依“道”行事则自然会有所收获，也即得。

中国道德是一种将世界观与实际行动相联系、相结合的一种模式。这正是对海德格尔指出西方伦理道德分裂人与世界，只将伦理与知识挂钩，忽视道德实践这样的弊病的一种补足。道德在中文语境里的意思是前后连贯一致的。道在先，德在后，道是世界观，德是实际行动与回报。这样的先后次序我们可以从道德经中看到。“故失道而后德，失德而后仁，失仁而后义，失义而后礼。”（《道德经》三十八章）“故道生之，德畜之、长之、育之、亭之、度之、养之、覆之，生而弗有，为而弗恃，长而弗宰。是谓玄德。”（《道德经》五十一章）。

所以中西伦理有很大的不同，这是因为西方的伦理学理论发端于个人道德基础，因此会产生理论与实践的割裂（如海德格尔所说）。而中国的伦理基础也是道德，但对道德的定义则不同，中国人认为道生万物，而德是生养万物，然后万物自然回报反馈，是一种系统论观点。中国道德表现的是一种理论与实践的结合。而且中国道德说明的是万事万物的发展之“道”，西方的道德大多只局限于个人的情感、道德修养，大局观与个体观的不同是中西伦理的最大差别。

二、伦理的社会效用

伦理这一概念是对各种社会伦理现象的总称。不同的社会层面上各有不同的社会伦理现象，但它们都有着同样的基础，那就是道德法则。社会伦理关系实际上就是社会人际关系的规范。仔细来讲，则需要讲清楚伦理关系是什么本质，有什么效用。

要理解人类社会的伦理关系必须理解社会交往关系。人类社会的交往关系的存在与发展是社会伦理关系的存在与发展的前提。而人类社会的发展在不同的经济基础上就有不同的交往关系。奴隶社会有奴隶社会的交往关系，封建社会有封建社会的交往关系，资本主义社会有资本主义社会的交往关系，不同的社会形态就会有不同的交往关系。而不同交往关系就会有不同的规范，也就是说就会有不同的伦理关系。虽然伦理在不同社会存在着不一样的规范，但是所有的伦理的基础都是一样的，那就是道德规则。

人类社会的交往关系主要体现在生产实践中，因为生产需要组织、协调与互动（主要是交换）。不管在什么样的生产力条件下，人类生产活动都不能单独进行，都需要协调与互动，原始的狩猎、现代化的全自动化生产都存在着这样的协调与互动。人类为了生存而进行的协作与互动关系我们统称为交往关系。而所有的人类交往关系又必定存在着伦理意蕴，也就是交往规则。这样的规则都是按照最小的社会操作成本，最大的社会效益和经济效益这样的规则来进行的，也就是说都是依照道德规则来进行的。

再看西方哲学家的交往理论是怎么说的。哈贝马斯对交往理论的深入阐发，对于理解交往关系的伦理性，或者说对于把交往关系看成是伦理性关系的理解，是富有启发的。他认为："交往理论是以象征符号为媒介的相互作用。这种相互作用是按照必须遵守的社会规范进行的，而必须遵守的规范又是给相互期待的行为下定义，并且至少必须被两个行动着的主体理解和承认"。哈贝马斯十分强调交往是以"规范的内心化为前提的"。也就是说，交往关系的正常维持，离不开一定的社会规范，离不开人们对于规范的自觉遵守。而交往活动之所以离不开规范，在哈贝马斯看来，"社会世界是由规范的背景条件所组成的，这种规范的背景条件确定了，什么样的类型的交互活动属于合法的个人交互关系的总体。而一切符合相应的规范（同意接受规范要求）的行为者，都属于同一世界"。他强调指出，"正如客观世界和意义可以解释为涉及事态存在的"。同时哈贝马斯也强调在规范世界中，语言在交往中的作用，他认为交往是在"理想的语境"中，协调他们对境况的界说，达到"相互理解、共享知识、彼此信任、两相符合的主体间的相互依存"。哈贝马斯把人类看成是一个规范的社会，正是认识到了交往关系的普遍性及伦理特性。没有交往关系的普遍性与伦理性，也就没有社会世界的规范性。

总的来说，伦理关系是规范人们相互交往的，伦理的实践主体是社会个体。伦理学原理是依照道德"最小操作成本"的规则来规范人际交往，使得人际交往关系耗费最小，成本最低。伦理是人类社会实践中慢慢摸索体会到的一些合理规则，伦理的效用就是减少整个社会的人际交往耗费和成本，最大限度地发挥群体协作效用。伦理有各种各样的伦理，在这里就不一一介绍了，我们以下要介绍的是社会工作伦理。

第三节　社会工作伦理

社会工作伦理界定的是社会工作者与案主之间的关系和准则，其中涉及社会工作的价值判断和各种各样的工作准则。我们先以美国人写的《社会工作伦理》中篇首所举的案子为例来讲解社会工作伦理的价值判断和工作方法。

一、案例分析讲解

格拉瓦案例："格拉瓦先生和太太双双工作，他们的四个孩子中，有三个正上小学，下午早早回家。最大的孩子罗莎 13 岁，她要管其他孩子吃饭，并看管和照顾他们。她为照顾弟妹做了很多事。可是有一个邻居向儿童保护服务机构举报格拉瓦家，举报他们没有尽到照顾孩子的责任。社会工作者莫根娜·伊拉姆被指派接手这个个案。格拉瓦太太告诉她，在他们的文化里都是这样对待孩子的。她和丈夫是想让孩子有更好的生活。他们找过各种儿童照顾场所，没有发现一个比现在更好。如果他们夫妇中的一人中断工作，一部分的收入就没了。而且还不能保证能找到其他的工作。核实完情况后，伊拉姆发现她也提不出好的办法。孩子们看起来都很健康、快乐。"这是美国作者拉尔夫·多戈夫等撰写的《社会工作伦理》的一个多难选择的例子。如果改变现状则会破坏格拉瓦一家和谐健康的生活，而如果压下不报告实际情况，则如果以后格拉瓦邻居发现情况没改变，再报告就会使得儿童保护服务机构不信任伊拉姆这个社会服务机构，还有对于伊拉姆本人的诚信也会产生不良的影响。改变对案主不利，不改变对社会工作者与社会工作服务机构的信誉有影响。

怎么处理这样的问题是涉及社会工作伦理的问题。先从伦理学的基础道德上看，整个个案有没有受害人。我们可以发现，在整个个案里面是没有什么受害人的。唯一的受害人就是伊拉姆自己和伊拉姆所属机构，因为他们可能会因为不采取措施而被儿童保护服务机构误会。所以如果从社会工作的本义上看，社会工作就是帮助个案案主改善生活和生活环境，现在伊拉姆采取的多数措施都会产生对格拉瓦一家不利的后果，是帮倒忙。因此，不干预有时会是一个好的选择。

接下来的问题是怎么处理儿童保护服务机构的反馈和信任问题。这样的问题我们可以先看问题是怎么产生的。首先是格拉瓦邻居出于公益心，热心报案。因此问题的症结是格拉瓦的邻居。所以社会工作者的工作对象应该转而朝向格拉瓦邻居，要向他解释清楚整个实际情况，让他不要担心。还要感谢他的热心和公益心。之后就是社会服务机构向儿童保护服务机构反映整个实际情况，向儿童保护服务机构说明改变现状对于格拉瓦一家有害无益，因此现在社会服务机构决定暂时不采取行动，但会保持观察，一旦发现有不利格拉瓦家孩子成长的苗头就会采取社会工作行为进行阻止。有备案、先给格拉瓦邻居说明是社会服务工作机构和伊拉姆社会服务工作的伦理规范。

二、社会工作伦理基本规则

伦理的基础是道德，所以各式各样的伦理必须依照道德的基础解释来进行规范和定义。社会工作伦理规则是社会工作者进行社会工作服务时遇到难题进行价值判断的准则。

道德经讲“德”的功用是生养而不宰，也就是说生养而不求回报就是德的本源，最大的德是生养生命。据此，社会工作者的第一原则就是保护生命，也是“德莫大于生生”的体现。

（一）保护生命

保护生命的原则适用于所有人，既适用于保护当事人的生命，也适用于保护所有其他人的生命。这一原则是进行判断时的第一准则。尊重和珍惜生命是各式各样伦理的基础，没有生命权利和生存权利，那么其他的权利就不用再进行讨论，生命生存权是最基本的权利。也正是基于这样的道德原则判断，很多国家不允许进行安乐死。在我们进行利益判断时会认为植物人已经没用了，是社会的负担。有很多家属对于植物人亲属会申请安乐死，但是很多国家法律不允许。这也是基于生命权第一这一判断原则。

所以对于一些自残的患者，限制其活动，将其关进没有器物自残、四壁柔软的房间，并不是限制其活动权利，而是保障其生命生存权利。同样的，如果有案主酗酒危及生命，虽然案主经常会说“生命是自己的，不关别人的事”，但是社会工作者还是要对这些重症酗酒者采取行动，包括限制其“酗酒”爱好。对于那些自杀者则更加要进行劝阻，劝阻无效的则必须采取行动限制其活动，以防止其自杀。

“辛德勒名单”就是这样一个故事，它记述了一个纳粹党员为了挽救犹太人生命，违背纳粹党员的义务与责任，欺骗政府拯救那些危难的犹太人。就是这样的辛德勒，虽然二战时属于纳粹行动的背叛者，但战后却成为了“世界级英雄”。所以“保护生命”这样的原则超越政治理念，已经成为很多国家的共识。

保护生命还包括维持生命的生存权，社会工作者平时所做的工作大都是帮助提高案主的生存权。

《世界人权宣言》第25条第1款规定：“人人有权享有为维持他本人和家属的健康和福利所需要的生活水准，包括食物、衣着、住房、医疗和必要的社会服务。”《经济、社会及文化权利国际公约》第11条第1款规定：“本公约缔约各国承认人人有权为他自己和家庭获得相当的生活水准，包括足够的食物、衣着和住房，并能不断改进生活条件。”一般认为，这是对相当生活水准权的规定。学者们认为，“享有维护相当生活水准权，其最低限度需要每个人应享有必需的生存权：足够的食物和营养权、衣着、住房和在需要时得到必要照顾”，并认为《世界人权宣言》第25条和《经济、社会及文化权利国际公约》第11条等是对生存权的国际性保障。中国已经在1997年签署并在2001年批准加入《经济、社会及文化权利国际公约》，将中国的生存权与国际人权公约的相当生活水准权统一起来，既与国际人权公约相适应，也可以说这是国家履行国际人权公约义务的要求。而且，符合中国人权白皮书的精神，当前中国政府人权白皮书所主张的“生存权”的主要内容为温饱权，显然它属于国际人权公约所规定的相当生活水准权的范畴，只不过中国有关生存权的要求和标准还比较低，仅仅是温饱标准，尚未达到国际人权公约所规定的相当生活水准标准。

日本早稻田大学法学部大须贺明教授认为，“生存权的目的，在于保障国民能过像人那样的生活，以在实际社会生活中确保人的尊严；其主要是保护帮助生活贫困者和社会的经济上的弱者”。这就是社会工作的真谛。虽然帮助提高生存权利是狭义的道德概念，但也是“德”的贯彻。我国最低的生活保障制度和最低工作报酬等制度都是具体的保护生命、实施道德措施。所以保护生命维持生存权利是社会工作者判断的依据。

（二）公正平等

在西方的文化传统中，人与人之间是自由平等的思想早在古希腊时代就出现了，这种思想反映在“公民”的价值观念。尽管如古代希腊、罗马时代也是等级森严，但令人惊叹的是，公民文化不仅有理论的阐述，而且还有政治实践。柏拉图在《理想国》中，描绘了等级的集体主义社会理想；亚里斯多德则阐明了个人应有的权利，甚至区分了“结果平等”与“比例平等”。罗马人创建了人类历史上的第一个共和国，长达数百年。其权力结构由元老院、行政长官、人民大会组成，实质就是君主制、贵族制、民主制三种因素的混合，这三种因素得到“精确的调整并处于恰好的平衡状态”（古希腊学者波利比阿）。西塞罗对这种共和政体进行了总结，得出了国家就是人民的事务的结论。这些为后来洛克、孟德斯鸠的三权分立理论奠定了基础。在中世纪，世俗与宗教二元尖锐对立，但上帝面前人人平等，不管你地位高低、财产多少，死后都是一样的。这体现了对世俗等级制的强烈抵抗。尽管世俗政权一直要争夺对人的精神控制权，而教会也一直想插手世俗事务，但最终却是各管一方。基督教对人的思想实行了长期的禁锢，但也培养了独立思考的精神。文艺复兴开始恢复人的地位，资产阶级将宗教中人的平等移植到现实生活中来，以此反抗封建等级制。最终，共和政体或君主立宪、三权分立成了现代西方社会政治现实，民主、自由、平等的思想成为社会思想的主流。

1755 年，卢梭在其应第戎学院的征文启事所发表的论文《论人类不平等的起源和基础》中，开宗明义地提出了自己的平等观念。他认为，人类中有两种不平等：一种是自然上的或生理上的不平等，是由性别、年龄、健康、体力、心灵等引起的；另一种是精神上或政治上的不平等，是由地位、财富、特权等导致的。显然，第一种不平等作为自然差异是无法消除的，而第二种不平等作为经济地位、社会身份和政治权利的差异则是有可能被消除的。

在启蒙精神的基础上形成起来的现代西方文化传统中，平等观念起着基础和核心的作用。当代美国政治哲学家罗尔斯在《作为公平的正义：正义新论》中对正义的两个原则的论述，经典性地阐明了平等观念重要性："（1）每一个人对于一种平等的基本自由之完全适当体制都拥有相同的不可剥夺的权利，而这种体制与适于所有人的同样自由体制是相容的。（2）社会和经济的不平等应该满足两个条件：第一，它们所从属的公职和职位应该在公平的机会平等条件下对所有人开放；第二，它们应该有利于社会之最不利成员的最大利益（差别原则）。"细心的读者一定会发现，在这两个著名的原则中，"平等"这个词先后出现了三次，而且差别原则明确表示，如果政府在经济和社会方面不得不实行某些不平等的法规或政策，那么其中获益最多的应该是处于最不利状态下的那部分人。罗尔斯关于正义、平等的理论，为当代美国社会的发展指明了方向。前不久发生的"占领华尔街行动"，正体现出民众对特权的痛恨和对罗尔斯意义上的平等的追求。

平等观念也是马克思主义、社会主义追求的根本观念。马克思主义的创始人批判地继承了启蒙运动的思想遗产，进一步把社会主义的根本使命理解为消灭私有制，建立人与人之间的新型的平等关系。然而，正如马克思在《哥达纲领批判》中所指出的，在刚从资本主义社会脱胎出来的共产主义社会的初级阶段（即我们所说的社会主义阶段），"平等的权利按照原则仍然是资产阶级的权利"，因为在这个阶段中，平等是以同一尺度——劳动来计量的，而正如卢梭在前面指出的，由于人们在自然上的或生理上的特征方面的差别，他们在经济分配方面仍然处于不平等的地位。恩格斯在1875年3月致奥·倍倍尔的信中，也明确表示，用"消除一切社会的和政治的不平等"来代替"消灭一切阶级差别"是不妥当的，因为在共产主义的初级阶段，还根本不可能"消除一切社会的和政治的不平等"。尽管如此，马克思主义的创始人仍然坚定不移地强调，应该把追求切实可行的平等作为社会主义发展的根本目标。

秉承马克思主义的思想传统，中国共产党在为建立新中国而奋斗时，就把实现人与人之间的新型的平等关系作为自己的根本奋斗目标。

共和国建立后，在经济社会生活中面临着一个绕不过去的难题，即官员的福利问题，如医疗、住房、用车等等，结果找到的是科层制（省部级、厅局级、县团级、乡科级等）。但在现实生活中，不断听到单位、个人争级别的故事，有些干部的名片上赫然写着“相当于局级巡视员”。某些人对级别岂止是追求，简直到了顶礼膜拜的程度。这种现象既不符合马克思主义创始人提出的理论观点，也不符合社会主义追求的价值目标，需要引起我们的警惕。虽然我们国家还存在着封建的等级观念，但这并不能掩盖共产党追求平等的基本宗旨。“平等”已被作为现代性价值和现代社会的基本原则。

中国人的平等观念源自于“天人同构”这样的哲学理念。中国人宇宙意识中最基本的观念是“天人同构”。它具有两方面的基本含义：一是天与人是由同一种材料化生而成的。与西方天和人的绝然二分不同，中国人总是以人的眼光，以“人化”的眼光，而不是以科学的眼光来看待自然的。中国人总是习惯于把自然看成和人相类、相近、甚或完全相同的东西。在中国人看来，自然界的一切，包括人，都是由一种流荡不息的东西——“气”凝聚化合而成的。“气”是构成万事万物的基本材料，它贯穿了中国哲学的始终。二是天与人之间是相类相通的。在中国古代人看来，人之为人，并不是因为它是天地间普通的一物，而是因为它是天地神化机会的一种杰作。人是宇宙自然的缩影、副本，人之形体化天而成，人之性情、意识、德操也莫不化天而成。人并不是独立于自然之外的个体，其本身是自然的一部分；自然也不是与人为敌的异已力量，其本身也是人的无机的身体。

《太上老君清静经》云：“大道无形，生育天地；大道无情，运行日月；大道无名，长养万物。”明确指出，道为宇宙生成的根本。《道德经》云：“有物混成，先天地生。寂兮寥兮，独立而不改，周行而不殆，可以为天地母。吾不知谁之字，象帝之先。”道先于天地就存在于宇宙之中，而世间尊崇的上帝，其出现却在道之后。

杜光庭《道德真经广圣义》云：“老君乃天地之根本，万物莫不由之而生成，故立乎不疾之途，游乎不待之场。御空洞以升降，乘阴阳以陶冶。分布清浊，开辟乾坤，悬三光，育群品。天地得之以分判，日月因之以运行，四时得之以代谢，五行得之以相生。故于九万九千九百九十亿万气之初，运玄元始三气而为天，上为三清三境，即始气为玉清境、元气为上清境、玄气为太清境。又以三清之气各生三境，合生九气为九天。此之九天各生三气，气为一天，合二十七天。通此九天，合三十六天，则四民、三界、上极三清是其数也。”这是道教对于宇宙的认识。三十六天，都是道气所化生，人为万物之灵，禀阴阳冲和之气，含蕴着宇宙的大量信息，人身本来就是道气自然生化而成。

《混元述禀篇》云：“夫人生于天地之间，禀二气之和，冠万物之首，居最灵之位，总五行之英，参于三才，与天地并德。”《真文经》曰，“人之生也，头圆象天，足方法地，发为星辰，目为日月，眉为北斗，耳为社稷，口为江河，齿为玉石，四肢为四时，五脏法五行。与天地合其体，与道德齐其生。”

董种舒提出了天人同类说。他说：“人之为人，本于天，天亦人之曾祖父也，此人之所以乃上类天也。”董仲舒认为：天与人不仅在性质上相同，而且在结构上也惊人地相通。天与人在结构上可以相互论证，互为前提，形成逻辑上的“循环互证”。譬如：“天有三百六十日，人有三百六十节；天有四时，人有四肢；天有日月，人有耳目；天有山谷起伏，人有五脏六腑；天有星辰，人有毛发……”

儒家文化认为天地生人，所以做人的道理只能源于天地。八卦的三爻、六十四卦的六爻均把人的位置安排在了天地之间，《易传》诠释卦象，由此建立了“天如何，人如何；地如何，人如何”的人生坐标。《周易》六十四卦，被《周易·象传》诠释出了六十四条人文哲理。“天行健，君子以自强不息”与“地势坤，君子以厚德载物”这两句格言就源于六十四卦地前两卦。“自强不息”是源于天理。“厚德载物”是源于地理。

还有，所有的宗教之所以可以通传天下，也是因为其平等的观念。佛教起始于印度，但现在却在印度式微了，就是因为佛教的平等观念与印度社会的种姓结构有很大的冲突。

既然人是天地的产物，那么人在本质上就没有差别，是平等的。这就是中华的平等观念。虽然社会上有很多不平等的现象，但不能否定哲理上平等观念的普适性。因此公正平等是伦理判断的另一原则。

（三）最少损害

社会工作者这样的伦理判断基本原则也是由道德的本义衍生出来的。大家知道道德是社会操作成本最低的优化模式的总结，因此遵守道德原则的原理就是使社会耗费和成本最低，而且效率最高。很多西方的道德研究者经常使用这样的道德试题：一辆火车在行驶时，路经一个岔口时，司机发现在废弃的铁路上有一个小孩在玩耍，而在正常行驶的铁路干线上却有5个小孩在玩耍，这时刹车已经来不及了。是选择岔口方向还是选择原来的方向？正常的道德判断就是：违反交通安全规定者生命权<无辜者生命权<多数无辜者生命权。

前面讲到的格拉瓦案例中，因为社会上没有受害者，而且改变现状反而会让格拉瓦一家受到损害，因此正确的做法就是不干预。但是这样做还是有损害，因为不干预就等于伤害了格拉瓦邻居的社会责任心和爱心，因此社会工作者必须马上对格拉瓦邻居进行实际情况说明，解释不同文化对于小孩教育与抚养的不同，说明此事件无危害性。而社会工作者声誉与信誉则在其次，慢慢向儿童保护服务机构说明和备案会解决好这样的问题。

很多人会不明白自杀和安乐死为什么会不被认可。自杀者虽然杀死的是自己的生命，但是也等于浪费了社会的资源，因为一个人的成长教育，到行为意识可以自主时已经耗费了不少社会资源。如果放任自杀者自杀，那么等于是浪费资源。况且，很多的自杀者本身自杀只是一时想不开，属于心理暂时失衡，很快就会恢复过来的。因此阻止自杀是必需的。而对于安乐死为什么不被认可，简单一点讲是基于人道，也就是说植物人有可能复原，而且一旦可以实施安乐死就会令有不良用心的人利用安乐死来作恶，这样将会导致社会道德败坏。从人道观点看和社会道德考虑，安乐死一般不会被社会接受。这些都是出于“最少损害”的道德原则考虑。

例如：辽宁抚顺市有关部门证实，8月1日晚9时许，在抚顺新宾满族自治县永陵镇发生一起杀死9人、刺伤4人的案件。目前，犯罪嫌疑人李某已被公安机关抓获。经初步核查，李某，男，1995年出生，抚顺市新抚区人，因与女友发生矛盾，李某从抚顺市区乘车到永陵镇，持刀杀死女友亲属2人后逃跑，沿途又刺死6人、刺伤5人。公安机关接到报警后迅速出警，将其抓获。2日上午，一名伤者因为抢救无效死亡，死亡人数上升到9人。”（《羊城晚报》2012年8月1日）假如李某是案主的话，社会工作者就必须马上在案主行动前将案主的想法和信息告知公安局，以免使得社会遭受如此大的损害。在这样的情况下，案主的隐私权和自主权将明显处于次级的地位，应该考虑更高级的道德原则来处理，那就是最少损害原则来处理。

（四）尊重自主

尊重是说社会工作者要尊重案主，说明的是社工与案主的平等性，强调的是社会工作者与案主各自独立的人格与尊严。

受助者享有人格权。所谓人格权，就是一个人生下来即享有并应该得到肯定和保护的权利。在我国，依据现行法律法规和价值观念，每一位公民都享有如下人格权利：人的生命权、健康权、身体权、姓名权、肖像权、名誉权、荣誉权、人格尊严权、人身自由权等；隐私权或者其它人格利益；人去世后仍享有的姓名权、肖像权、名誉权、荣誉权、隐私权、遗体权等；具有人格象征意义的特定纪念物品的财产权。其中，自然人的生命权、健康权、身体权及其死后的遗体权等属于物质性人格权，其余的则属于精神性人格权。

尊重是在我们前面讲过的心理学运用的一个重要原则，也是基于“人是平等”的这一道德原则衍生出来。我们社会工作者不能认为受助者有各方面不尽如人意的地方就在内心产生歧视。因为人的本质是平等的，一些人一时遭受苦难，导致境遇困顿，但这只是暂时的，即使有些人会长期困顿，但在哲学含义上看我们也是平等的。只有以尊重的平等心态去与案主沟通我们才能全面了解到案主的实际情况，这样才有可能更好地帮助案主。尊重最好的途径就是同理心，社会工作者设身处地的将自己想象成为案主，假如自己处于这样的境地应该怎么样？有了“同理心”就会更好地尊重案主。

自主是说社会工作者要培养个人的自决、自主、独立和自由。尽管自由高度重要，但也不能超越自己或其他人的生命生存权。通常情况下，社会工作者有义务主动提供适宜的环境和必要的条件，以保证案主充分行使自主权，尊重案主及其家属的自主性或自主决定，保证案主自主选择社会工作者和社会服务机构，接案要经案主知情同意（狭义自主），以及保守案主的隐私、尊重案主的人格等（广义自主）。

社会工作者实现自主原则，必须处理好案主自主与社会工作者帮助决定之间的关系，尤其要正确运用社会服务干涉权。因为，案主自主与社工决定既相容，又矛盾；社会服务干涉既必要，又不可滥用。社会工作计划是指社会工作者代替案主做主，排出的计划，必须首先征得案主的同意，而且还必须征得案主或其家属的授权。

尊重自主是三层意思，一是尊重，必须尊重案主；二是自主，也就是上面所说的案主自主性行为；三是尊重案主的自主，也就是重视案主自身的能力与资源，相信案主有自我改善的能力，所有的计划必须与案主协商。但是尊重自主又是有前提的，就是社会工作者对于案主那些有明显危害的一些自主性行为必须极力劝阻。

在理论上讲自由是人性的基本属性。因此多数国家的宪法都规定了言论自由和结社自由。法国大革命纲领性文件《人权宣言》中，对自由的定义为——绝对的自由在理论上可能存在，但由于社会是由人与人所组成，自由不仅是个人的议题，而是社会中各个主体之间彼此互相界定的程度，因此有人认为个人的自由受制于他人的同等的自由，进而有人认为自由与责任相关，有相关之自由即应负相关之责任。自由是政治哲学的核心概念。自由也是一种社会学概念。自由是社会人的权利。与自由相对的，是奴役。自由即有权做一切无害于他人的任何事情。自由的底线和原则，是保护每一个个体的自由。

尊重自主即保护案主的自由权利，但保护案主自主权还要视乎案主的行为是否正常，如果案主出现准备伤害他人的行为时，就要及时制止。因为人的自由和自主必须以不伤害他人为前提。

所以尊重自主是社会工作者伦理判断的一个原则，必须尊重案主，这是基于平等原则，尊重自主又是基于自由原则，这两个原则综合衍生就产生了“尊重自主”这样一个原则。现在理论界有一种倾向，那就是社会工作者基本依靠自觉来解决问题，社会工作者只是作为一个方案策划者或者被咨询者出现，执行的是案主本身。社会工作者提供自己的知识供案主选择决定。

（五）隐私权和保密权

社会工作者的实际工作决定应该加强每个人的隐私权和保密权，不泄露保密信息就是从这一义务中衍生出来的工作原则。专业人员有责任尽可能与法律上的要求和当事人的意愿保持一致的情况下，保护当事人的和工作对象的群体的隐私权。然而如果披露资料能防止对他人造成更严重伤害的话，保密和隐私权就不是神圣不可侵犯的。上面第三点“最少损害”的例子就是例证。

人们都会犯错误，也都会办蠢事，我们不能因为别人犯过错误或者办过蠢事就对案主另眼相看，而要尊重案主。

保持隐私权的功效对于社会工作者来讲犹如神父听告解。神父听告解，是一种神圣的宗教仪式。它在心理学应用上面可以起到抚慰人心灵的作用。但是神父听告解与社工听案主诉说不同，神父听到的话是不会对警察说的。而社会工作者是服务社会的，有些对社会危害极大的事就必须告知警察。保护案主的隐私权可以起到获得案主信任的作用。坚持这一原则，可以树立社会工作者的专业形象，有利于以后社会工作者开展活动。这样的原则得到普遍的实行可以使得社会工作者快速获得案主的信任，这样就可以让社会工作者尽快了解到案主全面的情况和资讯以及其周围有用的资源。

隐私权和保密权是尊重原则的引申，只有很好保护隐私权，社会工作者才能更好地进行工作。如果形成良好的工作惯例，则可以使社会工作者“事半功倍”。这对于我们刚刚引进西方社会工作模式的中国来说相当重要，因为这是西方社会工作者在长期社会工作实践中的工作经验总结。我们要充分重视这样的间接经验，不能忽视，故而在这里专门作为社会工作的伦理原则进行介绍。

三、社会工作伦理的适应

由于我们国家引进西方的社会工作服务模式不久，因此有很多地方必须向西方学习。现在上海、广东基本上拷贝西方的工作模式，在进行摸索性探索，而且局限于工作模式，而对于伦理研究与实践则很少跟进。但是社会工作伦理对于规范以后的社会工作非常重要，因此我们要充分重视。西方那一套的社会工作伦理，由于政治制度、文化传统、生活习俗等等方面存在着很大的不同，因此差别很大。所以我们必须建构自己的社会工作伦理，这方面国家要给予充分的重视，必须成立全国性的社会工作伦理委员会，要抽调各高校道德理论研究方面的专家组成班子，在理论上支持社会工作的全面推广。

在社会工作的实践中，社会工作者会遇到很多不同的社会工作问题，因此各省的社工委也必须成立相应的社会工作伦理委员会，以指导社会工作实践，适应千变万化的社会工作问题。

在各社会服务机构里面也要专门规定必须成立专业的伦理工作委员会以指导社工进行社会工作实践。在各个社会工作服务点上也必须学习西方模式成立专业人员间的伦理小组，这样才可以方便社工之间讨论和学习伦理问题。

以上的伦理学基本原则只是根据道德原理推演出来的，还有很多西方社会工作的伦理原则，这里就不一一进行介绍。因为西方社会工作的伦理理论不是很完美，有很多硬伤，特别是对于道德的理解上西方人只局限于个人品行和修养层面，与我们祖先的认识相去甚远，故而不再详细介绍。但是，我们现在的社会工作实践刚刚开始，还有很多的实际问题和理论问题有待在实践中解决和完善，因此更多的社会工作伦理学原则有待以后全国的社会工作伦理委员会来制定、推介。这里就权当抛砖引玉。

第五章　中国社会服务工作方法论

随着中国经济的快速发展和转型，中国各层次的社会矛盾不断涌现。为了确保和维护中国社会经济的飞速发展，我国在20世纪末引进了西方的社会服务工作模式。社会工作所涉及的知识范围非常广，如心理学、社会学、经济学、系统论等，而且社会工作中所遇到的问题千变万化，没有固定的模式可以模仿，也没有固定的解决方法和方案。虽然西方社会工作理论将社会工作遇到的问题进行分类，分为个案工作、小组工作、社区工作等，但这些都只是将问题分类，并没有具体提出解决社会问题应该采取的工作方法。它们只是习惯性地沿用传统心理学病理治疗的模式。而心理学病理治疗方式明显不适用于我国的社会现实。故探索我们自己的社会工作的方法是我们理论研究者的首要任务。当确定的方法或者方法论出现，我们的社会服务工作模式才可以在全国范围快速推广。

而要探讨中国社会工作的方法，我们必须在哲学层面先研究方法论，将中国传统文化中优秀的方法论拿来指导我们的社会工作。

第一节　中西方哲学的差别

西方的社会服务工作已经开展了一百多年，可是至今还没有像样的理论出台，很多所谓的理论都是经验的一般性总结，而且西方的社会工作理论多套用心理学、社会学等理论模式，相当繁杂。对于初学社会工作理论的中国人来说，西方工作理论晦涩难懂。理论的总结必须有哲学基础，东西方哲学的不同就决定了不同的思路。所以先分辨中西哲学的差别，就可以更好地理解中国式方法论。

“哲学”一词英文为 philosophy，它源于希腊文，词根为 philo 及 sophia，原意为爱智慧（love of wisdom），或是对智慧的追求（strive for wisdom）。“智慧”一词意义十分广泛，用现代的话来说，它泛指一切人类理性的思考和反省活动。罗素把它总结为：“哲学是关于真理的学问。”现在中国官方的定义是：“哲学是世界观，哲学是方法论。”这应该是最为科学的定义。

西方哲学关注“世界是什么”和“人是什么”这类的学问，它依托于人对世界的认识和对人自身的关注。西方哲学建立在人与自然相分离的基础上，人与自然的关系完全是一种认识论的关系。因此，西方哲学首要任务是对世界的认识。西方哲学最基本的、最核心的概念是英文 Being，汉译“有”、“是”、“存在”等。古希腊人热衷于探讨“是什么”，“是”是存在、有，而“什么”则是对事实的认知。

西方哲学的基本特征是分而析之的哲学，讲究“主客二分”，而且注重自然，偏重科学主义。西方哲学的自然性思维性特点，表现为一开始就把注意力集中在探讨构成世界存在的本原上。如把世界的本原视作“水”、“气”、“原子”等等。亚里士多德更是明确地指出探讨世界的本原的哲学是“第一哲学”，这一思想几乎支配了近两千年来的西方哲学界，使得西方哲学家无不立足于自然“理念”来思考哲学根本问题。虽然在近代西方哲学史上，也不乏哲学家把人本身作为思考的出发点，但他们即使谈到人，大多依然从自然物质的角度来看待人本身。把人当成自然的部分，甚至有的哲学家是在生物学的基础上建构他们关于人的哲学理论。

西方哲学思维模式主要是来源于希腊的数学和几何的逻辑思维，并机械地认为，像数学和几何一样，从已知的知识可以推出未知的结论。

大家知道要进行逻辑思维首先要进行定义，可是定义往往难以精确，推理的过程也常常与事实不符。悖论的出现就是对西方逻辑主义的拷问。英国哲学家罗素经研究之后发现，逻辑悖论就是因为主谓语在使用上混淆了，他认为，为了避免出现逻辑悖论，就应该以数理逻辑来替代。数理逻辑是罗素与德国数学家弗雷德共同研究推出的。罗素将之表现为一个通式2+2=4。虽然数理逻辑避免了逻辑悖论，但又出现了新的问题，因为数理推论的最基本元素“一”必须有精确定义才可能进行以后的一切推论。不能对“一”进行定义是西方哲学的困境之一。

例如：要定义“极限”这一概念，必须定义“数列”，定义“数列”必须依赖“实数”的定义，而“实数”的定义又有赖于对“自然数”的定义，而“自然数”的定义却无法精确的作出，即使连最简单的“一”都无法精确定义。

又例如：一张椅子由一些木头组成，而木头又由众多的纤维组成，而纤维又是由有机分子组成，有机分子又是由不同的原子组成，根本无法定义椅子是什么。即使面对自然界最简单的物质氢气都难以定义“一”是什么，因为氢分子由两个原子组成，而氢原子又由电子和质子组成，再推究下去还能到中微子、以至到超玄的结构。“一”没有具体的代表，也无法精确定义，这就是西方哲学界的所谓“哲学丑闻”。

西方数学式的逻辑推理方式还有其哲学弊病，那就是难以精确。即便是罗素认为“2+2=4”这样最严密的数理逻辑推理模式也并不严密，因为等式并不是如罗素所讲的那样永远都是等于四。两个人加两个人有可能是四个人，也有可能是三个或两个人（如果相互仇杀），也有可能是五个或六个（男女繁殖生育）；氢气和二氧化碳加氧气和氮气也是二加二，可是最后的结果是多少很难讲，因为随外部条件的不同和内部条件的不同（分量的多少）会有不同的结果（反应后生成不同的化合物）。因此实证的逻辑推理加验证方法不但不能完全适应自然科学，也不能够适合于复杂的社会科学。因此英国哲学家罗素在他的《哲学问题》结尾这样说道：“哲学之所以应该学习并不在于它能对于所提出的问题提供任何确定的答案，因为通常不可能知道有什么确定的答案是真确的，而是在于这些问题的本身；原因是，这些问题可以扩充我们对于一切可能事物的概念，丰富我们心灵方面的想象力，并减低教条式的自信，这些都可能禁锢心灵的思考作用。”在这段话里，罗素明白无误地告诉我们，西方哲学家要求精确定义的哲学是根本精确不了的。

中国哲学的核心概念是“道”，“道”包罗万象，是万事万物的本质。“道”也有道路、规律和方法论的含义。说“道”存在于万事万物之中，很多人难以理解。这里简单解说一下。“道”的属性是阴阳，“一阴一阳谓之道”，也就是说“道”包含阴阳。大家看所有的物质都包含阴阳，到了粒子层面也是阴阳相互作用，分子更是这样。中学的化学知识就已经教会了大家阴阳相互作用这样的原理。那么对于社会或人是否也是阴阳相互作用？中国的易经原理已经将阴阳相互作用概括得很好。乾是阳、坤是阴，所有的社会关系和人际交往事务也都是依据阴阳消长这样的原理来进行的，略通易理的人都可以理解。

在中国人怎么定义“一”。“视之而弗见，名之曰微；听之而弗闻，名之曰希；抿之而弗得，名之曰夷。三者不可至计，故混而为一。一者其上不皎，其下不昧，绳绳兮不可名也，复归无物。是谓无状之状，无物之象，是为恍惚。随之而不见其后，迎着而不见其首。”（《道德经》十四章）老子描述的就是微观的量子力学知识所描述的现象，只有正确的哲学思想才能如此地超越时空并保持着正确性。

“三十辐共一毂，当其无，有车之用。埏埴以为器，当其无，有器之用。凿户牖以为室，当其无，有室之用。故有之以为利，无之以为用。”《道德经》十一章说明的正是大哲学家罗素搞不明白的“2 + 2 = 4”的问题。当两千多年前的老子说明“有”消失于“无”时，西方哲学家们还在讨论 2 + 2 = 4 的逻辑是否真实。

“利”和“用”、“有”与“无”是对“道”的讲解。从微观的细小事务，到宏观的宇宙观念，“道”都可以很好解释，适用于一切事务。当西方哲学“犯困”于怎么定义“一”的时候中国人的思考已经超出了对于词的定义范畴，也明白了绝对真理的不可追求。“道可道，非常道。名可名，非常名。”（《道德经》第一章）中国的哲学模式是动态变化的思维模式，而西方的哲学思维模式是静态的、割裂人与物联系的思维模式。西方哲学分而析之的原理，刚好适用于近代物理与化学的研究，因此现代物理和化学研究得益于刨根问底的细化研究。而对于社会科学的研究，西方哲学则显露出其不适用性。因为社会科学研究中不像自然科学的研究，社会科学包含人的因素，而人是独特多变的，世界上没有相同的人。可是静态的西方哲学却强行将人的理性或偏好按照自然科学研究那样来进行量化研究，这就难免出现错误。

机械论的模式不能直接套用于复杂的社会科学，由于过去经典物理学的成功，人们习惯于使用已获成功的办法来处理新的事物。经常见到的例子是卡尔·波普尔的“猜想—反驳”的证伪方法被运用于国际关系理论的研究和构建上。大多数的西方理论家喜欢照搬他的证伪模式，经常提出假设、变量、检验类似科学的实验模式。我们可以举例来说明这样把机械论的观点运用到社会科学领域的谬误。

假设一个由十人组成的群体，群体里的每个人都具有十个影响群体决定的因素，如想到哪里去，每个人有十个选择。那么群体里的两个人相互作用就可以组合形成一百种不同路线的行程，三个人组合就有1000种不同的行程模式，十个人组合在理论上的行程模式就有100亿种。大家想想，这么简单的，才由十个人组成的群体就有这么多的路线模式(决定模式)。那么一个由100万人的群体组成的小社会有多少种对外反应模式？拥有一亿人口的国家呢？可以说复杂群体的决定模式不是由简单的机械论就可以推论出来的。再有，人是高级的有机生命体，它并不能像产品一样可以简单地实验和验证，而且社会科学的验证时间相当长，一辈子只能了解一个短暂的局部，不能有时间来进行社会科学的验证和总结。因此，“猜想—反驳”的证伪模式只适用于科学发明而对经济学和社会工作这样的社会科学研究并不适用。实证哲学的“机械论”逻辑，源于孔德、马赫的“实证主义”，深受经典物理学的影响。在他们看来，似乎牛顿力学、电动力学、热力学和统计力学就可以解释一切自然的奥秘。实证论者注重逻辑推理和事实验证，但逻辑推理的关键是对于事物的定义，也就是说对事物的定义是逻辑推理的基础。

逻辑实证的方法就被卡尔·波普尔批判过：“科学发明的关键从来都不是对于重复出现的事物的观察。因此，由于优先考虑重复性而导致的归纳法理论是靠不住的。”他的言论在关于科学发明上面或许有道理，在哲学层面的认识论上我们就更加不敢苟同逻辑实证的方法。因为自然科学里的物理化学有时是简单的重复，逻辑实证正确的例子比较多，但连科学发明上卡尔·波普尔都批判逻辑实证的方法，那么关于社会科学方面则更加难以使用逻辑实证的方法。

再看西方哲学的思维律是：同一律，即“是就是是”；矛盾律，即

"任何东西不能即是又不是"；排中律，即"任何东西必须或者是或者不是"。这是西方哲学归纳推理和演绎推理的根据。这样就产生了种种的对立矛盾，也产生了很多的对立概念，如：朋友与敌人、和平与战争、对与错、……由此西方人的思维容易走极端，完全忽视了事物发展的中间环节。大家都知道人与人的关系除了敌人、朋友还有非敌非友。而中国古人的哲学概念早已脱离对立的概念，儒家的基本点就是"中庸"。由于中国的文化是从周易演化而来，因此大家早明白物极必反的道理，凡事取"中庸"用其不满不溢之意。"过犹不及"是一个普遍的观念。

总的来讲，中国古代的哲学已经经过了现在西方哲学的思辨期，早已摆脱了现在西方哲学的学术困境。中国古代哲学只给出事物的框架或性质，接着就是由读者自己去理解、思考。如对待一个木制的方桌子，中国哲学的描述就是木的、长方形的，这样就算完成了对桌子描述。而像罗素等西方哲学家，如果描述一张桌子，为了极力精确，要从观察者角度考虑，要从光线变化考虑等等，因此难以对桌子有精确的描述。也就是说中国古人跳过了现代西方哲学的困惑，进行了抓住本质的描述。

在早就已经开始的经济学研究里面，我们就可以看到经济学是社会科学中最具有自然科学色彩的学科，但经济学对经济增长判断处于不断失误中。这是因为经济学涉及一个重要的方面就是人的因素，人是无法简单定义的变量，而经济学采用传统逻辑来设定变量就会经常出错。社会科学研究的也是人，人是一种至少目前来看无法测量的变量，人不能像化学与物理中的变量一样，在重复同样的温度、压力等环境因素下，可以重复相同的结果。复杂的社会科学模式是不能够简单套用机械论原理来进行逻辑推理和验证的。现在的股票价格预测理论多如牛毛（如：短裙理论、橄榄球理论、天气变化理论、飞镖选择……），但却没有一个理论能够准确和科学地对股票价格进行预测，这就是一个很好的例证。怎么办？东方哲学提供了良好的范式，东方哲学与西方哲学不同是：东方哲学注重于怎么在大量模糊信息里获取有用的优选信息。而中国的语言更是模糊优选的天然训练模式。[①]

因此想进行有效的社会工作理论研究，可以到古老的东方智慧里面

---

① 辛一山著：《中国式国际关系理论》，时事出版社，2012年版，第209页。

来寻找灵感，社会服务工作研究的方法论当然也要汲取东方智慧的养分。

第二节 中国式方法论

中国的哲学思维来源于古代的《周易》，文王的六十四卦又来源于伏羲的八卦。“一阴一阳谓之道”，阴阳、正反构成了整个世界。是故，易有太极，由是生两仪，两仪生四象，四象生八卦。易经里，初爻至六，讲解的是量变到质变的关系。易理重视变化。从阳到少阳，到老阳，事物是逐渐变化，老阳就变阴，这就是变爻。阴爻一样也是从阴变少阴，再变老阴，老阴的属性就是阳。阴阳是互相转化的。这就导引出“祸福相依”的结论。这是一个主要的哲学观念，易理的关键是“物极必反”，然而事物又是相互关联和转化的，乾和坤、泰和否、损和益等相互包含和转化，充分说明盛极而衰的道理。因此凡事不“追求极致”，只要求“恰如其分”的世界观和方法论一直指引着中国人的行动。“过犹不及”的观点一直影响着中国人，使得中国人做事都有所节制，留有余地，宁可不把事做绝，以免事物发生质变后朝不利于我们自己的方向转变。也正因为中国人秉承这样的宗旨才得以成为唯一一个不间断历史，延续发展至今的文明古国。

中庸之道是我们中国人经常要提及的词句，它很能代表中国人的生存态度和观点，是方法论和世界观。但有很多的人浮光掠影学习《中庸》，错误的理解中庸之道就是不偏不倚，是搞平衡；也有不少的人根本不知道中庸。所以作者认为有必要在这里讲解一些对中庸本质的理解，以免以讹传讹的风气愈加严重，也可顺带宣传一下中庸。

中国的文化是从古代的祭拜、占卜发展而来的，归结起来就是“易”。古书记载，夏商周皆有《易》，夏曰《连山》，商曰《归藏》，周曰《周易》。它们都是在以伏羲原创的八卦《易》的内容基础上演变而来的，《连山》、《归藏》现已不传。其中“易”的主要原理在于把握“幾”理，“幾”就是事物发展变化的关键，是变化发展的枢纽。儒学继承了上古的文化精髓，也就是强调把握“幾”理（“幾”古义为枢纽之意），由此而演化出中庸之道。中庸理念来自于易学的“幾”的概念，所谓“幾”就是在“发与未发之间”，也就是事物发展的关键，它居于事物的变化发展之中。因此中庸的原理就是把握变化的根本，而不是调和。朱子解释中庸说的是在喜怒哀乐未发之时，这种状态每个人都有，因此容易把握和理解。

中庸事实上是一种方法论，是一种处世的态度。这可以从《中庸》的篇首：“中者，天下之正道，庸者，天下之定理。”这一句来理解。“其书始言一理，中散为万事，末复合为一理。放之，则弥六合；卷之，则退藏于密。其味无穷。皆实学也。善读者，玩索而有得焉，则终身用之，有不能尽者矣。”这段话又是中庸是方法论的另一佐证。

《中庸》全书的关键在于右十九章[①]《哀公问政》。子曰：“文武之政，布在方策。其人存，则其政举；其人亡，则其政息。人道敏政，地道敏树。夫政也者，蒲卢也。故为政在人。取人以身，修身以道，修道以仁。仁者，人也，亲亲为大。义者，宜也，尊贤为大。亲亲之杀，尊贤之等，礼所生也。在下位不获乎上，民不可得而治矣。故君子不可以不修身；思修身，不可以不事亲；思事亲，不可以不知人；思知人，不可以不知天。天下之达道五，所以行之者三。曰：君臣也；父子也；夫妇也；昆弟也；朋友之交也。五者，天下之达道也。知、仁、勇三者，天下之达德也。所以行之者一也。或生而知之，或学而知之，或困而知之，及其知之一也。或安而行之，或利而行之，或勉强而行之，及其成功一也。子曰：好学近乎知，力行近乎仁，知耻近乎勇。”“知斯三者，则知所以修身；知所以修身，则知所以治人；知所以治人，则知所以治天下国家矣。凡为天下国家有九经，曰：修身也；尊贤也；亲亲也；敬大臣也；体群臣也；子庶民也；来百工也；柔远人也；怀诸侯也。修身，则道立；尊贤，则不惑；亲亲，则诸父昆弟不怨；敬大臣，则不眩；体群臣，则士之报礼重；子庶民，则百姓劝；来百工，则财用足；柔远人，则四方归之；怀诸侯，则天下畏之。“斋明盛服，非礼不动，所以修身也；去谗远色，贱货而贵德，所以劝贤也；尊其位，重其禄，同其好恶，所以劝亲亲也；官盛任使，所以劝大臣也；忠信重禄，所以

① 朱熹注：《大学、中庸、论语》，上海古籍出版社，1987年3月版。

劝士也；时使薄敛，所以劝百姓也；日省月试，既禀称事，所以劝百工也；送往迎来，嘉善而矜不能，所以柔远人也；继绝世，举废国，治乱持危，朝聘以时，厚往而薄来，所以怀诸侯也。凡为天下国家有九经，所以行之者一也。”凡事预则立，不预则废。言前定，则不跲；事前定，则不困；行前定，则不疚；道前定，则不穷。在下位不获乎上，民不可得而治矣；获乎上有道，不信乎朋友，不获乎上矣；信乎朋友有道，不顺乎亲，不信乎朋友矣；顺乎亲有道，反诸身不诚，不顺乎亲矣；诚身有道，不明乎善，不诚乎身矣。诚者，天之道也；诚之者，人之道也；诚者，不勉而中，不思而得，从容中道，圣人也。诚之者，择善而固执之者也。博学之，审问之，慎思之，明辨之，笃行之。有弗学，学之弗能弗措也；有弗问，问之弗知弗措也；有弗思，思之弗得弗措也；有弗辨，辨之弗明弗措也；有弗行，行之弗笃弗措也。人一能之，己百之；人十能之，己千之。果能此道矣，虽愚必明，虽柔必强。

孔子的这段话主要在于说明怎么运用中庸这样的方法论来解决实际问题。从“政”说起，列举文武之政的关键是人，“其人存，则其政举；其人亡，则其政息”。接着又根据中庸方法论讲“取人以身，修身以道，修道以仁”。由修身到秩序，由秩序到治人，由治人到治国家、治天下，再由治国九经导出具体的细则和景象，说明什么是关键，要怎样把握关键。可以说《哀公问政》是绝对精彩的说明文，它讲清楚为政发展变化的各个层次，说明处理好各层次事物的要点，由此说明掌握中庸这样的方法论的重要性。

后世的一些迂腐学者把孔子的说明文当作教条，甚至演化出什么“三纲五常”等教条化规则，完全背离了中庸的原则。孔子所说的“中庸”是方法论，他要提倡的是把握好事物发展的关键，“善读者，玩索而有得焉，则终身用之，有不能尽者矣。”就是说掌握中庸终身受用。

现在反对儒学的人经常把“中庸”当作攻击的目标，典型的诘问是：“中庸怎么处理好敌我的关系”。照他们理解，中庸是保持中间路线，保持平衡。而实际上中庸的精髓是要求人们把握事物发展的关键，并根据事物变化发展的关键找出解决的办法，它是一种先进的、科学的方法论。

就拿敌我关系来说，敌我之间的关系并不是简单的一两句话就能概括的。例如我国与美国的关系，在新中国建立之初是非常尖锐的你死我活的关系，美国想扼杀新中国于摇篮里，这是两国关系的关键。因此全力与之斗争是那时的策略。后来，到20世纪70年代，美国已明白新中国是消灭不了的，他们只有承认我国的正常地位，而且两国之间的联系可以牵制苏联。这又是不同的敌我关系，随着时间的推移，这种关系的关键点又发生了变化，这时正常的国家往来就成为了这种敌我关系的主调。21世纪以来中美关系又有了变化，两国间的关系成为了“利益攸关者”，相互合作两国都有利，而两国之间的小摩擦还是经常发生，合则两利。但美国还不愿意见到中国迅速发展，会经常有小动作。只要抓住要点，明白美国的国家目的和本质，再根据我们自己的需要，处理好与美国的关系就是非常容易的事。

中庸经常被误解为调和、中立。这是不懂原理的人错解中庸原理的通病。就像外国人怎么也难以明白，中医是怎么根据“望、闻、问、切”就可以诊断病情一样，他们不理解中医的原理就有可能认为这是巫术。我们知道中医治病，很少有相同的药方，就是医治同一种病，中医也会根据实际的情况，根据看病的人是老人或者是女人又或者是小孩而开出不同的药量和不同的药方。好的医生药到病除，坏的医生则会医死人。这个道理跟我们运用中庸来处理实际的事情的原理非常相似。明白中庸的原理，则没有什么大的困难是我们无法解决的。

中庸的另一个主要的方法论原则是“过犹不及”，这有点类似毛主席讲的“量变到质变”，这是古老的中国智慧的具体表现。易经里面就有这样的观念“老阳”会转变为阴，“老阴”会转化为阳，什么事物发展到了极致，就要发生质变。所以好的方法论就是做事不要过分，什么好事做过分了就会从好的转化为不好的。例如浇花，整天浇水会导致花的根茎腐烂，浇水只能适量。篇首那个家暴例子就是过犹不及的例子，街道干部只知道抓紧时机处理好案主的问题结果却导致死人。“过犹不及”是中国人古老的哲学智慧，做什么事都要有所节制，这是其他哲学体系里所没有的观念。这样的观念指引着中国人保持了两千多年的先进，也使得中国不会像其他一些文明古国那样消亡。这样的世界观直接表现在国际关系中的作为就是中国人不喜欢掠夺、侵略。

总而言之，“中庸”是一种世界观，是方法论。有正确的认识世界的态度，把握好事物发展变化的关键，不愁找不到好的解决问题的办法。但事物是发展变化的，因此要根据实际情况判断和解决问题。教条式的办法难以解决好问题，例如平常下午六点天黑了，就要开灯。可是如果规定六点开灯就不能适应全部的实际情况，在夏天或者是在冬天开灯的时间是不同的，在纬度高的地区和纬度低的地区开灯的时间也不同，要根据实际的情况来确定开灯的时间才不会浪费。“道可道，非恒道，名可名，非恒名”说的就是这个道理。中庸的把握，说难很难，说容易也很容易，那就是毛主席所说的“抓住主要矛盾”。将中国人动态观念的宏观思维和抓住主要矛盾相结合，那么社会工作中就有比较明确和一致的方法可以追寻。

第三节　中国社会工作实用方法

这里所指的方法是分析问题、解决问题的方法，也是学习知识、总结知识的方法。

一、抓住主要矛盾

大家知道分析和解决问题最主要的是找到导致问题发生的所在。这用古代的中国观点表述就是中庸的观点，中庸是寻找事物里面的“幾”理，也即事物变化发展的关键。现代中国哲学的方法论最为典型的代表就是《矛盾论》，它是毛泽东在1937年写的。具体内容如下：

1. 事物的矛盾法则，即对立统一法则，是辩证法的最根本法则。事物发展的根本原因不在事物的外部，而在事物的内部，在于事物内部的矛盾性。

2. 矛盾存在于一切事物的发展过程，贯穿于一切过程的始终，这是矛盾的普遍性。每一事物的矛盾及其每一侧面各有其特点，这是矛盾的特殊性。认识矛盾的普遍性就能发现事物运动发展的普遍原因和普遍根据；研究矛盾的特殊性，就能确定这一事物不同于其他事物的特殊本质，从而正确辨别事物。对于矛盾特殊性的研究要从以下方面着手：关于各个物质运动形式的矛盾；各个运动形式在各个发展过程中的矛盾；各个发展过程在其各个发展阶段上的矛盾以及各个发展阶段各方面的矛盾。研究矛盾特殊性，不能带主观随意性，必须对它们进行具体的分析。对于不同性质的矛盾要用不同的方法去解决。矛盾的普遍性和矛盾特殊性的关系是共性和个性的关系，是关于事物矛盾的精髓，不懂它就等于抛弃了辩证法。

3. 主要矛盾和矛盾主要方面。主要矛盾是事物发展过程中“起着领导的、决定的作用”的矛盾，由于它的存在和发展，规定或影响着其他矛盾的发展。主要矛盾的方面是指矛盾着的两个方面居于“支配地位”、“起主导作用”的方面。事物的性质主要是由取得支配地位的矛盾的主要方面所规定。研究主要矛盾可以让我们认清事物的本质，找出解决矛盾的方法。

4. 矛盾的同一性和斗争性。矛盾的同一性有两个方面的意义：第一，事物的发展过程中的每一种矛盾的两个方面，各以和它对立着的方面为自己存在的前提，双方共处于一个统一体中；第二，矛盾的双方依据一定的条件各向着其相反的方面转化。矛盾的斗争性是指矛盾双方互相排斥、互相对立和互相斗争。它们之间的关系是，斗争性寓于同一性之中，同一性包含着斗争性。有条件的相对的同一性和无条件的绝对的斗争性相结合，构成了一切事物的矛盾运动。矛盾的斗争性包含着对抗和非对抗两种形式。对抗只是斗争的一种形式而不是它的一切形式。

《矛盾论》是中西哲学的集大成者，具有很高的概括性和实用性。

下面举例说明：

例一：据成都商报报道：2012 年 6 月 15 日凌晨，四川成都某高校外国语学院韩语教师、刚考取博士研究生的罗洪玲，从科华南路一座公寓的 13 楼坠下，当场身亡。7 月 16 日，武侯公安分局官方微博“平安武侯”正式发布：（女博士生罗洪玲）系自杀无疑，已排除为刑事案件。

罗洪玲之死引发轰动，因为她是广大“同妻”中的一员。6 月 15 日，罗洪玲自杀当天，罗洪玲的家人、同事、同学和朋友向程某讨说法，程某当众表达了两点：(1) 他和罗洪玲因为自己的性取向问题发生过不快；(2) 他婚后曾出轨两次。至于那天晚上，程某的说法是两人无争吵，一切很正常。自己同性恋身份被妻子发现后，程某通过短信向罗洪玲道歉："我就是个王八蛋，不值得你伤心。" 14 日，程某又通过微博向罗洪玲公开道歉："罗老师，对不起，我就是个 gay。是我骗了你，骗婚的目的就是为了掩盖自己。" 15 日凌晨 3 时多，罗洪玲发出微博："这个世界真叫人疲倦，那么就让一切都结束吧！" 两个多小时后，远在重庆的罗大华夫妇接到程某电话，被告知女儿坠楼。

早在 5 月 21 日早晨，程某洗澡时，罗洪玲碰巧看到一条上海鲍姓男子给他发来的暧昧短信，还发现手机里有更多不堪入目的男同交友软件和内容。此刻她终于相信，自己深爱的丈夫是一个单纯的 gay！而丈夫此前告诉自己他是双性恋。"新婚五个月 sex（性生活），一只手数得过来。春节回成都就时常坚持分床睡。用 QQ 微信陌陌和各色男人勾搭，这不叫骗婚，什么才是骗婚?" 她在网上的留言，显得悲愤交加。

在 3 个月前，罗洪玲上网吐槽说：丈夫程某白天没电话短信，下班去健身房，周末上课，还冷战。网友都称她丈夫"性取向"可能有问题，更有人怀疑其"骗婚"。

罗洪玲解释，婚前一切正常，"可以排除性取向问题"。没想到招致更多质疑和抨击。论战两天后，罗洪玲隐退。在律师的建议下，目前罗家已将罗洪玲生前的全部网络文字进行公证，其中还包括程某公开道歉的那条微博，届时以作起诉。罗洪玲和丈夫程某都是重庆梁平人，相识五六个月后，2012 年 1 月 8 日，两人领证结婚。

让我们假设罗洪玲还没跳楼，一切资料都如以上所述，那么我们社会工作者要怎么进行工作? 依据抓住主要矛盾的思路，我们来分析罗洪玲事件中的主要矛盾。

首先罗洪玲事件是由于婚姻矛盾造成的。本来婚姻矛盾很常见，可是导致跳楼就有其特殊性。最初的婚姻矛盾激化时，罗洪玲采取的措施是上网公开，将问题拿出来给一些网友讨论。她本人认为这是一般的婚姻矛盾又苦于无法解决，因此上网求助一些有经验的网友。而网友一些意见如骗婚与"性取向"都被罗洪玲忽略了，特别是性取向问题，因为罗洪玲本人认为婚前一切很正常，只是婚后才出现极少同床的情况。

而罗洪玲丈夫程某的认错是一个诱因，第一次的认错通过短信，还没激化矛盾。第二次通过微博认错之后就出现了罗洪玲跳楼的事件。

从心理上分析，罗洪玲一遇到问题就上网公开咨询，说明她对于网络非常地依赖，相信网络的力量。而程某的认错短信没有激发罗洪玲自杀的念头，但微博公开就让罗洪玲产生了自杀的念头，这与罗洪玲依赖网络和相信网络的力量有关。一般人可能也不会自杀，但偏偏罗洪玲是一个在读博士生，自认智力超凡，却出现了这么另类的同性恋事件，着实让罗洪玲无地自容。基于其自尊而且又过分依赖网络的心理，在罗洪玲的世界里，她自己会认为以后无法再生存下去了，太没面子了。

假如社会工作者接到这样的案例，那么就要把握一个关键，就是罗洪玲相信网络力量和依赖网络，因此处理此事的要点是让她出外旅游或采取措施避免其上网看到负面信息。再有就是要抓住其自尊自大的心理进行劝说，说明什么人都有可能犯错，何况这是非常难以发现和察觉的行为，一般人结婚前或结婚后都难以发现，好在她很有智慧提前发现了，发现了就可以很容易解决，没什么大不了的。

例二：在新造镇综合服务中心有一个小孩的家长来求助，她说她的小孩9岁，是弱智，看综合服务中心的社工是否可以有所帮助。问她为什么说自己的孩子是弱智，她说有医院诊断的说明。后来让她回家拿医院的诊断书，医生也没有说是弱智，诊断书称测验智力的结果介乎弱智与正常人之间。

在进一步了解实际情况的过程中，小孩的母亲说她的孩子在小的时候脑积水动过手术，影响了智力发展。在约见小孩父母两人的同时，笔者发现这个母亲非常的强势，而且还了解到这个小孩很早就到幼儿园（两岁）。小孩的母亲还拿出小孩弱智的依据，说一个英文单词教几百遍她的小孩都记不住。后来在闲聊的过程中笔者听到这么一个信息，那就是这个小孩在班里面的成绩是靠后的，但不是最差，有好几个调皮学生的学习成绩比他差。

这个个案要怎么利用中国式方法论来解决问题呢？

首先，这个小孩应该不是弱智，因为班里面还有好几个学习成绩比他差的学生，这说明这个小孩的学习能力一点都不差，是正常的。因为弱智学生学习成绩无法超过其他不弱智的学生，这是常识。弱智有可能某一科的成绩表现优秀（如艺术、数字），但均衡的成绩则肯定会大面积落后。

可是为什么小孩的母亲要说自己的孩子是弱智呢？这里面有一个先入为主的诱因，因为小孩几个月时就进行了脑积水手术，极大增加了家庭的开支，使得她母亲潜意识里产生不满。而后来到幼儿园，又是提早了，别人是三岁上幼儿园，他们家是两岁，两岁儿童与三岁儿童在自理能力和学习能力上有很大的差别，就此构筑起了周围环境的鄙视，让小孩幼小的心灵受到创伤，环境的影响令小孩也相信自己能力不如人，也使得这个小孩不愿意和外界沟通，故而他的语言学习能力相当差。这不是没能力学习，而是潜意识里不愿意学习。

小孩的母亲在小孩小的时候因为脑手术的巨大开支，在潜意识里怪罪小孩。而且小孩的母亲极度好强，在以后的生活里如果说小孩弱智，就可以说成是因为小孩拖累而造成生活质量不如其他家庭，这样也可以免除或减缓生活环境的压力。但是强势母亲的私心，却造成了对小孩的伤害。因为一早就贴上标签，大家都说这个小孩是弱智，这就造成小孩自我认知的障碍。

所以处理这个个案的关键问题就是解决小孩母亲的思想问题。本来小孩的母亲认为自己的小孩是弱智就是一种错误认知，而后来她又自我找寻证据来证明小孩是弱智。所以破除这样的观念必须拿事实说话。最好的事实就是成绩，告知小孩母亲一个她小孩不是弱智的明显证据就是学习成绩，因为小孩的学习成绩在班里面还超过好几个学生，难道这些学习成绩差的学生都是弱智？而如果小孩弱智必定在各科学习成绩上处于班级的末位。一语惊醒梦中人，小孩的母亲骤然意识到是自己的错误。

之后就是改变小孩的环境，不要让“弱智”的标签跟随小孩。我们约见小孩的父母，让他们为了小孩着想，要通知亲朋好友，以后多关心这个小孩，不要以“弱智”来评价这个小孩，干什么要多给予鼓励，学校的老师也要通报，以改变小孩的环境。结果这个小孩在笔者蹲点的新造服务点的两个月时间里就有很大的改变，包括学习和语言的学习能力等。

这个个案的要点，也即主要矛盾就是认知错误，而关键性人物就是小孩的母亲，做好改变小孩母亲观念的工作就解决了大问题。果不其然，收效明显。

抓住主要矛盾是解决问题的关键。社会工作者在遇到问题时，要先看主要问题。如上面介绍的弱智例子，就先看是否确实是弱智（看医疗诊断书，谈话了解实际情况），当发现小孩不是真的弱智后就要寻找为什么会被误认为弱智的原因。跟着找到小孩母亲好强、潜意识里责怪小孩，将小孩当作拖累自己生活失败的借口，我们就会发现解决这个问题的关键是小孩的父母。那么做好小孩母亲的工作，改变其认知是非常关键的。所以解决社会问题要依据抓主要矛盾这样的方法一层一层分析下去，找到主要因素后，再着手解决，这是一个社会工作最有效的方法。将抓住主要矛盾的方法与西方现有的网络支持理论、优势视角、赋权理论、任务中心理论、生态视角理论等结合，就可以更加有效地解决社会问题。

二、综合分析把握抓住主要矛盾

（一）内因与外因的分析方法

内因与外因即事物发展变化的内部原因和外部原因。内因指事物内部诸要素之间的对立统一，也就是内部矛盾。某事物与其他事物的对立统一，则是外部矛盾，即外因。辩证唯物主义认为，内因和外因在事物的发展中是同时存在、缺一不可的，但二者的地位和作用不同。内因是事物存在的基础，是一事物区别于他事物的内在本质，是事物运动的源泉和动力，它规定着事物运动和发展的基本趋势。外因是事物存在和发展的外部条件，它通过内因而作用于事物的存在和发展，加速或延缓事物的发展进程，但不能改变事物的根本性质和发展的基本方向。所以，内因是第一位的原因，外因是第二位的原因。唯物辩证法要求人们在具体分析矛盾和解决矛盾时，既要看到内因的重要作用，同时也不可忽视外因的作用。在坚持“内因论”的前提下，不忽视外因的作用。例如：鸡蛋孵化成鸡，鸡蛋就是内因，一定的温度就是外因，虽然一定的温度是孵化的外因条件，但不可能把石头孵化成鸡仔，也不能把鸡蛋孵化成鸭，因此，外因只有通过内因才能起作用。

在唯物辩证法中，内外因作用原理表述如下：事物的发展是内外因共同起作用的结果，内因是事物发展的根据，它是第一位的，它决定着事物发展的基本趋向，外因是事物发展的外部条件，它是第二位的，它对事物的发展起着加速或延缓的作用，外因必须通过内因而起作用。

如何将这样的理论运用于社会工作？还是上面新造镇的例子。当明确了小孩是假“弱智”时，怎么才能有效解决这个问题帮助小孩成长。这里面的内因就是小孩的观念认知，因为小孩的认知能力有限，还在成长之中，因此更正小孩的认知最为重要，是起决定作用的内因。而可以帮助更正小孩自我认知观念的是他的亲人和社会工作者。从环境中改变其亲属的态度，在外部更改小孩的环境这些是外因。

这个案例有一个容易混淆的问题是，小孩的自我认知是内因，而这个内因又是受母亲和环境的影响，那么哪个重要？解决整体问题时当然是更改其母亲的观念很重要。可是在帮助小孩正常成长时，改变小孩自我认为“弱智”的观念就很重要。而心智发育不健全的小孩其观念构建又受环境的影响。所以社会工作者在解决问题时要分层次来思考问题，要点还是抓住主要矛盾。内因与外因的理论只是帮助社会工作者更好地把握主要矛盾。

（二）量变与质变的分析方法

1937 年，毛泽东在《矛盾论》中用根本矛盾和非根本矛盾的发展演化理论对部分质变的内涵作了较为全面的、系统的马克思主义性质的概括和阐发。在“矛盾的特殊性”一节，毛泽东写道：“事物发展过程的根本矛盾及为此根本矛盾所规定的过程的本质，非到过程完结之日，是不会消灭的；但是事物发展的长过程中的各个发展的阶段，情形又往往互相区别。这是因为事物发展过程的根本矛盾的性质和过程的本质虽然没有变化，但是根本矛盾在长过程中的各个发展阶段上采取了逐渐激化的形式。并且，被根本矛盾所规定或影响的许多大小矛盾中，有些是激化了，有些是暂时地或局部地解决了，或者缓和了，又有些是发生了，因此，过程就显出阶段性来。”在这段论述中，毛泽东不仅比较清楚地阐明了什么是量变中的部分质变，而且还是站在矛盾的普遍性和特殊性的辩证统一原理的高度来论述的，从而使之具有了唯物辩证法的坚实基础。毛泽东认为，所谓部分质变，就是指“事物发展过程的根本矛盾及为此根本矛盾所规定的过程的本质”还没有消灭，即是说在事物的质的规定性未变之前，在总的量变过程中所发生的部分的、局部的性质上的某些变化。在这里，毛泽东着重强调了两个重要方面：一是事物发展过程的根本矛盾和“过程的本质”没有发生根本的质变，仍旧处于总的量变过程中，从而把部分质变与根本质变区别开来。二是从阶段或局部而言，事物却在某些阶段的、局部的某些性质上发生了明显的变化，从而又对部分质变与量变作了严格划分。这也就是说，部分质变普遍地存在于总的量变过程之中，而且它既不是不显著的量变，也不是根本性质的质变。

毛泽东在《矛盾论》中阐发部分质变的内涵时，同时也就对其产生的根源作了论述。毛泽东认为，之所以事物在由量变到质变的转化和发展过程中会产生部分质变，其根源就在于事物内部的根本矛盾不断激化和“被根本矛盾所规定或影响的许多大小矛盾”的变化。因为事物发展过程中的矛盾存在着根本矛盾和非根本矛盾两种类型。事物内部的根本矛盾及“过程的本质，非到过程完结之日，是不会消灭的”，但是在漫长的量变过程中，根本矛盾有时“采取了逐渐激化的形式”，“并且，被根本矛盾所规定或影响的许多大小矛盾中，有些是激化了，有些是暂时地或局部地解决了，或者缓和了，又有些是发生了。”这就必然会使事物在发展过程中呈现出某些新的特点，产生某些新质因素，显现出明显的阶段性。而这些新的特点、新质因素、阶段性从哲学上来讲就是量变中的部分质变。毛泽东根据事物发展过程中矛盾运动的复杂性和不平衡性，深刻地阐述了量变中的部分质变的两种类型：1. 阶段性的部分质变。这是指事物的根本性质没有发生变化而相对比较次要的性质发生了变化，使事物的发展呈现出阶段性特征。为什么会产生阶段性的部分质变呢？毛泽东认为，在事物的发展过程中，事物内部的矛盾双方都有量和质的规定性；而矛盾双方的斗争与同一，力量的消长变化，都会引起矛盾双方量与质、旧质与新质的交错性变化。因此，当矛盾双方的斗争处于缓和状态时，量与质、旧质与新质的转化和代谢的速度和规模就相对比较小，旧质的消亡和新质的增长的表现就不明显；而当处于激化状态时，则刚好与此相反。这种变化态势就是阶段性的部分质变。2. 局部性的部分质变。即事物就全局来说并未发生性质上的变化，但是个别的、部分的性质却发生了改变。如前所述，事物的质具有多维性，而且各个方面的质又由不同的矛盾所决定。一般而言，根本矛盾决定根本性质的质，非根本矛盾决定一般性质的质。如果根本矛盾没有解决，没有发生根本的质变，而非根本的矛盾有的解决了，有的产生了，这就意味着某些旧质的消亡和新质的产生，出现局部的质的改变，从而产生局部性的部分质变。

毛泽东在《矛盾论》中论述“主要矛盾和主要的矛盾方面”时写道：“任何事物的内部都有其新旧两个方面的矛盾，形成为一系列的曲折的斗争。斗争的结果，新的方面由小变大，上升为支配的东西；旧的方面则由大变小，变成逐步归于灭亡的东西。而一旦新的方面对于旧的方面取得支配地位的时候，旧事物的性质就变化为新事物的性质。”

事实上量变质变的原理是中国哲学所固有的，只是毛泽东将之具体讲解出来。《易经》是中国的哲学源头，易经的原理是量变质变，也就是阳变少阳到老阳，老阳变阴到少阴再到老阴，老阴又变为阳，事物循环往复。这是《易经》的基本原理。

怎么将量变质变的原理运用于社会工作之中呢？这里面要把握好事物的发展变化，要用动态的思维来看待事物的发展变化。还是以新造镇这个例子来说。开始的主要矛盾是小孩的母亲和亲属的态度，因为他们的态度使得小孩产生了错误的认知，自以为是“弱智”，因此失去了上进的动力。

可是在一段时间之后，也就是专业的社会工作者经过工作帮助小孩母亲更改了错误观念之后，小孩的母亲及亲属，乃至其班级或同学也会慢慢改变对小孩的认知。那么社会工作者以后的工作重点就开始转移到怎么帮助小孩提高学习成绩和改变以前形成的不良习惯上来（如不愿跟别人沟通，导致语言学习能力差等等）。社会问题的主要矛盾会随着事物的发展不断转变，也就是现在定性的“质”（主要矛盾）在一定时间会发生变化，随着社会工作者工作的不断深入，同一社会问题附属的很多问题就会不断被解决，这会导致同一社会问题中的主要矛盾转化。因此在解决社会问题时，社会工作者要用动态的思维来考虑和把握主要矛盾。

小结：综合分析就是采用动态的系统论观点来处理社会问题。社会工作者在处理社会问题时要有全局观念，要分析内因和外因的相互作用，也要注意事物积累会导致变化这样的现实。例如沙湾镇的街道干部就没有这样的观念，他们以为照往常的工作方法进行公开的夫妻调解没有问题，但是没有注意到，刚出狱的案主其他因素的变化，所以好心办了坏事。

抓住主要矛盾和采用动态系统论观点进行分析，随时把握主要矛盾，并采取措施解决主要矛盾，应该是一个简明易懂的社会工作模式。这对于我国快速培养社会工作者，推广社会工作应该有所帮助。

第四节　社会工作理论研究方法

社会工作是一个新的行业，其经验总结和理论研究也必须依据一定的哲学方法才能更有效和避免走弯路。这是一个哲学认识论的问题。

要了解认识论首先必须清楚地明白世界上没有绝对真理。具体的含义是：1. 世界始终处于变化发展之中，而人的认识都是在一定的时间、地点、条件下的认识，因而会受到客观条件和主观条件的限制。如以前的人就以为只有木头才能造船，而现在人们就知道金属也能造船。2. 对世界的正确反映——我们所说的真理，只能是相对的。牛顿力学就是例子，虽然有亿万次的事例证明牛顿引力定律的有效性和正确性，但一次日全食的观测就证明了爱因斯坦的相对论是正确的，也证明了牛顿的引力定律是有错误的。“道可道，非恒道。名可名，非恒名”说的就是世界上没有绝对的真理。这样的前提要求我们不要迷信西方所谓的工作理论和模式，我们必须依照我国实际的社会现实来创建我们的自己的工作模式和工作理论。

一、实践论

最好的认识论模式应该是辩证法与中国传统智慧结合而产生的《实践论》，先介绍一下实践论。实践论由毛泽东 1937 年所写，具体内容：1. 人类的生产活动是最基本的实践活动，是决定其他活动的东西，直接指明了实践对认识的决定作用。并且指出人的认识离不开社会实践，实践是认识的来源，是推动社会发展的动力，是检验认识真理性的标准。2. 讲认识的发展过程。在实践中，客观事物作用于人的感官，产生感性认识。感性认识只是对事物现象片面的、外部联系的认识。社会实践的反复多次，经过人脑的加工制作、产生了理性认识。这是认识过程的第一次飞跃。理性认识比感性认识更重要，因为理性认识已经是对事物本质的、全体的内部联系的认识。认识的真正任务是在经过感性认识而达到理性认识。达到理性认识，认识过程并没有完成。理性认识还必须回到实践中去，实现认识过程的第二次飞跃，第二次飞跃比第一次飞跃更重要，因为只有这次飞跃，才能实现认识的目的——能动地改造世界，并检验理论和发展理论。“实践、认识、再实践、再认识，这种形式循环反复以至无穷，而实践和认识之每一循环的内容，都比较地进到了高一级的程度。”这就是认识运动总规律和全过程。并且指出客观世界的变化运动永远没有完结，人们在实践中对于真理的认识也没有完结。《实践论》的可贵之处在于它揭示了“实践、认识、再实践、再认识，循环往复、螺旋上升”的认识规律。它说明人的认识并不是凭空构想的，而是需要有一定的感官认识和经验积累，经验积累又分直接经验和间接经验，直接经验是自己的实践和感官经验，而间接经验是前人总结出来的经验。

看看社会科学中的经济理论发展过程的例子。1776 年亚当 · 斯密出版《国富论》，提出“看不见的手”这样的理论，他认为只要全部放开，让市场经济自然调控，经济秩序就可以自己达到和谐与平衡，也可以大力促进生产力的发展。当时斯密的理论确实使得欧美国家生产力有了大的发展。可是到了1929—1933年，资本主义世界遭遇了世界性的经济大危机，自由的市场经济并不能够完全调节生产与供给。这使得人们反思完全自由的市场经济模式。大家明白自由市场经济并不能自动的和谐调控，必须有所改进。之后美国总统富兰克林·罗斯福接受了凯恩斯的建议，采取了政府调控经济的措施，结果大大改变了经济的萎靡状态，加上那时的苏联也是因为实行政府主导经济的政府调控措施而取得显著的经济成果，美国和苏联的成功经验使政府调控成为了20世纪中期的主导经济理论。在20世纪70年代，一些国家陆续出现了国有企业效率低下的情况，这又促使各国政府反思政府主导调控政策的合理性，弗里德曼的自由市场经济理论又重新回到了主导的位置，但这次的市场经济又与斯密时代的完全市场经济不一样，各国政府还保留着一些政府调控的措施。2008年的金融危机又使得很多的西方经济学家反省自由主义市场经济理论。整个经济理论发展过程，以及发达国家经济政策变化发展过程，完全应验证明了“实践、认识、再实践、再认识，循环往复，螺旋上升”认识模式的正确，也应证了《实践论》具有科学的指导性。

《实践论》的认识基础是建立在实践和前人认识基础之上的，因此这个认识论模式不受流派、不受具体某种理论的限制，只要是有用的、合理的、直接和间接经验都可以取而用之。社会科学的理论模式不繁复，大都是一针见血的，如马克思的“阶级斗争”、列宁的城市工人革命、毛泽东的农村包围城市、斯密“看不见的手”、凯恩斯的“就业理论和货币通论”、弗里德曼的“自由市场经济”、修昔底德揭示的为追求国家自身安全而造成的国家竞争心理和行为……都说明真理是不繁复的、一针见血的。“也许我们最终能够把西方的传统（带着它对实验和定量表述的强调）与中国的传统（带着它那自发的、自组织的世界观）结合起来。”这是1977年诺贝尔化学奖得主——伊·普里戈金的观点。但是这些简洁的、针对复杂社会的科学见解都是建立在分析总结大量前人思想和经验上的，没有丰富的知识积累就妄想要进行“猜想与反驳”是难以行得通的。《实践论》的认识论模式是我们确立中国社会工作理论的基础，不将以往的理论或经验教条化，寻找以往理论的错误进行改进，继承以往理论的合理内核，综合的、“循环往复”的螺旋上升是我们应该坚持的模式。

二、系统论观点

现代出现的系统论，使西方人的思维方式发生了深刻的变化。以往西方人研究问题，一般是把事物分解成若干部分，抽象出最简单的因素来，然后再以部分的性质去说明复杂事物。这是自然科学研究的方法论，牛顿力学、电磁学、化学研究、空气动力等等都得益于这样的研究方法，因此西方人习惯于使用从局部推导出全局的研究方法，而且经常将之运用于社会科学研究。西方经济学的理论研究就是这样，设定什么变量或曲线，然后用改变变量的方法来分析事物，结果所分析的结论经常与事实不符。因为这样的研究不能有精确的定量变化分析，人类是最不可预测的变量。如果将主要由人的因素来决定的事物，采用简单的定量变化分析是远远不够的。关于人类的社会科学研究必须采用定性的方法来研究。例如气象学研究中就采用定性的系统论方法来进行预测，如大雨小雨、大雪小雪、人风强风等是定性判断。即使是具体的什么六级地震、十二级台风等表面是数量词表示的，实际上也都是确定性质的预测词语，因为这些几级并不代表着就能具体精确知道什么级别地震的能量是多少，什么级别的台风的能量是多少，这些级别只能是概括性的定性词语。系统论是研究发展趋势的好方法，现代社会化大生产的特点，现代社会生活的复杂性，系统论的方法都能够得到广泛应用。系统论不仅为现代工农业发展提供了理论和方法，而且也为研究和解决现代社会中的政治、经济、军事、科学、文化等等方面的各种复杂问题提供了好的方法论，系统观念正渗透到每个领域。特别是社科研究更应该坚持系统论观点。

在社会工作理论研究里面要坚持系统论的观点。大家知道，现在的科学理论发展证实了一切事物的发展都是受系统影响的。地球在太阳系里受系统的影响，如月亮影响地球，太阳系在银河系里面受其他星系的影响，我们的气候变化受大气环流的影响，大洋彼岸的蝴蝶翅膀抖动会影响这边的气候，说的都是系统论的观点。

系统论观点是中国古代一直坚持的哲学观点。《易经》将世界和宇宙万物进行归类，总结出天、地、人三极，三极组成八卦，卦与卦之间相互组合形成了六十四卦，六十四卦代表着天地人万物的各种组合。易经将世界各种事物进行了高度的概括，抓住了阴阳的两大特性，以及天地与人这样的关键事物来演绎事物的变化发展，因此周易在很多预测方面具有相当的准确性。《易经》所采用的方法就是系统论的方法，在易经里有一个主要的方法就是分析量变和质变，这就需要具有系统论的观点才能明白。由于易经是高度概括的系统论，因此易经具有很好的科学性。现代的科学了解到的基因遗传（有效遗传基因六十四个）、原子里的有价电子（按八递进，决定原子性质）等等都与易经的观点相符合，这证明了从系统的观点看问题的易经现在一样具有很强的科学性，还适用于现代社会。看什么事物都存在量变到质变的过程。中国的中医理论也是一个系统论，《黄帝内经》就是将整个的人体视作一个相互联系的系统，经络、血脉、肌肉、骨骼等等都是互相影响的，正所谓“牵一发而动全身”。因此中医的整个医治理论也是系统相关，眼睛不好有可能肾有问题、身体不好印堂下陷等等都是系统论观点。中国人从日常生活到医疗，到处世生存，大都使用系统论观点，而且是自觉不自觉中的使用，习以为常。佛教是源自印度的宗教，它对于中国社会观念的影响是深远的。佛教有一个缘起缘灭、因缘相关的因果论观点。而因果论的观点就是一个系统论的观点，它讲究的是什么都有原因，表面上看无关联的事物，如福或者祸都有其深刻的内在原因促使它们发生，对单个事物是因果，而整体看就是系统论的观点。

哲学的观点就是系统的观察，表面上看起来一个国家内部的一个地区的水供应，照道理讲与国家间没关联，可是这样的国家内部供水的社会问题却可以成为影响国际关系的重大事件。苏丹的达尔富尔地区就是因为水的自然供应情况发生变化，这样一个社会问题而导致种族冲突，因而引发国际博弈的一个典型例子。还有突尼斯也是因为一个小贩的自焚而引发“阿拉伯之春”。所以系统论的观点是理论研究必须坚持的观点，而《实践论》本身实践—认识—再实践—再认识，这样的模式螺旋上升，本身就是一个系统论的观点。这与我们前面的论述观点是一致的。

理论研究工作的方法，有利于我们防止教条化，也有利于我们突破西方原有机械化积累工作案例的模式，可以让我们的社会工作者在工作中顺序渐进总结、优化工作经验。

第五节 西方社会工作方法评述

一、个案工作分析

（一）个案工作方法

个案工作是西方专业工作者常用的工作方法。它特指运用科学的专业知识和技巧、以个别化的方式为感受困难的个人或家庭，提供物质和心理方面的支持与服务，以帮助个人或家庭减轻压力、解决问题、挖掘生命的潜能，不断提高个人和社会的福利水平。

个案工作的特点是通过工作者与案主面对面直接提供帮助；个案工作的对象主要是个人及家庭；个案工作方式有直接帮助（通过心理调整激发案主潜能，改变案主的行为方式和对周围环境的态度）、间接帮助（为案主挖掘提供社会网络支持资源、改变他人对案主的态度、改善案主的实际生活际遇与社会生活境况）。

1. 个案工作流程

接收个案的基础。社会工作者接收个案不能为了完成指标而随意自我定义个案。个案的接收必须有一定的依据。首先要看案主是否有心理疾病，或者观察案主是否存在因心理疾病导致的行为乖张。还要观察考虑案主行为的社会危害性和潜在危害性。当确定案主的情况确实属于影响家庭或者社会正常发展秩序的，我们才可以考虑接收个案（例如家暴、酗酒、厌恶学习、自闭、孤僻、有暴力倾向的儿童等等）。

（1）申请与接收

当案主来到机构寻求帮助时，机构将委派一位社会工作者对案主进行接案服务。接案工作的主要目的是了解案主的情况和需求，社会工作者再根据实际情况和自己的专业知识决定是否接案，或者转介，或者不提供服务业不转介（如面对别有用心的案主，其目的只是为了多接触机构的员工而并非真实有问题需要解决帮助的，可以这么处理）。

第一，工作准备，包括案主的资料收集和准备；工作者自己的心理准备和知识准备（某方面的问题，该怎么解决，要温习相关解决问题的知识）；设想案主的期望，预判案主的行为；考虑与案主见面的环境影响。

第二，建立初步关系。最初，案主由于自身的问题以及寻求帮助而产生焦虑与不安。这样的案主往往是脆弱敏感的。案主一般惧怕社会工作者的拒绝、轻蔑、操控。案主还害怕治疗效果不佳，害怕自己的情况和资料成为别人的笑料。所以，工作者要申明保密和隐私权原则以让案主放心。

第三，初步了解案主情况。如案主是怎么到机构求助的？案主怎么看待自己的问题？案主对机构帮助有什么样的期望？分析机构和工作和可以为案主提供什么？看是否需要转案。

（2）研究与资料收集

经过接案后，机构能够为案主提供服务则进入真正的协助阶段，在协助案主解决问题前，必须先对案主的问题有充分的了解以便对症下药。第二个步骤的主要工作是全面收集与案主有关的资料进行归类整理。直接资料是从案主直接获得的资料，而间接资料则是通过案主的同事、同学、邻居或其他相关机构获得的资料，如案主的病历、成绩单、鉴定证书等等。

（3）诊断与服务

个案社会工作诊断，就是将会谈、访视或其他方式得到的有关案主的人格特质、发展情况、家庭社会情况以及案主关于问题看法等资料以客观的态度，经过综合分析比较研究，确定案主的问题所在与问题成因。

第一，问题性质的确认。案主前来申请协助，或者被介绍来接收协助时，往往有他自己认为的困难和问题，但这并不一定是真正的问题所在。所以社会工作者要运用专业知识进行专业判断，对问题的性质加以确认。

第二，家庭环境与家庭心理动力。应该对案主的家庭情况和家庭心理动力进行研究。包括家庭经济情况、家庭健康情况、家庭文化情况、家庭生活功能成员的满足感和安全感、家庭心理动态夫妻关系以及对子女的影响、对子女的教育态度等等。

第三，案主个人生活经历与行为特征。个人的成长经历（胎儿、出生、幼儿、儿童和青少年）；学习经历与学校适应情况，老师同学的评价；个人对职业的适应情况，与同事的相处，经济收入是否可以应付生活等；个人生活表现，如宗教信仰、与友人关系、活动参与情况以及个人特殊文化生活；人格特征和情绪，人格构造和自我功能表现、心理防卫机制及其对个人情绪的适应；个人的交往特征，是否对人友善或者是敌意拒绝。

第四，案主接受协助的意愿与能力评估。

(4) 服务于治疗过程

这是个案工作最为重要的一个过程，也是个案工作的最终目的。

第一，协助案主自我了解、探索自己的问题，在此基础上发展人格，发挥潜能，促使自立，以解决问题。

第二，协助案主调整社会关系以解决问题。

第三，协助案主去除环境阻力，改善环境，给予适度经济协助或其他社会资源，以协助其解决问题。

服务与治疗的方式可以分成直接治疗与间接治疗两类。直接治疗是指由案主本身入手的一种方式。工作者通过与案主直接接触，运用两人建立的关系，协助案主发展人格、发挥潜能。间接治疗的方式则是由环境入手，通过改善案主所处的不良环境，以减轻案主感受到的痛苦，进而达成案主与环境的良性互动。间接治疗，包括各种改善案主环境的措施，如改善人际关系、给予经济援助、就业辅导免费就医等。在实际工作中直接治疗与间接治疗往往同时进行。

(5) 结案与评估

结案与评估是个案工作程序的最后一个阶段。结案是指个案工作者与案主的专业关系结束前的处理工作。当案主的问题解决了或者已具备应付和解决他自己问题时，就可以结案。但由于社会工作是政府资助项目，有一定的时效性，不可能无限期的工作，因此任务中心的工作方式比较适用于个案。而结案如果依照任务中心的结构则可以由社会工作者根据实际情况来定。如依照一定的时限，或者看案主的改进程度来结案。结案时间由于社会工作的性质，现在还没法完全确定，一切依照实际而定。

结案时让案主了解所取得的成绩，以确定以后努力的方向和该注意的事项。告诉案主个案工作虽然告一段落，但以后案主若有问题，工作人员仍然愿意随时再来协助案主。

结案时要避免案主出现情绪伤感或者失落，要让案主感受到社会工作机构的关爱，提出机构可以随时根据需要再协助案主。

评估是社会工作者总结自己的工作经验，也是一个检讨的、自我提高的过程。工作者必须要以书面的形式把评估结果记录下来，以方便以后出现相同个案时，以后的工作者方便工作。也可以为继续原来个案打下良好基础。

2. 个案工作主要模式

心理社会治疗模式、行为治疗模式、人本治疗模式被称为个案工作三大传统治疗模式。

（1）心理社会治疗模式的内容及特点

理论假设：

第一，人的成长与发展的假设。生理、心理和社会三个层面因素作用，推动人的成长。

第二，对服务对象问题的假设。服务对象的问题与服务对象感受到的压力有关。有过去的、现在的和问题处理的三种压力。心理困扰和人际交往中的冲突因此而来。

第三，人际沟通的假设。人际沟通是保证人与人有效沟通交流的基础，也是形成个人健康人格的重要条件。

第四，对人的价值的假设。每个人都是有价值的，也是有潜能的。需要的是发掘潜能解决困扰，实现自身价值。

治疗技巧：

第一，直接治疗技巧和间接治疗技巧。

第二，直接治疗技巧有反思性直接治疗技巧和非反思性直接治疗技巧的区别。

反思性直接治疗技巧，与服务对象有相互沟通，关注其感受和想法，是引导服务对象分析和理解自身问题的各种具体技巧。反思性直接治疗技巧主要包括现实情况反思、心理动力反思和人格发展反思。

现实情况反思：帮助服务对象正确理解和分析问题的技巧；注重研究服务对象的环境和社会环境间各要素的关系。

心理动力反思：协助服务对象正确了解和分析自己内心的反应方式的技巧；人的心理结构包括意识、前意识和无意识三个系统。

人格发展反思：帮助服务对象重新认识和评价自己的以往经历、调整自己人格的技巧。

非反思性直接治疗技巧，不关注服务对象的内心感受和想法，受助方比较被动，主要包括支持、直接影响和探索—描述—宣泄。探索—描述—宣泄制让服务对象描述和解释自己困扰产生的原因和发展过程，提供必要的情绪宣泄机会，从而减轻内心的冲突。

案主只有保持自我、本我和超我相互作用的平衡，才能使人格健康成长。

心理社会治疗模式把服务过程分为研究、诊断和治疗三个实施阶段。它们相互影响、紧密关联，形成心理社会治疗模式自身的特点：

第一，研究：注重从人际交往的场景中了解服务对象。只有把服务对象放回到具体的人际交往的场景中，并把服务对象目前的内心冲突与以往的经历联系起来，才能准确揭示服务对象困扰产生的真实原因。

第二，心理社会治疗模式的诊断包括三个方面：心理动态诊断，是对服务对象的人格的各部分之间的相互关系进行评估；缘由诊断，是对困扰产生、变化的过程进行分析；分类诊断，是对服务对象问题的生理、心理和社会三个方面的影响因素作出判断。

第三，治疗：采用多层面的服务介入方式帮助服务对象。五个方面的治疗工作：减轻不安；减轻功能失调；增强适应能力；开发潜能；改善人际交往关系。

(2) 认知行为治疗模式的内容及特点

基本假设:

第一，以行为（尤其是与问题有关的当前行为）作为研究和治疗的中心。

第二，以学习作为核心概念。

第三，强调外部环境在行为习得中的作用。

第四，注重可观察和可测量的行为。

第五，行为持续存在的必要条件是，有引发行为的前因与维持行为存在的效果反映，二者缺一不可。

治疗方法及技巧：以问题为导向的短期治疗模式，关注服务对象的此时此地的经验和感受。也关注服务对象的家庭背景、创伤经历和儿童早期的发展状况。一般情况下，根据服务对象问题的复杂程度安排5~10次面谈。对于一些特别困难的案例，如人格障碍等，辅导面谈的次数可以超过20次。每次面谈45~50分钟，每周1次。

认知改变技巧：个案概念化、合作式的治疗关系、苏格拉底式的提问、结构化和心理教育以及认知重塑。

第一，个案概念化。根据服务对象的心理结构和问题的特性，将认知行为治疗模式的原理个别化，以适合具体的个案。

第二，合作式的治疗关系。治疗师依据理解、友好、同理等原则与服务对象建立信任、平等的合作治疗关系，组成调查研究小组，一起观察、一起建立问题的假设、一起设计和执行服务治疗计划等。

第三，苏格拉底式的提问。通过采用对话式提问调动服务对象的好奇心和探索能力，揭示服务对象的无效的思维方式和行为方式。认知行为治疗模式强调让服务对象参与具体的学习过程，而不是强迫服务对象接受所谓的治疗理论和概念。

第四，结构化和心理教育。结构化是指通过让服务对象设计日程的安排和提供反馈的方式，帮助服务对象规划自己的生活安排，提高服务对象的学习能力。心理教育是指运用服务对象日常生活中的经验呈现治疗的概念和要点。

第五，认知重塑。通过认知中错误的辨认、理性选择方式的列举以及认知排演等方法帮助服务对象认识和改变无效的自动念头和图式，加强服务对象的理性认知的能力。

行为治疗模式治疗技巧：

第一，放松练习：要求服务对象通过身体的放松舒缓生理和心理的紧张。

第二，系统脱敏：服务对象对某物或者某事感到害怕、恐惧，从低等级开始，让服务对象做放松练习，减轻担心和害怕。

第三，满灌疗法（又称快速脱敏法）：从服务对象最害怕的开始，让服务对象处于最严重的紧张中，迫使服务对象直接面对最担心的处境。

第四，厌恶疗法：让服务对象的不适应行为与某种厌恶性反应建立联系；迫使服务对象逐渐放弃不适应的行为。

第五，模仿：榜样的示范和模仿练习。

第六，果敢训练。让服务对象能够根据不同处境做出积极有效的回应，既能主动表达自己的要求，又能敏锐感觉他人的权利。

第七，代币管制：用一种替代币的方式计算服务对象做出正确行为后获得的报酬。

认知行为治疗模式非常注重服务对象行为的改变和学习规律，把认知和行为因素有效地结合起来。认知行为治疗模式既看到人的行为改变的规律，又看到人的认知加工的特点，使内部和外部有机结合起来。

（3）人本治疗模式的内容及特点

人本治疗模式的理论假设：人本治疗模式以人本主义心理学为基础，涉及对人性的基本看法、自我概念、心理适应不良和心理适应失调等重要概念。

第一，对人性的基本看法：罗杰斯认为人的本质是好的，具有各种潜能、追求发展。

第二，自我概念：服务对象对自己、与他人关系和环境的知觉和评价。如果服务对象的自我概念依赖周围他人的价值标准，并以此确定自己的行动方式，就会与自己的真实需要发生冲突。

第三，心理适应不良和心理适应失调：当他人的价值标准内化为服务对象的内心要求时，就会使服务对象的自我概念与真实的经验和感受相冲突。借助曲解或者否定等方式保持自我概念与经验的表面一致，即心理适应不良，严重的导致心理适应失调。

介入技巧：罗杰斯认为，协助当事人达成理想的性格转变，必须有以下六种要素存在：

第一，双方有心理上的接触。

第二，当事人陷于焦虑及感到不安。

第三，辅导员能表里一致。

第四，无条件关怀。

第五，同理心。

第六，当事人感到辅导员的同感和无条件的关怀。

通常，把社会工作者自己的价值标准强加给服务对象，反而妨碍服务对象的自我成长。有效的辅导方式不是运用具体的辅导技巧消除服务对象的困扰，而是创造一种有利的辅导环境让服务对象接近自己的真实需要，变成一个能够充分发挥自己潜在能力的人。现代西方社会工作已着力于依靠案主自己的力量解决问题。

人本主义治疗的特点：

第一，注重以服务对象为中心，创造一种有利于服务对象自我发展的辅导环境。注重社会工作者自身的品格和态度，具备真诚、同感和无条件积极关怀。

第二，强调个案辅导关系。罗杰斯对如何与服务对象建立积极有效的辅导关系进行了专门的研究，具备真诚、同感和无条件积极关怀三个条件，内容：表里如一、不评价、同感、无条件接纳、无条件的爱、保持独立性。

第三，关注个案辅导过程。在辅导过程中不断发现新问题，不断依据新情况调整辅导方案。

（二）西方个案工作方法评介

首先，西方社会工作的个案方法是西方社会工作最主要的工作方法。大家可以看到，在西方个案工作方法中，社会工作者大都将个案的案主看成是“类病人”，将案主当作病人来“治疗”。这与西方社会工作开始就以心理学治疗的实践有关。这明显与我国的实际情况相违背，不可能适用我国的国情。第二，西方个案工作方法有众多的理论和方法，除了上面我们介绍的三个主要的模式外，还有“任务中心”、“危机介入”、“优势视角”等等十几个工作方法和理论。也就是说西方的个案工作方法没有较为统一的理论和方法，因此社会工作者要比较熟悉地运用大部分的工作方法和理论，必须经过多年的实践才有可能。可是当社会工作者已经熟知这些个案工作方法时，已经老之将至，体力已经不允许他们再进行社会工作了。由于西方个案工作的理论繁杂，导致学习的繁琐，也造成部分理论和方法的相互矛盾，引发巨大的困惑，没有一以贯之的哲学理论对社会工作理论进行指导，是西方社会工作理论的硬伤。

而如果我们采用中国式的抓住主要矛盾的方法则可以很轻易地完成我们的社会服务工作。不管要采用哪种现有的西方个案工作方法，我们都可以很有效地进行。例如优势视角，我们采用抓主要矛盾的方法，可以很轻松地就找到优势发挥的因素；网络支持理论，我们采用抓住主要矛盾的方法就可以非常快地发现哪些网络资源可以有效支持案主改善现状。

二、小组工作方法

小组工作方法是西方社会工作的基本方法之一，也称为团体工作，指以团体或小组为对象，并通过小组或团体的活动为其成员提供社会服务的方法。其目的是促进团体或小组及其成员的发展，使个人能借助集体生活加快自身的社会化；协调和发展个人与个人、个人与团体和团体与团体之间的社会关系；发挥团体或组织的社会功能，促进社会的进步与健康发展。（1）小组工作是一种团体活动或经验；（2）小组工作是一种群体工作的过程；（3）小组工作是一种社会工作方法；（4）小组工作是一种治疗和援助。提供一种归属感、提供验证事实的机会、得到互助合作的资源；（5）小组赋予成员能力的工具；（6）小组具有治疗的功能。美国的科伊尔教授（Grace Longwell Coyle）在1946年“全美社会工作大会”上提出“小组工作应该是社会工作方法”，被大会接受。从此，小组工作成为社会工作的三大方法之一。

小组工作方法的主要模式：（1）社会目标模式；（2）互惠模式；（3）治疗模式；（4）发展性模式。

小组工作方法的特征：（1）小组是由组员和工作者组成的关系体系。在这个复杂的关系体系中，有工作者和组员的互动，更多的是组员彼此之间的互动。（2）小组工作是在互动过程中，通过彼此分享、分担、支持、教育、治疗等小组动力，带来组员态度和行为的改变。（3）小组工作既是过程，也是组员改变的方法和手段。（4）小组工作都有明确的目标。不同模式下的小组工作，目标是很不相同的。

小组工作方法的功能：克莱因（Klein）提出了小组工作具有的八个方面的功能和目标；（1）康复：针对有问题的组员，帮助其在情绪、行为、态度和价值观等方面恢复到原来状态的过程。（2）能力建立：组员在小组中成长和发展的过程，是一种透过教育和技能培训提升意识和自信心，而不是治疗的过程。（3）矫正：协助违反社会秩序、道德规范或侵犯他人利益的“问题”组员，在小组工作中改变的过程。（4）社会化：协助组员学习社会规范和人际关系技巧的过程。（5）预防：预防是对可能发生的困难做预测，并提供人们所需要的环境支持。（6）社会运动：通过鼓励组员参加社会运动，使个人学会领导、服从、参与、决策等方法，并承担社会责任。（7）解决问题：协助组员作出决定并解决问题。（8）社会价值：鼓励组员实现其社会价值。

小组工作进程：卡兰德等人的研究将小组的发展分为5个阶段。（1）前属期。也即小组开始阶段，组员试图与陌生人建立初步关系。社工于此阶段鼓励成员表达对小组和其他组员的期望。（2）权力和控制期。当小组建立后，组员逐渐找到了安全感，并试图确立自己在小组中的角色。这是一个动荡时期，个别无法从小组中获得安全和满足的组员可能会选择退出小组。（3）亲密期。组员关系更为亲密，公开比较小组生活和家庭生活，亦会出现移情，并开始思考小组的目标。（4）差异期。此期形成良好的小组。小组的规范和标准成为组员行为的参考，相互支持和沟通。成员们联合合作以期能提出现实的建议或实施大型的项目和方案。（5）分离期。小组因工作目标的达成等多种原因而面临解体。此期社工需处理各种焦虑情绪，如内聚、逃避、拒绝分离、情绪反复等。

小组工作中运用活动程序的基本原则：（1）工作员须按照组员的需要来设计活动。（2）工作员不应只留意活动的内容或是活动的制成品，而须着重进行活动的过程。

小组工作的程序：（1）辅助诊断。观察组员在自由活动中的表现，可让工作人员了解组员的社交行为和自制能力，社会工作者在集体活动中直接了解组员关心的事情。例如：社会工作者会要求每位组员将他感到困扰的问题写在纸片上，不用记名。工作员收集所有纸片后，逐一抽出，由组员猜纸片是谁写的，然后探讨问题的详情。（2）每节集会的热身。工作员在集会开始的阶段，用约十分钟和组员玩一些游戏作热身，并集中组员的专注力。（3）建立小组凝聚力。在小组初期玩些互相认识游戏："自我介绍"、"请朋友"、"二手介绍"。（4）在小组集会中玩些要求合作的游戏："解人结"、"人造金字塔"、"同步走"等。（5）玩游戏时要遵守游戏规则，让组员学习守规则和接受失败。例：从抽纸牌比大小，慢慢再到"三、六、九"、"层层叠"、"剪刀石头布"。让组员逐渐习惯挫折感和失败感。游戏还可训练有情绪困扰的组员学习"轮流"、专注、有自制地竞争等。（6）组织一些让组员发挥所长的活动可以使他们借活动成果获得成功感和别人的称许，从而增强自信。例：老人小组中，工作员安排了两节时间，让组员编织领巾，送予儿童院的孩子，发挥他们的专长，并获得别人的称许。（7）以戏剧、故事、角色扮演让组员表达一些抑压了的情绪，也可增加群体合作感。例：在单亲家庭子女的小组中，工作员展示了一些有关父母接触时产生争执的卡通图片，然后每个组员说出若他是图片中的孩子，他会有什么感受。或者是排练小节目培养群体合作感。（8）让组员参与计划的过程，加强他们策划、作决定和解决问题的能力。例：在小组中，工作员和组员策划举行一个摊位游戏日。工作人员尽量让组员给予意见，并由他们选择项目和策划细节。（9）让组员参予一些与权威交涉的活动，建立面对权威的自信。例：外展队社工组织组员约见社区领导反映体育设施不足。（10）培养参与动机和行动力。组织讨论会就某一问题进行讨论，然后组织实施，让全体组员有参与感和成就感。

小组工作的方法是西方社会工作的成熟方法，这对于我们刚开展的社会服务工作的中国很有借鉴意义，因为这是西方社工摸索出来的有效的小规模社会工作模式。但是在学习西方小组工作模式时我们还要坚持“抓住主要矛盾”这样的方法论。因为小组的组成是依据共同特性来组合的，因此这些小组有什么共同特性，需要什么方法来解决最好，也是有判断和优选的空间。而选择之前看什么问题小组，哪些是最紧要的问题，要需要看清主要矛盾。

三、社区工作方法

社区的概念：“社区是具有三个侧面的社会单元，1. 满足生计功能需要的功能性空间；2. 一个模式化互动的单元；3. 集体认同的象征单元”。[①]

社区工作方法是西方社会工作的主要方法。社区工作是以社区为对象的社会工作介入方法，它通过组织社区内居民参与集体行动，确定社区需要，合理解决社区问题，改善生活环境与素质。培养自助、互助及自决精神。加强市民的市区参与影响决策的能力和意识。发挥居民的潜能，培养社区领袖才能，以达致公正、公义、民主、和谐的社会。

（一）社区工作含义和特点

1. 社区工作的含义

社区工作是社会工作者运用专业方法解决社区问题、促进社区发展的方法和活动。它有如下基本特征：一是采用多种方法；二是专业社会工作者的介入；三是多元化的工作对象；四是集体行动；五是以解决社

① 许爱花：《社区工作理论与实践》，中国民主法制出版社，2010年版，第128页。

会问题为目标；六是以民主价值观念为工作指导思想。社区工作是专业社会工作者的活动，从事社区工作的社会工作者称为社区社会工作者，有时也称社区工作者。

2. 社区工作的专业特点

社区工作不仅是一种服务，更是一种工作方法，它与个案工作和小组工作的区别主要有以下几方面：

（1）分析问题的视角更为结构取向

社区工作认为问题的产生并不完全是个人自身的原因，而是与社区周围的环境、社会制度及整个社会有密切的关系。因此，社会工作者重点考虑社区环境及制度是如何影响人的社会功能，如何限制人的能力，如何让人所应有的资源及权利产生缺失。它的视角是结构取向的，而非个人取向的。

（2）介入问题的层面更为宏观

社区工作方法认为解决问题的责任不应完全放在个人身上，政府、社区均有责任提供资源，协助处理和解决问题，因此社区工作较多涉及社会层面，牵涉到社会政策分析以及政策的改变，注重资源和权利的分配。在社会工作者看来，上面所谈的下岗失业人员问题的解决，国家和政府都是有责任的，当地政府部门应该为他们提供技术培训，提供就业机会，甚至购买就业岗位，让他们顺利就业。

（3）具有一定的政治性

社区工作的工作内容会涉及政治范畴，因为从广义上来看，凡关系到资源和权利分配的都可视为政治。与个案和小组工作相比，社区工作的内容较为政治化。社会工作者更关心社区居民，尤其是弱势群体的权利维护，更多时候会采取多种行动为社区居民争取合理的资源。

（4）富有批判和反思精神

社区工作善于从社会结构、社会政策、制度和资源分配角度分析和处理个人问题，加上社会工作专业本身的特点就是关注在急剧社会变迁中弱势群体的权利，所以社区工作总是在关注问题，并且试图从根本上找出问题的症结，由此引发出对现存社会结构和政策的反思和评判，而不是一味地顺从。

（二）社区工作的目标

1. 社区工作目标的分类

掌握社区工作的目标，是对社区工作意义有更深入认识的重要环节。美国著名社区工作专家罗夫曼（J. Rothman）将社区工作的目标分为任务目标（task goals）和过程目标（process goals）。所谓任务目标，是指解决一些特定的社会问题，包括完成一项具体的工作，满足社区需要，实现一定的社会福利目标等，如修桥铺路、安置无家可归者等。这些活动所带来的改善是具体的。所谓过程目标，是指促进社区居民的一般能力。包括建立社区内不同群体的合作关系，发现和培育社区领袖参与社区事务，加强对公民权利和义务的了解，从而达到增强解决社区问题的能力、信心和技巧。

2. 社区工作的具体目标

（1）推动社区居民参与。社会工作者相信社区居民有能力解决影响其生活的各种问题，因此鼓励居民参与，认为这既有助于问题的解决，也有利于居民的自我成长。社区工作在推动居民参与集体行动的过程中，不断发现和挖掘居民的潜能，加强居民的自我引导能力，促进其自决和自立能力的提高。与此同时，更深层次的社区意识也得以建立，居民对社区的归属感得以增强。

（2）提高社区居民的社会意识。社区工作的一个重要任务是让社区居民认识到，反映和表达自己的意见是其拥有的权利，而个人也有责任去履行自己的义务，关心社区问题，改善社区关系，使社区资源和权力得到平均的分配。社区工作也提醒居民认清个人存在问题的本质，强调这些问题并不完全是个人问题，而是与整个社会的政治、经济、文化及阶层结构有关。

（3）善用社区资源，满足社区需求社区工作的一个主要目标是使社区需要与社区资源互相协调配置。即一方面是资源能够得到充分运用，避免重复和浪费，另一方面也使社区居民能够尽快得到有效服务，并不断改善和提高服务质量。在政策方面，社区工作也强调其规划、分析和改变的过程，应以满足社区需要为基本前提。

（4）培养相互关怀和社区照顾的美德社区工作可以促进居民之间的互相关怀，达到社区照顾的目的。社区居民通过彼此的交往，体会互相帮助及群策群力的重要性，也有利于减少社会急剧变迁所产生的疏离感，使人们可以寻回自我，更好地把握个人的命运。

（三）社区工作的主要模式

地区发展、社会策划和社会行动三种工作模式。这里主要介绍地区发展模式，其他从略。

1. 地区发展模式

（1）地区发展模式的基本假设

地区发展模式的基本假设包括如下几方面：一是认为社区居民应该愿意参与社区事务；二是认为社区问题的主要成因是缺乏沟通和合作，所以如果能通过发动居民参与，改善沟通和加强合作，社区问题就能够获得解决，同时也相信社区、自身有解决社区问题的力量；三是认为社区是应当也可以实现和谐，社区内不同人群的利益不是对立的，而是有共同利益的，社区本身具有潜力和资源解决社区问题。

（2）地区发展模式的特点

第一，较多关注社区共同性问题。所谓共同性问题是指对社区中绝大部分居民的生活造成影响的问题。例如一条流经社区的河流，因被污染而造成整个社区空气恶化；再比如社区附近的建筑工地夜间 12 点以后仍然施工，造成噪音扰民问题。这类问题因为影响范围广，涉及居民多，有些问题又具有紧迫性，所以较容易引起居民的关注。社会工作者常以共同性问题为契机，推动大多数居民参与。

第二，通过建立社区自主能力来实现社区的重新整合。使用地区发展模式的社区，一般都存在着社区居民对社区事务漠不关心，居民之间关系淡薄，居民普遍缺乏解决问题的能力等现象。因此，社会工作者在进人这类社区时，一般都会以培养居民自主、自立，发展互助，建立社区团结为目标。以分析社区问题为例，社会工作者由于接受过专业训练，因此其对社区问题会有一个科学和专业的判断，但是社会工作者并不是把判断结论告知居民，而是引导居民讨论、分析并逐渐达成共识。在社会工作者看来，这个过程能够提高居民沟通、交流、理解、分析、协商等能力，培养互谅共融的意识。这种能力和意识将来也可以“迁移”到社区其他问题的分析中，从而建立了社区居民自主能力。

第三，过程目标的重要性超过任务目标。按照社区工作目标分类，地区发展模式的目标也可以分解为两个目标：一是任务目标，完成实际的工作或解决一些特定的社区问题。如提供某些服务，争取通过一些法规等，来改善社区生活质量。二是过程目标，是指建立长久的制度或社区组织。在地区发展模式看来，提升居民解决问题的能力来实现自助是最重要的发展目标。因此地区发展模式致力于重建各种社区支持网络，增加居民的互动和交往，改善邻里关系，重建居民与团体之间的紧密联系，帮助居民认识参与的重要，并愿意承担责任，使居民对社区更加认同及投入等。这里需要注意的是，重视过程目标并不等于排除任务目标。实际上，如果实质的问题得不到改善或解决，过程目标也不能达到成效，因此两方面的目标是相辅相成且互相带动的。

第四，特别重视居民的参与在社会工作者看来，居民是组成社区的分子，是社会工作者的工作对象或服务对象；社区问题是每一个社区无法回避和必然产生的社会现象，其严重性和紧迫性如何，应由社区居民去界定；而参与是应对和解决社会问题的一种方法。因此地区发展模式希望居民通过参与学会自决自助，提高居民参与社区事务的兴趣，改善居民之间、居民与社区团体之间、社区团体和团体之间的沟通和合作，培养他们的互助合作精神，增强居民对社区的认同和归属感。

（3）地区发展模式的实施策略

策略是指行动的全盘及整体计划。地区发展模式所采用的策略，主要集中于推动社区成员的参与和互助合作，改善沟通和合作的渠道，更好地运用地区资源，解决现存的社区问题。

第一，促进居民之间的交流。

促进居民之间的交流主要是针对社区居民之间的冷漠和疏离所采取的策略。社会工作者一般会通过组织一系列社会交往和公共活动（如文艺演出、老人书画比赛、青少年兴趣小组等）让居民互相熟悉、交往、沟通，并分配部分有积极性的居民承担一些任务，或参与活动的策划或管理，增强居民处理事务的能力和责任感。在活动结束后，社会工作者和居民共同分享活动中的收获，用成功的合作经验鼓励居民持续参与，并增强他们的自信心。

第二，团结邻里。

团结邻里主要是针对社区中部分邻里关系不良而采取的策略。社会工作者一般会组织多元化的活动鼓励居民参与，推动建立社区归属感和认同感。例如通过组织兴趣小组让一些兴趣相同，让关系不良的居民加入进来，让他们能够交流起来。社会工作者也会建立基层联络网，加强邻里间的沟通，实现邻里关系的改善，例如通过定期举办楼门（单元）居民小组会议，讨论楼道公共空间的使用和保洁，解决楼道杂物堆放无人打扫的问题，同时制订和宣传“楼门（单元）文明公约”，培养居民爱护和维护公共空间的意识。

第三，社区教育。

社区教育主要解决的是居民对社区资源不熟悉的问题和培养居民骨干。地区发展模式较多在一些新建的居民区开展，新搬来的居民常常对社区的商业网点、学校、医院、社会服务机构不熟悉，社会工作者会通过绘制社区地图，印发宣传单等方式，为居民提供现有的社会服务资料，告知居民社区资源的分布；另一方面也会通过开办一些课程，告诉居民如何运用社会资源来改善生活。通过这些活动达到促使居民认识社区、归属社区、关心社区的目的。

第四，提供服务和发展资源。

提供服务和发展资源主要针对的是社区服务和社区资源缺乏的问题。在服务提供方面，社会工作者根据社区的需要，利用社会工作的专业知识和技巧，开展多种形式的社区活动或社区教育活动；发动社区资源，开展互助形式的服务；对一些有特殊需要的居民，也提供转介服务。如社区中一位有严重行为偏差的儿童，需要接受个案辅导，社会工作者可以转介这个儿童去有关机构的青少年服务部门，进行更深入的个案辅导服务。在发展资源方面，社区工作者主要是要挖掘社区中的人力资源，包括发现、挖掘和培养居民骨干；引进一些社区以外的专业人士或人民代表做顾问，指导社区工作；采取和谐、互利的合作方式，推动本社区各类团体关注社区、参与社区活动。

第五，社区参与。

社区参与主要解决社区面对的部分共同问题，如环境和设施问题等。一方面，社会工作者一般会通过动员居民集体参与来解决问题，还会采取建立居民关注问题小组来促进社区力量的系统化。另一方面，当居民抱怨政府对社区的共同问题应对不力时，社会工作者要提供一些建设性途径让居民表达意见，反映民意，建立政府与居民的联系及沟通，促进互相了解。

4. 地区发展模式中社会工作者的角色

由于地区发展模式注重居民参与，并强调参与者的自立、自助和成长，因此社会工作者主要扮演的角色：

(1) 使能者。

协助居民表达对社区问题的不满，鼓励和协助居民组织起来，帮助他们建立良好的沟通渠道及人际关系，促进共同目标的产生与实现。

(2) 教育者。

社会工作者通过开展培训，帮助居民掌握解决问题的技巧和组织技巧，培养积极参与和自助互助的精神。

(3) 中介者。

协调各方面的社区团体和个人，促进他们之间的沟通和合作，调动社区资源，改善社区的问题。

5. 地区发展模式评价

优点：

第一，营造良好的社区气氛。地区发展模式注重和谐工作手法，强调居民和团体间的团结、合作与互助，因此可以营造互相关怀的社区气氛。同时也有助于建立多元化社区网络（如社会交往小组、娱乐小组、兴趣小组等），联结社区内居民，使他们对社区产生归属感和认同感，从而减少社区的疏离。

第二，提高居民的能力。地区发展模式强调社区自助自决的目标，可以使居民自己决定及推行契合本社区需要的工作，从而更能有效地满足居民的需要。此外，居民通过自助参与的过程，学会解决问题的技巧，能够提高其应对和处理问题的能力，并有助于提升居民的自我形象。

第三，推进社区民主。地区发展模式注重沟通与合作，成为积极推动参与式民主的刺激因素。社区内的组织、居民也通过参与培养了寻求共识、协调的民主意识。

缺陷：

第一，无法解决整体资源分配不均及制度不合理所产生的社区问题。在社会日趋现代化的过程中，社区所面对的问题越来越复杂，且问题的成因也涉及多个方面，因此单靠调动社区中的资源和居民的参与，未必能有效及彻底地解决问题。如面对牵涉全体社区居民的公共交通问题，地区发展模式的手法都明显力不从心。它通常只能触及和改善一些影响较小的问题，而对因整体资源分配不均或制度不合理而导致的社区问题，因基本矛盾而引发的社区问题无能为力。例如该模式无力协助居民解决因欠缺资源而产生的贫穷问题。

第二，调和不同利益群体的手段不足。地区发展模式假设社区为一个整体，各团体或组织的利益是可以相容的，它们之间的矛盾是能够通过沟通与合作化解的。但事实上，社区内存在着不同的利益群体，各自关注本身的利益和所获得的资源分配，因此对本身所属的利益团体的认同要明显高于对整体地域社区的认同，而这些利益团体之间较为容易因资源分配和立场不同而对立，由此而产生的矛盾较难以和谐合作的方式化解。

第三，民主参与可能导致的成本高而效益低。地区发展模式相信通过社区居民广泛的民主参与，便可达到解决问题和自助的目的。但是这种参与会花费不少资源和时间，在一定阶段内可能不符合成本效益的计算原则。

（四）社区工作各阶段的工作要求

社区工作是一个解决社区问题，满足社区需求的过程，包括一连串的工作方法、步骤及其应用技巧，一般可以划分为以下几个阶段：准备阶段、启动阶段、巩固阶段和评估阶段。

在不同的社区工作阶段，都需要认真考虑行动取向、主要工作对象、主要介入策略、主要工作技巧和社会工作者的角色等几个工作要求。

1. 准备阶段

（1）了解社区状况、进行社区分析

社区存在多种问题和需求，居民对社会工作者有陌生感、不信任，对其工作能力持怀疑态度，部分居民可能有抗拒感。居民希望得到实质性的帮助和服务，但对集体参与缺乏信心和技巧。因此这一阶段社会工作者的基本任务是要对社区进行科学细致的分析，分析的重点是社区基本情况和社区需求。

第一，社区基本情况分析。

社会工作者进入社区后，应对社区的基本情况有一个认识和了解。了解基本情况的方法包括：阅读书面资料，组织一些趣味性的活动，邀请居民一同来认识社区。在活动的过程中，可以发现居民对社区的共同认识，这类活动也有助于社会工作者与居民联系感情。

第二，社区需求分析。

社区工作是因为社区有“需要”才开始，社会工作者常常因为社区存在迫切的需要而组织居民共同解决问题，社区居民也因共同解决社区需要和问题，建立了社区意识，对社区产生认同、归属和凝聚，居民因此也更愿意走出家门为自己的社区贡献力量。

社区工作是一个组织的过程，目的是让居民从参与的过程中，互相认识，进而引发共鸣，愿意互通有无、互相协力，共为提升社区生活的质量而努力。其实每一位居民都希望生活在一个亲切、卫生、舒适、安全、快乐的环境里，但是往往大部分的居民都觉得社区中的问题很难解决，也不知道如何开始。这样，当面对社区中较不迫切需要解决的问题时，居民往往容易采取“管好自己”的态度及做法。但是如果社区居民发现有很多居民都同样感受到问题、有同样的需要，也有意愿解决问题，那么“社区意识”就逐渐形成了。要引起居民对社区的兴趣和投入，当然要以社区居民所关心的事务作为切入点，社区居民关心的是什么？有兴趣的是什么？有能力处理的是什么呢？社会工作者怎么去了解这些呢？了解社区居民对社区的看法和需要主要有两种方式：

一是访问法。通过与各类社区居民面对面的谈话，能深入了解社区的需要，而且访问过程也较容易与社区居民建立关系。经常询问的问题包括：我们社区目前需要改善的地方有哪些？如何能让我们社区变得更好？社区居民需要哪些设施或服务来使生活更好？目前社区是否有急迫需要解决的问题？

二是社区普查。通过问卷或访问对社区中的每一个家庭进行调查，了解他们对社区需要的想法。如果将社区普查设计成社区居民共同参与的活动，则对促进社区参与、凝聚社区共识大有帮助。社会工作者可通过社区居民大会、社区报纸，或是社区公布栏发表社区普查结果，创造和提供机会引发居民共同思考社区现象和问题，并为社区未来的发展提出建议。

第三，社区资源分析。

广义的社区资源，是指能够满足社区居民生活需求的一切自然物质资源与社会制度，包括经济、政治、法律、教育、宗教、医疗和社会福利资源；狭义的社区资源，主要是指社区福利资源，即能够满足社区福利体系各类服务对象需求的金钱、物资、机会和社会支持关系。社区资源有以下三大类：一是人力资源，包括社区中所有的个人的体力、技术、智慧、助人意愿以及人际关系等。人力资源重视的人物包括社区领袖、各行各业的专家、学者、领导人、社会工作者、志愿者等。二是物力资源，主要是可用于社区服务的场地、设备。例如社区内大中小学的教室、运动操场、现代化的多媒体教学器材等。三是财力资源，主要是社区服务所需要的经费，一般有政府支持、社会捐助和服务收费三个来源。

社区资源根据其归属，可分为正式资源和非正式资源。正式资源一般包括政府财政资源，或者经过合法登记注册的非政府的资源，其特点是需要通过正式的申请程序才能够使用；非正式资源一般是那些属于个人的资源，只要私人同意就可以使用。根据资源所在的位置也可分为社区内部资源和社区外部资源。社区内部资源是指本社区范围内社区组织和辖区单位的人、财、物资源；社区外部资源是指社区以外的各类组织和人群所拥有的人、财、物资源。

2. 准备阶段的工作要求

（1）确定主要任务和行动方案

通过上述分析可以确定社会服务机构介入社区的任务，进而确定服务方案，并筹集经费，招募和培训人员，准备介入社区。要联络当地辖区单位等社区组织和团体，与这些政府组织、居民自治组织和居民建立互相信任的工作关系，做扎根社区的准备。

（2）确定介入策略和工作方法

要确定用何种方法可以更快地进入社区。介入方法包括：利用社区观察、街头访问、家庭访问等方法，认识社区和建立关系；通过提供服务接近社区居民；通过向居民介绍社会服务信息和资源（如服务信誉和品质优良的老人院、家政公司）获得居民信任；联系街道办事处、居民委员会、政府有关部门和社区团体共同商讨解决社区问题的方案，建立合作关系。

（3）社会服务机构做好自己的准备

这一阶段性工作目标的实现要看以下情况：是否制订了一套有系统地介入社区的计划；是否认识和熟悉了较多居民及其家庭；居民主动向社会工作者提出社区内共同性问题的情况（如道路不平、社区不安全、环境不整洁等）；对有关政府部门、单位和社会团体运作情况的了解。

在这一阶段要注意：社会工作者在没有充分掌握社区状况和找到合适的工作方向时，不要将工作过分活动化和事件化。过分活动化的弊端在于社会工作者耗费了大量精力在活动策划和组织上，容易迷失组织社区居民参与的方向；而仅从社区事件入手也会破坏社区关系，影响日后开展工作和日后扎根社区、发展社区的工作。

3. 启动阶段的工作要求

（1）行动方针和主要任务

行动方针是发动资源、成立社区小组、训练社区居民带头人、巩固社区居民的参与。主要任务是寻找和发现社区居民中的带头人，并进行培训工作，提升其对参与社区事务意义的认识；确定工作目标的优先次序，加强社区中的互助合作气氛。

(2) 介入策略和工作方法

第一，是发掘资源和进行社区教育，通过社区服务和活动，发现居民中有影响力、权威感和号召力的居民带头人，社会工作者可以通过一对一的训练工作，培养这些人成为各个社区小组的带领者。

第二，是开展互助合作，通过组织社区内的资源，共同解决社区问题，如社区大扫除、社区巡逻队等，鼓励居民多关心社区和多参与社区。

第三，是推动成立居民小组，社会工作者可以根据居民的兴趣、爱好，组成自娱自乐的自助性小组，也可以根据居民关心的事情，组成小组。社会工作者在这些小组开始时扮演主动的角色，包括召集会议、讨论，甚至具体工作的执行，但当小组工作渐渐走上轨道后，社会工作者要鼓励居民承担起一些简单的任务，培养他们独立的办事能力。

第四，是提供服务，这个阶段的服务要求社会工作者能够推出大量互助服务的计划和密切邻里关系的社区活动，创造互动机会，让居民能够通过服务过程相互认识，如举办社区运动会、社区文艺表演等。

(3) 阶段性工作目标的实现

当社区内组成了不同性质的小组，并培养了一批社区带头人群体，并能够协助社区解决一些问题时，这　阶段的工作目标就实现了。

(4) 注意事项

由于社会工作者依靠专业能力提供了较多服务和活动，居民在信任社会工作者的同时也会不自觉地依赖他们。对社会工作者的认同高，对居民带头人的信赖少，居民带头人因此有挫折感，也造成了社会工作者培养居民带头人的困难。另外，各类居民小组成立后，小组内部和小组之间也会有人事和权力的争夺，需要社会工作者谨慎处理。

4. 巩固阶段的工作要求

在这一阶段，社区中新组成的各类小组朝气蓬勃，居民带头人积极努力并充满理想，但是他们的工作兴趣也会因为工作压力大，一些居民有过高期望，社区普通居民仍然不太支持社区的工作，也不愿意承担监督责任，而乐于享用更多的社区服务和设施。

在这一阶段，社会工作者的工作要求：

(1) 行动方针和主要任务

行动方针是成立或巩固居民组织，让社区工作系统化。如果社区中没有居民组织，社会工作者就要推动建立具有代表性的居民组织。我国城市社区中普遍建有社区居民自治组织——社区居委会，所以社会工作者的任务是巩固居民组织，让居民支持社区居委会的工作。社会工作者可以通过培训的方式，帮助社区居委会建立内部合理的行政运作程序，分享组织居民的经验和技术，协助他们建立稳固的资源支持体系。

(2) 介入策略和工作方法

第一，是互助合作，用不同的策略服务于居民带头人和普通居民，帮助小组成员建立对小组的归属感，并通过各种互助活动改善社区。

第二，是社区教育，社会工作者要采用支持、鼓励和训练的方式，继续培养居民带头人，用课程、辅导、小组分享等多种方式加强居民带头人的办事能力。在这一阶段，社会工作者也会花费许多时间帮助社区居委会处理文件和行政工作，用示范的方式提升居委会成员的行政能力。

第三，是行动竞争，用行动争取更多外来的资源，尤其是与辖区单位共建和联盟，争取这些单位为社区提供资金、物资和人力的支持，强化社区功能。

(3) 阶段性工作目标的实现

当社区居委会得到大部分居民的支持，社区小组的居民带头人能够健康地新陈代谢，组织工作系统化，并得到辖区拥有资源的单位的支持时，这一阶段的目标就基本达到了。

(4) 这一阶段的注意事项

一是社会工作者要防止把注意力过分集中在少数居民带头人身上，忽略了多数普通的社区居民；二是要不断提醒居民组织既提供服务，又要考虑维持居民持续参与社区活动问题。

5. 评估阶段

(1) 评估的分类

第一，过程评估。

a. 投入的资源和人员配置；

b. 一系列工作的优先次序；

c. 各个程序的进展状况等。

第二，成果评估。

a. 工作取得了哪些成果？

b. 这些成果是否达到了预期的目标？

c. 工作的成果是否由于工作之外的因素而达到？

d. 工作是否带来了预期之外的成果？

第三，效益评估。

效益评估注重服务的成本收益分析，关注的是所取得的工作成果与所付出的代价孰大孰小的问题。

（2）评估阶段的工作要求

第一，主要任务。

a. 根据社区的变迁重新评估社区需要和问题；

b. 社会工作者对专业工作过程进行总结，决定未来专业工作方向；

c. 社区居委会对工作进行经验总结，重新界定组织的方向，作出未来发展安排。

第二，介入策略和工作方法。

a. 策划；

b. 倡导。

第三，阶段性工作目标。

促使社会工作者专业小组和社区居委会能够用客观方法总结以往的工作，并有系统地计划未来。

第四，注意事项。

a. 总结工作不能过分依赖感性或太注重数据统计；

b. 总结工作要着眼于未来方向，而不是走形式。

（五）社会工作者在社区照顾中的角色

社区照顾模式中社会工作者的工作对象有两类：一是传统的服务对象，如老人、残疾儿童、精神病人等；二是家庭中照顾服务对象的照顾者，例如不能自理的高龄老人的子女，智障儿童的家长等。其角色主要有以下几方面：

1. 治疗者

为个别服务对象提供行为治疗或其他心理治疗，也开展家庭治疗和小组治疗。

2. 辅导者和教育者

为照顾者提供辅导服务，为照顾者小组提供训练课程，教导有关的照顾技能。

3. 经纪人

为服务对象寻找有关的服务，如为智障儿童寻找特殊学校，协助其接受文化教育；为照顾者小组的活动寻找社区资源，例如活动场地；推动照顾者协助服务机构推行服务；向照顾者小组提供财政或社区资源的资料和申请渠道等。

4. 倡议者

为较为特殊的服务对象倡议和争取合适的服务；替照顾者向有关方面提出意见和争取改善措施；通过教育和培训，鼓励照顾者自主争取权益。

5. 顾问

就服务对象的情况向有关服务机构提供意见，例如向特殊教育学校介绍智障儿童的情况和提出服务建议；为照顾者小组提供支援，提供活动及发展方向上的建议。

社区照顾工作评价：

优点：

(1) 对服务对象人性化的关怀。社区照顾注重社区内个人及家庭困难的解决，强调在社区内建立一个有广大社区居民组成的支援系统和网络，以发挥照顾的功能，增强了人性化的关怀，密切了社区居民之间的关系。(2) 动员社区普通居民参与社区照顾。社区照顾鼓励社区居民对一些有特殊需要的服务对象加以关心和接纳，号召社区成员参与服务，为有需要的人编织一个社区互助网络。这些由邻里和社区人士组成的互助网络，有助于建立一个关怀互助的社区环境，促进社区发展。(3) 倡导社区层面服务的综合化。“在社区照顾”体现了服务策略的改变，即通过服务的非院舍化及支援性服务的加强，使被照顾者留在自己熟悉的社区中生活。“由社区照顾”则突出了服务资源的综合运用，即发动被照顾者的亲朋好友及邻居等提供协助照顾，建立一个关怀性社区。可见社区照顾是结合了不同对象、不同方法的服务，是倡导服务综合化发展的积极尝试和有益经验。

不足：

（1）资源及权力下放可能引发政府责任与角色问题。社区照顾从一开始就强调了非正规网络和资源的运用，政府也有意识地将权力和资源从中央下放至地方乃至社区，然而这是否意味着政府责任的推卸？社区照顾的落实不是简单地更换成一种较便宜的服务，相反，其推行需要更多的投资及承诺。(2）社区资源状况可能不符合社区照顾的要求。社区照顾的重点是强调家庭和社区资源的充分运用。随着工业化和都市化的发展，家庭制度也有了明显的变化：核心小家庭日益普遍，越来越多的妇女投身社会，婚姻观念的变化也导致分居、离婚现象增多，出现了更多的单亲家庭等。这一切都使我们不能过多奢望一般老弱病残者可以在家庭方面获得长期的照顾。同时也可能出现社区服务设施不足的现象，使被照顾者得不到应有的照顾。(3）激励机制问题。社区照顾显然是把传统责任和利他精神作为照顾行为的道德基础。然而当我们肯定道德承担和约束力量的同时，必须承认道德的承担是有限度的。当家庭、社区网络不可能对被照顾者负起长期责任时，最后会伤害被照顾者的利益。(4）非正规照顾的服务质量难以保证。在社区照顾的范围内，照顾者不再局限于受聘于政府或服务机构的专业社会工作者，而是尽量鼓励服务对象的亲人、邻居或志愿者提供照顾服务。在遇到较复杂的照顾任务时，服务质量可能难以保证。具体表现在：一是非正规照顾者通常没有受过适当的专业训练，照顾技巧和知识都可能不足，加之其不需受到专业伦理守则的监管，因此很难确保被照顾者的个人利益不受侵犯；二是依靠亲朋好友及邻居的帮助也很难确保服务的连续性和可靠性，需要专门或特别服务的受助者会得不到适当的照顾。(5）社区对有困难人士的排斥和歧视问题。社会对一些有特殊困难的人，如残疾者、精神病人、失足青少年以及刑满释放人员等往往存有很深的偏见和歧视，有的甚至采取激烈的行动反对在社区内设立有关的服务设施，这实际上反映了社区居民对特殊困难群体境况的不理解，也缺乏一份关怀和体谅的态度去接纳他们。

还要注意到一个关键的地方，我国的社区组织要比国外的成熟和严密，社区组织的功能比西方的要完善。除了吸收西方社会工作理论的一些工作模式的优点外，我们还要保持自己原有社区组织的一些优点和好功能。在借鉴和比较学习西方社区工作方法时，我们还是要运用《矛盾论》和《实践论》的方法来分析要点和理论实践相结合。

综上所述，中国式社会工作的方法论是抓住主要矛盾，解决主要矛盾；注意量变与质变和内因与外因的相互影响；在研究上要明白没有绝对真理，要遵循“实践—认识—再实践—再认识”这样的理论总结模式。西方的社会工作理论模式是个案、小组、社区等等，因为实践时间长，有其合理性，可以借鉴。但是我们要注意我国的社会工作的特点与西方的有很大的不同。我国的社会工作模式是先社区再个案这样的顺序来进行的，而西方则是依据个案、小组、社区这样的顺序来发展的。

第六章　社会工作者助人的动力

“助人自助”是西方社会工作理论常常提起的一句话，但是西方社会工作理论对“助人自助”的原理论述极少。我国现在刚刚引进社会工作模式，很多的社会工作者更加不明白为什么助人可以自助？这里面有中西文化差异的原因，西方人因为“原罪”观念和赎罪行为很容易理解“助人自助”。但是，在不信神的中国文化语境里面，怎么样顺利解决“助人自助”的解释，是推广社会工作的一个重要的学术问题，需要我们理论研究做出努力。这一章我们主要对这个原理用中国文化理念进行合理的解释和详细的介绍。

第一节　西方助人自助的理论源流

一、为什么要帮助人

西方四百年的市场经济发展史使得大部分的西方人相信“理性人假设”，因为这个假设是西方市场经济理论的基石，他来源于英国经济学家亚当·斯密的道德研究。在研究道德的过程中亚当·斯密发现所有人都是自私的，“道德情操”这一短语，是用来说明人（被设想为在本能上是自私的动物）的令人难以理解的能力，即能判断克制私利的能力。

因此，斯密竭力要证明的是：具有利己主义本性的个人（主要是追逐利润的资本家）是如何在资本主义生产关系和社会关系中控制自己的感情和行为，尤其是自私的感情和行为，从而建立一个有必要确立行为准则的社会而有规律的活动。亚当·斯密在《国富论》中所建立的经济理论体系，就是以他在《道德情操论》的这些论述为前提的。

《道德情操论》和《国富论》这两部著作写作时，亚当·斯密是交替进行创作的，而且是其整个写作计划和学术思想体系的两个有机组成部分。《道德情操论》所阐述的主要是伦理道德问题，《国富论》所阐述的主要是经济发展问题，从现在的观点看来，这是两门不同的学科，前者属于伦理学，后者属于经济学。亚当·斯密把《国富论》看作是自己在《道德情操论》论述的思想的继续发挥。两部著作的立论都是“人是自私的”。《国富论》中他有下列重要主张：(1) 个人主义：经济体制之建构，应以保障个人之生存及发展为原则。因为每个人若能充分发展自我，则社会整体也将获得进步。(2) 财产私有制：就是主张私人有权拥有及支配自己的财富。因为如此才能使个人充分发展，同时促进文明的发展。(3) 追求利润具有正当性：企业家投资工商业虽然为了追求利润，但是在过程中往往产生服务人群、贡献社会的效果，促进社会进步。(4) 经济自由：主张政治中立，不随便干预经济活动，使每个人得按照自己的意志，自由地进行其经济活动，如此才能有效率。(5) 价格机能：商品的价格，由市场来决定，如此价格自然会调整恰当，而且资源也会配置得当，结果将使社会效益达到最佳的状态。他认为人类有自私利己的天性，因此追求自利并非不道德之事。倘若放任个人自由竞争，人人在此竞争的环境中，不但会凭着自己理性判断，追求个人最大的利益，同时有一只“看不见的手”（指市场）使社会资源分配达到最佳状态。

《国富论》的成功在于揭示的是社会之所以能团结起来的这一机制：在一个社会中，人人都为他自身的利益而忙忙碌碌，这是个莫大的离心力，人们是怎样不会受到这个离心力的影响的？使各个人的活动与团体的需要相一致的是什么力量？既没有中枢的计划权威，又没有悠久传统这一稳固力量，社会是怎样使它生存所必要的那些事务得以安排就绪的？这些问题终于使斯密形成了市场规律这一想法。他所探索的是他所谓的“无形之手”——“人们的利益和爱好由此可以导向最适合于全社会利益的方面”。由此“人是自私的理性人”假设成为了西方人妇孺皆知的观念。

但是，自私的“理性人”为什么会产生助人的冲动和动力？这又成为社会学的难题。由此西方人又有不同的理论来进行解释。下面简略对这几个解释理论进行介绍。

人类为什么会出现助人行为？它的行为发生机制是什么？对于这些问题的回答，不同的心理学家有不同的理论观点。概括来说，在心理学历史上主要呈现为本能论、社会交换论、公平论、社会规范论、道德发展论五种理论形态。

（一）本能论

生物学家威尔逊（E. Wilson）在1975年出版著作《社会生物学：新的综合》一书中主张人的助人行为是先天决定的，它通过遗传得来，是人类的本性也就是说是人类的本能行为。

威尔逊研究大量的动物利他行为，认为动物的利他行为是一种以自我牺牲换取其他个体与群体生存的机会的本能。他观察发现，面对危险的兵白蚁为保护巢穴抵御入侵者，可以为保护其他白蚁而献出生命。在紧急情境下，居支配地位的雄性狒狒站在群体的最显眼处，准备冲向入侵者，而当群体安全撤离时，居支配地位的雄性狒狒也是最后撤离。几乎所有的动物都存在着这样的利他行为，为了帮助自己的同类脱离危险，他们不惜牺牲自己的生命。这种行为显然没有任何企图，也不期待得到回报，明显是有益其他同类的利他行为。他比较了动物的利他行为与人类的助人行为后进一步得出结论：人类的助人行为也是由本能所决定的，是通过遗传基因传递下来的一种人类本能。

助人行为确实有利于人类作为一个种群的延续和发展，本能论为解释人的助人行为提供了一种视角。但它本身存在者一些缺陷：动物是没有意识的，它们牺牲自己保全同类的利他行为完全由本能决定，在行为时也不能意识到自己行为的动机和后果；而人的助人行为是人类有意识的活动，是在一定动机的驱使下和一定价值取向的指导下产生的。把人的助人行为归结到、还原为动物的本能，抹杀了人与动物的区别，抽去人类行为的主观意愿，这与事实不符，因而受到了其他学派的批判。

（二）社会交换论

美国心理学家霍曼斯在经济学交换理论和心理学行为理论的基础上提出了他的社会交换理论。他认为，人与人之间的相互作用，本质上是个人试图尽可能获得最大收益，同时又尽可能少地付出代价的社会交换过程。因此，人在决定行为之前，往往先对自己、别人以及社会背景作出评估，考虑行为是否能够给自己带来更大的收益，或者减少代价的付出。在这里我们要对社会交换论者所强调的收益和代价作出说明，它们并不单纯指物质性的外在奖励或惩罚，在重要的社会交换过程中自己价值的满足也是一种收益，因此即使不存在外在的收益，人们也有可能自发实施助人行为。这从某种程度上解释了同情性助人行为的发生。而对于偿还性助人行为，社会交换论也试图提供解释。社会交换理论者吉尔德纳（A. W. Gouldner，1960）认为社会上有一种互惠性规范，应该帮助帮助过自己的对方，更不应该给对方造成伤害。因此，自己在助人的时候如果期待将来得到报答，那么在他自己受益的时候，也必须报答对方，所以一旦有一个帮助过自己的人需要帮助时，人们就会倾向于实施偿还性助人行为。

吉尔德纳还曾经把他的社会交换论概括成一个公式：行动 = 价值 × 概率。所谓价值就是完成某一行动所得的报酬的价值高低；概率是指完成某一行动时获得上述价值的可能性的大小。如果报酬价值大，但得到它的概率小，便会降低报酬的吸引力；相反，如果报酬的价值小，但得到报答的可能性大，则会提高报酬吸引力。人们总是选择价值概率之积最大的行动，如果施助者认为帮助别人这一行动本身价值很高，而且又有能力完成，那么他就会实施助人行为。

社会交换论强调内部酬赏的重要性，从社会交换角度出发考察人类行为，对理解助人行为的产生具有一定的影响力，但是它将人看成纯粹的“经济人”，把所有的东西都归结为收益与代价的交换过程，这又使该理论具有一定的局限性。

（三）公平论

1965年美国心理学家亚当斯在社会交换论的基础上提出了公平理论。他认为受益最大、损失最小的原则不止适用于个人方面，对社会整体来说也有作用。每个人都会不自觉地把自己付出和收益与他人所投入的劳动所得的报酬进行比较，如果比较的结果相差不大，人们就会有一种公平感；如果比较的结果出现较大的不平衡，发现自己比别人付出同样多的代价却没有相当的收益时，就会产生不公平感，为了消除这种不公平感，人们会倾向于产生助人行为。

亚当斯提出了一个公平公式：Op/Ip = Oo/Io。其中Op代表一个人对自己所获得的报酬的感觉；Ip代表这个人对于他自己投入劳动的感觉；Io代表比较对象对自己所付出劳动的感觉；Oo代表比较对象所获得的报酬感觉。这个公式说明：当一个人感觉到他所获得的报酬与投入的劳动比值与作为比较对象的这项比值相等或差别不大时，就会产生公平的感觉，而当两者差别太大时，就会产生不公平的感觉。这种不公平的感觉会推动人们更容易产生助人行为。如中了彩票的人与别人相比，会觉得自己受益太多，就会捐赠其中的一部分，以求达到一种适当的心理公平感。另外，这也可以解释人们为什么会去帮助海啸后遭灾的国际朋友，支援大地震后的唐山人民或者捐助失学的贫困儿童，这是因为与后者相比，人们觉得自己的Op/Ip比别人高，所以倾向于实施助人行为。

公平论对于助人行为有独特的解释方式，也能从心理学层面上解释一些助人行为的发生，具有一定的科学性，但不公平感没有一个标准，很难进行定量分析，因此对助人行为的解释目前也只能停留在假想的水平上。

（四）社会规范论

所谓社会规范是社会团体所赞许的，正式或非正式形成的行为、态度、信念的模式。如果个人行为违反或脱离规范就会受到团体的排斥和社会的非难；如果助人行为的社会规范内化，即使没有外在的奖赏，尊从规范也会带来满足，相反，违反规范就会产生罪恶感。人们为了追求外在的奖赏，内部的满足或者避免外在的惩罚、内部的罪恶感，会遵循一定的社会规范，从而产生助人行为。具体说来，关于助人行为的社会规范有如下几种：

1. 交互性规范

吉尔德纳1960年提出，各种社会对人们的行为都有一个共同的期望，人应该帮助帮助过自己的人，而不是伤害他们。这是人类道德准则最普遍的成分，我们把它叫作交互性规范。按照这一规范，别人对我们的帮助或善意，会在我们心理上激起回报的压力，迫使我们以同样的方式对待对方，从而表现出助人行为。

2. 社会责任规范

社会责任规范要求人们去帮助那些需要他们、依赖他们的人。如父母有责任抚养子女，子女有责任赡养父母，人们有责任帮助需要帮助的人。贝克维兹等人提出，把这类社会规范内化的人，即使没有外来的奖赏，看见别人有困难也会主动进行帮助。此时，由于社会责任感的实现，满足感和喜悦心情就起到内部酬赏的作用。因此，根据社会责任的规范来考虑人是否产生助人行为，取决于认识到他人的命运在多大程度上依赖于自己的行动。如果他人的命运较多依赖于自己的行为，人们就会产生一种较强的社会责任感，从而出现助人行为。

不过，随着个体发展水平与文化背景的不同，对社会责任规范的理解也就不同。许多人对社会责任感规范的理解有很强的选择性，受到其所担负的社会角色的限制。比如警察在工作之外的生活中不一定会比普通人有更多的助人行为，但在执勤时，却会更多出现助人行为，这就是受到其扮演的社会角色的影响。

总之，社会规范论把助人行为放到一个整体的社会中加以理解，认为它是一定社会规范的产物，这对从宏观上理解助人行为产生确实有好处，但这种理论把助人行为当作一种纯粹的社会规范的体现，过分强调社会文化的作用，忽视人的主观能动性，其理论的合理性还有待商榷。

（五）道德发展论

道德发展论是试图从助人的行为发展的角度解释助人行为。道德发展论最早是由认知发生论者皮亚杰提出来的，他认为儿童道德的发展是沿着从“他律的道德性”到“自律的道德性”这两个异质的阶段而发展的。

1. 他律阶段

儿童认为规则是由外在的权威如父母、师长所给予的，他们必须遵守这些规则，并根据对这些规则的服从或脱离来辨别善恶、接受赏罚，在这一时期的助人行为是在父母或师长的要求下进行的，并非来自于自我的内心，因此助人行为难以出现。

2. 自律阶段

在这一阶段，儿童认为规则是通过相互约定而形成的，而且处于不断变化中，不断成长的儿童开始学会关心他人的立场和观点，慢慢地不再有按外在的奖惩结果，而是按自己的意志来判断事情的好坏，学会考虑个体差异，渐渐具有公平意识。在这个阶段，由于脱离自我中心，关心他人想法和情感的共感能力增加，助人行为的发生几率也相对增大。与此同时，由于实施助人行为感到内心的酬赏，而实际侵犯行为内心就产生罪恶感，所以又进一步强化了儿童的助人行为。

在皮亚杰的基础上，科尔伯格扩充了道德发展论，他把人的道德判断分为三种水平：

（1）前习俗水平。这一水平上的儿童已具有关于是非善恶的社会准则和道德要求，但他们只是从行动的结果及其自身的利害来判断是非。

（2）习俗水平。这一水平上的儿童游乐满足社会的愿望，比较关心别人的需要。

（3）后习俗水平。这一水平的人们力求对正当而合适的道德价值和道德原则作出自己的解释，而不理会权威人士的具体态度是什么，独立履行自己选择的道德准则。

在这三个水平的基础上，科尔伯格又把每种水平分为两个阶段，共六个小阶段。

（1）惩罚与服从的定向阶段。这个阶段的儿童道德判断的理由是根据是否受到惩罚或服从权力。他们凭借自己的水平做出避免惩罚和无条件服从权威的决定，而不考虑惩罚或权威背后的道德准则。

（2）工具性相对主义的定向阶段。这一阶段儿童首先考虑的是否符合自己的需要，有时也包括别人的需要，并初步考虑到人与人的关系，但人际关系常被看成是交易的关系。对自己有利的就好，不利的就不好。好坏以自己的利益为标准。

（3）人际关系的定向阶段。这个阶段的儿童认为一个人的行为正确与否，主要看他是否为别人所喜欢，是否对别人有帮助或受别人称赞。

（4）维护权威或秩序的道德定向阶段。这一阶段的儿童意识到普遍的社会秩序，强调服从法律，使社会秩序得以维持。儿童遵守不变的法则和尊重权威，并要求别人也遵守。

（5）社会契约的定向阶段。一般来说，这一阶段是不违反大多数人的意愿和幸福的，但并不同意用单一的规则来衡量一个人的行为。道德判断灵活了，能从法律上、道义上辩证地看待各种行为的是非善恶。

（6）普遍的道德原则定向阶段。在判断道德行为时，不仅考虑到适合法律的道德准则，同时也考虑到未成文的有普遍意义的道德准则。道德判断已超越了某些规章制度，更多考虑道德的本质，而非具体的准则。

人的道德观念与道德判断标准是一个逐步由外在向内在、由低级向高级、由呆板向灵活的发展过程。在这一发展过程中，人的助人行为也随着道德观念与其判断标准的发展而发展。皮亚杰或科尔伯格的道德发展论对于儿童的研究，侧重从个体发展角度探讨助人行为的发展过程，为怎样培养人们的助人行为提供了一种可能的途径和方法。但是由于在理论层面难以把握助人行为与道德发展到底具有什么样的关系，在实践层面上又难以将此理论具体化操作。故而存在一定缺陷。

西方解释为什么助人还有一种历史悠久的“利他主义”。利他主义一词，源于拉丁语 alter，意为他人的。19 世纪法国哲学家、社会学家孔德明确把它作为一种道德原则引进伦理学体系。利他主义观念历史源流是中世纪基督教所提出的“爱人如己”的道德训条，以及所宣扬的不仅要爱亲友而且要爱敌人，泛爱一切人的道德说教。利他主义的特点是：从某种所谓人的本性，如仁爱心出发，或者为了更有利地实现个人利益而要求关心他人利益，甚至为他人利益牺牲某些个人利益。

在西方伦理思想发展过程中，利他主义曾有过两种典型的表现形式，即仁爱的利他主义和利己的利他主义。仁爱的利他主义认为，利他人的仁爱心或仁慈情感是人的本性，仁爱心作为道德的基础和标准，要求人无私地去利他人和促进人类的共同福利。仁爱心来自神，是神铭刻在人心上的天赋情感。仁爱的利他主义带有明显的基督教道德的痕迹，后来发展成为一种仁慈主义。利己的利他主义认为，人的本性是利己的，同时又有同情心、与人类成为一体的社会情感、利他人的社会本能。任何人都以追求私利作为行为的出发点。由于利他人的本能，又最终使人以利他人和社会的共同福利作为行为的目标，其行为的结果则使个人利益得以实现。

到现在，利他主义的理论又发展出三种理论：

(1)“亲缘利他”即有血缘关系的生物个体为自己的亲属提供帮助或作出牺牲，例如父母与子女、兄弟与姐妹之间的相互帮助。一般情况下，这种以血缘和亲情为纽带的利他行为不含有功利的目的，因此有人把它称为“硬核的利他”（hard-core altruism）。但生物学的研究已证明，“亲缘利他”对生物个体来说并非没有回报。根据“亲缘选择”理论，生物的进化取决于“基因遗传频率的最大化”，能够提供“亲缘利他”的物种在生存竞争中具有明显的进化优势（Hamilton，1963）。因此，“亲缘利他”不仅在人类社会，而且在整个生物世界都是一种非常稳定、非常普遍的行为模式。例如，当幼鸟遭受攻击时，许多鸟类父母都会挺身而出，用伪装受伤的方法把猛禽引向自己，使子女得以逃脱。所以，无论在人类社会或生物世界，“亲缘利他”在父母与子女关系上表现得尤为动人和充分。而随着亲缘关系的疏远，“亲缘利他”的强度也会逐步衰减。生物学家甚至设计出所谓的“亲缘指数”，并根据它来计算“亲缘利他”行为的得失和强弱。

(2)“互惠利他”即没有血缘关系的生物个体为了回报而相互提供帮助。生物个体之所以不惜降低自己的生存竞争力帮助另一个与自己毫无血缘关系的个体，因为它们期待日后得到回报，以获取更大的收益。从这个意义上说，“互惠利他”类似某种期权式的投资，所以有人把它称为“软核的利他”（soft-core altruism）。例如，一种生活在非洲的蝙蝠，以吸食其他动物的血液为生，如果连续两昼夜吃不到血就会饿死；一只刚刚饱餐一顿的蝙蝠往往会把自己吸食的血液吐出一些来反哺那些频临死亡的同伴，尽管它们之间没有任何亲缘关系。生物学家发现，这种行为遵循着一个严格的游戏规则，即蝙蝠们不会继续向那些知恩不报的个体馈赠血液。显然，这是一种非常典型的“互惠利他”。根据“边际效用递减律”，当施惠者与受惠者互相换位时，同样数量的血液将产生更大的边际效用，从而使这类行为具有明显的经济学含义。不过，由于施惠与回报存在着时间差，从而使这种期权式的投资具有很大的不确定性。因此，“互惠利他”必然存在于一种较为长期的重复博弈关系中，而且还要求形成某种识别机制，以便抑制道德风险和个体的机会主义倾向。虽然精密的“互惠利他”模型直到20世纪晚期才由博弈论专家阿克塞罗德（Xelrod，1984）建立起来，但它的基本思想却在200多年前亚当·斯密论述那只著名的“看不见的手”时，就被一针见血地指出过了。

（3）“纯粹利他”即利他主义者不追求任何针对其个体的客观回报。例如，汤姆逊瞪羚（Thomson’s gazelles）的利他主义行为：当狮子或猎豹接近时，往往会有一只瞪羚在原地不停地跳跃向同伴们发出警告。生物学家观察到，这是一种非常特殊的行为方式，它只发生在最早发现危险的汤姆逊瞪羚身上。按照一般的行为原则，最早发现危险应该最早逃跑才是最佳生存策略。但汤姆逊瞪羚的“英雄主义”却放弃了第一时间逃生的机会，并以此代价向同伴报警，使自己暴露在捕食者面前。这一行为看上去颇似我们前面提到的母鸟保护幼鸟的行为，但它们的内涵却有明显的差别。

二、助人自助的含义

“助人自助”有两层含义：一是帮助人的主要方法是让受助者发挥潜力自己帮助自己；二是助人者在帮助人的过程之中可以获得帮助或成长。

第一层含义的理解基于西方社会工作理论的心理学基础。最初的西方社会工作者使用的社会工作理论就是弗洛伊德等的心理分析理论来帮助案主的。由于西方心理学的特点是帮助受助者分析自己的问题所在，找出解决问题的办法，然后由受助者依靠自己的能力来解决它自己的困难或问题。因此从心理学理论出发的西方社会工作理论必定会得出帮助人，必须依靠受助者自己来解决问题。这就是“助人自助”帮助案主自助的第一层含义的理解，社会工作者都比较容易理解。

比较难以理解的是“助人自助”的第二层含义，即帮助人为什么可以帮助自己？这是我们东方人难以理解的。我们先讲解清楚欧美发达国家的社会工作者为什么不大会出现“助人自助”第二层含义的理解问题。

欧美发达国家基本都是天主教或基督教国家。以美国为例：60%的人口是新教徒（以加尔文宗各派信徒为多），天主教徒占35%左右。

天主教和基督教的基本信仰经典是圣经，圣经里有关于上帝创造世界和造人的故事，这些观念关乎理解“助人自助”，所以要详细讲解。

《圣经》创世记说：“在耶和华神造天地的日子，乃是这样：野地还没有草木，田间的菜蔬还没长起来，因为耶和华神还没有降雨在地上，也没有人耕地，但有雾气从地上腾起，滋润遍地。耶和华神用地上的尘土造人，将生气吹在他鼻孔里，他就成了有灵的活人，名叫亚当。”

《圣经》里描述：耶和华神在东方的伊甸立了一个园子，把所造的人安置在那里。耶和华神使各样的树从地里长出来，可以悦人的眼目，其上的果子好作食物。园子当中又有生命树和分别善恶的树。有河从伊甸流出来滋润那园子，从那里分为四道：“第一道名叫比逊，就是环绕哈胁拉全地的。在那里有金子，并且那里遍地是黄金；在那里又有珍珠和红玛瑙。第二道河名叫基训，就是环绕古实全地的。第三道河名叫希底结，流在亚述的东边。第四道河就是伯拉河。耶和华神将那人安置在伊甸园，使他修理看守。耶和华神吩咐他说：“园中各样树上的果子，你可以随意吃，只是分别善恶树上的果子，你不可吃，因为你吃的日子必定死。”

耶和华神说：“那人独居不好，我要为他造一个配偶帮助他。”耶和华神用土所造成的野地各样走兽和空中各样飞鸟都带到那人面前，看他叫什么。那人怎样叫各样的活物，那就是它的名字。那人便给一切牲畜和空中飞鸟、野地走兽都起了名，只是那人没有遇见配偶帮助他。耶和华神使他沉睡，他就睡了；于是取下他的一条肋骨，又把肉合起来。耶和华就用那人身上所取的肋骨造成一个女人，领她到那人跟前。那人说："这是我骨中的骨，肉中的肉，可以称她为女人，因为她是从男人身上取出来的。"因此，人要离开父母与妻子连合，二人成为一体。当时夫妻二人赤身露体并不羞耻。

耶和华神所造的，唯有蛇比田野一切的活物更狡猾。蛇对女人说："神岂是真说不许你们吃园中所有树上的果子吗？"女人对蛇说："园中树上的果子，我们可以吃；惟有园当中那棵树上的果子，神曾说：'你们不可吃，也不可摸，免得你们死。'"蛇对女人说："你们不一定死，因为神知道，你们吃的日子眼睛就明亮了，你们便如神能知道善恶。"

于是，女人见那棵树的果子好作食物，也悦人的眼目，且是可喜爱的，能使人有智慧，就摘下果子来吃了；又给她丈夫，她丈夫也吃了。他们二人的眼睛就明亮了，才知道自己是赤身露体，便拿无花果树的叶子，为自己编作裙子。

天起了凉风，耶和华神在园中行走。那人和他妻子听见神的声音，就藏在园里的树木中，躲避耶和华神。耶和华神呼唤那人，对他说："你在哪里？"他说："我在园中听见你的声音，我就害怕，因为我赤身露体，我便藏了。"耶和华说："谁告诉你赤身露体呢？莫非你吃了我吩咐你不可吃的那树上的果子吗？"那人说："你所赐给我、与我同居的女人，她把那树上的果子给我，我就吃了。"耶和华神对女人说："你做的是什么事呢？"女人说："那蛇引诱我，我就吃了。"

就是这样的一个宗教故事，使得相信天主教和基督教的信众相信人是有罪的，因为人的祖先亚当偷吃了禁果，因而遭到了上帝的驱逐。这是人类的第一次犯罪，乃为原罪。据奥古斯丁（西方著名哲学家）在《上帝之城》中的说法，亚当并非单独一个人，他代表了全人类，因此亚当和夏娃的原罪也就不仅是个人犯罪，更是整个人类的堕落，因此全人类都要受到痛苦和死亡的惩罚。由于奥古斯丁在欧洲影响巨大，正如人性善论成为中国儒教思想的正统一样，其原罪思想也成为基督教思想中的正统。这种原罪观念其实就是人性恶论。原罪观念认为人人都是有罪的，都必须用自己的行动来实行救赎。这是西方国家生活中的一个基本观念。

在《马太福音》第 27 章第 15 至 56 节中详细描述了耶稣受难的经过。门徒犹大出卖耶稣，致使“最后的晚餐”的当天晚上，耶稣在橄榄山的客西马尼被祭司长和长老带来的一伙人捉住。祭司长和长老们决定要治死耶稣，第二天早晨，他们把耶稣带到罗马巡抚彼拉多面前。最后耶稣被钉死在十字架上。这在基督教信仰中被理解为上帝为了救赎世人牺牲自己的儿子，用自己儿子的鲜血来洗刷人类的罪恶，是热爱世人的表现。

相信原罪说和相信救赎论的欧美民众大都相信自己有罪，必须用自己的行动来救赎。而上帝爱世人，博爱是上帝的原则，因此不论面对什么人，只要信众用心去帮助，就是在施行“爱”，是为上帝办事，也是助人者在帮助自己，是为自己救赎。

所以在普遍相信上帝的西方社会里，“助人自助”的第二层含义，帮助人就是帮助自己不会发生歧义，很容易理解。因此西方的社会工作理论对于“助人为什么可以自助”并不需多花精力来进行解释。可是转换到了东方没有基督教信仰的语境里面时，“助人为什么可以帮助自己”就比较费解。单单用“助人自助”这样的口号来进行宣传和动员根本难以调动起社会工作者的工作动力。

因此“助人自助”必须在我们中华文化的哲学语境里来进行解释和理解才可以让我们的社会工作者有强劲的工作动力。

综上所述，基督教将亚当与夏娃个人的过失转化为一种普遍性的决定论意义上的“原罪”，这种原罪构成了现实世界中一切罪恶的根源，亚当的后代们无法避免的生来就具有这种罪，只有依靠恩典与救赎才能彻底消除。自基督教与犹太教分离时，“救赎说”随之出现并替代了犹太教的“末世论”。因此，基督教神学中的“救赎”与“原罪”构成了一对最基本的辩证范畴，基督为人类而死然后又复活的整个过程无非就是为了完成对亚当所犯“原罪”的“救赎”。所有人都是亚当和夏娃的后代，因此也一样必须赎罪。而上帝是博爱的，帮助人是在完成上帝的博爱，也是在为自己的“原罪”救赎。所以在欧美国家基督文化语境下，很容易就可以理解“助人自助”，因为助人就是在完成赎罪，也就是帮助自己。

第二节 中国社会工作理论对“助人自助”的理解

既然西方人容易理解“助人自助”，那么，在中国文化语境下怎么解释和理解才可以使“助人自助”自圆其说，又具有鼓动力？这就是我们中国社会工作理论需要完成的任务。

一、我国传统助人理念

观念是人们总结社会实践中的技巧或模式所形成的经验或概念，它是人类智慧的具体表现。一个好的观念必须经过多次的实践检验。正确观念的形成必须经过无数次的集体实践或个体实践的检验，并在实践中不断修正。所以，历史上所形成的理论，如果长时期被使用，那么必定有其非常合理的内核。而观念又是社会实践的指南，是我们行为的导向。因此，我们为了更好地理解“助人自助”，必须先了解我们历史上关于助人的一些理论。

（一）“因果循环报应论”

佛教在东汉传入中国，南北朝时期和隋朝到宋朝，佛教都是风靡整个国家。那时，社会上大多数的人都相信佛教。佛教最著名的劝人为善的理论就是“因果循环报应论”。

宗教的产生大都起源于超级智者，这些超级智者的论述对世界事物和发展规律具有很强大的解释力和洞悉力，也就是说一个宗教的理论基本就可以解释世界上所有的谜团，故而人们非常信服。例如：佛教对于多层次世界的解释以及定义物质为空的理论就被现代的物理学家科技大学原校长朱清时所推崇。朱清时认为现代物理的弦理论与佛教的理论契合。现代的科技学说的发展佛教理论都可以解释，更何况过去的事物?解释力强大是佛教因果循环论的特点，因为佛教的理论和观念在历朝历代对我国民众的影响巨大，所以其中的因果循环报应论为我国的大多数民众所相信。

因果循环报应论分为两部分，一部分是六道轮回理论，一部分是因果报应论。

轮回理论是古印度文化的基本理论之一，其本源来自婆罗门教。佛教将众生世间的生灭流转变化，按其欲念和色欲存在的程度而分为欲界、色界、无色界三种，统称为三界。欲界又称为苦界，或苦海。居住在欲界的众生，从下往上，又可分为“六道”。六道者：（1）天道；（2）人间道；（3）修罗道；（4）畜生道；（5）饿鬼道；（6）地狱道。此中，上三道为三善道，下三道为三恶道。一切沉沦于分段生死的众生，其轮回的途径，不出六道。

善业是清净法，不善业是染污法。以善恶诸业为因，能招致善恶不同的果报，是为业果。作为业果的表现形式，世俗世界的一切万法，都是依于善恶二业而显现出来的，依业而生，依业流转。所以，众生行善则得善报，行恶则得恶报。而得到了善恶果报的众生，又会在新的生命活动中造作新的身、语、意业，招致新的果报，故使凡未解脱的一切众生，都会在天道、人间道、修罗道、畜生道、饿鬼道、地狱道中循环往复，这就是婆罗门教所说的轮回。

天道、人道是六道中的上乘小善果，但只要在六道轮回中扮演的角色，可以都说是凡夫，生死流传，不能出离，如同漫漫的长夜，虽然天人是六道中的最高地位者，但还是要受轮回。一般来说宇宙，是指有形世间，这有形世间为无名烦恼所包围，所以世间为五浊恶世。在六道轮回之中，六道又分三界，三界是欲界、色界、无色界。三界是六道凡夫所依止的居所，凡在三界内，都要接受轮回。佛经说三界犹如一座火宅，火宅也就是比喻三界之中，受生死烦恼无名之火所烧。据经典所指出，行十不善业因缘故，要堕落地狱、饿鬼、畜生之三恶道。行十善业道因缘故，则生天界及人界。所谓天界就是“神界”，乃是正直福德的灵魂所居之境界，此境界虽然享福，但是福报总有享受完的时候，就是修善到“非想非非想处天”（“非想，非非想”：不想，也不是没有想，似想非想。处：境界。天：无色界的天。这是一句佛教语，为28天之一，即三界中无色界第四天。此天是三界最高天。此天没有欲望与物质，仅有微妙的思想）。此天是三界最高天，一但堕落，仍然要轮回的。

阿修罗境界，就是精灵世界，停留在精灵世界的灵魂，固然生前也修善业，但走了一步邪路，所以不能称为“正神”，只能称为“邪神”或“邪鬼”了。阿修罗境界的环境是最复杂的，“邪神”亦有神通力，故作祟人间者，以此类为最多。故人若有“正气”，邪气不能生。人若有邪念，“邪气”乘隙而入。因此，所谓“走火入魔”就是人先有邪念，邪气乘隙而入者也。

六道轮回都有生苦、老苦、病苦、死苦、怨憎会苦、爱别离苦，所求不得苦，五阴盛苦（五阴是色、受、想、行、识，为构成人身的五种要素，人生的种种痛苦，都是由这五种要素组成的人身而来）。如此，六道轮回可以说苦多于乐，所以人生是苦海也。依解脱道论来说：戒定慧，是解脱之道，守戒的人，是威仪的意义，也是行善之本。修定的人，他的心不散乱。而有智慧的人，他可以先知先觉。所谓解脱，就是离开束缚的意思，用戒为初善，定是中善，慧为后善，如此产生禅定力求灭苦，最后才得解脱六道轮回。

佛教的轮回理论的依据是因果或因缘，就是说，一起的事物缘起都有根由，单就人来说一切的苦痛与福乐都有根由，是人的前世或现世行为造成的。其原理又有点类似于现代物理的“作用力与反作用力”。所以因果报应就成为了六道轮回的衍生理论。

因果报应论：“业有三报，一现报，现作善恶之报，现受苦乐之报；二生报，或前生作业今生报，或今生作业来生报；三速报，眼前作业，目下受报。”

现报：就是今世作业今世得报应。今世报有福报也有祸报。这种报应有的报在早年，有的报在中年，有的报在晚年。首先看福报，大家可以看到，有的人一生做好事并没有得什么好处，这是因他上一辈干了坏事，这一辈子因他行善积德，抵消前世的罪孽，因善事做多了，前世罪孽抵消了，所以有中年得福报和晚年得福报。早年得福报，一个是前世行善积德，或前世罪孽不多，这辈子行善积德多，很快就抵消了前世的罪孽所以就得早报。祸报也有早年报、中年报、晚年报三个阶段。如有的人本来前世就有孽，今生又不行善积德，继续干坏事，如偷盗、抢劫、坑害别人、诈骗、嫉贤妒能、忘恩负义……，结果在青年时期就受法律的惩罚或者生大病受伤致残。有的人，因前世做了好事，象在银行存的款一样，还未用完，今生所做的坏事与前世作的好事慢慢在抵消，如果中年抵消了还不停止作恶，所以中年就得恶报。有的人青年、中年都很好，结果到了晚年，不是家中其他人遭灾就是光留着自己孤老病重，无吃无穿，无人照管；或者老来伤残，或者老来坐牢判刑等祸报，其道理和中年得祸报一样。

生报：就是前生作孽今生报，今生作孽下世报。这种因果报应，同样分福报和祸报。有的人前世行了善，积了德，尤如在银行存的款还未用完，故转到今生来用，所以今生享福。如他今生虽然享福仍行善积德，象银行存款越来越多，利息也越来越多，故下一世仍然是享福之人，为福报。有的人上世作的恶太多，或者老来作恶，当世清算不完，这一世就苦。如某人对前世的恶，后世的苦认识不到，继续作恶，那他下一世还要继续受苦难。

速报：就是报应来得快，如昨天做坏事今日遭恶报，上午做坏事，下午遭恶报，或者九点作坏事，十点就遭恶报。因果报应不仅只是恶报，福报也如此，只要你做了善事同样得速报。速报有两种情况，一种是遭凶速报；一种是福报速报。

关于速报的事例很多，古今中外都有。种善因，得善果，种恶因，得恶果。凡是善恶终有报。有的人认为，自己一生行善积德，从不做坏事，但什么好处也没得到，而有的人干坏事，不仅没有得恶报，并且活得很快活，日子过得红火，认为积德缺德都一样，有的不但不坚持做好事，而且也干起损人利己之事。有的坏人认为那些行善积德的人是傻瓜，自己干坏事没有什么恶报，因此，就坏事越干越多，越干越大，从偷一个鸡蛋到偷一条牛，从偷一分钱到拦路打劫，从贪污一分钱到贪污几千万，从损人利已到暗害别人，但是干坏事的人，老是把自己估计过高，认为自己干坏事是神不知、鬼不晓，自己不说别人不知道，而他们却忘记了《宝鉴篇》中："湛湛青天不可欺，未曾动念已先知。善恶到头终有报，只争来早与来迟。"《楞严经》也讲："善有善报，恶有恶报，莫言不报，时刻未到。"

为什么会有的人认为，行善积德的人而没得到福报，干坏事的人而没得到恶报。究其原因，他们不懂得人的命运是自己造就和因果循环报应的道理。任何事物的发生，都有其因果关系。

佛教的因果报应理论是最直接的劝人为善的理论，由于其解释力强，比较符合客观世界的发展，故而深受民众的认可。这样的理论也符合现代物理知识和经验，从系统论观点上来看很有科学依据。故而，该理论劝人行善积德非常有效，是中国古代助人理论的一个。

（二）儒家天道观

儒家的天道思想由三个阶段发展起来，由于儒学一直以来都是统治阶级尊崇的学术，因此影响巨大。先是影响文化人，而科举取士又使得优秀的文化人可以当官执政，文化人的理念又可以通过行政手段得以实施，儒家这样的天道思想就可以通过官员的行为和行政手段来影响民众，因此影响巨大。

第一阶段：孔子论天道。

《礼记·哀公问》载：哀公问"君子何贵乎天道"，孔子对曰："贵其不已。如日月东西相从而不已也，是天道也；不闭其久，是天道也；无为而物成，是天道也；已成而明，是天道也。"①

"天道"，虽然是客观的，是不以人的意志为转移的自然之道，但孔子所进行的界说，一是对哀公问"君子何贵乎天道"的回答，哀公所问之本身就带有主观性；二是孔子的界说是孔子对客观的自然之道长期观察所作的总结，是主观对客观的反映。因此在孔子对"天道"所进行的界说中，在说明天道是自然之道的同时，又说明天道是能动的、有生命力的。能动的、有生命力的，是"天道"的社会属性。

孔子的天道论，其客观依据是自然界的变化规律。从本质上看，孔

① 沈乃文：《礼记集说·哀公问》，上海古籍出版社，1987 年版，第 277 页。

子的所谓“天道”，是客观的、不以人的意志为转移的自然变化规律。然而孔子并不是在讲自然科学，他所讲的“天道”，是与“人道”紧密联系的“天道”，是探索人之所以为人、社会之所以为社会的基本原则的“天道”。孔子沿着古圣人“惟天地万物父母”的思路，赋予“天”（大自然）以生命意义，这个“天”有“不已”（永无休止的发展）精神，虽然可能暂时受闭（壅塞不通），但“不闭其久”，永远是发展变化的；这个“天”是能动的，他“无为而物成”，使万物“已成而明”。孔子天道论中的“天道”，首先自然之道，同时又是能动的、有生命力的人伦之道。因此，孔子所论述的“天道”是“人道”的本原，是行人道、构建和谐社会的依据。

《礼记·礼运》载：孔子曰：“夫礼，先王以承天之道，以治人之情。故失之者死，得之者生。”“夫礼，必本于天，殽（效）于地，列于鬼神，达于丧祭射御冠婚朝聘。”①

“礼”，产生于中国奴隶制国家产生之后。传说黄帝、帝喾、颛顼、尧、舜五帝之世为大同。“大道之行也，天下为公，选贤与能，讲信修睦，故人不独亲其亲，不独子其子，使老有所终，壮有所用，幼有所长，矜寡孤独废疾者有所养。男有分，女有归。货恶其弃于地也，不必藏于己；力恶其不出于身也，不必为己。是故谋闭而不兴，盗窃乱贼而不作。故外户而不闭。”②

由天道及人道是孔子的推论，天道是自然的，那么人类社会运行的秩序必须依照天道。古代的“大同之道”就是依据天道行事的。人道维系的根据就是“礼”，社会有一定的规矩，相互尊重，那么就不会有逾矩的人。大家都遵照“礼”数来行动则不会有大争执。我们看古代的历史资料，可以发现春秋以前，大都以礼来解决国家间的纷争，谁有文化谁就有面子。到了春秋时，不大懂礼数的楚王、吴王都被中原的诸侯鄙视。

“夫礼，先王以承天之道，以治人之情”、“夫礼，必本于天”，基本意思就是说，“天道”是“人道”的精神本原，先王行人道，治人之

① 沈乃文：《礼记集说·礼运》，上海古籍出版社，1987年版，第121页。

② 沈乃文：《礼记集说·礼运》，上海古籍出版社，1987年版，第120页。

情，以“天道”为本，总结历代明王以“天地之经”为法则的历史经验，制定礼法，以之为行人道的保证。

古代明王行人道，不光制“礼”，还同时作“乐”。“礼”与“乐”，是行人道的一体两面。“是故先王慎所以感之者，故礼以道其志，乐以和其声，政以一其行，刑以防其奸。礼、乐、刑、政，其极一也。所以同民心而出治道也。”

“礼”本于天，“乐”亦本于天。所不同的是：“乐由中出，礼自外作。”由中出之“乐”以治其心，自外作之“礼”以节其行。治其心以求与民相亲，节其行以求与民相敬。与民相亲则上下和矣，与民相敬则贤不肖别矣。

因此，依古代明王为行人道而制作“礼”、“乐”而言，是“天道”影响“人道”。就其本质而言，“天道”就是大自然的变化规律。然而，从“天道”对人类社会的影响而言，“天道”是“人道”的精神本原。《论语·述而》载，子曰：“天生德于予，桓魋（tuí，神兽）其如予何?”《论语·为政》载，子曰：“五十而知天命”。孔子所说的“天生德于予”，有三层意思：(1) 一个人的“德”乃“天”之所赋；(2) 人要把握住天地所赋与的聪明才智；(3) 人不能违天害己。第一、二层意思，就是要“明明德”。

知天命是知道自然规律——天道，由天道而至人道就是社会规律，社会维系的规律是礼乐，礼乐是维系社会稳定的基础。人道的基础是个人的自修，即修身。修身就是遵礼守法，帮助别人，造福社会。

第二阶段：董仲舒的天人感应说。

董仲舒以《春秋》灾异之变推阴阳之五行，董仲舒继承了《公羊传》中的灾异说。他应汉武帝之对策云：“臣谨案春秋之中，视前世已行之事，以观天人相与之际，甚可畏也。国家将有失道之败，而天乃先出灾害以谴告之，不知自省，又出怪异以警惧之，尚不知变，而伤败乃至。以此见天心之仁爱人君而欲止其乱也。……及至后世，淫佚衰微，不能统理群生，诸侯背畔，残贼良民以争壤土，废德教而任刑罚。刑罚不中，则生邪气；邪气积于下，怨恶畜于上。上下不和，则阴阳缪盭而妖孽生矣。此灾异所缘而起也。”（《汉书·董仲舒传》）

董仲舒借时学（阴阳五行学）发挥或者说发展《春秋》天人感应思想，其说固然奇诡怪谲，难以思议，但绝非无中生有，而是本于《春秋》穷天人之变的精神。董仲舒继承了儒家传统中《洪范》讲五行的思想，并发扬光大之，建立了一套囊括天人的宇宙学说。董仲舒认为，宇宙由木、火、土、金、水五种不同的属性组成。此五种不同的属性相生相胜，构成一合理的宇宙关系。如木生火，火生土，土生金，金生水，水生木，反过来看则是火胜木，土胜火，金胜土，水胜金，金胜木。五行相生是一种生成关系，五行相胜是一种变救关系。宇宙按照这种五行相生相胜的关系生成变化，因而成为一可理解的合理的宇宙。如木性主生故为春，火性主长故为夏，土性主养故为夏，金性主收故为秋，水性主藏故为冬。用五行来解释天时，天时即合乎理性可被理解。在董仲舒看来，不仅天时依五行构成，人事也依五行构成。如木为春生之性宜以农为本劝农事无夺农时，火为夏长之性宜选贤举能赏有功封有德，土为养成之性宜循宫室之制谨夫妇之别，金为秋收拢宜刑有罪伐无道安集天下，水为冬藏之性宜敬四时之祭与谛祫昭穆之序。如此，依五行解人事，人事亦合理而可理解。按照董仲舒的宇宙构成说，宇宙依五行被合理地安排，日月星辰、春夏秋冬、山河大地、鱼虫鸟兽皆依五行之性合理地运行生成，故人世间与自然界不应有灾异存在，因人世间之灾与自然界之异均是不依五行之性合理地生成运行所致。但是，从现实上来看，合理地构成宇宙的五行关系往往会被打破，即五行相生相克的合理宇宙会因为五行失序处于一种不合理的荒谬状态，这样，日月星辰、春夏秋冬的运行就会失序，山河大地、鱼虫鸟兽的生成就会变态，就会出现灾异现象。也就是说，灾异是破坏了建立在五行之上的合理的宇宙关系所致。

董仲舒虽然用五行学说说明了灾异产生的原因，但要说明天人感应还不够，还必须进一步说明为什么人的行为会破坏五行（天）的秩序而导致灾异。鉴于此，董仲舒再进一步从阴阳的角度提出了类应学说。为了进一步说明天人感应的原因，董子还提出了气化学说。董仲舒认为，天地宇宙唯气化而成，人生活在天地之间阴阳之气的包融中，就像鱼生活在水的包涵中一样，只是水有实物可见，而气化之宇宙浩浩然难见而已。因此，天地之间，宇宙之中，虽虚而实（实即谓充满着气，由气化而成）。在这一由气化成的宇宙中，人之气与天地宇宙之气相互流通，相互渗入，因而人之气会影响到整个天地宇宙之气。如果人之气调和顺适，此气与天地宇宙之气相淆（相混合），天地之化即美，祥瑞乃现；如果人之气邪乱乖谬，此气与天地宇宙之气相淆，天地之序即乱，灾异乃出。由此可见，董子是以气化之宇宙来作为天人感应的基础，以人天之气相数来说明灾异的产生。天人类应之迹虽无形而不可见，但气化宇宙中人天之气相淆实有因果关系可寻。天有四时人有四肢。天有五行人有五脏。天有六极人有六腑。天有八风人有八节。天有九星人有九窍。天有十二时人有十二经脉。天有二十四气人有二十四俞。天有三百六十五度，人有三百六十五骨节。天有日月人有眼目。天有昼夜人有起卧。天有雷电人有喜怒。天有雨露人有涕泣。天有阴阳人有寒热。地有泉水人有血脉。地有草木人有毛发。地有金石人有牙齿。这些是天人感应论的基础。

第三阶段：宋代理学，首推张载的天道说。

张载解说天道，始于对易传的解读，先说明天道如何创生天地万物。说明天道是怎样的？天道主要由“太和、太虚、气、神”构成。

太和所谓道，中涵浮沈、升降、动静、相感之性，是生絪缊、相荡、胜负、屈伸之始。其来也几微易简，其究也广大坚固。起知于易者干乎！效法于简者坤乎！散殊而可象为气，清通而不可象为神。不如野马、絪缊，不足谓之太和。语道者知此，谓之知道；学易者见此，谓之见易。不如是，虽周公才美，其智不足称也已。太虚无形，气之本体，其聚其散，变化之客形尔；至静无感，性之渊源，有识有知，物交之客感尔。客感客形与无感无形，惟尽性者一之。

《系辞上》云：“乾知大始，坤作成物。乾以易知，坤以简能。”

“成象之谓乾，效法之谓坤。”这是说万事万物之起源而所谓易者，就是《易传》的乾，而使万事万物呈现其法则者，即使物之成其自己的所谓简者，其实就是《易传》的坤，所以乾代表创生原则，坤代表终成原则。易者求之在我，知者由我主宰，简者求则得之，法者物之所以成物。这也是由《易传》而言天道创生万物之宇宙论式说明。由太和而到气，是天道创生万物，而万物成为万物之后的经验现象，天道流行会创生出经验现象的万事万物，因此太和也是万事万物的源头。这是由上而下的创生过程。太虚不能无气，气不能不聚而为万物，万物不能不散而为太虚。循是出人，是皆不得已而然也。然则圣人尽道其间，兼体而不异者，存神其至矣。

就天道本身而言是太虚，太虚之道之气化活动就是道之流行，名之为道。太虚与气合起来，便是所谓尽性，尽性其实就是就人心而言。无论尽性、至诚、感通、大心等都是就人而言，所以其实天道之基础在人道。《大心篇》云："天之不御莫大于太虚，故心知廓之，莫究其极也。"心知而能开廓之，顺此而究其极至于太虚，合于太虚。即由人之大其心而观察天上地下万物，充其极而表现为神，尽其性而使道流行于气中，如此才能言穷神知化。因此，张载言天道性命是相贯通的，由天道而太和而至人之大其心，是道之贯通流行。可见宋明理学宇宙论气氛较重，不过仍是以人心为基础。

张载的天导论在于讲清楚人之命在于气，气由天道而来，因此人必须循天道行事。天道是施恩不图报，因此人道必须助人施德。

（三）道家天道说

在我国的历史上有三个朝代非常崇尚黄老之术，一个是汉代，一个是唐代，一个是明朝。汉唐盛世大家是熟知的，明朝也是一个强盛的帝国，郑和七下西洋就可以看出当时的明朝是多么的先进。郑和的船队比哥伦布发现美洲时要强大和庞大很多。由此我们可以看出实际上黄老之术对于社会的进步和治理是具有极大好处的。

道家的思想根源是易经，易经的前身是连山易和归藏易，到了周朝时才将连山和归藏改进为周易。连山易以艮卦为先到推演；归藏易以坤卦为先导推演，而周易则以乾卦为先导进行推演。易的基本概念是阴阳，阴阳互动产生世界万物。道家秉承周易的观念，认为世界的初始是混沌的，也即太一，就是太极，太极生两仪，两仪即阴阳，两仪再生四象，四象生八卦，八卦对应世间的万物。道家认为天地与人同构，同为阴阳的统一体。因此道家认为天地也有阴阳互动的规律，即天道。

道家认为："天之道，损有余而补不足，人之道损不足以奉有余。"（《道德经》第七十七章）这句话看起来很难理解，但是结合现代的物理知识就很好理解了。我们所处的大气环境里，不管你抽走多少的空气，都有其他的空气来弥补，这就是天之道。水也一样，不管你怎么舀水，水面都是平的，这也是天之道。空气和水，不管你再一个环境里添加多少都会处于平衡，同一区域，不可能出现压强高低或水面高低的现象。这就是天之道的原理。

人之道为什么又与天之道不一致呢？反而是损不足以奉有余呢？道家的理论虽然认为人与天地同构，同为阴阳的结合体，但人与天地不同。因为天地无私，奉养万物而不求回报，人则不然，都有私心。天地的寿命无限而人的寿命有限，这是因为："天长地久。天地所以能长且久者，以其不自生，故能长生。"（《道德经》第七章）人因为要维持生命所以有所求，有所求就有私心，有私心就难以公正待人，就会出现剥削不足的人奉养生存条件极好而且有余的人。这就是天道与人道的差别。

道家最基本的观念是去除人欲以接近天道。天地的特性就是奉养万物。因此道家提倡为善帮助人，"上善若水。水善利万物而不争，处众人之所恶，故几于道。"（《道德经》第八章）意思是说人的行为最好像水一样，可以有利于周围万物，然后还不跟别人争名利。要求做人不要太计较，处众人之所恶。

"企者不立，跨者不行，自见者不明，自是者不彰，自伐者无功，自矜者不长。其在道也，曰余食赘行，物或恶之。故有道者不处。"（《道德经》第二十四章）道德经劝导人要谦虚，不能自夸，指明自吹自擂的坏处。而且特别指明人的行为必须要节制，"余食赘行，物或恶之"，说明长期的浪费粮食或食品，或者追求奢侈生活的人都会无端招致祸端。

"故道生之，德畜之。长之育之，亭之毒之，养之覆之。生而不有，为而不恃，长而不宰。是谓玄德。"（《道德经》第五十一章）这里指出道的功用是生养；德的功用是帮助生存，是一个积累的过程，而且德的境界是帮助别人生存而不居功，不求回报。

“天之所恶孰知其故？天之道不争而善胜，不言而善应，不召而自来，坦然而善谋。天网恢恢，疏而不失。”（《道德经》第七十二章）谁知道天所厌恶的是什么？天道的原理是不争获得胜利，不用分辨就可以应对，不用召唤困难时有人来帮助。这里明确指出天理天道是帮助人，不与人争，符合天理的行为自然就有好的结果。

“希言自然，飘风不终朝，骤雨不终日。孰为此者？天地。天地尚不能久，而况于人乎？故从事于道者同于道，德者同于德，失者同于失。同于道者，道亦乐得之；同于德者，德亦乐得之；同于失者，失亦乐得之。”（《道德经》第二十三章）

现简单举一些自然界的例子来说一说。旋风或者暴风没有整天刮的；暴雨也没有整天整天下的。狂风暴雨的发生都要有间歇。引发狂风暴雨的是什么原因，那是天地的运作。天地的作用尚且不能够让狂风暴雨持续一天这样的短暂的时间，那么人的能力比之天地又有所欠缺，又如何能够让事物长久呢？因此，遵照道的原理做事的人，与道相近；按照道德原则来做人的人就与德性相符；施行慈善者的行为就等同于慈善。遵照道的原则做事，可以从“尊道”的做事规则中获得乐趣，也能够较容易得道；按照道德修养做人的人可以在帮助别人与改进自己的品行中获得乐趣，因此德性会逐渐增加；从事慈善的人会在做善事和施舍中获得快感，自然也能够在社会中获得慈善家的名声。道、德、慈善要身体力行，如果不实践你怎么能够说它们无效呢？

这是道家劝导“积德行善”的初始观念。以后的江湖术士衍生出种种“维持”长寿的秘诀，就是行善积德。很多现代的香港富豪都是听从江湖术士的劝告建医院、建学校、铺桥修路以术延续自己的寿命或求子孙的福荫。

由于儒释道的传统理念历史悠久，又历经社会实践的考验而不衰败，因此儒释道三家的劝人为善的理念为大多数的中国人所接受，大家都相信帮助人可以让自己和子孙的生活更加的和美，对“助人”可以帮助自己这样的理念深信不疑。即使在提倡市场经济，大家自顾私利的现在，传统的道德理念和助人观念还是深刻影响着全体的中国人。“行善积德”这样的理念在儒释道三家的宣传弘扬下，已深深影响着众多民众，并深入人们的思想影响着人们的行动。特别是在传统文化没有遭受冲击的香港和台湾地区，民众的慈善之心更加旺盛。

二、中国式理解“助人自助”

我国历史上形成的三种主要助人思想是理解“助人自助”的基础，也是中国人爱好助人的思想基础。在这样的思想观念影响下，传统历史上民众一般不会去捡取失物或获取那些自己不应该得到的东西，因为在儒释道系统论观念的影响下，大家都知道获取非合理的所得，只是一时得到好处，但却有可能是引来灾祸。而且大家都知道“积德行善”会有好的回报，因此帮助别人是中国历史上形成的优良传统。

但理解“助人为什么可以帮助自己”对于社会工作者来说非常重要，一旦社会工作者有明确的认知：认为助人就是帮助自己。那么所有的社会工作者就有主观能动性，也就是说讲清道理，让社工明白“助人自助”可以成为社会工作者的工作驱动力。这样可以改变社会工作被动就业的现状，也可以提升社会工作职业档次，使之成为高尚职业，令社会工作团队更加稳固，有利于社会工作的推广和经验积累。

（一）社会性机制

前面我们看到本能论，“威尔逊研究大量的动物利他行为，认为动物的利他行为是一种以自我牺牲换取其他个体与群体生存的机会的本能。他观察发现，面对危险的兵白蚁为保护巢穴抵御入侵者，可以为保护其他白蚁的生存献出生命，在紧急情境下，居支配地位的雄性狒狒站在群体的最显眼处，准备冲向入侵者，而当群体安全撤离时，居支配地位的雄性狒狒也是最后撤离。几乎所有的动物都存在着这样的利他行为，为了帮助自己的同类脱离危险，它们不惜牺牲自己的生命。这种行为显然没有任何企图，也不期待得到回报，明显是有益其他同类的利他行为。他比较了动物的利他行为与人类的助人行为后进一步得出结论：人类的助人行为也是由本能所决定的，是通过遗传基因传递下来的一种人类本能。”

本能论只是从生物性利他和人类的利他行为来解释为什么“助人”从本能出发来论证。而为什么有这样的本能大家都不清楚。实际上生物的生存目的都是为了维系种群的延续，而在遇到危险时，一些生物个体出来献身保护整个群体是生物种群延续的需要，这样的本能是经过千百万年进化而形成的，但这些都只是动物性的本能。

理解人类为什么有助人特性，还要从人类的社会性方面来解释。人类没有如狮子、老虎般的强大体力和尖利的牙齿，也不能如飞鸟飞翔，没有鱼类在水下生存本领，但却可以顺利进行种群延续和统治世界，这些完全依赖于人类的群体协作精神，这就是社会性。

人类只有群体合作才能战胜虎豹豺狼，在长期的历史进化中人类形成了一种群体协作的合作精神，在粮食匮乏的年代大家均分食物以获得更高的生存机会。因为在原始时代，并不是每个人都可以轻松获取猎物或果实，维持生存的粮食会经常出现断档，如果在自己获得食物的时候与同组人共享均分，那么在自己不能获得食物的时候就可以得到别人的帮助。这是一种社会性协作机制，这样的机制是经过长期的社会实践形成的规则，也是道德的一种具体体现。任何地方的猎人在遇到人类遭受野兽攻击时都会出手帮助，而不会去区分受助人的种族和肤色，这是种群的认同，也是一种社会性认知观念。生物虽然也有利他的行为，但与人类不同的是，生物只是处于本能的种群延续需要，而人类则会多一层社会性合作含义。

人的社会属性是人作为集体活动的个体，或作为社会的一员而活动时所表现出的特性。人的社会属性中有一部分是对人类整体发展有利的基本性质（社会性），也有一部分对社会不利的性质（反社会性）。把人类看成整个自然界发展、运动中一个构成部分，而不仅仅是人类社会中一分子，那么人类就有一些共同的社会属性，它是具有自然属性的人作为集体活动的个体，或作为社会的一员而活动时所表现出的特性。一般情况下，人的社会属性包括多个方面的特性，其中有些特性是符合人类整体发展要求的特性；有些是阻碍人类整体发展的特性。我们所讨论的人的社会性就是：人的社会属性中符合人类整体运行发展要求的基本特性。人的社会性主要包括这样一些特性，如利他性、服从性、依赖性以及更加高级的自觉性等。人的社会属性中也有一些是阻碍人类整体发展的特性的反社会性的，反社会性的属性一般是把人的自然属性发挥到对社会发展不利的地步时表现出的特性，如利己发挥到损人、损害公众、损害社会；自我保护发挥到残害其他生物，甚至其他的人等等。

所以人的社会属性包括了社会性和反社会性两个方面的特性。社会属性是在自然属性的基础上形成的。离开人的自然属性，人也就不成为人了，更谈不上其社会属性。其实，从总体上来看，无论处于什么社会阶层的人都具有一些共同的特性。人的社会性往往与人的自然属性是矛盾的、相斥的，但也是相容的。人是自然界最复杂、最高级的生物，所以具体某个社会属性往往不能简单地归于社会性或反社会性的，而可能需要根据具体的历史环境、表现情况等多个因素来划分。如民族性对一个民族或一个国家是社会性的特性，但是狭隘的民族性却是反社会性的。历代以来，任何一个社会和国家都会对其社会成员的社会性提出很具体的要求，如中国古代封建社会信奉“君君臣臣，父父子子”；西方资本主义信奉“自由、平等、博爱”。

现在我们国家实施的《公民道德建设实施纲要》提出“社会主义道德建设要坚持以为人民服务为核心，以集体主义为原则，以爱祖国、爱人民、爱劳动、爱科学、爱社会主义为基本要求，以社会公德、职业道德、家庭美德为着力点”。这些都对人的社会性提出了具体的规则和要求。所以人的社会性（符合人类整体发展要求的基本社会属性）是社会正常运行与继续发展的需要，无论是奴隶社会、封建社会、资本主义社会还是社会主义社会都一样，只不过不同的社会中具体的社会性标准不同。而且，无论是哪种社会都会采取一系列措施来保证和培养社会成员的社会性。其实人并不是自然界中唯一具有社会性的生物。自然界中，还有很多生物比人更具有社会性，如蚂蚁、蜜蜂。在实际的蚂蚁社会中，它们天生有组织性，有奉献精神，努力而且安心于社会的分工，无论是当“工人”还是当“皇帝”都是天生的。这些“高贵的品质”真正让我们这些高贵的人钦佩不已。当然，一般的社会性，在一些集体行为的动物群中也会表现出来，如狼群有头狼，其他的狼有服从头狼的行为，有对狼群的依赖性。当然，这些特性与人的社会性相比是较低级的，如人可以服从上级指派的领导者，可以有广泛的利他性等这些比较高级的社会性。

人是自然界中唯一（或许只是“最”）会思考自己的社会性，并且会主动地改善自己的社会性的生物。而在人类发展的现阶段，人的社会性多半是后天形成的，是通过在人与人的交往中形成的，其中在人类社会中的宗教、教育和国家组织是对人的社会性的形成具有决定性的作用的几个方面。

前面介绍西方理论所解释的人为什么“助人”的几种类型：“社会规范”、“道德”、“公平论”等都是人类社会性协作机制之下产生的。因此要理解人类的“助人”动机就必须从社会性机制上进行解构和说明。

社会性协作机制是人类生存的基础，没有协作和互助，人就不可能在原始艰苦的生活环境下存活下来。因此协作和互助是人类生存中最基本的社会性机制，但这又与生存本能有区别。白蚁等生物的利他只是为了种群生存，而人类的互助则更多的是社会实践演化出来的社会性协作机制。这是中国式理解“助人自助”的一个要点。

（二）存在主义观念的理解

存在主义在西方的社会工作理论模式中是作为一种助人模式来介绍的，存在主义工作模式主要聚焦于人类的局限性和生活的悲剧、不幸、孤立、无助和焦虑。这种助人模式起始于心理治疗，主要焦点是通过心理辅导使案主获得个人力量来控制自己生活并改变思想，由此改变行为，也即改变增强案主的生活能力。再详细点讲，存在主义心理治疗的焦点是解决存在的焦虑，解决个人因为生活没有意义而产生的惊慌、恐惧感，治疗一般包括通过强调自由选择，以及建立一种可以减轻空虚、焦虑和烦恼的生活方式，培养对人生的更加成熟的态度。存在主义哲学深刻地影响到了当时的一些美国心理学家的观点。卡尔·罗杰斯便是其中之一。但同时罗杰斯也渐渐意识到，早期的利用存在主义而做的心理治疗并不能替患者决定他们的问题是什么、如何去解决。另外一位被影响到的亚伯拉罕·马斯洛则说，我们需要一种科学的、比存在主义更加有证明力的心理学去“思考那些一直由非科学家解决的问题——宗教、诗歌、价值观、哲学和艺术”。建立一个新的心理学流派去理解人类行为，便成为罗杰斯和马斯洛毕生的工作——这便是早期人本主义心理学的雏形。至今为止，全世界还没有一个普遍认可的人本主义理论的定义。

我们在这里要展开讲述的并不是传统意义上针对案主的工作模式，而是详细了解存在主义的内涵，以让社会工作者明白助人为什么可以自助。

存在主义的根本观点是，把孤立的个人的非理性意识活动当作最真实的存在，并作为其全部哲学的出发点。存在主义自称是一种以人为中心，尊重人的个性和自由的哲学。存在主义超出了单纯的哲学范围，波及西方社会精神生活的各个方面，在文学艺术方面的影响尤为突出。存在主义以人为中心、尊重人的个性和自由，认为人是在无意义的宇宙中生活，人的存在本身也没有意义，但人可以在存在的基础上自我造就，活得精彩。存在主义最著名和最明确的倡议是让·保罗·萨特的格言：“存在先于本质”。意思是说，除了人的生存之外没有天经地义的道德或体外的灵魂；道德和灵魂都是人在生存中创造出来的；人没有义务遵守某个道德标准或宗教信仰，人有选择的自由；要评价一个人，要评价他的所作所为，而不是评价他是个什么人物。

存在主义否认神或其他任何预先定义的规则的存在。这对普遍信仰基督教的西方社会造成了大的冲击，直接导致上世纪六十年代末西方社会学生的革命运动。

让·保罗·萨特反对任何人生中“阻逆”的因素，因为它们缩小人的自由选择的余地。假如没有这些阻力的话，那么一个人的唯一要解决的问题是他选择走哪一条路。然而人是自由的；即使他在自欺中，仍有潜力与可能。让·保罗·萨特也提出：“他人是地狱”。这一观点看似与“人有选择的自由”观点相矛盾，其实每个人选择是自由的，但对于选择后的结果，每个人有无法逃避的责任，人在选择的过程中，面对的最大问题就是他人的选择，因为每个人都有选择的自由，但每个人的自由就可能影响他人的自由，所以称“他人是地狱”。萨特为“他人就是地狱”作过解释，这句话并非泛指人与人之间的关系“总是地狱般的关系”。他认为，对那些不想方设法改变与人对立的环境，而又害怕人别人评判的人来说，“他人才是地狱”。这个地狱实际上是大家所熟悉的资本主义社会，地狱中鬼魂与鬼魂的斗争和利害冲突，象征着资本主义社会人与人的畸形关系。萨特的用意是要人们正视无情的现实，起而砸碎这个地狱。由此可见，“他人就是地狱”，并不能任意搬用。

存在主义的集大成者萨特在研究基督教存在主义哲学的基础上，抛弃了索伦·克尔凯郭尔的宗教神秘主义，继承并发展了胡塞尔的非理性主义，形成了他自成体系的哲学思想——无神论的存在主义。从此，存在主义哲学的发展跨入了一个新阶段，这就是通常所说的当代存在主义哲学。存在主义哲学提出了三个基本原则：其一是“存在先于本质”，认为人的“存在”在先，“本质”在后。“首先是人的存在、露面、出场，后来才说明自身。”所谓存在，首先是“自我”存在，是“自我感觉到的存在”，我不存在，则一切都不存在。所谓“存在先于本质”，即是“自我”先于本质，也就是说，人的“自我”决定自己的本质。其二是“世界是荒谬的，人生是痛苦的”。其认为在这个“观性林立”的社会里，人与人之间必然是冲突、抗争与残酷，充满了丑恶和罪行，一切都是荒谬的。而人只是这个荒谬、冷酷处境中的一个痛苦的人，世界给人的只能是无尽的苦闷、失望、悲观消极，人生是痛苦的。穷人是如此，富人也如此。其三是“自由选择”。这是存在主义的精义。存在主义的核心是自由，即人在选择自己的行动时是绝对自由的。它认为人在这个世界上，每个人都有各自的自由，面对各种环境，采取何种行动，如何采取行动，都可以做出“自由选择”。“如果存在确实先于本质，人就永远不能参照一个已知的或特定的人性来解释自己的行动，换言之，决定论是没有的——人是自由的。人即自由。”萨特认为，人在事物面前，如果不能按照个人意志作出“自由选择”，这种人就等于丢掉了个性，失去“自我”，不能算是真正的存在。

存在主义的典型意义是发现“失去”的自我，也就是发现自我的价值。这是相对于世人感受不到自己存在的价值而言，针对的是那些无助、孤独、焦虑、无生存方向感的人群。

而所有的社会工作者在工作中都可以明显看到自己的工作成效，每个案主的改变都会使得帮助他们的社会工作者有深切体会。也因此会明显感受到他们自己对于案主和社会的价值，从中可以比较体验到自己的人生价值。最关键的是那种被需要的感觉，也即助人的感觉。这就是通过助人的过程使自己认识到存在的价值，也即在助人过程中帮助了自己。这是“助人自助”的直接体现。

（三）需求层次论角度理解

美国社会心理学家、人格理论家和比较心理学家马斯洛对人的动机持整体的看法，他的动机理论被称为“需要层次论”。按马斯洛的理论，个体成长发展的内在力量是动机。而动机是由多种不同性质的需要所组成，各种需要之间，有先后顺序与高低层次之分；每一层次的需要与满足，将决定个体人格发展的境界或程度。马斯洛认为，人类的需要是分层次的，由低到高。它们是：生理需求、安全需求、社交需求、尊重需求、自我实现需求。

1. 生理需求

生理上的需要是人们最原始、最基本的需要，如空气、水、吃饭、穿衣、性欲、住宅、医疗等等。若不满足，则有生命危险。这就是说，它是最强烈的不可避免的最底层需要，也是推动人们行动的强大动力。

2. 安全需求

安全的需要要求劳动安全、职业安全、生活稳定、希望免于灾难、希望未来有保障等。安全需要比生理需要较高一级，当生理需要得到满足以后就要保障这种需要。每一个在现实中生活的人，都会产生安全感的欲望、自由的欲望、防御实力的欲望。

3. 社交需求

社交的需要也叫归属与爱的需要，是指个人渴望得到家庭、团体、朋友、同事的关怀爱护理解，是对友情、信任、温暖、爱情的需要。社交的需要比生理和安全需要更细微、更难捉摸。它与个人性格、经历、生活区域、民族、生活习惯、宗教信仰等都有关系，这种需要是难以察觉，无法度量的。

4. 尊重需求

尊重的需要可分为自尊、他尊和权力欲三类，包括自我尊重、自我评价以及尊重别人。尊重的需要很少能够得到完全的满足，但基本上的满足就可产生推动力。

5. 自我实现

自我实现的需要是最高等级的需要。满足这种需要就要求完成与自己能力相称的工作，最充分地发挥自己的潜在能力，成为所期望的人物。这是一种创造的需要。有自我实现需要的人，似乎在竭尽所能，使自己趋于完美。自我实现意味着充分地、活跃地、忘我地、集中全力全神贯注地体验生活。

马斯洛理论把需求分成生理需求、安全需求、归属与爱的需求、尊重需求和自我实现需求五类，依次由较低层次到较高层次排列。(1) 五种需要像阶梯一样从低到高，按层次逐级递升，但这样次序不是完全固定的，可以变化，也有种种例外情况。(2) 需求层次理论有两个基本出发点，一是人人都有需要，某层需要获得满足后，另一层需要才出现；二是在多种需要未获满足前，首先满足迫切需要；该需要满足后，后面的需要才显示出其激励作用。(3) 一般来说，某一层次的需要相对满足了，就会向高一层次发展，追求更高一层次的需要就成为驱使行为的动力。相应的，获得基本满足的需要就不再是一股激励力量。(4) 五种需要可以分为两级，其中生理上的需要、安全上的需要和感情上的需要都属于低一级的需要，这些需要通过外部条件就可以满足；而尊重的需要和自我实现的需要是高级需要，他们是通过内部因素才能满足的，而且一个人对尊重和自我实现的需要是无止境的。同一时期，一个人可能有几种需要，但每一时期总有一种需要占支配地位，对行为起决定作用。任何一种需要都不会因为更高层次需要的发展而消失。各层次的需要相互依赖和重叠，高层次的需要发展后，低层次的需要仍然存在，只是对行为影响的程度大大减小。(5) 马斯洛和其他的行为心理学家都认为，一个国家多数人的需要层次结构，是同这个国家的经济发展水平、科技发展水平、文化和人民受教育的程度直接相关的。在不发达国家，生理需要和安全需要占主导的人数比例较大，而高级需要占主导的人数比例较小；在发达国家，则刚好相反。

社会工作的性质是帮助人，案主的改变或环境的改善都可以使助人者，也即社会工作者轻易获得成就感，完成最高层级的自我实现需求。而且这样的成就感会不断出现，在社会工作中，社会工作者可以不断通过帮助案主获得进步而使自己感受到成就感。也就是说社会工作者可以比其他行业更轻易获得“自我实现”，也即成就感。而且这样的成就感会不断涌现。其他的各行各业，不管是老板或者是高级领导他们都会有无尽的烦恼，经常会有挫折感。而社会工作者感受到的挫折感会比其他行业少得多。这就是助人帮助自己，在不断的助人过程中不断收获认可，正是自己的社会价值。

中国式理解“助人自助”，必须在中国的文化语境里才可轻易完成。因为中国的传统文化熏陶，儒释道三家的系统论观点，树立起强大的“善有善报，恶有恶报”这样的因果循环观念，而且这样的理念经过两千年的验证和实践，无数的事例也直接证明了其准确性。结合现代物理知识“作用力与反作用力”，以及“混沌论”，即大洋彼岸蝴蝶翅膀的扇动会影响到大洋这边的风暴形成这样的现代系统论观念，我们可以确定这样的概念：世界的一切都存在着相关性，是作用力与反作用力的表现，因此我们的善行必定会有善报，我们的恶行必定会有其他不良的回馈。这样的因果作用系统由于太过繁杂和庞大，我们现在还难以精确证明，但这并不能使我们否认存在这样的规律。这好像古代人不明白为什么会有雷电和风雨发生，可是现代大家明白大气环流之后就可以清楚知道为什么会发生风雨雷电了。事实上，中科院院士、科技大学原校长朱清时对于佛教理论的再认识，就可以从侧面让我们了解善恶有报理念的合理性。如果大家相信善恶有报的合理性，那么我们行善就必定会在将来帮助我们自己，这是系统论的观点。也是理解“助人自助”的基础。

存在主义不单单是社会工作者帮助案主的工作模式，也是社会工作者自己理解社会工作的理论。社工在帮助人的过程中不断发现自己的存在价值，那么就不会那么的孤独无助和焦虑了。发现自己的存在价值有利于社会、有助于他人，可以帮助社会工作者心情愉快，享受快乐人生。有好心情的社会工作者自然也可以获得更加长寿的寿命。总的来说社会工作者帮助人时可以同时帮助自己，在助人过程中自己也可以获得成长，或者获得成就感，而且如果相信善有善报则会使自己的心情良好，保持愉快。本章主要是为社会工作者对工作的性质有所认知，不要简单地把为他人服务或帮助人当作一份职业，而要认识到帮助别人时也会使自己获益。这样就可以使社会工作者采取乐观的态度来帮助人，在帮助人的过程中享受帮助人的乐趣。

另外，解释清楚助人自助的原理，可以增加社会工作行业的吸引力，可以吸引社会精英参与社会工作。也可以让社会工作者增添工作动力，让他们明白助人就是帮助自己，不会对社会工作产生厌倦。因为不断帮助别人是一个不断证实自己生存价值的路径。而中国传统文化观念的福报观则可以让社会工作者更加积极主动地进行社会工作，是社会工作者的工作驱动力。

第七章　社会工作的功能

专门用一章来讲述社会工作的功能是因为认识社会工作的功能非常重要。清楚地认识社会工作的具体功能和相关的宏观功能，可以让社会工作者的工作目的更加的明确，也可以让社会工作者明白他们自己工作的社会价值，增加社会工作者的自信心和责任感。出于本书的理论支柱系统论的要求，我们也必须在宏观层面上详细说明社会工作的功能。在社会工作功能方面上，西方的社会工作理论和工作模式很少有专门的学说或理论进行描述。反而我国的社会工作的理论研究者一开始就很重视社会工作的功能，例如王思斌主编的《社会工作概论》和《社会工作导论》中都有对社会工作功能的论述。这说明我国的学者非常重视社会工作的全局性和目的性。

第一节　理解社会工作的含义与性质

一、社会工作的产生

19 世纪末，西方发达国家由于连续发生经济危机，社会矛盾和阶级矛盾激化，使得整个西方社会动荡不安。加之马克思主义理论对西方现实社会的有力抨击与批判十分到位，受马克思主义理论的影响，西欧各国的无产阶级活动日益频繁，大有改变社会现状的发展趋势。

在这样的大环境下，资产阶级的政客和思想家希望改良或缓和社会矛盾，他们借助原来教会系统的慈善做法，形成了由政府引入，大资本家和教会资助的社会慈善工作，并逐渐使社会慈善朝专业化方向发展。也就是说西方慈善更加注重目的性。

专业的社会工作发展是与社会生产力发展正相关的。在19世纪末，经济最发达的英国率先规模地实行社会慈善，并大量发展志愿工作者，形成了现代专业社会工作的雏形。西欧各国和美国紧随英国之后也大量发展社会慈善工作，并在19世纪末20世纪初出现了培训慈善工作者的专业机构。

慈善性质的社会工作主要帮扶贫困弱者，可以明显减少社会矛盾，因此得到了政府和社会各方面的认可。西方发达国家为此急需培训大量的社会工作者，然而，那时所有的大学都没有社会工作专业，因为成为专业学科必须具有自己的学科理论。美国学者玛丽·理查蒙（Mary Richmond）出版《社会诊断》一书，第一次把个案工作作为一个独立的社会工作方法和技巧的知识体系予以专门的研究和讲授，从而奠定了社会工作的专业知识基础。理查蒙通过系统地分析和诊断案主存在的问题，提出了个案工作一系列原理和原则，如个案的个别化原则、案主的自我决定原则等等。依据这些原则，社会工作者将由访谈及其他方式所得到的有关案主的人格、家庭情况、社会经济背景以及案主对问题的看法等资料，以客观的态度，经过综合分析，确定案主的问题及其成因，以便对症下药，对案主问题提供最有效的帮助。全书共分3篇28章：第一篇是“社会证据”，共有5章，论述了经济背景、调查研究、医疗方式等与社会工作的关系；第二篇是“诊断的程序”，共有14章，讨论生活环境、家庭关系对案主的影响以及各种社会资源的运用等；第三篇是个案诊断的实例分析，详细叙述了各类个案的分析与诊断。《社会诊断》一书是个案工作专业化的里程碑，它的问世使个案工作成为正规的社会工作专业教育课程的一部分，从而使社会工作摆脱了以往仅仅是一种“纯伦理”的慈善事业的形象，而成为一门专业。由于《社会诊断》只是社会慈善救助工作的经验总结，还缺少理论性的系统解释。当时心理治疗的标准理论——弗洛伊德精神分析理论就成为了那时社会工作教育的基本理论。以后逐渐发展出小组、社区等工作模式。到了近代，由于系统论的发展和各类心理学理论和生态理论演化，就此产生了众多的西方社会工作理论。但是西方的社会工作理论还是只局限于怎么解决问题的表层思想上，对于宏观层面的“社会工作社会学效能”很少进行研究和论述。这正是本章我们准备跟进的。

二、社会工作的性质

从社会学宏观层面来看，社会工作是社会生产力高度发展、物质条件大大丰富之后才产生的新专业。其首要的条件是社会物质条件丰富，相应发达国家政府有足够的经济条件可以在福利上关照自己的国民。也就是说物质条件丰富之后，国家才有可能实行社会福利和社会保障制度。宏观层面上社会工作就是社会福利保障制度的一种补充与延伸。

社会保障制度有以下的一些基本含义：

（一）社会保障制度的目的是保障民生和促进社会进步

社会保障制度建立之初，其目的是为在工业化进程中陷入困境的人士提供最基本的生活保障。这一保障民生的作用至今还是社会保障制度的主要功能。但是随着社会和经济的发展以及人的价值的提升，促进社会进步越来越成为社会保障制度的出发点和归宿，有很多保障项目如教育保障和免费教育制度等，已不仅仅是为了满足国民基本生活需求，在更大程度上是为了挖掘人的潜能，增加人的素质，促进社会进步。这是当今世界各国社会保障制度改革发展的方向。

（二）社会保障的依据是国家立法

世界各国建立社会保障制度以立法为先导，通过强制性立法建立统一的社会保障系统。用法律的形式明确制度各方的权利和义务关系。唯有这样才能确保保障制度的顺利运行，才能有效实现社会公平和正义。

（三）社会保障的责任主体是国家和政府

国家是社会保障的最终责任主体，其责任表现为：国家立法以提供法律保障；国家出面举办社会保障项目并进行统一的宏观管理；国家通过财政预算提供财政保障。

（四）社会保障的获益主体是全体公民

社会保障制度的建立之初，保障的对象是年老、伤残、失业、生育、死亡、灾害、犯罪等，当各种对象面临各种经济和社会风险事故时，这些特定的人群就可以获得社会保障制度的照顾。因此全体国民都是社会保障制度的潜在受益者。

（五）社会保障的内容包含经济保障和服务保障

经济保障是指通过现金给付或援助方式来满足公民的基本生活需求。服务保障制度是指通过劳务援助、技术培训、信息咨询、心理辅导或帮助等非现金、非物质方式的帮助。

社会工作的主体不是国家或政府，而是民营机构；社会工作的服务对象一般是那些有求助意愿的案主，还有那些潜在诱发社会问题的案主；社会服务工作主要提供的服务援助与社会保障制度所规范要求对困难人群提供服务援助部分非常的切合；社会工作的获益对象并不是全体国民而是特定困难群体。最重要的一点是社会工作是社会保障制度的补充与延伸。

在具体实际操作层面上看，王思斌主编的《社会工作导论》将社会工作区分为实践性和科学性两个特点。

“实务性也称为实践性，这是相对于理论研究工作而言的。在学科分类上，一些学科偏重于理论和知识研究，被称为理论性学科，另一些则侧重于研究解决实际问题的方法，被称为应用性学科。在人文社会科学中，前者如哲学，后者如社会学、公共管理学。在应用社会科学中仍有偏重理论和偏重应用之分，如社会学与社会工作相比，前者侧重于从宏观上、制度和结构上分析社会问题之所在，后者则偏重于具体地去干预和解决社会问题。所以，从学科角度来说，社会工作是研究如何解决具体的社会问题的学问和学科，它包括一些理论特别是有关社会问题形成原因的理论，更包括大量解决问题的方法。这就是说，就学科知识而言，社会工作是实务取向的。它是围绕和为了解决社会问题而形成的科学知识，就像自然科学的医学那样。

“实务性的另一层含义是说它不但关注如何去具体解决问题，而且强调真正实际参与解决社会问题。社会工作是服务于困境的人士，特别是弱势群体的职业活动，具体地去做是社会工作有别于其他学科的重要特点。一个哲学家可能有关怀弱势群体的情怀，社会学者常常研究贫困产生的一般原因，而社会工作者则要具体分析某一特定贫困人群之所以贫困的原因，并以自己的行动设法帮助他们。

“科学性是指社会工作要科学助人。这里科学性有两层含义：第一，社会工作不是一般的助人活动，而是建立在对问题的分析之上的助人活动。社会工作者主要不是以帮助解决人们日常生活的、简单的困难为己任，而是主要面对那些复杂的难题。对于扶老携幼，可能任何人都可以做。但是对于城市失业者家庭、进城务工人员子女成长等问题的解决则不是一般人能做好的。社会工作常常介入这些复杂的问题，就要对问题进行科学分析。第二，社会工作者的助人实践以科学知识为基础。面对复杂社会问题，社会工作者要运用人类解决这类问题的相关经验，更有效地去面对问题。社会工作者在其长期的专业学习和训练中获得了许多解决问题的知识和经验，它们是经过无数次检验的科学知识，可以作为解决现实问题的参考。社会工作者引用这些知识和方法去科学地帮助有困难的人，能够取得更好的效果。当然这里并不排除社会工作者在实践中也会创造新的经验和知识。”①

社会工作还有一个很主要的特性我们要介绍，那就是“反馈性”。反馈性指的是社会工作者在实践工作中遇到社会问题时，自己对这些社会问题产生的根源、解决的办法和经验进行反馈。在我国一般反馈到自己工作的服务机构，由机构集中研究再上报社工委。反馈是社会工作的一个重要环节，因为社会工作者遇到问题时解决的只是个体或小群体的问题，然而类似的问题有可能会不断出现。如果及时反馈大量出现的问题，有助于社工委研究出台政策，在源头上限制问题的大量出现。而且社会工作者的反馈，有助于总结经验，并有利于形成新的工作模式和经验。因此反馈性是以后我们推广社会工作时必须重视的一个环节。

① 王思斌主编：《社会工作导论》，北京大学出版社，2011 年版，第 5—6 页。

三、社会工作的定义

社会工作（social work）在一些国家又被称为社会服务（social service）或社会福利（social welfare）。尽管在实务操作层面，各个国家的社会工作性质和工作领域大致相同，但在理论层面的认识上则各有不同。联合国1947年调查各国社会工作教育情况时，33个国家提交了33种不同的社会工作定义。不同学者对社会工作的定义更是五花八门。朱眉华和文军在《社会工作实务手册》里面将之归纳为五种不同的视角：

（一）把社会工作看作一种“活动”

例如1960年联合国出版的《国家与社会服务计划的发展》一书中指出“社会工作是运用个人潜能与社会资源，以协助个人调适环境的一种方法和技术”。李迎生根据中国现阶段的国情，将社会工作也定义为：“社会工作者运用专业知识与方法，帮助社会上处于不利地位的个人群体和社区，克服困难、解决问题并预防问题的发生，恢复、改善和发展其功能，以适应和进行正常的社会生活的服务活动。”

（二）把社会工作看作是一种“专业”

例如台湾学者叶楚生在其《社会工作概论》一书中指出：“社会工作或称社会事业，系指由政府机构或私立社团，所从事以协助个人、家庭、团体或社会发挥其潜能，调整其关系、或接触或预防其问题，并改进其生活或促进其福利的一种专业工作。它是一种有组织且具连续性的专业服务，需用现代科学知识与科学方法。”美国《社会工作年鉴》也倾向于认为社会工作是一种“专业”工作。

（三）把社会工作看成是一种“学科”

例如，在社会工作机构中，我们可能常常听到“我是学社会专业的”。很显然，在这里，“社会工作”作为一门专业能够在大学之中存在，原因就是它已经是一门比较成熟的正规学科了。在中国目前大学的学科设计之中，社会工作就是作为一门学科而存在的，它主要是专门研究、探索有关帮助人群调整社会关系，解决社会问题的学问。尽管它目前尚未取得独立的一级学科的地位，但是，作为社会学中的一个二级学科是得到认同的。

（四）把社会工作看作是一种“职业”

例如，我们常说，社会工作已经正式纳入到了国家职业序列之中，而成为一种新的职业了。很显然，在这里我们把社会工作首先看作是一种专门职业了。许多学者指出，社会工作区别于传统的助人活动之一就在于它是一种专门的职业，是运用科学的方法和艺术的手段去解决各式各样社会问题的职业。

（五）把社会工作看成是一种助人的“制度”

例如西柏铃认为：“社会工作是一种协助人们去预防和解决社会问题，恢复并增强他们社会生活功能的一种社会制度。”一般来说，社会工作是由政府或民间组织提供的一种规范化的、制度化的专业服务，它因此而被纳入现代社会制度系统中，成为贯彻政府的福利政策、确保社会稳定的一种不可或缺的社会制度。①

这么多的定义，让人难以完全记住，也费解。我们只要记住关键词助人活动、专业、学科、职业、制度就可以了。我们觉得“社会工作是以利他主义为指导，以科学知识为基础，运用科学的方法进行助人服务的活动。更确切的讲社会工作是一种科学的助人活动，它不同于一般的慈善活动”。② 这一说法较为简洁精确。

在这一章里，我们还有一个要延伸展述的定义：“社会工作是保障制度的补充和延续。”

---

① 朱眉华、文军：《社会工作实务手册》，社会科学文献出版社，2006年版，第2—3页。

② 王思斌主编：《社会工作概论》，高等教育出版社，2006年版，第12页。

第二节　社会保障

一、保障思想的根源

人类现代社会保障制度的萌芽历史可以追溯到17世纪初，即1601年英国伊丽莎白女王时期所颁布的《济贫法》。但社会保障概念的出现却是在《济贫法》颁布三百多年之后的事情。1935年罗斯福总统实施新政期间，由国会通过《社会保障法》，首先提出了社会保障概念。

社会保障思想的源头来源于原始社会生产力低下，人们互济有无、共度难关，强化生存概率的社会互动。

在远古的社会里由于生产力低下，单独社会个体适应生活环境的能力十分有限，人们需要以群居的方式生存。在原始人群中人们分工协作、互济有无、扶老携幼、照顾病残老弱。这样的社会互动协作行为就是现代保障思想的源头。

私有制产生后，原始人群的生活方式由群落部族过渡到以家庭为主的生活方式。家庭是社会的细胞，它集生产、生活、生育等社会持续发展的功能于一身。

私有制之下的社会保障功能以家庭和血亲氏族为主。在经济学角度来看家庭保障的方式是以血亲关系为纽带的代际交换方式。年青一代是家庭的未来的生产者，对他们的抚养和培育关系到家庭将来的发展。所以年轻人从家庭得到生活和发展的保障。老一代人在劳动期间不仅养活了自己，还为家庭经济单位培养了后备劳动力，使得以家庭为单位的经济单位得以持续发展。当老年人因年老而丧失劳动力后，可以从子辈或孙辈处获取经济资助、生活照顾和精神慰藉。这其实是他们的劳动回报，也是他们自己劳动成果的延期消费。家庭互换经济模式在有些时候会发生变故，如有些子女不愿抚养老人。因此中国古代的统治者为了维系社会再生产的顺利进行，特别在法律上规定“不孝”，也就是不养老，不尊敬老人者是大罪，不能赦免。以法律的手段来惩罚背信弃义者，维系家庭的稳定发展。

在古代中国社会发展还存在着不均衡的状态，为了防止过度的贫富分化导致社会崩溃，中国古代还将保障制度和公平分配结合起来，从源头上解决公平分配的问题。一条鞭法和摊丁入亩等政策将农业社会的第一生产资料平均分配，这是社会分配平均的保障。劳动力与土地分配税收制度的结合，使得人力合理地在土地上分配，使得土地兼并减少、荒地减少，在源头上限制了贫富分化，也在源头上满足社会保障需求。由于两千多年的社会都以家庭为基本生产单位，家庭的维系和社会保障都以家庭为主，这就形成了中国社会非常重视家庭的发展这样的观念。形成了独特的中国家庭伦理和社会规范，如提倡孝道等。

二、现代保障制度的产生

在18世纪60年代，英国发生了工业革命，随后欧洲各国也相继发生了类似的产业革命。生产力的大力发展不但极大提高了社会生产力也带来了巨大的社会变革，对社会生活方式、社会结构、思想观念以及社会保障系统带来了很大的冲击。

在大生产社会化生产的冲击下，原来以家庭为社会经济基本单位自然经济状态开始瓦解。英国发展史中的“大圈地”运动，用土地养羊使得很多的英国农民失去了土地成为了雇佣工人。

作为社会细胞的家庭首当其冲受到极大的影响，家庭规模、家庭结构、家庭功能、家庭观念等等都随之发生了大的变化。

家庭经济功能受到削弱。家庭作为社会基本生产单位的地位被工厂企业所取代。家庭成员的生产劳动与生产消费行为发生了分离，家庭生活水平的高低不再取决于家庭经济的好坏，而是取决于工厂企业或者是取决于整个社会经济的好坏。在剧烈变动的新经济条件下，劳动者难以把握自己的命运，家庭再也不能为其成员提供可靠的生活和安全保障。

家庭的规模日益缩小，家庭生活成员的生育行为受工业化大生产对劳动力需求的调节，不再追求数量而讲究质量。造成家庭人口越来越少，规模越来越小。

社会竞争程度的加剧，人口流动的加速，以及生活方式的剧烈变化导致传统大家庭的离散，家庭单位不但缩小，出现单亲家庭和两代家庭。社会赡养能力退化。

由于土地等生产资料的逐渐丧失，家庭的社会保障功能也随着缩减和消退。老年人养老和年轻人的失业随之成为了大的社会问题，社会因此出现了阶级矛盾激化、失业、养老等等社会问题。

为了缓和社会矛盾，保障那些失业、老残病弱等人的生活，德国率先实行了国家主导结合市场机制的保险制度。

保险制度是一种用大概率、小费用覆盖小概率、高费用的机制，大伙或者工厂主平时缴纳工伤事故保险费用、残病保险费用、老年保险费用，这是大概率事件，平时经常发生。而工伤事故、伤残、老年保险等到了领取费用时人数有限，是小概率事件，但费用较高，一般人难以承受。德国在俾斯麦主导下率先实行保险制度，开创了以后社会保障保险制度的先河。为以后的社会养老提供了比较好的现代模式，而国家主导的强制性缴纳也为以后的很多国家所接受和引用。现在的很多国家都是将保险制度用法律形式固定下来。

但是保险制度毕竟是市场行为和机制，其中难免出现问题。例如美国最大的保险机构在 2008 年就发生了即将倒闭的状况，好在美国政府出手相救，才得以存活。但保险公司为了将保险人的资金投资在股票和证券上则又可能会出现亏损乃至破产，这就是保险机制的困境。现在的美国、西欧发达国家大都将养老保险投入股市期盼获利，但市场并没有保证获利的机制，所以保险基金风险很大。一旦保险公司倒闭，那么随之就会出现养老、伤残、失业等等无法保障的情况。

回头再说保障制度的发展。随着德国的创新国家主导的社会保险制度发挥功效，世界各国争相仿效。其中美国于 1935 年 8 月 14 日实施的《社会保障法》具有标志性的意义。

1929 年世界发生全球性的经济危机，西方各发达国家的经济大幅衰退，而且 1929 年的危机是史无前例的。经济衰退并没有在两三年后恢复，一直持续的衰退和失业，造成了美国社会矛盾激化。为了缓和社会矛盾和刺激经济发展，美国新当选的罗斯福总统学习苏联的国家控制模式，由政府负责主导公共投资项目，负责安排失业工人；紧接着就安排颁布了《社会保障法》。

美国《社会保障法》的具体内容为（1）养老金计划，由联邦政府组织，雇主和雇员双方共同缴纳费用筹集保险资金。（2）失业保险计划，通过向雇主征税筹集工人失业时的救助资金，为失业工人提供失业时的生活补贴。这样的失业保险由各州组织管理。（3）老年人救助计划，通过联邦基金向各州的老年人提供现金补贴。（4）盲人救助计划，为各州已获准的对贫穷盲人的援助计划提供联邦补贴。（5）无独立生活能力儿童救助计划，通过联邦津贴向各州16岁或18岁以下因父母亡故或残疾而得不到应有照顾的贫困儿童家庭提供现金援助。

美国的《社会保障法》是学习德国和苏联的经验，为了更好地缓和社会矛盾、促进社会生产而实行的联邦主导的保险机制。这样机制的建立使得美国的社会矛盾迅速缓和，民众感受到了联邦政府的作用和用心，增加了美国国民的凝聚力，为美国以后在二战时发挥主导作用奠定了基础。美国学习苏联做法建立以全民保障为中心的保障系统，极大强化了美国国民的国家认可度，改变了美国历来联邦制造成的各州各自为政，联邦松散管理的状态，为美国二战后崛起打下坚实的基础。

自此之后，由国家主导立法，全民保险保障机制在西方发达国家全面实施，这对于缓和西方发达国家的社会矛盾起到了非常关键的作用。本来西方国家部分学者也相信马克思和列宁的预言，相信资本主义必将灭亡。但现代社会保障制度的实施，无疑在客观上缓和了阶级矛盾，增强了国家的认可度和凝聚力，使得发达资本主义国家暂时避开了马克思所预言的“灭亡”。但这只是暂时的，不能说明马克思的预言无效，只是延缓了资本主义灭亡的时间。因为现代的资本主义保障机制，其出发点和根本点是自由化的市场经济，这就难免出现个别的保险公司铤而走险，出现倒闭。从2008年的金融危机我们可以看到西方的金融机构的关联性是非常强的，一旦有企业出现倒闭就会发生连锁反应，就像2007年出现次贷危机导致雷曼倒闭，而雷曼倒闭又引发全球性金融危机。因此，由私人性质的保险公司倒闭，导致社会保障功能的丧失的情况就有可能发生。故而资本主义制度所犯的毛病是不治之症，灭亡是可以预见的。

西方现代的社会保障制度还有其根本性的弊端，下面简单介绍一下。（1）日益增多的福利支出导致国家的财政赤字不断攀升、债台高筑，出现财政黑洞，使得社会发展出现危机。现在的希腊债务危机就是希腊政府过渡补贴国民福利而导致债台高筑，面临国家财政信誉崩溃的危机。还有“美国用于社会保障的支出由1965年的190亿美元猛增到1985年的3000亿美元，超过联邦国防开支的50%，占国民生产总值的2.9%上升到7.7%。西欧国家的社会福利费用占国内生产总值的比重也从20世纪60年代的20%上升到70年代的30%，并且不断攀升”。[①] 西方发达国家的福利制度还造就了一部分“蛀虫”，他们只想获取而不想创造，有一些人根本不想工作而只是依据救济来生活。还有高福利必定带来高保险投入，这就加重了生产成本，导致企业的竞争力下降，企业竞争力下降，企业的产品必定销售不畅，这就会导致企业不增加雇佣工人或者减少雇佣。这就会无形之中抬升失业率。

西方发达国家社会高福利和保障制度的困境是因为所谓的民主制度，因为民主制选举有一定的期限，政党轮替。这就使得政客们为了获取权力不顾事实一味许愿，一旦胡乱许愿的政客当选，他们就会尽可能兑现自己的承诺为以后自己政党和自己的连任造势。长期如此，就使得大多数的西方发达国家透支未来，几乎全部欠下巨额债务。这样的困境是西方民主选举机制所无法避免的。这种趋势的长期发展必定会带来西方社会的崩溃。

讲解西方社会保障制度是因为社会工作是保障制度的一种补充和延续，不了解保障制度就难以全面了解社会工作的性质。所以以上所说西方社会制度的顽疾，我们的社会工作者要正视。也提醒我们国家的社会工作研究者重视，不能使我们的国家社会保障制度完全照搬西方发达国家，而且我们国家的民主实现方式也应该有所考虑，不能学习有大毛病的西方选举制度。

---

① 史柏年主编：《社会保障概论》，高等教育出版社，2004年版，第32页。

三、社会保障的功能

社会保障可以通过社会救助、社会保险和社会福利对失业或没有生活来源者、贫者和一切工薪劳动者，在暂时或永远失去劳动能力以及暂时失去工作岗位时提供帮助，使其能维持最低的生活水平，满足基本生活需要。这从社会系统上看是维持社会再生产的功能。

社会保障具有多种经济功能，主要包括以下几个方面：

（1）保护和配置劳动力功能。社会成员正常健康的生活是一个社会进步的基础。在市场经济条件下，出现优胜劣汰的竞争又是不可避免的，职业岗位稀缺而就业人口多，这就必然会导致部分劳动者可能要退出劳动力市场，使其及家属失去收入而面临生存危机。此时，社会保障就可以通过各种帮助，使这部分社会成员得以摆脱生存危机的困扰，维持最起码的基本生活需要，这样有利于保护劳动力的生产和再生产。

（2）还可以通过建立全社会的统一的社会保障网络及健全的社会保险制度，解除社会成员因变换工作或家庭迁徒而带来的后顾之忧，从而促进劳动力的合理流动，实现劳动力资源的有效配置，实现社会经济的正常运行。

（3）调节投融资功能。社会保障资金具有较高的稳定性，如把经过几十年积累的社会保障基金合理地利用起来，其作用将不可忽视。目前，世界各国社会保障基金的运用都是在保证投资安全的情况下，投向可获较高利润的项目上以使其增值，但客观上也确实成为国家调节投资的一大手段，在一定程度上支持了国家建设。

（4）分配的差异、收入的悬殊等，这势必会导致部分社会成员收入下降，生活出现困难。这时，社会保障就可以对低收入阶层给予生活所必需的给付，或者在养老、失业、伤病、残废、生育等情况发生之时实施必要的所得给付，就会对经济活动所造成的所得分配不均进行再分配，实现对国民收入的再调节，尽量缩小贫富差距，缓和社会矛盾。

社会保障还具有社会功能：

（1）社会保障可以通过社会救助、社会保险和社会福利对失业或没有生活来源者、贫者和一切工薪劳动者，在暂时或永远失去劳动能力以及暂时失去工作岗位者提供帮助，使其能维持最低的生活水平，满足基本生活需要。这从社会系统上看是维持社会再生产的功能。

（2）具有社会稳定功能。众所周知，导致社会不安定因素有很多，其中，社会成员生活无保障是重要的致因。我国古代就有“民贫则奸邪生”的观点。因此，社会保障已普遍被认为是稳定社会政治秩序、保障社会安定的“安全网”和“减震器”。20世纪70年代盛行起来的“从摇篮到坟墓”的福利国家虽然在某一时期出现了很高的失业率，但其社会秩序却比较稳定，这即是社会保障在发挥“安全网”的作用时的一种表现。国际劳工组织在总结各国社会保障制度的作用时指出：“没有社会的安定，就没有社会的发展；没有社会保障，就没有社会安定。”这一概括充分说明了社会保障的社会稳定功能。

（3）提高劳动生产率，促进生产发展。人类的繁衍发展与劳动力再生产是人类发展的必然过程。社会保障与工资一样，为劳动力的再生产提供必要条件。劳动力再生产是社会再生产的基础，劳动生产率的提高和生产的发展，取决于劳动力维持和再生产。而社会保障的实行可使劳动者患病时得到及时治疗，较快恢复劳动能力；同时义务教育、职业培训等又提高了劳动者的劳动技能。因此，劳动者具有健康的体魄、旺盛的精力和较高的技术，就可以大大提高劳动生产率，从而促进生产的大力发展。

（4）破除陈旧观念，树立新观念。我国计划生育政策的实施，以及伴随着社会进步产生的传统大家庭的分化，大大瓦解了我国传统的家庭保障功能，相应增加了社会保障的责任和义务。特别是在广大农村，如果实行健全的社会保障，使劳动者在年老丧失劳动力时能获得社会的物质帮助和照顾，还可减轻子女赡养老人的负担，破除千百年来人们养儿防老的观念，对控制人口的增长，实行计划生育有积极推动作用。西方高福利国家生育率极低就是例证。

（5）精神文明建设。社会保障为社会成员提供多方面的物质生活保障和精神生活保障，彻底解除了劳动者的后顾之忧，必然会促使劳动者自觉地参与竞争，并更有效地为社会工作。同时，社会保障制度是以互助共济为主要行为方式的制度，其实质就是“我为人人，人人为我”。社会保障在横向上是各种社会成员间的彼此互助、互济；在纵向上则是不同年龄劳动者之间的代际赡养、抚育，是代际互助、互济，这有利于社会成员间的团结，有利于代际的沟通和交流，有利于社会公德、道德观念的维护和延续，可以促进社会成员、社会各阶层为共同的利益而努力工作。这是先进道德观的体现，有利于协调人与人之间的社会关系，形成团结互助、同舟共济的良好社会风气。

第三节　社会工作的基本功能

社会工作是社会保障的延续与扩展，因此社会工作的功能与社会保障功能虽存在不同，却有很多交集。明晰社会工作的功能有利于开展社会工作，提高工作效益。

一、功能的概念

功能是物理概念，功能可以相互转换，必须有高能量才有高功率。功能后来被借用引申到社会学领域，形成了功能学派。功能学派认为，任何一种文化现象，不论是抽象的社会现象，如社会制度、思想意识、风俗习惯等，还是具体的物质现象，如手杖、工具、器皿等，都有满足人类实际生活需要的作用，即都有一定的功能。它们中的每一个与其他现象都互相关联、互相作用，都是整体中不可分的一部分。但是，马林诺夫斯基和拉德克利夫—布朗在学术上又不尽相同。马林诺夫斯基偏重对人类生物需要的研究；拉德克利夫—布朗侧重“社会结构”的研究，因而后来人们习惯地把拉德克利夫—布朗的理论称为“结构—功能论”。他们的分歧使功能学派内部分为两个不同的传统。

英国的文化社会学起源于功能学派的社会人类学，主要代表人物是B. K. 马林诺夫斯基、A. R. 拉德克利夫—布朗。马林诺夫斯基在《文化论》中说：“科学的人类学应当知道它的首要任务是建立一个审慎严谨的文化论。这个文化论应当包括比较社会学，统一所有的社会科学。”

他还认为，科学的人类学是对各种文化作功能的分析，要“根据经验的定律”或遵守“功能关系的定律”进行。拉德克利夫·布朗在《现代社会的人类学研究》（1935）一文中认为，任何文化都是一个完整的体系，因而主张用社会学的方法研究各种文化现象。他把自己的功能人类学称作“比较社会学”，认为比较社会学与社会人类学是功能的理论化。他着重研究文化的功能，因此，他的比较社会学也是“功能的文化社会学”。

功能学派首先把分析的对象看作是各部分之间有联系的整体或系统，认为社会现象、社会生活内部存在着广泛的联系，社会就是由具有相互联系的不同部分组成的整体。在这种基本观念之下，功能理论认为，组成整体的各部分对于整体的存在发挥着自己独特的、必要的作用，这就是部分对整体的贡献，这种部分对整体的贡献或作用被称为功能。显而易见，在功能理论看来，功能是一种积极的作用。功能理论的核心概念认为系统或整体的各部分在功能上是相互依赖的，因此系统和整体内部是和谐的。后来，社会科学在较广意义上使用“功能”这一概念，功能被认为是某一社会主体、社会安排所发挥的作用。

在社会领域里功能的意义也在多种意义上被使用，有时它比较强调系统的含义，比如讨论社会政策、社会福利制度的功能。这与我们这个理论的系统论理论是非常符合的，故而，社会工作的功能必须单独成章进行说明。功能有时侧重转换，例如社会行动对行动对象的作用。我们在论述功能时大都讲述其正面积极的功能，对于反面的功能，除非其影响特别重大，否则将会很少论述。

二、社会工作的基本助人功能

（一）助人

在第六章专门用一章来说明“助人自助”，从这里我们就可以知道社会工作的核心内容就是助人。助人的核心内容源自社会工作的初始。在社会工作初创阶段，所有的慈善工作者大都是教会组织的，他们的慈善目的就是为了救助贫困老弱生活难以自理的民众，其实质就是救助。

这样的核心任务就这样一直被沿用下来，时至今日帮助困难人群也还是我们社会工作者的主要任务。

（二）救难

危难是一个人因身体受损行动不便、经济破产难以维持生计或者是遭遇重大变故等原因而危及自身生存的状态。如意外伤害、精神崩溃、生活经济来源突然中断、突然得高治疗费用的大病等等情况，都有可能使当事人陷入危险和困难的境地。处于这样无助情景下的当事人，一般是难以自救的。这就需要社会工作者出手帮助，不但在物质上实行帮助，在服务上和精神上也要实行帮助，帮助受难者顺利度过身体不适和精神崩溃的难关。

（三）解困

一般特指案主遇到的生活苦难，但并未达到危及生存的程度。一般没危及到生存的困难我们的社会工作者要充分重视，因为这样的问题如果解决不好也会恶化导致案主轻生自杀或者铤而走险危害社会。在当事人出现生活困难时我们社会工作者要及时提供帮助，先寻找其亲属、朋友、居委会以及相关的社会慈善组织解决其物质上的生活困难，再实行关怀性帮助，询问其感受抒解其不良感受，在精神上帮助当事人。

（四）发展

帮助服务对象实现自身发展是社会工作的基本功能。社会工作的技能要求是尊重个人，社会工作也认为人是有潜能，并把挖掘人的潜能和发展人的能力作为达致个人幸福和社会进步的工作目标。促进人的发展并不只是马斯洛的自我实现，还包括知识技能的增长、个人与社会的协调能力、改变坏习惯增加社会适应能力等。帮助当事人个人能力的发展是社会工作总体目标的要求，只有多数个体能力提高了，社会在总体上才会进步发展。

三、社会工作的纠偏功能

（一）治疗功能

社会问题的出现是因为社会系统中某一小系统（个人、家庭、社区、环境等）的某项功能的缺失引发的。解决这些社会问题就是对这些小系统某项功能的纠正。一般的将这样的纠正恢复正常功能的工作称为治疗，因此社会问题的处理也称为治疗。治疗的含义就是针对社会病态进行纠正，恢复小系统的正常功能。在操作层面上治疗是对个人、家庭、群体的直接服务，帮助他们恢复缺失的社会功能。例如个人遭受失业或者其他挫折，有些人就会产生绝望，由此失去生存欲望。对这样的事主，帮助其找到工作，或恢复和培养新的就业技能是对事主的最直接帮助。鼓励事主勇于面对挫折，重新寻找工作机会，而且通过实践证明这并不是什么困难的事情有助于纠正事主偏狭的认知，即使以后事主再遇到类似的失业就可以从容面对。

社会工作的纠偏功能就是消除那些导致社会问题产生功能性缺失，使社会小系统（个人、家庭、群体或环境因素）某项功能缺失项恢复和补足。从而使服务对象以及所属系统发挥正常的社会功能。

治疗这样的纠偏功能是一种事后补救，是社会问题产生后再采取行动，因而具有被动性局限。而且这样的被动性局限会使得社会工作不断面临重复的工作，会使社会工作者产生厌烦心理，非常影响社会工作者的工作热情。

（二）预防功能

针对上面所说的被动式治疗功能和现状，社会工作在手法上又出现了预防性工作的思想。因为大多数社会问题都是可以在发生前进行防治的，这就好像我们预防流行性感冒一样。

预防是一个采取行动从而把对社会功能有所损害的个人或系统的影响降低，使社会功能完整发挥作用的过程。

预防有两方面的含义：一在社会问题未发生时，采取措施，防止社会问题的发生；二在社会问题刚发生时就采取相应的措施阻止社会问题的恶化。虽然这样的措施有点类似于治疗措施，但预防方式的治疗有着标示性的作用，其与治疗功能有差别，具有防范同类问题再现的作用。

预防功能的前提是对于社会问题的产生要有详细具体的研究和认识，对于哪些因素将引发社会问题有清楚的认知。而且，对于怎么才能有效解决即将发生的社会问题要有充分的准备，这样的准备是建立在充分的调查研究之上的。例如广州花都区有大量的湖南民工，而民工可能会因为事业、欠薪、医疗劳保等等问题与资方产生矛盾，一旦矛盾发生，这些湖南民工就会依赖其老乡系统向资方施加压力。故而在源头上解决这样的社会问题就成为了关键。警方依靠花都区的湖南商会强化与湖南老乡的联系，并且指派一定级别的湖南籍警方人员平时与这些湖南人多进行沟通，在一些事件发生时，第一时间处理和解决，以免发生群体事件。虽然花都区警方的做法在一些社会工作研究者看来不属于社会工作，但我们认为这是属于预防性的社会工作。虽然他们不是专业社工，但在性质上花都警方已做到防范于未然，治未病的境界。随着以后社会工作的发展，类似花都警方的工作将会转移到社会服务机构身上，届时社会工作的预防功能将得到贯彻与落实。

现在我国的社会工作在预防性功能上还没有全面的展开，但类似花都区警方的做法和思路将会是我国预防性社会工作的一个范例。很多的社会问题处理主要在于对社会问题的深刻认识，只有充分了解和研究才可能有很好的预防策略。

预防还有一个重要的手段就是进行公众教育。例如环保问题关系到人类的生存和发展，社会工作可以通过一系列的活动、计划宣传环境与人类关系的知识让人们明白环境保护的重要性，提高人们的环境意识，从而达到预防环境问题恶化的目标。

另外，预防功能的展现必须建立一定的渠道，让无助或者绝望者知道通过这样的渠道可以解决问题。有渠道使民众相信通过这样的渠道可以有效解决自己的问题或者有望解决自己的问题时，恶性的社会问题就会大幅度的下降。

第四节　社会工作的宏观社会功能

西方社会工作一直以实践性为主，只关注帮助案主和解决社会问题的方法，他们一般都停留在简单的纾难解困层面上。对于宏观层面社会相关性的思考较少，故而西方社会工作研究者对于社会工作功能研究不重视。

再有，西方的社会工作研究者受固有观念影响，先入为主，一直以心理学研究为主，即使以后结合系统理论和生态理论，但他们都简单化地认为社会工作是解决个人群体的社会问题，对于社会工作总体社会功能欠缺有益的思考。

对社会功能的全面认识有利于社会工作者知道自己的工作价值，也知道怎么收集有用的信息反馈给相关的部门，以期在源头上解决社会问题。所以在这一节里要讲解一些宏观性的社会功能。

一、反馈功能

反馈又称回馈，是现代科学技术的基本概念之一。它产生于无线电工程技术，后来成为研究生物、社会和生产技术等领域的自动调节现象的重要原理。反馈就是被控制的过程对控制机构的反作用，这种反作用影响这个系统的实际过程或结果。通过反馈概念可以深刻理解各种复杂系统的功能和动态机制，进一步揭示不同物质运动形式间的共同联系。

反馈最初是物理学中的一个概念，是指把放大器的输出电路中的一部分能量送回输入电路中，以增强或减弱输入讯号的效应。心理学借用这一概念，以说明学习者对自己学习结果的了解，而这种对结果的了解又起到了强化作用，促进了学习者更加努力学习，从而提高学习效率。这一心理现象称作“反馈效应”。

我们现在所说的社会工作反馈功能就是指社会工作者在实际的社会工作者中接触民众，直接反馈民众的需求，直接了解社会问题的影响和产生根源，将之形成报告，上报所属的社会服务机构，让社会服务机构里的高级研究人员将所有的反馈报告汇总整理、研究分析出社会问题产生的根源、社会问题的影响范围、以及提出怎么解决社会问题的具体方法和对策上报社工委，再由社工委专业研究人员汇总地区最急迫需要解决的代表性问题以及解决方案，依据实际的情况形成相应的政策，协助解决类似的社会问题，争取在源头上解决社会问题。但是，所有的社会问题都是复杂多变的，因此社会问题的反馈到形成解决问题的决策并不可能一步到位，需要多次反复作用与反馈，才可能有成效。如果重视社会工作者的反馈功能，我们就可以有效抑制社会问题的出现，而且还有可能在源头上解决社会问题。这很符合现代的社会工作“消灭案主”的观点。

但是，我们现在的社会工作模式大都套用西方的社会工作模式，而西方人并不重视社会工作的反馈以及信息收集的总结作用。因此，我国在大规模推广社会工作时，就必须先行一步，将社会工作的信息反馈和信息收集当作一件很重要的事情来抓。如果在现在试行的社会工作外包中，社工委要求社会服务机构必须建立一套信息反馈机制，反映当地社区的民生问题和社会问题，那么中国式的社会工作“反馈”机制就可以很好构建起来。在现在推广试行阶段，大部分的社会工作机构都没有健全的研究能力，不能出什么高质量的研究报告。但是只要社工委有这样的要求和决定，就会鼓励社会服务机构将资源投入到研究和信息收集及反馈。当这样的机制成熟并形成规模时，社工委就可以很从容、很有效处理各类社会问题。

社会工作的反馈功能是一种宏观层面上的社会功能，只有我们出身于社会主义制度的政府才会自觉进行组织和发展。像西方崇尚自由主义经济制度的学者们，思路固化，是难以想象将社会工作整体组织起来形成有效的整体化解决社会问题的构想。现代已经有近百年历史的西方社会工作理论都没有涉及到社会工作反馈功能的研究，所以“反馈功能”这一学说和论点可以说是本理论的一个创新。

二、社会循环发展功能

我们清楚社会工作是保障制度的延续和扩展，但社会工作在功能上有很多与社会保障功能重叠，也就是说社会工作的宏观功能可以涵盖社会保障的功能。

社会的经济发展最重要的循环有序，恰恰是社会工作和社会保障为社会再生产的秩序提供保障，使得社会再生产得以循环发展。分配不公往往会激化阶级矛盾，阶级矛盾的激化往往会引发社会革命。在十七八世纪的欧洲社会阶级矛盾激化，马克思和列宁曾经预言欧洲将发生无产阶级革命，而且社会形势的发展好像即将应验马克思关于无产阶级革命的预言。这让欧美的资产阶级非常恐慌。但是社会保障制度实行后欧美社会的阶级矛盾和社会矛盾相应减缓，而且非常有效。有效的社会保障制度与配套的社会工作使得西欧美国社会加强了认同感，也使得社会群体中的社会矛盾大量消减。这就是社会工作保障社会正常发展的一个很好例证。

只有社会正常发展，没有发生大的社会变革或革命，才能维持正常的社会再生产秩序。可以说社会工作是社会持续发展的稳定器。

另一方面看，社会工作和社会保障是促进社会生产力大发展的催化剂。19 世纪末德国实施三个社会保险，强化了国民认同，消减了社会矛盾，使得德国迅速发展成为欧洲最强的工业国家，可以说后来居上。仔细研究德国的历史发展，我们可以看到德国迅速发展的社会性原因是实施了社会保障和社会服务，强化了国民认同。

同样的，之后的苏联虽然经济条件薄弱，不比西欧国家好，但由于苏维埃政权一开始就实行全民保障计划，使得全体苏联人（各加盟国都一样）非常认同苏联这样的政体。苏联也因为实施了全民社会保障而使得整个社会的生产力大大发展。虽然欧洲资本主义国家全力封锁围堵苏维埃政权，但苏联还是很好发展了自己的经济，并快速完善了自己的轻重工业体系和农业生产体系，为后来二战战胜崛起的德国奠定了坚实的物质基础。

再看美国，1935 年罗斯福颁布《社会保障法》使得全体的美国国民得以受益，这大大加强了美国联邦的认受度，使得原来松散的美国联邦聚合成为一个有力的整体，迅速摆脱多年纠缠的经济危机，为美国的经济高速发展带来了契机。

从苏联、德国和美国的例子我们可以看到社会保障和社会工作具有强化凝聚力，促进社会生产力发展的宏观社会作用。

从宏观总体上看社会工作具有强化凝聚力，促进社会生产力发展的功能，也有维持社会秩序保证社会再生产顺利进行的功能。因此宏观上看，社会工作具有保障社会循环发展的功能。

再详细一点来说明，那就是社会工作犹如社会系统的清洁工，没有社会工作，就好像整个社会环境没有人打扫卫生。想象一下如果我们生活中缺少环卫工人的工作，我们的生活环境将如何糟糕？事实上我们也可以看到，西方国家的环卫工人如果发生罢工，大家可以看见街头堆满垃圾，老鼠满大街跑，恶臭难闻。社会工作就像我们生活中的环卫工人，只不过社会工作者清理的是社会环境的垃圾，而不是生活垃圾。但如果社会环境里的垃圾没有及时处理也会出现正常人难以生存的情况。索马里、卢旺达、现在的伊拉克和阿富汗等等都是“社会垃圾”没有清理的社会现状。因此我们还可以这么说，社会工作者是社会环境的“清洁工”或“清洁师”。社会工作是稳定社会环境，保证社会秩序正常，使社会再生产得以顺利进行的稳定剂。有时社会保障和社会工作还是生产力发展的催化剂。

三、国际关系改良功能

在宏观层面上看，社会工作主要是服务于本国的国民，改善国际关系好像扯远了。但这却是社会工作一个很实在的宏观功能。

在社会工作上有一项“国际社工”的分类，顾名思义国际社工就是在国际上为其他国家地区的人民做好事，提供服务的社会工作。现在西方的国际社工活动内容大都局限在救灾、灾后心理咨询、动荡地区的慈善救助、贫穷地区的医疗教育救助。

国际社会工作者联合会于1956年8月在德国慕尼黑成立，成员由最初的12个发展至今的84个，在全世界五大洲拥有近50万名注册社工会员，总部设在瑞士首都伯尔尼。国际社工联是当今唯一的也是最富权威的社会工作者的国际组织，并取得了联合国非政府组织的咨商地位，向联合国纽约总部和地区总部及一些国际组织派有常驻联络代表。国际社工联设有欧洲、亚太、非洲、拉美和北美五个地区组织。

国际社会工作的性质有点像白求恩到中国，但白求恩只是党派间的派遣，具有政治理念指导还不能完全成为国际社工。真正的国际社工应该是没有党派观念，不带任何政治色彩的国际社会工作。其工作目的和工作性质与国内的社工毫无二致，只是多了一些语言沟通能力的要求和教育培训技能。我国的国际社工业务怎么推广进行在下一章详细讲述，这里我们着重讲的是国际社工的功能。

国际社工对于任何国家的国内政绩来讲，短期内不能见到有很明显的好处，因此国际社工的发展必须具有全球观念和国际视野。用系统论观点就比较容易明白国际社工的发展对于国家的好处。因为在现在全球化的背景下，国家之间的相关性大大强化，帮助别人就是帮助自己。

“经济全球化”这个词，据说最早是由特·莱维于1985年提出的，但至今没有一个公认的定义。有人从生产力运动的发展的角度分析，认为经济全球化是一个历史过程。一方面，在世界范围内，各国、各地区的经济相互交织、相互影响、相互融合成统一整体，即形成“全球统一市场”；另一方面，在世界范围内建立了规范经济行为的全球规则，并以此为基础建立了经济运行的全球机制。在这个过程中，市场经济一统天下，生产要素在全球范围内自由流动和优化配置。因此，经济全球化是指生产要素跨越国界，在全球范围内自由流动，各国、各地区相互融合成整体的历史过程。其主要含义为：

（一）贸易自由化

随着全球货物贸易、服务贸易、技术贸易的加速发展，经济全球化促进了世界多边贸易体制的形成，从而加快了国际贸易的增长速度，促进了全球贸易自由化的发展，也使得加入到WTO组织的成员以统一的国际准则来规范自己的行为。

（二）生产国际化

生产力作为人类社会发展的根本动力，极大地推动着世界市场的扩大。以互联网为标志的科技革命，从时间和空间上缩小了各国之间的距离，促使世界贸易结构发生巨大变化，促使生产要素跨国流动，它不仅对生产超越国界提出了内在要求，也为全球化生产准备了条件，是推动经济全球化的根本动力。

（三）金融全球化

世界性的金融机构网络，大量的金融业务跨国界进行，跨国贷款、跨国证券发行和跨国并购体系已经形成。世界各主要金融市场在时间上相互接续、价格上相互联动，几秒钟内就能实现上千万亿美元的交易，尤其是外汇市场已经成为世界上最具流动性和全天候的市场。

（四）科技全球化

它是指各国科技资源在全球范围内的优化配置，这是经济全球化最新拓展和进展迅速的领域，表现为先进技术和研发能力的大规模跨国界转移，跨国界联合研发广泛存在。以信息技术产业为典型代表，各国的技术标准越来越趋向一致，跨国公司巨头通过垄断技术标准的使用，控制了行业的发展，获取了大量的超额利润。经济全球化的四个主要载体都与跨国公司密切相关，或者说跨国公司就是经济全球化及其载体的推动者与担当者。

国际社工是全球化背景下出现的新需求，而且按照系统论的相关性来看，国际社工虽然在短期内不能为自己的国家带来直接利益，但长远的发展却会给我们国家带来很大的利益：

（1）国际社工的推广与发展会让相关国家的人民深刻体会到我们的国家的友谊与帮助，可以加深国家间的关系，国家间的关系紧密了，相关国家的商品市场和投资市场就为我们开放，可以为我们的贸易提供市场，其对国内的影响就直接表现在财政收入的增加和就业岗位的增加。

（2）我国国际社工的开展主要内容是医疗和各类就业工作培训，如餐饮、学校、农业科技等。这些项目的推广可以让其他国家的民众感受到我们国家文化的伟大，也可以让他们明白我们的和平理念和天下一家的思想，可以增强我们的软实力。

(3) 国际社工的发展与推广可以强化我们与相关国家的合作与联系，这就可以为我们进行国家间的互补合作奠定基础。我们与落后国国家的互补合作主要方向是他们提供我们稀缺原材料和商品市场，我们提供熟练生产技术帮助相关国家提高生产效率，提供质优价廉的商品改善相关国家人民的生活。

总之，国际社工的开展与推广对于强化国家间关系，加强经济互补、互通有无，增强国家软实力都具有很好的作用。这里要注意的是：国家软实力的增加是双向的，并不是只有我们国家单方面增加软实力，相关国家的经济发展、民生改善也会增加他们国家的软实力。国际社工具有国际关系改良功能。

四、理论预测功能

理论预测在西方社会工作理论中是一个很大的难题，因为西方社会工作和研究大多集中于研究怎么有效地开展社会工作，其立足点是实际操作。而实际社会工作中所发生的种种社会问题应该说很难有相同的情况在现，研究标本的不确定性，使得惯于线性逻辑思维的西方研究者难以适应，他们很难从不同的社会工作案件中归纳出共同点。也就是说西方的社会工作理论还是没有从宏观上把握社会工作的关键，不论是道德伦理，还是方法论，都是相当杂乱。没有统一有效的解释理论，那么就无法发挥理论的预测功能。我们这里所讨论的是宏观层面上的预测功能，而不是局部小范围的预测功能。就像西方社工理论预判案主将会怎么发展，这样的局部小范围的预测不在本宏观讨论范围之内。

理论的预测功能在我国就可以很好发挥。首先，我们的一线社工都会在社工委的要求下完成其信息反馈的任务。信息反馈是治理改进决策的关键，有效的反馈可以为正确的决策提供有力的支持。第二，我们的社会工作区域组织性相当良好，社区、街道、区民政管理、区社工委、市社工委、省社工委、国家社工委。一级一级层次分明职能明确，可以保证信息反馈的不变异，政策执行无误差。有了全面正确的信息反馈，就有利于我们对社会问题进行全面的思考和研究，就可以有效发挥社会工作理论的预测功能。例如对于城镇化外来工发展的预判、对于小康社会建立所需条件的预判、对于收入水平发展的预判、对于改善进展的预判等等都是我们国家社会工作理论的宏观预测功能的发挥。虽然我们国家的很多社会工作理论和功能现在说起来好像与社工无关，就像上面讲到花都区警方预先处理群体事件。这是因为我们国家原来实行的是大政府，政府的职能是大包大揽。而以后国家的改革方向是“小政府”大功能，这样的改革方向势必会在以后将很多的社会服务功能转移到社会服务机构身上，像花都区这样的预先解决群体事件的工作以后就有可能不是再由警方作为主体来处理了。处理群体事件的主体以后很有可能是社会服务机构。对于社会发展以及社会问题出现的预测和预判，以后也很有可能转变为由社会服务机构的研究单位发预测报告，现在属于政府的研究部门以后都有可能转化为社会服务机构。以后的社工委在原则和发展方向上作出指导，详细的发展与发展预判就是社会服务单位的工作，社工委提供原则性指导和详实的统计资料为社会机构服务，社会服务机构连接两头，一头服务民众，一头为社工委服务。

预测功能是宏观性质上的功能，我们的社会制度有着发挥预测功能的优势，这是西方社会工作理论所难以比拟的优势。

五、宣传功能

宣传是一种专门为了服务特定议题的讯息表现手法。在西方，宣传原本的含意是“散播哲学的论点或见解”，但现在最常被放在政治环境中使用，特别是指政府或政治团体支持的运作。同样的手法用于企业或产品上时，通常则被称为公关或广告。运用各种符号传播一定的观念以影响人们的思想和行动的社会行为。

正是因为宣传的政治含义与社会工作的特点非常吻合，我们才称社会工作具有宣传效能。因为社会工作者接触面广，是第一线的工作人员，他们接触一般的民众，很方便对民众宣传政府的观念和见解。而且社会工作者一般都是无怨无悔为民众进行服务，他们在民众的心目中形象高大，影响力深厚，具有很好说服力，通过社会工作者来宣传政府的观念和工作目的是最为有效的。社会工作的宣传功能正好与反馈功能相反，反馈功能是收集信息，方向是从民众到政府，而宣传功能则相反，方向是政府到民众。社会工作的这两种功能正是社会工作的中介作用。

宣传有各种类型。按宣传的内容分，有政治宣传、宗教宣传、军事宣传、商业宣传、科技宣传等。宣传运用多种宣传手段：人际间面对面的宣传，要运用语言、姿势、表情等宣传手段；面向大众的宣传，要通过大众传播媒介，如报纸、杂志、书籍等印刷媒介和广播、电视、电影等电子媒介；理论文章、文艺演出、新闻报道也可作为宣传手段；一面旗帜、一枚徽章、一套制服、一座博物馆……都可以成为宣传手段。宣传还可按需要划分为不同的层次，如灌输、鼓动、教育、劝说、诱导、批判等。灌输是将思想理论、价值观念系统地输入人们的头脑并不断强化，理性和系统性是其特色。鼓动强调用具体事实和集中的论点激励人们的感情，使之强烈震动和有所觉悟。教育、劝说、诱导则情理并重。批判严词厉色，目的在使受宣传者改变态度，使其思想和行为向宣传者所需求的方向转化和发展。

尽管宣传可以划分为各种形式和不同层次，但它们具有共同的特点。(1) 目的性。所有宣传者都旨在影响受众，力图使受众按宣传者的意图行动。(2) 倾向性。在意识形态领域，宣传的倾向性不仅表现在不同阶级、阶层和集团的宣传者所宣传的内容上，也表现在他们所运用的手法上。(3) 社会性。一般说来，宣传都要面向社会各阶级、各阶层，以求影响最大多数的受众。(4) 现实性。表现在宣传目标、宣传材料和宣传效果等方面，没有现实的宣传目标和宣传材料，就不能获得现实的宣传效果。(5) 附合性。宣传往往依附于其他的文化传播领域。新闻是宣传最易依附的手段，原因首先是宣传能借力于新闻告知的职能而获得影响受众的机会；其次是新闻客观报道的形式容易掩盖宣传的目的性而产生潜移默化的效果。教育也是宣传易于依附的领域，因为教育是人的社会化基本途径。人们通过接受教育获取有关社会的和自然的各种知识，建立人生观念和价值观念，因而高层次的宣传即灌输最容易在教育领域发挥效能。

宣传具有激励、鼓舞、劝服、引导、批判等多种功能，其基本功能是劝服。即通过多种内容和形式，阐明某种观点，使人们相信并跟着行动。让民众信服且接触面广、具有影响力的社会工作者为政府的观念和工作目的进行宣传是一个很有效的社会宣传手段。因此我们的社工委要充分重视，在以后的社会服务发包过程中必须有宣传指标这一项，这样才可以利用社会工作这一渠道进行有效的宣传。

社会服务机构还可以结合工作中发现的实际问题，组织专家对居民疑惑的，或者是可以帮助居民生活的日常知识等进行专项的宣讲活动。例如组织医学专家在社区里进行常见病防治宣讲。因此宣讲指标在以后的社会服务发包中应该是一项必不可少的指标。

社会工作还有很多功能这里难以一一讲述，而且还有不少的新功能会不断被发现挖掘出来。我们这里专门讲解社会工作的功能是为了使社会工作者对于自己的工作价值和目的性有一个清晰的认识，这样社会工作者们才会有宏观观念、总体观念。有宏观概念后，社会工作者们可以更为有效地认识社会问题产生的原因和根源，方便汇总收集反馈信息，也方便理解政府的工作观念和工作目的，更有效地执行政府的工作指令。

这一章强调社会工作的功能是为了让所有的社会工作者明白他们所做工作的社会意义，也提醒社工委要注意宏观上社会工作的影响。我们要采用系统论的观点来看待整个社会工作，要明白社会工作是社会秩序的维持，也是社会再生产循环顺利进行的强力保障。

第八章　中国特色社会工作

本章主要讲的是，我们国家进行社会工作的优势、社会工作中应该着重注意的方面、在现有情况下怎么更好发展和推广我国的社会工作。

第一节　中国社会工作的优势

一、文化价值优势

前面助人自助一章讲到过儒家的“天人合一”思想、佛教的轮回报应思想和道家的天人同构阴阳结合思想，都是要求人们必须先修炼好自己，再帮助别人。在这样的思想观念指引下，我们中国人有着深厚的助人传统，这样的助人意识几乎已进入到人们的潜意识之中。即使是这几十年市场化活动也难以消减中国人的慈善之心。这些固有的慈善思想观念前面讲过，这里不再重复介绍。下面介绍一些比较突出实用的传统文化价值。

（一）孝文化

大家知道现在老龄化和养老问题成为了西方社会的大问题。养老和服务老人成为了西方社会工作和社会保障的主要构成，但西方发达国家的养老系统还是不尽如人意，大都出现了难以为继的问题。可是，在中国古代虽然没有现在这么丰富的物质条件，中国社会的养老并没有成为社会持续发展的大问题。中国人在古代依靠提倡孝道完美地解决了社会养老问题。下面详细讲解中国的孝文化。

中文是图形意会文字，百善孝为先。古人造的“孝”字非常有深意，“老”字在上，“子”在下，甲骨文的“孝”字就是孩子搀扶着长辈行走的意思，可见儿女赡养父母、尊敬老人，正是天经地义的事情。

《诗经》吟“哀哀父母，生我劬劳”；《孝经》说“夫孝，德之本也”；孔子论“人之行莫大于孝”，主张把“孝”作为选拔任用干部的一项重要标准，即所谓“求忠臣必于孝子之门”。由于孔子重视孝道孝德教育，所以孔子门下多孝子。孔子的学生“曾参心痛感啮指”、“子路养亲远负米”，以及“闵损痛单感后母”之类的故事脍炙人口，流传至今。历史上类似的故事传颂至今汇总成二十四孝，成为了教育民众的好素材。

《孝经》是中国古代儒家的伦理学著作。传说是孔子自作，但南宋时已有人怀疑是出于后人附会。清代纪昀在《四库全书总目》中指出，该书是孔子“七十子之徒之遗言”，成书于秦汉之际。自西汉至魏晋南北朝，注解者及百家。现在流行的版本是唐玄宗李隆基注，宋代邢昺（音 bǐng 古同“炳”）疏。全书共分 18 章。

《孝经》以孝为中心，比较集中地阐发了儒家的伦理思想。它肯定“孝”是上天所定的规范，“夫孝，天之经也，地之义也，人之行也。”书中指出，孝是诸德之本，“人之行，莫大于孝”，国君可以用孝治理国家，臣民能够用孝立身理家，保持爵禄。《孝经》在中国伦理思想中，首次将孝亲与忠君联系起来，认为“忠”是“孝”的发展和扩大，并把“孝”的社会作用推而广之，认为“孝悌之至”就能够“通于神明，光于四海，无所不通”。

《孝经》对实行“孝”的要求和方法也作了系统而详细的规定。它主张把“孝”贯穿于人的一切行为之中，“身体发肤，受之父母，不敢毁伤”，是孝之始；“立身行道，扬名于后世，以显父母”，是孝之终。它把维护宗法等级关系与为君主服务联系起来，主张“孝”要“始于事亲，中于事君，终于立身”，并按照父亲的生老病死等生命过程，提出“孝”的具体要求：“居则致其敬，养则致其乐，病则致其忧，丧则致其哀，祭则致其严”。《孝经》还根据不同人的等级差别规定了行“孝”的不同内容：天子之“孝”要求“爱敬尽于其事亲，而德教加于百姓，刑于四海”；诸侯之“孝”要求“在上不骄，高而不危，制节谨度，满而不溢”；卿大夫之“孝”则一切按先王之道而行，“非法不言，非道不行，口无择言，身无择行”；士阶层的“孝”是“忠顺事上，保禄位，守祭祀”；庶人之“孝”应“用天之道，分地之利，谨身节用，以养父母”。《孝经》还把道德规范与法律（刑律）联系起来，认为“五刑之属三千，而罪莫大于不孝”；提出要借用国家法律的权威，维护其宗法等级关系和道德秩序。《孝经》在唐代被尊为经书，南宋以后被列为《十三经》之一。在中国自汉代至清代的漫长社会历史进程中，它被看作是“孔子述作，垂范将来”的经典，对传播和维护社会纲常、社会太平起了很大作用。

我国古代孝的内容涉及的方面是很多的。政治上，孝规定了不犯上，不作乱；孝可以引导忠心。孝的实施，实质上是一种参与政治的行为。《论语·学而》指出：“其为人也孝弟，而好犯上者，鲜矣；不好犯上，而好作乱者，未之有也。”《论语·为政》中也指出：“孝慈，则忠。”“或谓孔子曰：‘子奚不为政?’子曰：‘《书》云：孝乎惟孝，友于兄弟，施于有政。’是亦惟政，奚其为为政?”在作人上，孝是作为士的名谓的重要标准，孝也是作为他们经常反思的重要内容。《论语·子路》中指出：“子贡问曰：‘何如斯可谓之士矣?’……曰：‘宗族称孝焉，乡党称孝焉。’”《论语·子罕》中也指出：“出则事公卿，入则事父兄，丧事不敢不勉，不为酒困，何有于我哉?”在对待父母的态度上，孝规定了不要改变父亲的老规矩，父亲即使有不当之处也不能怨恨，儿子对父亲的过错要隐瞒，对父母要有礼，要敬养父母，时刻关心父母的病痛，对父母要保持和颜悦色，要时刻想着父母的长寿和年高。这些内容，《论语》中都有明确的阐述。什么“父在，观其志；父殁，观其行；三年无改于父之道，可谓孝矣”，什么“事父母几谏。见志不从，又敬不违，劳而不怨”，什么“父为子隐，子为父隐，直在其中矣”。还有“今之孝者，是谓能养。至于犬马，皆能有养。不敬，何以别乎”；还有对父母“生，事之以礼；死，葬之以礼，祭之以礼”，“父母惟其疾之忧”；还有侍候父母“色难。有事，弟子服其劳；有酒食，先生馔，曾是以为孝乎”；还有“父母之年，不可不知也。一则以喜，一则以惧”。孔子对孝的论述，既深刻又全面，后来社会上流行的“孝道”内容，均是从孔子的“孝论”延伸和发展的。

中国最早的圣王之一舜，以“孝感天地”的举动开创了中华民族“孝德”的先河，他执政的时代成为中华早期社会的理想王国；汉文帝刘恒是“二十四孝子”中的第二位帝王，他始创的“文景之治”赢得了万民景仰，以至于赤眉军起义时挖掉了西汉帝王的所有陵寝而独留其墓；自汉武帝“罢黜百家，独尊儒术”之后，以“忠孝节义”为主导的思想体系成为历代王朝稳定社会的不二法门。历代封建帝王登基时，为了显示仁德，几乎都要大赦天下，但又有“十恶不赦”之说，其中两个不赦与不孝有关，如第四条“殴打和谋杀父母尊长等”和第七条“不孝父母等”，由此可见孝德在治国安邦中的重要性。与此形成鲜明对比的是西晋、东晋、南北朝时期几个短命王朝，君王多是不忠不孝、无情无义之人，上不能以恩德让亲属大臣敬服，下不能以信誉令百姓安居乐业，于是成为历史上的匆匆过客。强大的元朝帝国入主中原后，重武轻文，排斥中华传统文化，即便是实行酷律严刑，收缴兵器，也只维持了九十年的统治便土崩瓦解。满清统治者一统华夏后，接受元朝的教训，面对国内强烈的排“满”情绪，实行“以孝治天下”等亲和汉族传统文化的政策，不仅缓和了社会矛盾，还开创了“康雍乾盛世”。

孝道的倡导不但解决了社会养老的大问题，还在封建社会里解决了中国社会的保障问题。古代的中国社会的社会保障主要是靠家庭和血亲关系的氏族来进行，依靠家庭和血亲的纽带，中国得以很好地实现社会保障。而孝道的倡导既满足统治者要求忠诚的需求，也满足社会生产经验和知识的传授需求，又可以顺利实现养老功能，还可以顺带推广仁爱思想，可谓一举多得。因此孝道的提倡在历代统治者看来非常具有政治价值，一直是官方首倡的道德标准。并且在法律上规定不能赦免的十大罪行其中就有不孝一条。

孝文化其实质就是运用血亲原理，倡导感恩心态，以到达养老的功效。其社会功效是解决社会养老问题。身体发肤受之父母的感恩心态又引申出忠的思想，不犯上不作乱的忠君思想就是直接来源于孝，所以孝道因为其具有忠的思想在历代受到帝王的推崇。

孝道提倡尊敬、奉养老人还起到另一个作用，就是老人们的人生经验可以比较好地被后代执行，一些好的经验和习惯会被很好地继承下来。这对于族群的生存是至关重要的。由于孝是尊敬、奉养，由此从爱老习俗演进，人们就很容易形成爱幼习惯，相应的“尊老爱幼”行为实际上就是“仁爱”。孝不单有倡导忠心的政治作用，还有解决养老的社会学效用。这样的养老效用，也只是到了现代，当我们发现西方国家各种养老的制度和措施都难以完美解决养老问题时，我们才发现中国古代“孝道”的伟大。孝道不单解决养老，还解决忠诚这样的政治问题，而且还顺理成章地倡导“仁爱”促进社会和谐。

（二）礼乐文化

礼乐文化是我们传统的文化观念，它具有很好的维持秩序的功效，因此，礼乐的精髓对于社会工作很有指导作用和实际价值功效。

《说文解字》曰：“礼，履也，所以事神致福也。”礼起源于原始宗教，是由原始宗教的祭祀礼仪发展而来的。郭沫若认为：“大概礼之起源于祀神，故其字后来从示，其后扩展而为对人，更其后扩展而为吉、凶、军、宾、嘉的各种仪制。”“礼”在甲骨文中是个会意字，原作“豊”，是由祭祀中奉献鬼神的礼器引申为祭祀鬼神之仪式的。事神仪式（礼）与事神歌舞（乐）的结合，也就是“礼乐”的初义。

《左传·昭公二十五年》上子产说，“夫礼，天之经也，地之义也，民之行也。天地之经，而民实则之”。《礼记·坊记》上有“礼者，因人之情而为之节文，以为民坊者也”；《史记·礼书》上有“观三代损益，乃知缘人情而制礼，依人性而作议，……礼者，人道之极也。”乐字的字典解释是声音，和谐成调的。礼代表天地自然的秩序，引申到社会秩序，而秩序的和谐则是乐，礼乐就是秩序和谐。

原始人在严峻的生存斗争中，因其文明的低下而无法理解自然界各种变化莫测现象的因果关系，从而产生恐惧感和神秘感，认为在他们周围的各种事物中存在着一种能够主宰或影响他们生活的超自然的力量，于是便将这些自然物和自然力人格化为神灵加以膜拜，并企图用咒语、祷词、舞蹈、音乐等手段对其施加影响。当这种伴随着咒语、祷词、舞蹈、音乐的巫术仪式被组合成有一定格式的礼仪性祭典时，当这种祭典仪式在特定时间和按特定方式被反复举行时，它就会成为部落内部的一种制度和习俗。这种现象在世界各民族原始时期都曾普遍存在过，而在中国，“礼”的观念及“礼乐”概念便从这里开始萌生。礼的原始状态是一种祭神仪式。从现代的人类学研究资料看，大多数的原始族群，他们的治病、酋长就职、祭神、交易等等都有一定的仪式。而大家所熟知的一种举白旗的投降仪式也是从古代仪式演化而来的。

仪式是一种认可，一种强化，原始人通过仪式强化认知，扩大影响。殷商中鬼神祭祀，周人灭殷商后将祭祀鬼神的一些仪式批判性地继承转化成为周礼。《礼记表记》说：“殷人尊神，率民以事神，先鬼而后礼，……周人尊礼尚施，事鬼敬神而远之，……”殷人崇信神鬼，事无大小，都要请示神鬼，礼乐方面的用乐，甚至用乐工，也常常要卜问神鬼才能决定。他们利用宗教维持统治的方法，全然是以神的威严来压制人和恐吓人，其礼乐的意义是着眼于处理人与神鬼之间的关系，本质上属于原始宗教文化。周人并非生来就是无神论者，他们也信神鬼，其礼乐的主要用途仍然是祭祀，只不过是采取“事神敬鬼而远之”和不为神鬼所惑的理智态度。

孔子反覆强调“礼、乐”的重要性，认为一个国家兴衰的重要标志在于“礼、乐”。首先在大的方面，如治国安邦，孔子认为，一个国家要想和谐、稳固，必合乎礼、正乎乐。孔子说：“道之以政，齐之以刑，民免而无耻；道之以德，齐之以礼，有耻且格”，礼这里是作为治国的一个基本要素而提出的。礼乐于小处看，则在于“博学于文，约之以礼”，陶冶人的境界、情操，使人眼界豁达、心胸开朗，同时也知道该如何规范自己的行为，“恭近于礼，远耻辱也”，知道什么该做，什么不该做。“恭而无礼则劳；慎而无礼则葸；勇而无礼则乱；直而无礼则绞”，因此，“非礼勿视，非礼勿听，非礼勿言，非礼勿动”，礼在孔子的设想中，无疑是能够使社会和谐的一个重要途径。“礼之用，和为贵。先王之道，斯为美；小大由之。有所不行，知和而和，不以礼节之，亦不可行也。”这应该说也确实是颇有道理的。譬如虽然读书虽有可能让人变得更加精明、富于机谋，但总的来说，更主要还是使人更加知礼，重仁义道德、温文尔雅、谦恭礼让。

因为秩序的维持需要和谐，因此才礼乐并称，去乐字的音乐和谐含义。《礼记·乐记》对礼与乐的联系与区别有更全面、深入的论述，如“礼以导其志，乐以和其声”，“礼节民心，乐和民声”，“大乐与天地同和，大礼与天地同节”，“乐者，天地之和也；礼者，天地之序也。”“乐统同，礼辩异，礼乐之说，管乎人情矣。”“乐者为同，礼者为异。同则相亲，异则相敬。”总之，礼乐职能不同，礼别异，乐求同：礼分别人们的贵贱等级，使之有序；乐则统一人们的心理感情，使之和顺。礼乐的作用不同，礼主要是控制、规范、归化人们的行为，乐主要是渲泄、疏导、调整人们的情感。荀子也十分强调“礼乐一致”的原则。“礼乐之统，管乎人心矣。穷本极变，乐之情也；著诚去伪，礼之经也。”（《荀子·乐论》）说明礼乐都是用来控制调节人们的思想感情的。二者并用一致，才能有效地整合社会秩序。

《礼记·经解》也记载：“有治民之意而无其器则不成。礼之于正国也，犹衡之于轻重也，绳墨之于曲直也，规矩之于方圆也。”《礼记·仲尼燕居》说：“治国而无礼，譬犹瞽之无相与！伥伥乎其何之？譬如终夜有求于幽室之中，非烛何见？”“礼之所兴，众之所治也；礼之所废，众之所乱也。”荀子的结论也是“国无礼则不宁”，礼是“国之命”。

孔子对古代礼仪发展所做的贡献，还在于他把仁学注入了礼学之中，阐述了仁与礼的关系。孔子说：“人而不仁，如礼何？”可见，孔子不满意礼只是人们外在的行为规范，认为人们在施礼时应具有仁爱之心，即仁为实施礼的基础。仁是人的思想根源、感情内涵，礼是仁的外在流露、形式体现。孔子说：“今之孝者，是谓能养。至于犬马，皆能有养，不敬，则何以别乎？”子贡在问到如何培养仁德时，孔子回答：“工欲善其事，必先利其器。”“颜渊问仁。子曰：‘克己复礼为仁。一日克己复礼，天下归仁焉！为仁由己，而由人乎哉？’”（《论语·颜渊》）复礼是恢复天下和平的秩序，而孔子要求的是从根本做起，那就是节制自己的欲望。每个人都节制自己的欲望为别人着想，那么天下就太平，没有杀戮。天下太平没有杀戮就是大爱的具体表现，因此在孔子看来，和平的秩序就是爱人，就是天下太平，也就是说恢复天下的和平秩序。

“夫礼必本于太一，极大曰太，未分曰一。分而为天地，转而为阴阳，变而为四时，列而为鬼神。鬼者，精魄所归。神者，引物而出。其降曰令，圣人象此下之以为教令。其居人曰义。孝经说曰：‘义由人出。’孔子曰：‘夫礼，先王以承天之道，以理人之情，失之者死，得之者生。故圣人以礼示之，天下国家可得而也。’人知礼则教易。伏羲以俪皮为礼，作瑟以为乐，可为嘉礼；神农播种，始诸饮食，致敬鬼神，谎为田祭，可为吉礼；黄帝与蚩尤战于涿鹿，可为军礼；九牧倡教，可为宾礼；易称古者葬于中野，可为凶礼。又，‘修贽类帝’则吉礼也，‘厘降嫔虞’则嘉礼也，‘群后四朝’则宾礼也，‘征于有苗’则军礼也，‘遏密八音’则凶礼也。故自伏羲以来，五礼始彰。尧舜之时，五礼咸备，而直云‘典朕三礼’者，据事天事地与人为三耳。其实天地唯吉礼也，其余四礼并人事兼之。夏商二代，散亡多阙。洎周武王既没，成王幼弱，周公摄政，六年致太平，述文武之德，制周官及仪礼，以为后王法。礼序云：‘礼也者，体也，履也。统之于心曰体，践而行之曰履。’然则周礼为体，仪礼为履。周衰，诸侯僭忒，自孔子时已不能具。秦平天下，收其仪礼，归之咸阳，但采其尊君抑臣，以为时用。”（通典——礼典第四十一唐杜佑撰）这是唐朝学者对于礼的总结。

《管子·五辅》上说：“夫人必知礼，然后恭敬，恭敬然后尊让，尊让然后少长贵贱不相逾越。”可见，恭敬作为礼的基本特征，是先秦儒家乃至以外的其他学派都公认的，楚简也不例外。《五行》上有“安而敬之，礼也”，“行而敬之，礼也”，“恭而博交，礼也”。[①] 礼的关键之处在于敬，也就是说社会秩序的维持在于相互尊敬。我们社会工作者可以借用的就是礼的精神敬，不管在什么时候我们都要尊敬案主，这也符合心理学沟通理论的要求。而“礼之用，和为贵”则说明礼就是秩序，秩序的维持要点就是和平，以和平、平和的心愿和心态去处理事就可以很好地维持社会秩序。与人沟通用尊敬的态度则非常有效。

因此礼乐文化这样的传统文化价值在以后的社会工作理论构建和指导实际的社会工作实践中具有非常重要的作用，在这里必须专门说明。

① 荆门市博物馆：《郭店楚墓竹简》，文物出版社，1998年版，第150页。

（三）治未病理念

中国有一个传统的理念叫作“良医治未病”，出自《汉书·艺文志》中的《鹖冠子》世贤第十六。（卓襄王问庞暖曰：“夫君者亦有为其国乎？”庞暖曰：“王独不闻俞跗之为医乎？已成必治，鬼神避之，楚王临朝为随兵故，若尧之任人也，不用亲戚，而必使能其治病也，不任所爱，必使旧医，楚王闻传暮在身，必待俞跗。”卓襄王曰：“善。”庞暖曰：“王其忘乎？昔伊尹医殷，太公医周武王，百里医秦，申麃医郢，原季医晋，范蠡医越，管仲医齐，而五国霸。其善一也，然道不同数。”卓襄王曰：“愿闻其数。”暖曰：“王独不闻魏文王之问扁鹊耶？曰：‘子昆弟三人其孰最善为医？’扁鹊曰：‘长兄最善，中兄次之，扁鹊最为下。’魏文侯曰：‘可得闻邪？’扁鹊曰：‘长兄于病视神，未有形而除之，故名不出于家。中兄治病，其在毫毛，故名不出于闾。若扁鹊者，镵血脉，投毒药，副肌肤，闲而名出闻于诸侯。’魏文侯曰：‘善。使管子行医术以扁鹊之道，曰桓公几能成其霸乎！’凡此者不病病，治之无名，使之无形，至功之成，其下谓之自然。故良医化之，拙医败之，虽幸不死，创伸股维。”卓襄王曰：“善，寡人虽不能无创，孰能加秋毫寡人之上哉？”）

也就是说，最好的医生并不是在你生病时才来给你治疗，而是在你没有生病时就指出你将要引发病变的征兆和提出防治的措施，让你不生病。我们觉得这样的理念很适合于在中国指导社会工作开展和进行。

因为，中国的社会工作与西方的社会工作有很大的不同。西方的社会工作者，因为发达国家的社会福利保障系统非常健全，他们只需做一些个人的服务以及进行一些辅导性的工作就基本可以完成任务。而中国由于是经济急速转型的国家，社会福利保障系统正在慢慢发展和规范，现在还很不完善，难以做到像西方发达国家那样大部分私人问题全由国家福利系统解决。因此在中国的社会工作者就会经常遇到一些社会问题，如果进行剖析，准备预案的时候就会发现有很多问题实际上是由于经济收入和医疗保障引起的。而当面对这样的问题时又是中国的社会工作者个人和机构所难以解决的。

治未病的工作理念就是预判可能发生的问题进行先期处理，不要让社会问题发生、发展到难以解决的程度，而是在源头和苗头上消除社会问题的引发点。例如农民工到城里务工，他们的子女教育、亲属安置、居住环境、劳动保险等等，政府都要有相关的政策安排以消除他们的后顾之忧。而社会工作机构则要对入城务工人员有可能产生的附带问题进行解决，以免入城务工人员产生大的顾虑和焦虑，少了顾虑和焦虑，民工们的心情就会比较好，这样即使有什么突发事件发生，也难以爆发群体性事件。相反，如果民工的子女教育、居住环境、劳动保险等方面没有安置好，那么就很可能激发起群体事件，因为这是大家利益相关的事，一件事的处理可能以后的事主就是自己，因此很容易激发群体事件。所以群体事件的防范最好的办法就是运用中医“治未病的理念”。

治未病理念的贯彻应该由社工委牵头。因为很多治未病的措施，并不能马上见到成效，有些还很难见到成效。这就有必要由社工委出台政策加以引导，也必须由社工委安排出一定的资金来执行这样的政策。政策在出台前必须依据实际情况，有预见性地解决。这样就要求社工委还必须有一定的奖金、奖励社会服务机构发现问题、反馈问题和提出对策。如果在组织上社工委认真落实，那么符合中国国情的治未病就要比群体事件爆发时再“维稳”，要更加有效和节省操作成本，也有利于服务民众和减少整个社会的操作成本。

例如：广州新造谷围新村拆迁安置区，安排的多是原来的务农人员，现在处于城区，这些农民除了得到安置款之后，就没有其他的城市工作技能，而有一定赔偿金的农民又不愿意再去干粗重的工地或清洁工作。这样就很容易使得安置区的农民出现群体赌博现象，过了十年八年后这些没有引导就业或创业的农民将安置款或者是安置房输光吃光后，这样的人群就是社会的问题人群。如果社工委能够先期认识到这样社会问题的发展趋向，那么就应该运用治未病的理念进行政府干预。例如安排城市新职业就业培训，或出台帮助创业的新政策。

再举例说明。在同一大型安置区里有大量的闲散劳力，那么政府就可以安排银行贷款成立社区企业，利用社区的闲散劳力，而银行的成本回收，政府可以与税收政策结合，将企业建成后连续几年里的企业税收拿来抵补归还银行贷款。而企业由社区参与的员工集体管理又可以增加新社区的认同感，有利于政府的管理。政府方面即使在税收上损失了税费，但在其他的方面也会有所收获，因为社会闲散人员的劳动本身就创造商品，是对社会财富的贡献。而且政府免除的只是这些商品初级出产的税收，在宏观上看，闲散劳力创造出来的商品，在营销环节也会给政府创造税收，金融行业也会创造新的税收。这样一举多得的措施就是“治未病理念”贯彻实施。

中国有价值的传统文化还有很多，这里就不一一介绍。中国传统文化价值有一个非常不同的地方就是其有机性，也就是非常有生命力。例如孝文化，不管现在的价值观念怎么变化，但对于孝观念和行为，中国人却是独一无二，不管怎样都保持不变，即使是十恶不赦的强盗，或者是作奸犯科的罪犯，他们对于生育自己的父母总是存在温情和眷顾。而且这样的文化价值生命力还体现在不管社会怎么变迁，怎么批判打击，孝、礼等观念并没有消失。这些传统的文化价值观念即使受到冲击、破坏也有很强的自愈能力，就像有生命的有机体一样，这是文化史上的奇观。

二、后发优势

后发优势又称为次动优势、后动优势、先动劣势，这个名词源于企业竞争理论，是指相对于行业的先进入企业，后进入者由于较晚进入行业而获得的较先动企业不具有的竞争优势，通过观察先动者的行动及效果来减少自身面临的不确定性而采取相应行动，获得更多的市场份额。例如：研发成本优势、行业风险把握优势等。在市场经济领域中，存在着市场进入次序优势，包括先动优势和后发优势。现在我们借用这样的概念来说明我国社会工作的优势。

企业后发优势存在于三个方面：（1）后动者的“免费搭乘”效应：后动者可能会在产品和工艺研究与开发、顾客教育、员工培训、政府审批、基础投资等很多方面比先动者节省大量的投资，却可以从中获益。（2）先动者出现了错误的技术或营销战略：由于市场初期，技术和顾客需求的不确定性和“非连续性”往往导致先动者的错误决策，而后动者可以从先动者的错误中吸取这些教训，不再犯先动者曾经犯过的错误。(3) 在位者惯性：由于沉没成本的存在，组织僵化，企业不愿引进新产品或改进产品，不愿改革，而后动者作为一个追赶者，时刻都想抓住机遇从而取代先动者的地位，因而对企业的组织结构、技术、产品等都进行大量的革新，从而在与先动者的竞争中占有优势。

同样的，在社会工作领域里也存在“后发优势”。西方发达国家率先实行福利国家、全面保障以及延伸用社会工作来补足保障制度的不足。在社会工作的实施过程中，我们可以看到西方社会工作推广中的不足，例如社工培训专业，由于初期的理论不足，导致社会工作实践走弯路，基本以个案和动力心理学为理论依据，其结果就形成了不良惯性，致使西方社会工作只关注个人层面的社会问题解决，而忽视宏观层面的社会问题解决，不能在源头上解决社会问题。这就使社会工作相当被动，类似的社会问题会一再出现，这样就导致社会工作者很容易出现疲惫感和厌烦感。

再有，在社会工作的实践经验积累和理论研究上，西方发达国家施行了一百多年，期间有一些很好的实践经验很值得我们借鉴，还有一些理论研究我们可以从微观和宏观总体上来观察，可以用不偏不倚的观点来考察。这样我们就会很容易发现，现有西方社会工作理论研究上有哪些优点和长处，也可以发现其短处和弊病。这对于我们随后跟进进行社会工作推广或进行理论创新都有好处，为我们国家的社会工作超越西方现有的社会工作理论和模式提供了基础。

在社会科学研究上，后发优势非常明显。因为社会科学研究的是一个较长的历史事实，在短期内很难见到其宏观效应，只有经过长期的实践和观察才可以看到理论的短处和长处。马克思就是在魁奈、杜尔哥、亚当斯密、李嘉图等的著作成就上进行总结才写出了辉煌的《资本论》。

后发优势还有相应的理论，美国经济史学家亚历山大·格申克龙（1904—1978）在总结德国、意大利等国经济追赶成功经验的基础上，于1962年创立了后发优势理论。所谓“后发优势”，也常常被称作“落后得益”、“落后的优势”、“落后的有利性”等。格申克龙的所谓后发优势理论包含以下几个层次的含义：

（1）第一层含义即所谓“替代性”的广泛存在。格申克龙强调指出，由于缺乏某些工业化的前提条件，后起国家可以、也只能创造性地寻求相应的替代物，以达到相同的或相近的工业化结果。替代性的意义不仅在于资源条件上的可选择性和时间上的节约，更重要的在于使后起国家能够也必须根据自身的实际，选择有别于先进国家的不同发展道路和不同发展模式。格申克龙关于替代性理论的提出，是以欧洲有关国家在形成工业化大突进时所需要的资本积累模式的经验为例证的。他将18世纪以来欧洲各国分为先进地区、中等落后地区和极端落后地区三类。他强调了存在着多种途径达到同一种效果或者是从事相类似活动的可能性。因此，所谓替代性，实质上指的就是这样一种取得同样结果的手段或是器具的替代性。在制度安排上的多样性和可选择性，对先进技术的模仿和借用，使后发国家一开始就可以处在一个较高的起点，少走很多弯路。

（2）第二层含义是指后起国家引进先进国家的技术、设备和资金。格申克龙指出，引进技术是正在进入工业化国家获得高速发展的首要保障因素。后起国家引进先进国家的技术和设备可以节约科研费用和时间，快速培养本国人才，在一个较高的起点上推进工业化进程；资金的引进也可解决后起国家工业化中资本严重短缺的问题。

（3）第三个层次的含义是指学习和借鉴先进国家的成功经验，吸取其失败的教训。在这方面，后发优势主要表现为后起国家在形成乃至设计工业化模式上的可选择性、多样性和创造性。后发国家可以借鉴先进国家的经验教训，避免或少走弯路，采取优化的赶超战略，从而有可能缩短初级工业化时间，较快进入较高的工业化阶段。

（4）第四个层次的含义是指相对落后会造成社会的紧张状态。格申克龙指出，在一个相对落后的国家，会产生经济发展的承诺和停滞的现实之间的紧张状态，激起国民要求工业化的强烈愿望，以致形成一种社会压力。这种压力，一方面源于后起国家自身经济的相对落后性及对维护和增进本国利益的考虑；另一方面也是先进国家的经验刺激和歧视的结果。“落后就要挨打”，这在人类世界似乎永远要作为普遍法则而运行。因此，落后国家普遍提出要迅速实现工业化的要求。

借鉴、少走弯路、发展压力、避开消耗点是后发优势的总结。我们国家在社会工作的推广实践和理论研究上具有很大的后发优势。

三、养老问题及社会优势利用

西方发达国家现在大都依靠养老金保险来实施社会养老保障。但是，在纸币时代，养老金的增长远远赶不上通货膨胀的步伐。所以很多的国家都出现了养老金难以为继的状况。再加上社会医疗的进步，人的寿命也相应增加不少，以前设计的保险制度明显不符合现在的社会平均寿命，也就是说保险金制度跟不上时代的发展。原来保险公司认为可以满足支付需求的保险制度设计漏洞百出。这就是人口老龄化的问题，世界银行曾根据该行在 80 多个国家参与养老金改革的经验，发表报告指出，发达国家在人口老龄化前就已实现富裕，而发展中国家在实现富裕前已开始进入老龄化，目前，两者面临共同的人口老龄化问题。本来寿命增加是社会进步的表现，没想到却因为保险制度的设计错误和支付困难，“人口老龄化”就这样成为了贬义词语。由此，我们可以看到，现在的西方发达国家的养老制度有着明显的硬伤，不具可持续性。这就是西方发达国家，乃至现在世界各国的一个世界性难题。

在中国，我们一样也面临着养老这样的大问题。由于工业化和社会化的发展，中国家庭相应缩小，其保障和养老功能也在减退。而学习西方养老保险制度进行养老则明显跟不上我国的养老需要，而我国的社会养老保障还在沿着西方社会的保险设计模式在进行着。

与西方发达国家相比，我国养老方面有着几个严重的不足：

（一）医疗保障体制不健全

（1）城乡、区域间医疗资源分布不合理。医疗资源分布向城市及经济发达地区集中，特别是医疗卫生技术人才明显集中在城市及经济发达地区，经济欠发达地区的卫生院很难留住人才。农村公共卫生服务基础设施落后，群众看病难、看病贵。

（2）药品和医疗器械生产流通秩序混乱，价格过高。患者经常被多用药、用贵药，甚至虚报药价。

（3）医疗保障体系与医疗公平不相适应。现有医疗保障覆盖率低，全国只有享受国家公费医疗保障的少数人得到了较实在的医疗保障，其他均处于一种较为脆弱的医疗保障之中，居民看病自费比例较高，个人负担重，医疗公平明显不足。

我国老年人口是高患病、高伤残、高医疗费用的群体，他们消耗着近80%的医疗资源，医疗费用占整个GDP的8%～9%。一个老年人一生的医疗费用占其一生支出的2/3。老年人平均健康预期寿命仅占预期寿命的70%，带病生存时间长达10年。完全或部分失能的老人由2000年2260万增至2009年4000万，增长近一倍。医疗保险基金支出急剧增加，2008年达2020亿元，比2004年上涨234%。

由于老年人群参保率低、结构老化、许多单位应参保不参保，无故拖延保费的缴纳，漏报、瞒报工资基数来逃避缴费，致使基金的筹资水平低；从实际医疗消费看，即使参加了基本医疗保险，享受基本医疗保险待遇，但由于统筹基金起付标准设置的门槛过高，参保老人自付医疗费用比例高，一些老人患了大病、重病或慢性病，统筹基金和个人账户支付就会严重不足，且存在较大缺口，参保老人不得不用现金支付很高的医疗费用，这给低收入和多病老人带来巨大的经济负担。全民基本医疗保障对医疗费用承受能力提出更高挑战。

（二）养老保障制度“碎片化”

（1）养老保险覆盖率低。在我国，纳入基本社会养老保险的人群只占总人口的15%，低于20%的国际最低标准。国家在设计养老保险方案时，未把机关、事业单位纳入基本养老保险社会统筹范围。机关公务员及全额财政拨款事业单位职工的养老保险仍实行国家财政统包；差额拨款和自收自支事业单位职工养老保险实行社会统筹和个人缴费；部分股份制企业、“三资”企业、私营企业以及城镇个体经济组织仍游离于基本养老保险制度之外。

（2）统筹层次低。目前还没有建立国家层面的统筹局面，绝大部分还是市县级统筹，只有个别省份建立了省级统筹，养老保障制度的“适用性”和“便携性”差，有关养老保险具体的改革方案、政策制度和基金的调剂等问题都是由地方政府决定，而各地在缴费和待遇标准等具体政策方面千差万别，经济发达的沿海地区养老金积累已达几百个亿，而老工业区及一些经济不发达的贫困地区却收不抵支，养老基金难以在全国范围内进行调剂，致使劳动力跨区域流动也存在着诸多的困难。

（3）养老保险收支严重不平衡。随着人口老龄化高峰期的临近，支付压力日益增大。据统计，1980 年在职职工与退休人员的供养比是 13:1，1990 为 10:1，到 2003 年这个比例已经锐减到 3:1。此外，每年新增退休人员 300 多万人，如果现行政策不变，社会统筹养老金收支均衡赤字将在 2016 年后凸显出来。

（4）养老保险转轨成本高。历史欠账形成沉重的转轨成本，已退休“老人”和 1997 年养老制度改革前参加工作的“中人”，需要靠改革后“新人”的缴费供养，形成个人账户空转。2008 年养老基金“空账”达 1.4 万亿，2016 年将扩大为 3 万多亿。

（5）养老保险基金保值增值能力低。现行制度要求养老保险金余额除满足两个月的支付费用外，80% 左右要用于购买政府债券或存入银行，由于近期银行存款利息率低于通货膨胀率，导致养老保险金的结余不断贬值，这势必加重未来时期养老保险的负担，也会增加国家在养老保险方面的支出负担。

（6）养老保险缴费率高。全国 23% 的基本养老保险费率明显高于世界 10% 的水平，也超过国际 20% 的警戒线水平；养老保障标准低，城市基本养老保险月均 1000 元，而农村不到 100 元。

（三）养老资源严重缺乏

老年人口数量特别是高龄老年人口数量的快速增长，使得社会养老资源的总量明显不足，供需矛盾突出。

（1）养老设施总量供不应求。现有养老服务制度基本上还是“补缺型”的制度框架，主要保障“三无”和困难老人的基本生存，服务面相对狭窄，尚未形成系统化的、惠及全体老年人的服务体系。养老床位供给数量严重匮乏，供需矛盾突出。据统计，截至2008年底，全国共有各类老年福利机构37623个，养老床位245万张，仅占60岁以上老年人口的1.5%，不仅低于发达国家5%～7%的水平，也低于一些发展中国家2%～3%的水平；虽然近年来民办养老设施有了相当发展，但即使像经济发达的北京市，每百名老人拥有床位也仅为1.5张。

（2）养老服务队伍的职业化建设滞后。从岗位职责和专业技能看，我国现有养老服务队伍远不能适应快速老龄化的社会现实需求。最突出问题是专业技术人员严重缺乏。以养老护理员为例，我国城市失能和半失能老年人占14.6%，农村已超过20%，这部分老年人需要专业护理和照顾。按照老年人和护理员的比例3:1来推算，我国最少需要1000万养老护理员，但目前全国老年福利机构的职工只有22万，取得养老护理职业资格的仅为2万多人，不仅与我国几千万失能老人的潜在需求相差巨大，而且无法满足现有200万进入养老机构的老年人的护理需求。同时，服务队伍的整体素质较低，专业水平、业务能力和服务质量不能有效满足服务对象的需求。

（四）老年产业发展滞后

随着老龄人口规模激增，需求结构变化，老龄朝阳、绿色产业的兴起和发展成为必然趋势。老龄产业涉及广泛，不只包括养老服务，还包括老年教育、老年旅游、老年用品、老年文化娱乐、老年房地产等。

（1）老龄产业供需矛盾突出。我国老龄产业尚处于启动阶段，与巨大的市场潜力相比，老年产业远远落后于市场需求。作为一个横跨第一、二、三产业的综合产业体系的老龄产业，目前只在老龄医疗、医药、保健品方面有所发展，其他老年人专用品开发得很少。没有制定发展老龄产业的优惠政策，老人专用商品及精神文化用品开发不够，老年服务业、咨询业及旅游业等大有潜力的老年消费产业发展不够。

（2）老龄产业缺乏相应的政策支撑。老龄产业投资大、盈利低、资本回收期长，需要有相关政策的扶持，尽管目前一些重要文件都提到了重视和发展老龄产业，但很多都是原则性要求，缺乏具体配套的政策。即便是已出台的相关政策，在实施过程中由于受到部门利益等不同因素的影响，还存在落实难的问题，这在很大程度上限制了社会力量的积极参与。

（3）老年产业发展处于无序状态。老龄产业起步晚，现有市场管理大多还是依照旧有体制。老龄产业市场缺乏统一的市场规范和行业标准，缺少有力的行业监管机构，造成老龄产业的产品和服务总体质量不高，处于无序运行状态。缺乏行业标准导致了不正当竞争，引发消费者对整个老年市场不信任，这样一来，想正当生产和经营的厂家、商家也不敢轻易涉足该领域。

（4）老年产业投资不足，缺乏规模效益。我国人口老龄化是在未富先老的情况下发生的，老龄化速度和老年人不断增长的需求比例远远大于老龄产业资金投入增长的比例，政府解决老龄问题和促进老龄产业发展的经济实力远远不够，同时老龄产业吸收的社会投资也十分有限。大多数民办老龄产业都面临资金少和贷款难的困境。这就造成了老龄产业发展资金上严重不足，以致形成现有老龄产业层次不高，整个行业后劲不足的尴尬局面，难以形成规模效益。

（五）老年事业体制机制不顺畅

（1）老龄工作运行机制不健全。现行的政府养老职能大多分散在政府的各职能部门，民政、妇联、工会、文化教育、劳动人事及企业生产等部门均在搞老龄工作，政府各职能的老龄工作缺乏整体规划和行动协调，政府各职能部门各自为政，很难形成统一的管理，老年工作管理主要是民政部门在做，其他部门与民政部门缺乏有效的配合和协调沟通。人、户、单位分离现象严重，造成现有公共服务设施使用效率低下。

（2）社会养老意识不足。由于我国进入老龄化社会的时间不长，对人口老龄化将带来的挑战尚未有充分认识，在应对老龄化的举措上缺乏统筹，也对未来老龄化挑战缺乏准备，人口老龄化问题的战略地位还没有得到足够重视。对人口老龄化社会发展方式的认识还不深入，应对老龄化问题的政策主要集中在老年人口养老问题上；缺乏对就业、抚养负担、代际公平等与劳动力供求和接续等政策安排；缺乏鼓励老年人参与社会发展、推动老龄产业发展、促进健康老年群体收入、挖掘二次人口红利的政策。老年工作评估制度没有建立，难以对为老服务的效果、效率进行质量评估。

我国在养老方面虽有很多的不足，而且学习西方的制度设计并不能有效解决我国的养老问题，故而我国在养老的制度设计上要有别于西方发达国家，因为我国的经济基础还远远不如西方发达国家，社会财富积累也远达不到全民福利这样的程度。

在这样的情况下，我们必须发挥我国传统的文化机制优势，利用人们根深蒂固的“孝顺”观念来帮助养老，解决现在社会资源不足，国家保障能力有限的困难。“孝道”的提倡必须要有一整套的社会政治措施，如鼓励社会的孝顺行为，评选孝子，政治提拔的首要条件要看是否孝顺，还要有一定的机制和措施惩罚那些不孝的子孙，将这些不孝行为在法律上规定为违法。直接的社会宣传行为就是对那些不孝的官员马上撤职，对不孝的社会分子进行经济和法律惩罚。本来，我国就有很好的“孝顺”教育传统，现在推行“孝道”可以避免像西方一样出现养老金难以为继的问题，也正好弥补我们国家因积累不足无法实现养老的全民保障的不足。这些措施的实施还是要有一定的辅助手段，对那些养育帮助老人的群体，政府应该有申请补助的窗口。

我国在现在社会资源有限的现阶段养老还可以发挥中国人的血缘宗亲观念，利用亲属宗亲关系相互照顾，在社会网络资源和环境资源上帮助老人。这也是一种社会工程，需要政府倡导和鼓励。历史上我国就已经很好地利用孝道解决了社会养老问题。所以我们在社会养老问题上并不能按照西方国家的模式来进行，而是要发展出我们国家的自有模式，也就是要利用我们文化中的“孝”文化，血亲、宗族文化来弥补我国财富基础薄弱积累少的弱点。

四、社会化组织优势

大家知道，现在西方发达国家的社会工作重点是发展社区组织和行政工作。在我国社区工作发展方面我们具有天然的优势。

在建国之初，我们国家在制度上就设计了居委会、村委会这样到达基层的管理系统，这些管理系统就是我国基层的行政组织。居委会和村委会有着多年的为人民服务的行政经验，本身就是一个“准社会工作单位”。

这些居委会员工和村委会干部与专业社会工作者的区别就是他们不具备专业社会工作者的社会服务专业知识。因此我们可以因地制宜，对于居委会干部和村委会干部进行专业的短期培训，让他们学习必备的社会专业知识，一定时间后，再进行一定的资格考试和验证后，合格的居委会干部和村委会干部都可以直接转变成为专业的社会工作者。

大量的居委会干部和村委会干部经过培训有可能大部分成为专业社会工作者，这对于我们国家将社会服务专业化外包给社会服务机构，实现小政府的规划将起很大的促进作用。这是我们国家的组织结构优势。

另外，在社会组织方面我们还具备有规模化的优势。现代社会工作的发展趋势是寻求规模化和社会化的社会工作方式，以便大规模解决社会问题。而我国正好在制度和组织方面具有这样的天然优势，有利于实行规模化社会工作。

我们的社会工作推广现在都是按照社区、街道、居委会、村委会这样试点推行的。这些推行的点和面上的社会组织都是由政府主导实施的，而且现在基本上所有的购买服务资金都是由各级政府提供的。这就有利于我们政府进行引导和管理。社工委的设置也是基于这样的目的。在实现社会工作规模化之前，社工委就必须先有规模化社会工作的构想。

实现社会工作社会化、规模化地解决社会问题的关键应该采取有别于西方社会工作的做法。在西方社会工作的工作模式里面，大部分的社会工作者只是实际操作者，他们的功能就是帮助困难的案主。而我们现在推广实施社会工作要发挥优势，不但要将社会工作者当做具体的操作者，还要要求社会工作者成为信息员，及时反馈各类的社会问题和判断社会问题产生的根源。实际上，对社会问题根源的认识和把握对于规模化解决社会问题非常重要，只要清楚认识到是什么引发相类似的社会问题，那么社工委就可以研究出台相应的政策，在源头上解决这样的社会问题。在现行社会条件下，如果社工委要求所有的社会服务机构作出社会问题和需求的调查，所有的社会服务机构都会全力执行。这样社工委就会有第一手的调查资料，方便与依据实际情况出台社会政策。

社会工作者的反馈功能的拓展是我们有别于西方社工的另外一种功能，而且也只有在我们这样的社会主义国家里面才有可能发挥这样的优势。

再有，现在的社会矛盾激化，群体事件不断发生。我们的社工委可以根据实际的社会情况要求社会工作者的工作重心着力于抒解民怨，调查民怨的引发点。在一个时期和一定地区要求社会工作者集中解决某类事件和情况是我们国家的社会主义优势。

所有的社会工作者在我们国家，既是工作者也是调查员，既实际帮助案主和事主，也在信息反馈上间接帮助案主和事主。而且大量的社会工作者是一线的慈善实施者，他们的社会影响力比较大，是很好的宣传员，是政府政策的执行者和贯彻者，做好社会工作者管理和教育工作有利于我们国家实现和谐社会。

中国的社会工作规模化和社会化还体现在社工委可以利用社工进行街区宣传，在社工进行社会工作服务的同时宣传政府相关的惠民政策和社会发展思路，例如宣传“中国梦”的构想和实施路径，让民众清楚了解政府为民服务的思想，有利于增强国家的凝聚力。

我们国家还有志愿者组织和残障服务的优势，而且志愿者组织和残障服务和保障方面我们处于世界领先的地位，由于这两种情况大家比较熟悉，也由于本章篇幅的原因，这里就不再进行详细介绍。

总之，我们在学习西方社会工作的时候要注意发挥我们的社会管理和组织优势，争取在规模化解决社会问题上领先于西方发达国家。而且这样的领先是必定发生的，因为西方发达国家没有我们的社会管理和组织优势。而且西方国家的社会工作思路已经固化，就是不断地解决类似的社会问题，不能够在源头上解决。他们的社工没有反馈信息的功能，即使有反馈信息的功能也没有我们国家这样有效的在源头上组织解决社会问题的制度优势和能力。

从长期发展看，不用二三十年，我们国家的社会工作的成效就应该超过西方发达国家。

第二节 不同于西方的社会工作

一、国际社工

在我国，社会工作还没有全面推广，要推广国际社工看似更加困难。但是，现在我们的社会工作与西方的比较优势恰恰就体现在国际社工上面，而且国际形势发展要求我们必须这么做，因此我们可以将国际社工推广的工作先准备好，以后就可以很方面地实施和推广。

国际社工针对的是现在美国在世界上对中国围堵的形势，在美国的挑唆和破坏下，现在非洲、美洲、亚洲，包括东欧有很多的国家对我们中国产生了很大的误解。如果我们在国际上推广国际社工，那么就可以用实际的行动来破解美国的捣乱。

国际社工推广的思路是这样：我们现在的国外收入主要是以国营企业为主体的国营企业完成的，也有一些个体或集体的企业，即使在国外获利也必须在我们国家上税。如果国家对相应地区的企业或中国公民获利规定必须要四分之一用于所在国本地的社会工作，也就是说企业在其他国家创造的利润要拿出四分之一回归所在地做好事，服务于当地民众。这样的措施虽然暂时会使我们国家对于公民境外税收收入减少，但这是暂时的，长远的会有很多的利益增长可以自然弥补这些税收收入的损失。

目前来看，我国现行推广国际社工可以为我们带来如下的好处：

（1）增强友谊。取之于民用之于民，在其他国家实施这样的措施可以让当地民众和政府充分理解我们中国的善意，增强国家间的友谊。

（2）在所在国实施社会工作有利于我们与当地民众沟通，更方便了解当地民众的需求，也就是说对于当地市场可以获得更为可靠直接的需求信息，有利于拓展市场。

（3）国际社工的资金方是我国，因此国际社工的实施可以为我国解决很多的就业岗位。

（4）我们在国际社工的实施过程中可以让其他国家的民众了解我们

国家的和平理念和国际关系理念，有利于增加我们国家的软实力。

现在我们推行国际社工在内容上可能会有很多地方与现行的国际社工不一样。现行的国际社工内容主要是慈善救济，多表现为救灾、战争受难人群救助、医疗救助、教育救助。我们国家推行的国际社工与通用的国际社工不同，政府规定税收收入的一部分为所在国进行社会服务，这是前所未有的。我国以前就有国际援助和救助的良好习惯，如对非洲的医疗队援助、基础建设的援助等等。但是，现在的国际社工则与以往不同，因为现在的国际社工不是以政府为主体进行的，而是以社会服务机构进行的，这就减少了政治性和目的性，使得其他的国家政府和民众容易接受。而且我们用税收法律规定在所在国获利有一部分必须用于当地的社会福利服务，这本身就显示了我国政府的国际眼光和宽广胸怀，一下子就可以占领道德制高点。

我们国际社工的推广除了正常的医疗教育和救助外还可以对所在国的民众进行工作培训和生产技术培训。如中国餐饮烹饪的培训班、农业生产技术的培训班、轻工业生产技术员的培训班等等。在医疗上我们推广中医治疗，可以有针灸、电疗、气功、推拿等等多种学习培训班。这些培训班不但可以让所在国民众熟悉中国的很多技艺，也可以让他们逐渐理解中国文化。除此之外，我们还可以将中国武术进行推广，免费建立各个门派功夫的培训班。

国际社工的推广可以不断强化我们和其他国家的关系，也会不断拓展我们国内商品的国际市场，增加外贸出口额，为我国外贸出口提供保证，可谓一举多得。所以在目前我国税收制度不够健全，国外税收不够的情况下，我们国家可以考虑现行将部分的外汇储备用于国际社工。这对于灌输我国社会工作的理念和我们的工作方法和思路非常有用，一切都是先入为主。欧洲和美国现在还不大会出大资金来进行国际社会工作，我们要把握先机，率先规模化地实行国际社工，先行占领全球化以后的一个很有效的增强国际影响的平台。

国际社会工作者联合会于1956年8月在德国慕尼黑成立，成员由最初的12个发展至今的84个，在全世界五大洲拥有近50万名注册社工会员，总部设在瑞士首都伯尔尼。

如果我们国家在法律上有规定所在国获利企业应该将获利部分四分之一用之于所在国，那么我们国家的“国际社工”就会马上掌握国际社工的话语权。在这样的资金和工作实施情况下，我们实施有别于现有国际社会工作联合会的工作规定操作章程等等，则顺理成章，以后的一切国际社工将会按照我们国家的模式来进行工作，因为我们政府法律指导下进行的国际社工将会很快在规模上形成量的优势，而且可以很快就形成质的优势。把控好国际社工的话语权，将是以后国际关系发展的一个重要手段。国际社工的培养也将解决我国大量的就业岗位，与社会工作专业不同的是，国际社工必须懂得一门乃至多门外语，而中国餐饮培训、中医培训、中国功夫培训也可以解决数量不菲的就业。

二、外来工服务

所谓“外来工”，是中国国内“流动人口”的一部分。这个群体主要来自农村，因此在一些官方文件和研究论文中也称作“农民工”，但也有一部分来自小镇或城市，他们的农民身份和外来人口身份对他们的处境有程度不等的影响。从狭义上，外来工是指受雇于各种工业企业的工人和低层的管理者；广义上包括商业企业的服务人员，甚至应当包括从事个体的小商小贩。因为这一群体工作不稳定，可能在家乡和工作地之间，或不同的工作地点和不同性质的职业之间频繁转换。概括讲，非居民户口的社会工作人员就是外来工。现在政府比较关注的是那些在工厂打工的人员，因此政府官员眼里的外来工就是服务于生产性企业的工人。

外来工问题之所以受到关注，因为他们是权利上的弱势群体。从流动开始至今的十几年，尽管他们对经济发展的巨大贡献逐步得到承认，各种制度和管理也朝着有利于他们权益的方向发展，但是他们在工作地的地位仍然处于下层，经常性地受到侵害和忽视。随着农民工和外来工问题一一浮出水面，人们对这一群体所遭遇的不公也越来越不能容忍，关注和援助这一群体的组织、个人和项目也越来越多。

外来工问题源于固有的户籍化管理。在 20 世纪 80 年代改革之前，中国的管理制度以“城乡分治”和“属地（按户籍所在地）管理”为原则。所有的社会保障和社会福利制度都是按这两个原则设立的。在这样的管理制度下，农村人、城镇人和城市人享受的由制度所提供的待遇有很大的差别；而且这种差别被不准流动的制度固定化了。

20世纪80年代中期不准流动的政策松动，农村人外出逐年增加，到90年代初期形成“民工潮”，突破了政策允许的范围，造成一系列政府管理、社会治安、劳动者权益的问题。对此，国家没有足够的准备，紧急应对措施：一是各地采取清退、打击等方式，缓解民工潮带来的社会治安和管理的压力；二是采取人口流出大省与人口流入大省的政府劳动部门协作方式，将农民的流动纳入国家劳动力管理的工作范围（以前中国各级政府的劳动部门只管理城镇劳动力）。

90年代中期是一个重要的转折点。1994年，劳动部颁发了《农村劳动力跨省流动就业管理暂行规定》，标志着农村人的就业问题已经成为国家劳动力管理的一部分，流动就业也获得一定程度的合法性；同时，国家颁布了《劳动法》，农民工与所有劳动者一样，受到国家法律的明确保护。同时，从中央到外来人口集中的省市和一些更低级别的地区，开始建立外来人口的管理机构。这个机构是由与外来人口的管理有关的部门（包括公安、劳动、计划生育、工商、卫生等）联合组成的，但是主要的工作是公安机关和劳动部门负责。

20世纪90年代后期，政府的工作重点仍然在“管理”。流入地地方政府将重点放在地方经济发展和社会稳定上，公安部门集中在社会治安和犯罪治理上，劳动部门致力于政府控制下的“有序流动”；外来人口的社会保障开始逐步纳入到流入地的社会保障体系中。随着政府职能的转换，为外来人口提供“服务”也成为地方政府工作的一个方向。与此同时，流出地政府越来越意识到劳动力大量外出给农村经济带来的收益，一些外出人口集中的地区将劳务输出作为了地方的一项重要的产业。但是，就在劳动力流动步入规范化、制度化的时期，与人口流动有关的社会问题和社会冲突却似乎更加尖锐。从现象上看，外来工的权益被侵犯的事例不断被揭示，在一些就业问题突出的城市，对外来工的歧视和排斥加剧；而其中大量的矛盾都触及到如户籍制度、统一的劳动力市场和统一的社会保障、“三农”（农村、农业、农民）等深层制度。

进入2000年以后，随着中国加入WTO和更多地参与全球化进程，国内的法律、制度、经济结构等都经历了大的调整。与流动人口有关的是：逐步将城市化作为吸纳农村劳动力就业的主渠道，具体作法是全面改革小城镇户籍制度，取消对外出或外来务工者的收费，取消对企业使用农民工的行政审批，取消对农民进城务工就业的职业工种限制，达到最终消除对劳动力合理流动的限制，统一全国劳动力市场，确定唯一社会保障号码等。最近，还废止了引发对外来人口随意关押问题的《收容法》，代之以实施帮助的《救助法》。与工人权益直接相关的是：国家提高了对工人职业安全的重视，调整了有关管理机构（2001年2月26日组建国家经贸委下的安全生产监督管理局，统一全国安全生产的综合监督管理），出台了《安全生产法》、《煤矿安全监察条例》、《中华人民共和国职业病防治法》和《国务院关于特大安全事故行政责任追究的规定》等重要的法律、行政法规。

由于实行户籍管理，社会福利不能全面普及到那些没有户籍的外来工身上。外来工也存在着不稳定的因素，他们随时更换工作、工作地点、没固定住所，因此政府即使要关照也难以全面登记。也就是说，我们国家没有西方统一健全的社会保险号制度，不能实施全面普及平等的社会福利制度。因此有待改善各种配套的制度。

问题是：在现有的情况下怎么才能有效地帮助外来工，减少外来工社会问题的发生？

按照我们之前确立的方法论，我们来寻找关键问题。福利、待遇、医疗、居住、户籍、人身安全、工资克扣拖欠、工时超常、医疗保险、教育培训、子女教育等等问题里面，我们可以看到子女教育是所有问题的重点。因为中国人的固有观念就是培养好后代，自己吃苦没关系，解决好外来工的子女教育问题等于解决一大半的外来工问题。因为只要子女的教育不让人费心，那么外来工就可以安心工作和居留，毕竟儿女在城市受教育以后再工作就是这些外来工的希望，也是社会的稳定因素。因此怎么在现有教育资源的条件下解决好外来工子女教育的问题呢？广州市团委所创建的模式就很有建设性。

广州市团委在番禺区出资试点创立了金雁之家，其目的就是帮助外来工子女。外来工子女一般放学时间多为下午四点多，他们回家时家里没人，父母很担心。广州市团委出资雇佣专业社工组织建立站点，集体照顾那些放学后家里没人的孩子，让孩子在站点里做作业，不懂时社工还可以进行适当的辅导。在作业做完后，孩子们还可以很轻松地找到伙伴进行玩耍。这样的站点耗资小，一至两个社工的年工资不需五万（可以拉赞助补贴费用），其他协助人员可以招募志愿者。工作开展后，看实际情况再酌情增加投入。而辅导帮助小孩的场地则比较容易找，在村社或社区里找街道或者村委提供一些公用场所就可以。

一切的社会服务工作并不一定都要很多的资金，只是看有没有心去帮助这些弱势群体，用心去思考自然就可以找到合适的帮助方法。不能一味指责，或用资源不足来作借口。

外来工问题是以后社会正常发展的潜在问题，如果没有及时跟进，到时将发展成为难以处理的社会问题。现在的户籍管理制度使得福利制度大部分无法顾及到这些外来人员，这就会造成外来工的疏离感，难以凝聚外来工，无法形成社会合力。一旦有什么变故，或者骚动，那么这些长期没得到社会福利照顾的外来人员就很可能会成为反面的因素。及时的普及社会福利照顾是解决外来工问题的关键。即使现在社会资源有限，但只要是用心去关怀，一样可以获取外来工人员的好评和感激。广州市团委建立金雁之家或青少年之家的创举就收到了很好的功效，实施青少年之家或金雁之家所在社区的治安情况好转，外来工焦虑情绪有所减少。

除此之外、工友之家、同乡会等也是实施帮扶的处所。但是像外来工社会福利的总体解决还是需要在制度上作出相应的改善，才能真正解决外来工所面临的种种问题，也能在源头上解决多种社会问题的发生。

三、网络化服务和管理

网络化是指利用通信技术和计算机技术，把分布在不同地点的计算机及各类电子终端设备互联起来，按照一定的网络协议相互通信，以达到所有用户都可以共享软件、硬件和数据资源的目的。现在，计算机网络在交通、金融、企业管理、教育、邮电、商业等各行各业中，甚至是我们的家庭生活中都得到广泛的应用。目前各国都在致力于三网合一的开发与建设，即将计算机网、通信网、有线电视网合为一体。将来通过网络能更好地传送数据、文本资料、声音、图形和图像，用户可随时随地在全世界范围拨打可视电话或收看任意国家的电视和电影。近几年计算机联网形成了巨大的浪潮，它使计算机的实际效用得到极大提高。

在社会工作中利用计算机技术是一种网络化，利用好基层社会工作将之组合成有效的反馈和宣传机制又是另一种网络化。这两种含义都包含在我们这个问题的讨论中。

将社工组织好，建设成为有效的网络必须在现在推广社会工作时就有一个宏观的总体构思。这是建立在我国的社会主义制度的基础上的。我国社会主义制度原来在制度设计上就非常重视基层组织，而且将行政组织建立到街道、居委会、村委会这样的层级上。这相当于西方概念的社区，也就是说，我们的社区组织相当发达有效。现在我们所欠缺的是，居委会和村委会的干部专业社会服务知识贫乏，就好像我们在引论里的例子所讲的一样，居委会干部没有学习专业的社会服务心理学知识和服务知识，就很容易发生“好心办坏事”的结果。因此，在现有居委会和村委会干部中挑选有文化的进行培训，将之转化为合格的社会工作者是一个很关键的措施。因为居委会和村委会干部熟悉社区，开展工作的成效好。另外，还可以招收聘请一些专业的社会工作者为居委会和村委会干部，两相结合就可以很有成效。

基层社会工作者是我们政府的触须、微血管，这些机制建立好，发挥触须和微血管的反馈和输送作用就可以使得政府的工作效果更佳，也更容易把握好民情以及社会的变化趋势。

我们原有的行政组织结构管理良好，如果有步骤、有目的地将现有基层组织转化为基层的社会服务组织，那么政府就可以大大缩减编制，可以非常轻松地实现小政府的转变。而且也可以轻松发挥“大作用”，因为这些由基层转化的社会组织结构本来就有非常有效的管理经验，职能的部分改变并不会改变管理效率。在加上大力培训和发展的社会工作者（中央规划到2015年，我国有500万社会工作者），我们基层的力量是增加而不是减少，只是将原来的行政转换为服务，服务功能多于行政功能。

社工网络化的建立可以使得社会服务和管理更加轻松、有效。再结合现有我们在城市施行的生活区域智能化的实践，我们可以建立一些社区的智能化信息系统。例如那些已经建立智能化的社区，可以再附加建立一些信息反馈平台（这样的平台建立很容易，不需增加很大的成本，只需有一两个政府的公用服务电话号码，社区的人群实行实名制手机登记，社区民众可以直接将自已的需求和要求以及不满发送到政府的信息收集平台。而政府的信息手机平台利用电脑技术就可以轻松总结出哪些需求是居民急需解决的，民众的哪些不满是政府需要尽快处理的）。利用电子智能化，可以更便捷地收集信息。

建立社会工作者和社区电子智能网络是目前世界上最先进的系统，而且这么先进的系统是用来服务民众的，与美国将最先进的网络系统服务于国家情报收集不同的是，我们将最先进的信息收集系统（人工收集与电子智能化收集结合）运用于社会服务工作。

社会工作的网络式服务和管理是我们国家可以即刻实施的，这是由我们原来的制度优势所决定的。西方发达国家即使想建立我们一样的社区服务组织也很难在短期内完成。

第三节　中国社会工作未来发展需要注意的问题

社会工作的未来发展必须建立在我们的社会制度优势和后发优势上面，社会制度优势是原来我们的社会结构优势和统一规划优势，这有利于我们社会工作者集中合力解决社会问题和在源头上解决问题。后发优势研究指我们多研究西方社会工作实践与理论发展的优势和弊病，扬长避短。可以确信，我们国家如果开展和推广社会工作，将在短期内形成巨大的社会效应，也可期望在源头上解决社会问题。我们社会工作的理论不必刻意求创新，但千万注意不能照搬西方或香港的工作模式，迷信和教条外来的经验将会给我们造成不必要的损失。以前我们迷信斯大林的苏联计划经济模式，导致国民经济发展不均衡，大大影响了社会主义制度优越性的发挥，一旦我们摆脱迷信之后，实行计划经济与市场经济相结合，我们的制度优势就展现活力。下面讲几个我们社会工作以后发展需要认真对待和解决的问题。

一、大学毕业生住房问题

现在每年有大约一千万的大学生毕业，就业问题虽然不小，但是社会还可逐渐消化。最可怕的是现在的高房价问题，以大学生出来后的薪金收入计算，即使给大学生额外的优惠，假设他们可以每年都涨工资，但就现在收入水平他们中的一大部分人是无法购买房子的。

想象一下，一年中近 1000 万人毕业，里面只有百分之几的人由于父母和机遇好可以购买房子，可是大部分的大学生都没法购买房子。按 90%算，一年就积累了约 900 万无法购房的大学生，那么十年就是大约 9000 万人，这么大的知识群体，他们无法购房，那么就会对现有的社会政策不满，而这些人还有很多亲朋好友，会受到这些文化人的影响，那么社会将会产生很大的离心力。

所以政府必须现在就正视高房价导致以后大学毕业生无法购房的问题，这将是一个潜在的大社会问题，将引发各类意想不到的社会问题出现。基于“治未病”的思路，我们政府必须在怎么解决大学毕业生结婚后的住房问题上有所考虑。现在的保障房数量不足，而且论积分排名也很难轮到毕业不久的大学生。所以专门出台大学毕业生购房的辅助政策和措施是解决未来社会大问题的基础，想在源头上处理这些隐患，现在就必须有所行动，不能到问题发生时，再来思考对策。

二、城镇化问题

城镇化指农村人口不断向城镇转移，第二、三产业不断向城镇聚集，从而使城镇数量增加、城镇规模扩大的一种历史过程，它主要表现为随着一个国家或地区社会生产力的发展、科学技术的进步以及产业结构的调整，其农村人口居住地点向城镇的迁移和农村劳动力从务农职业向城镇二、三产业的转移。城镇化的过程也是各个国家在实现工业化、现代化过程中所经历社会变迁的一种反映。

城镇化的核心是人口就业结构、经济产业结构的转化过程和城乡空间社区结构的变迁过程。城镇化的本质特征主要体现在三个方面：一是农村人口在空间上的转换；二是非农产业向城镇聚集；三是农业劳动力向非农业劳动力转移。对城镇化的特征，可以从不同的角度进行分析，这对进一步理解其本质特征是有益的。从农村城镇化的角度而言，发展型城镇化有5个特点：一是城镇化原始积累主要来自于农业；二是城镇化偏重于发展第二产业，而非发展第三产业；三是城镇化具有明显的二元结构；四是城镇化的动力机制主要是推力而非拉力；五是城镇化中城市贫民占有很大比重。城镇化必须处理好三个问题：粮食安全、保护耕地、农民市民化问题。

（一）保证国家粮食安全

中国进口粮食已经达到6088万吨，其中主要是进口大豆。全世界出口大豆一半运到了中国。从2011年开始，中国的三大谷物均已经转为净进口，如果我们不进口这部分粮食，而是由国内自产供给，需要增加6亿亩耕地。人口的增加、城镇化的发展都是粮食消费量增加的重要原因。在城镇化过程中，人口生活方式的变化会带来多少粮食消费量的增加，这需要我们给予重视，加以测算。

（二）保护耕地

保护耕地，推进征地制度和用地制度的改革。在征地方面，下一步土地改革需要研究怎样保障农民的利益，改变征地过程中产生扭曲市场经济的各种行为。改革农村土地制度是非常有必要的。在用地制度方面，目前土地城镇化的速度明显高于人口城镇化的速度，而土地利用中存在不合理的现象，不同用途的土地出让价格差别很大，工业用地的价格约只相当于服务业商业用地的11%，约相当于房地产开发的14%，工业用地的出让价格过低产生了工业用地发展慢、用地浪费等问题，改革用地制度是十分有必要的。

第一、第二两点结合还产生了一个问题，那就是怎么保证农村的粮食生产？由于城镇化，农村的农业生产人口大都由老年人来承担，这些老人老去之后，怎么办？另外就是承包性质的小农业生产方式不利于机械化大生产，明显落后于生产力发展的要求，转变现有的组织方式和生产方式是急需研讨的问题。如若不然，二十年后我国就将出现农村生产力断层，农业生产大幅减产的问题。

（三）农民市民化

解决农民入城后的市民化的问题首先需要解决进城农民的就业问题，其次是住房问题、社会保障问题和随迁子女的教育问题。陈锡文说："这项工作现在应该开始做，已经有点晚了，如果再不做，矛盾就更大，压得我们做都做不动"。如果在城镇化过程中不解决这些涉及民生的切实问题，那么城镇化是不可持续的，推进城镇化一定要有新的思路，进行一系列重大的改革。

原来的户籍管理制度明显不适用于现在的大规模城镇化，怎么在原有的户籍管理制度上进行改革又不会导致社会产生大的变动也是一个值得思考的问题。

我们认为城镇化中产生的外来工或农民工问题，主要是归属问题，如果在归属问题上解决好，那么很多的外来工对于所工作的城市就有认同感，就会直接变化为城镇人。但是户籍管理限制着外来工的融入，没有融入就没有认同感，就会产生矛盾。如果轻易让外来工融入又会增加市政府的财政福利负担，然而现在的福利资源又有限，这是一个貌似两难的问题。解决这样的问题有待总体物质水平的提高，而且西方发达国家统一的社会保险号措施也是解决的一种思路，但前提都是社会物质条件的丰富。

在目前情况下，我国不宜快速实行城镇化，因为这样很容易就会出现两极分化，给社会带来压力，给都市发展带来压力。建议城镇化就地就近消化农民工，不能让农民工大量涌进大都市。

粮食供应和以后农民工新的认同感是城镇化必须认真思考的问题。

三、社会福利建设量力而行的问题

我们的社会福利和社会服务政策切忌照搬西方的模式，因为现在西方发达国家福利保险制度明显出现不可持续的苗头和征兆，我们如果在这样情况下，再照搬西方的养老和社会保险制度，那是在步别人的后尘，没有总结前车之鉴。

我国的经济基础薄弱，在现有的情况下，照顾民生等等惠民政策必须计算好量力而行。量力而行就是说福利服务措施出台后要有资金可持续的保证，以免好处一旦中断导致民众不满。希腊现在缩减福利开支引发游行就是例子。不能轻易许诺，但有诺必践。这样才能保证政府额度威信和管治力。

而且我们要警惕西方所谓的保险制度，因为保险制度只是公司行为，公司出于私利也会投资失败，也会倒闭，一旦保险公司倒闭那就将使政府被动。平安保险一次投资比利时银行就损失一百多亿就是例子。像美国 AIG 这样历史悠久的保险公司也一样倒闭，倒闭后的 AIG 等于是绑架了政府，必须由政府买单，而平时高级员工因为经营管理所支出的高额费用则难以追索。最终的受害者是民众。因此建立新型的社会保障系统和机制是我们社会持续发展的要求。

总之，社会服务工作的开展和推广必须有宏观的概念，要认识一些社会问题的深层原因，还要在总体上进行系统协调才可以有效地解决社会问题。单靠社会工作服务有时是很难解决大型复杂的社会问题的，像民族问题、农民工问题、毕业生问题等。只要我们认识到毕竟方法总是要比困难多。发挥我们优势，立足我国文化特点的基础之上，是我们社会工作理论的要点。

附录 美国社会工作者协会伦理守则[①]

前言

社会工作专业的首要使命是促进人类福祉，协助人类满足其基本人性需求，尤其关注弱势族群、受压迫者及贫穷者的需求和增强其力量。社会工作的历史传统和形象定位皆着重于促进社会中的个人福祉和社会福祉。社会工作的基础即是注重在那些制造、影响和引发生活问题的环境力量。

社会工作者协同或代理案主来促进社会正义和社会变迁。“案主”被用来代表个人、家庭、团体、组织和社区。社会工作者要敏感于文化及种族的多元性，并致力于终结歧视、压迫、贫穷及其他形式的社会不正义。这些活动的形式包括：直接的实务工作、社区组织、督导、咨询、行政、倡导、社会和政治行动、政策发展和执行、教育、研究与评估。社会工作者尝试去增进个人表达自我需求的能力。社会工作者也尝试去促使组织、社区和其他社会制度对个人需求与社会问题的回应。

社会工作专业的使命立基于一组核心价值。这些伴随社会工作走过专业历史的核心价值是社会工作独特的目标与远景的基础：

服务

社会正义

个人尊严与价值

① 本守则于1996年8月由美国社会工作者协会会员大会通过，1997年1月施行。

人际关系的重要性

廉正

能力

这些核心价值的组合反映了社会工作专业的独特性。核心价值和由此衍生出的原则必须配合不同的人类社会环境及其复杂性而定。

NASW 伦理守则的目的

专业伦理是社会工作的核心。专业有义务说明它的基本价值、伦理原则和伦理标准。美国社会工作者协会的伦理守则叙明这些价值、原则与标准，以指引社会工作者的行为。这个守则与所有社会工作者、社会工作学生均有关，不因他们的专业功能、工作机构或服务对象不同而有异。

美国社会工作者协会伦理守则的六个主要目的：

1. 守则明确社会工作使命所立基的核心价值。

2. 守则摘述出广泛的伦理原则，以反映专业的核心价值，并建立一套指导社会工作实务的伦理标准。

3. 守则帮助社会工作者，当专业职责相冲突或产生伦理疑虑时，作为相关思考的依据。

4. 守则提供给一般社会大众认定社会工作专业责信的伦理标准。

5. 守则增进新进实务工作者的社会化，使其了解社会工作的使命、价值、伦理原则和伦理标准。

6. 守则载明社会工作专业可用的标准，用以评估社会工作者是否有不伦的行为。美国社会工作协会有一套标准程序来裁定其会员有关伦理的投诉。在签署这份守则时，社会工作者被要求配合执行，参与美国社会工作者协会的裁决程序，并服从美国社会工作者协会的纪律规定和制裁。

当伦理议题发生时，守则提供一套价值、原则和标准以指引抉择和行为。它不是提供一套社会工作者在所有情境下如何行为的规范。守则在应用于特定情境时，必须考量其环境脉络及守则价值、原则和标准间发生冲突的可能性。伦理的职责起源于所有的人际关系，从个人的、家庭的，到社会的、专业的关系。

进一步地来讲，当价值、原则和标准相冲突时，美国社会工作者协会伦理守则并未区别何者是最重要的或何者应增权。当价值、伦理原则和伦理标准冲突时，社会工作者对于优先顺序的排列，可能会存在着合理的歧视。在特定情境下的伦理抉择必须依靠个别社会工作者的充分判断，同时也应思考专业的伦理标准的同僚的审查过程中将会如何被判断。

伦理抉择是一个过程。在社会工作的许多案例中，复杂的伦理议题无法用简单的答案去解决。社会工作者应详加考虑守则中与任何适当的伦理抉择情境有关的所有价值、原则和标准。社会工作者的抉择和行为都必须与本守则的精神与文字一致。

除了这份守则，还有许多有利于伦理思考的资讯来源。社会工作者应思考一般的伦理理论和原则、社会工作理论和研究、法律、规则、机构政策及其他相关的伦理守则等，并认知到在许多伦理守则中，美国社会工作者协会的伦理守则是社会工作者最重要的伦理守则来源。社会工作者也应察觉到案主的个人价值、文化和宗教信仰，以及实务工作者的个人价值、文化和宗教信仰对伦理抉择的影响。社会工作者应觉察到任何个人与专业价值的冲突，并负责任地加以处理。当面对伦理的两难时，为寻求更多的指导，社会工作者应参考专业伦理和伦理抉择的相关文献、寻找合适的咨询等。这些咨询顾问包括：机构内或社会工作组织的伦理委员会、管制单位、有学识的同僚、督导或法律咨询。

当社会工作者的伦理职责与机构政策、相关法律或规定冲突时，案例便产生了。当这些冲突发生时，社会工作者应以符合本守则的价值、原则和标准，尽责地致力于解决冲突。如果解决冲突的合理方案不可行，社会工作者应在做决定前寻求适当的咨询。

美国社会工作者协会伦理守则被美国社会工作者协会及个人、机构、组织和单位采用或作为参考框架（例如：认证和管制委员会、专业责任险的提供者、法院、董（理）事会、政府机构和其他专业团体等）。违反本守则的标准并不自动就是违反法定责任或违法，只有经过法律与司法诉讼程序才能判定之。有违反本守则之嫌者应先经过同僚审查程序。这个程序通常和法律或行政流程是分开的，也与法律审查或诉讼程序区隔，以便容许专业咨询及规范自己的成员。

伦理守则并不能保证伦理的行为。而且，伦理守则也不能解决所有的伦理议题、争议或涵盖在道德社群中作出负责任决定的复杂面。更进一步说，伦理守则设定价值、伦理原则和伦理标准，供专业人员参酌并判断其行动。社会工作者的伦理行为源于他们个人对投入伦理实务工作的承诺。美国社会工作者协会伦理守则反映了所有社会工作者对专业价值信守与合乎伦理地行动的承诺。一个品格高尚、能辨别善恶、并坚信寻求可靠的伦理抉择的人，必定会善用这份原则与标准。

伦理原则

以下广泛的伦理原则是立基于对社会工作的核心价值：服务、社会正义、个人的尊严与价值、人际关系的重要性、廉正和能力。这些原则为所有的社会工作者设定一个憧憬的理想。

价值一：服务。

伦理原理：社会工作者最基本的目标即在协助有需要的人们，并致力于社会问题的解决。

社会工作者应超越个人利益来向他人提供服务。社会工作者依其专业知识、价值和技术来协助有需要的人们，并致力于社会问题的解决。社会工作者被鼓励的不计财务回报之下，志愿奉献他们部分的专业技能(免费的服务)。

价值二：社会正义。

伦理原则：社会工作者要挑战社会的不正义。

社会工作者追求社会变迁，尤其要协同和代表弱势、受压迫之个人和团体。社会工作者首要的社会变迁主题着重在：贫困、失业、歧视及其他形态的社会不正义。这些活动尝试增加对压迫、文化和种族多元性的敏感度和知识。社会工作者致力确保服务对象能够获得必要的资讯、服务、资源、平等的机会，以及在全民决策上有意义的参与。

价值三：个人的尊严与价值。

伦理原则：社会工作者尊重个人与生俱来的尊严与价值。

社会工作者以一种关怀与尊敬的态度对待每个人，留意个别差异和文化及种族的多样性。社会工作者促进案主对社会责任的自我决定。社会工作者尝试去增加案主表达他们自我的需求和改变的能力与机会。社会工作者认知到自己对案主及广大社会的双重责任。他们寻求能够在符合专业的价值、伦理原则和伦理标准下，实践社会责任，以解决案主和广大社会间的利益冲突。

价值四：人际关系的重要性。

伦理原则：社会工作者应认知到人际关系的核心重要性。

社会工作者了解人与人之间的关系是改变的重要原动力。社会工作者在助人过程中扮演案主的伙伴角色。社会工作者在有目的的努力之下尝试去增强人际关系，以增强、恢复、维持和增进个人、家庭、社会团体、组织和社区的福祉。

价值五：廉正。

伦理原则：社会工作者的行为应是值得信赖的。

社会工作者要能持续地觉察专业的使命、价值、伦理原则和伦理标准，并能一致地实践。社会工作者的行为应诚实且负责任地行动，并促进其所属组织实践符合伦理的实务工作。

价值六：能力。

伦理原则：社会工作者应在自己专业能力范围内执行业务，并提升自己的专业知能。

社会工作者应持续地致力于增加自己的专业知识和技术，并运用于实务工作中。社会工作者应期许自己对专业的知识基础有所贡献。

伦理标准

以下的伦理标准与所有的社会工作者的专业活动均有关。这些标准关心的是：(1) 社会工作者对案主的伦理责任；(2) 社会工作者对同事的伦理责任；(3) 社会工作者在实务机构的伦理责任；(4) 社会工作者作为专业人员的伦理责任；（5）社会工作者对社会工作专业的伦理责任；（6）社会工作者对广大社会的伦理责任。

以下这些标准，有的在专业行为的指引上具有强制性，有的则是被热切期望。每项具强制性的程度是由负责处理违反伦理事件的人员所做的专业判断。

一、社会工作者对案主的伦理责任

1.01　对案主的承诺

社会工作者的首要职责是促进案主的福祉。一般而言，案主的利益是最优先的。但是，社会工作者对广大社会或特定法律的职责，也可能优先于对案主的承诺，而案主也应被忠告。（例如：社会工作者被法律要求通报案主虐待小孩，或曾威胁要伤害自己或他人。）

1.02　自决

社会工作者尊重且促进案主的自决权，并协助案主尽力认定和澄清他们的目标。在社会工作者的专业判断下，当案主的行动或潜在行动具有严重的、可预见的和立即的风险会伤害自己或他人时，社会工作者可以限制案主的自决权。

1.03　告知后同意

（a）社会工作者应在已获案主适当而有效的告知后同意的专业关系范围内，来提供服务。社会工作者必须以清楚和易懂的言词告知案主：服务的目标、服务中有关的风险、由于第三者付费规定而有的服务限制、相关的费用、合理的选择方案、案主可以拒绝或撤回同意的权利、同意的时间范围等。社会工作者应让案主有发问的机会。

（b）如果案主不认字或对实务机构这个内容需要所使用的基本语言难以了解，社会工作者应采取行动以确保案主能理解。这些包括：提供案主详细的口头说明，或尽可能安排合格的翻译人员。

（c）如果案主缺乏告知后同意的能力，社会工作者应寻求适当的第三者同意，并以案主所能理解的程度告知案主，以保护案主的利益。在这种情形下，社会工作者应确认所找的第三者是符合案主的期望和利益。社会工作者应采取必要的步骤来增强这些案主提供告知后同意的能力。

(d) 如果案主属于非志愿个案，社会工作者应提供下列资讯给案主，包括服务的本质和内容、案主拒绝服务权利的范围。

(e) 如果社会工作者采用电子媒体（如：电脑、电话、广播和电视）提供服务，应告知服务接受者这类服务的限制和风险。

(f) 社会工作者应在录音、录影或允许第三者旁观之前，得到案主的告知后同意。

1.04　能力

(a) 社会工作者必须仅在其所受的教育、训练、执照、证书、所受的咨询或受督导的经验、及其他相关专业经验的范畴内提供服务和展现自己。

(b) 当社会工作者要在独立的领域提供服务、或使用新的介入技术或取向，应在相当的研习、训练、咨询或接受具备该介入技术或取向的专家督导下才可施行。

(c) 当众所认知的标准尚未存在的新兴的实务工作领域中，社会工作者应谨慎判断，并采取必要之步骤（包括：适当的教育、研究、训练、咨询和督导)，以确认其工作能力并保护案主免受伤害。

1.05　文化能力与社会多元

(a) 社会工作者必须了解文化及其对人类行为和社会的功能，并认知到所有文化的存在与力量。

(b) 社会工作者应具备对案主文化背景的基础知识，并在提供服务时，能展现对案主文化的敏感度，也要能分辨不同人群和文化族群间的差异。

(c) 社会工作者应透过教育并应致力于了解社会多元文化的本质，以及关于人种、族群、国籍、肤色、性别、性倾向、年龄、婚姻状况、政治理念、宗教信仰或身心障碍的压迫问题。

1.06　利益冲突

(a) 社会工作者应警觉并避免会影响到专业裁量权和公正判断的利益冲突。当实际或潜在的利益冲突发生时，社会工作者应知会案主，并以案主之利益为优先或尽可能保护案主最大利益的态度，来采取必要之步骤解决争端。在某些案例中，有时为了保护案主的利益，必须终止专业关系并做适当的转介。

(b) 社会工作者不应从任何专业关系中获取不当利益，或是剥削其他人以得到个人的、宗教的、政治的或是商业的利益。

(c) 社会工作者不应与现有或先前的案主产生双重或多重关系，以避免剥削或可能伤害案主的风险。如果双重或多重关系难以避免，社会工作者应采取行动保护案主，并有责任设定清楚的、适当的及符合文化敏感性的界限。(当社会工作者和案主产生超过一种以上的关系，不论是专业的、社交的或商业关系，即是双重或多重关系。双重或多重关系可能同时存在或接连产生。)

(d) 当社会工作者对彼此有关系的两个或两个以上的人提供服务时(例如：配偶、家庭成员)，必须向所有的人澄清谁才是案主，并说明社会工作者对不同个人的专业职责本质。社会工作者在面对服务对象间的利益冲突时，或是必须扮演可能冲突的角色（例如：社会工作者被要求在儿童保护个案的争议中作证，或案主的离婚诉讼程序中作证)，社会工作者必须向有关人员厘清他们的角色，并采取适当行动将任何利益冲突减到最低。

1.07　隐私与保密

(a) 社会工作者应尊重案主的隐私权。除非为提供服务或进行社会工作评估或研究的必要，否则不应诱使案主说出隐私讯息。一旦隐私讯息提供出来，保密标准就要用上。

(b) 社会工作者若要公开这些保密的资讯，必须是经过案主确实同意，或是经过合法授权的案主代理人同意。

(c) 除非迫于专业理由，否则社会工作者必须对专业服务过程中所获得的所有资讯加以保密。社会工作者应该严守资料机密的一般例外如下：预防案主或可确认的第三者遭遇严重的、可预见的、立即的伤害时，或是法律或规定要求揭露而不须案主的同意。无论如何，社会工作者应揭露与达成目标最必要且最少量的保密资讯，而且只有与目标直接相关的资讯才可以公开揭露。

(d) 社会工作者应在公开保密资料前的合宜时机，尽可能告知案主资料保密的限制以及可能产生的结果，不论是社会工作者应法律之要求或是案主同意而公开保密资料，均是如此。

(e) 社会工作者必须和案主及其他利益相关者讨论保密的本质和案主隐私权的限制。社会工作者应与案主讨论在某些情况下保密的资讯需要提供出来，以及依法必须解除保密的要件。这项讨论应在社会工作者与案主建立专业关系后尽快安排，而如有必要，在专业关系的全程中均可讨论。

(f) 当社会工作者提供咨商服务给家庭、夫妻或团体，社会工作者应使每位成员均同意关于每个成员的保密权利，同时也对他人所分享的机密资料有保密的义务。社会工作者也必须提醒参加家庭、夫妻或团体咨商的成员，社会工作者没有办法保证所有的参与者均能遵守他们的保密协议。

(g) 社会工作者应告知参与家庭、夫妻、婚姻或团体咨商的案主，有关社会工作者的雇主和机构对于社会工作者在咨商中有关公开成员间机密资料的政策。

(h) 社会工作者除非获得案主的授权，否则不可泄露咨商机密给付费的第三者。

(i) 除非社会工作者可以确定隐私权能被保障，否则不可以在任何场合讨论咨商机密资料。社会工作者也不可以在公开或半公开的场所，如：大厅、接待室、电梯和餐厅等，讨论咨商机密资料。

(j) 在诉讼过程中，即使是法律允许的范围内，社会工作者仍应保护案主的隐私权。倘若未经案主同意揭露这些机密或授权资料，以及泄密会伤害到案主，即使这是法庭的要求或是其他法定代理人的命令，社会工作者可以要求法庭撤回命令，或是尽可能限制命令的范围，要求保持记录是密封的，或是使记录在公开调查中不会曝光。

(k) 在面对大众媒体时，社会工作者应保护案主的隐私权。

(l) 社会工作者应保护案主书面、电子或其他敏感性资料。社会工作者应采取可行步骤确保案主的咨商记录存放在安全的处所，并保护其他未被授权的人无法接触到这些记录。

(m) 社会工作者面对运用电脑、电子邮件、传真机、电话、电话答录机，以及其他电子或电脑科技所传送的机密资料时，要注意确保其安全性。必须避免在任何可能情况下泄露可供辨识的资料。

(n) 社会工作者在传送和清理案主记录时，应保护案主的隐私权，也应合于国家法令规章和社会工作的认照规范。

(o) 社会工作者在面临停业、除籍或死亡时，应采取可行的防备措施以保护案主的隐私权。

(p) 社会工作者为教学与训练目的而讨论到案主时，除非案主同意揭露机密资料，否则不可泄露任何可供辨识的资料。

(q) 社会工作者在做咨询而讨论到案主时，除非案主的同意或有强制性的需要，否则不可泄露任何可供辨识的资料。

(r) 即使案主去世，社会工作者也应以上述一致的标准来保护案主的隐私权。

1.08　记录的接近

(a) 社会工作者应合理地提供案主接近与其自身有关的记录。如果案主在看到自己有关的记录时，可能会有严重的误解或受到伤害，社会工作者应提供适当的协助以向案主接近记录或给予咨询。只有在明显的证据显示可能造成案主严重伤害的例外情况下，社会工作者才可以限制案主取得全部或部分的记录。在案主的档案中必须记载清楚案主对记录查看的要求以及限制案主查看全部或部分资料的理由。

(b) 当提供案主接触其记录的管道时，社会工作者必须采取行动保护记录中被提及或被讨论到的其他个人的隐私权。

1.09　性关系

(a) 社会工作者无论任何情况都不可以和当前的案主发生自愿同意的或是强迫性的性行为或性接触。

(b) 当对案主有剥削的风险或潜在的伤害时，社会工作者不可以与案主的亲属或案主有亲密个人关系的他人发生性关系或性接触，这样可能会伤害案主，也会使社会工作者和案主间难以维持适当的专业界限。是社会工作者，而不是案主或是案主的亲属，也不是与案主有亲密个人关系的人，负有全部责任去建立一个清楚的、适当的，以及符合文化敏感度的关系界限。

(c) 社会工作者不可以和先前的案主发生性行为或性接触，以免对案主产生伤害之可能。如果社会工作者的行为违背了这项禁令，或者指出在某些特殊的情况下此禁令属例外，则是社会工作者，而不是案主，负有完全的责任来证明先前的案主并未遭受到有意或无意的剥削、强制或操纵。

（d）社会工作者不可对先前曾与自己有性关系之个人提供临床服务。对先前的性伴侣提供临床服务将对其产生潜在伤害，并使得社会工作者与他之间难以维持适当的专业界限。

1.10　肢体接触

如果肢体接触（例如：轻抱怀里或抚爱案主）的结果有可能对案主产生心理上的伤害，社会工作者就不应与案主有肢体的接触。社会工作者在与案主有适当的肢体接触时，有责任设定一个清楚的、适当的和具文化敏感度的界限，以约束类似的肢体接触。

1. 11　性骚扰

社会工作者不准对案主性骚扰。性骚扰包括：性的示好、性的诱惑、要求性行为，及其他含有性本质的语言或肢体的接触。

1. 12　诽谤的语言

社会工作者在与案主沟通或提及案主的文字或语言中，不应使用诽谤的语言。社会工作者在所有与案主沟通或提及案主时，应使用正确且尊重的语言。

1. 13　服务的付费

（a）对于服务费用的决定，社会工作者应确保收费的价格是公平的、合理的，费用与提供的服务相当，也要考虑案主的负担能力。

（b）社会工作者应避免接受案主的礼物或服务以作为专业服务的报酬。交易（特别是牵涉到服务的交易）制造了社会工作者与案主间潜在的利益冲突、剥削及不适当的关系界限。社会工作者只有在极其有限的情况下才去探求和从事交易，这些情况如：当地专业人员以接受的作法、对服务的提供而言是重要的、没有强制的交易协商，以及由案主主动提出并得到案主的告知后同意。社会工作者在接受案主的礼物或服务以作为服务的报酬时，其负有完全的责任以表明这项安排不会伤害到案主或专业关系。

（c）社会工作者经由雇主或机构的安排为案主提供服务时，不应请求私人的费用或其他报酬。

1.14　缺乏决定能力的案主

当社会工作者必须代理无决定能力的案主时，社会工作者应采取合理的步骤以保障此案主的利益和权利。

1.15　服务的中断

社会工作者在面临如服务缺乏、搬迁、疾病、身心障碍或是死亡而导致服务中断时，应尽合理的努力来确保服务的延续。

1.16　服务的终止

（a）当服务与专业关系不再有需要时，或其不再符合案主需要或利益时，社会工作者应终止对案主的服务以及专业关系。

（b）社会工作者应采取合理的步骤以避免对仍有需要的案主终止其服务。社会工作者只有在非常情况下才可仓促地撤回服务，并要审慎思考各项因素，使得负面影响减至最低。社会工作者应协助适当的安排以延续必要的服务。

（c）社会工作者在付费服务的机构中，如果事先曾与案主有清楚的财务合约说明，如果案主没有对自己或他人有立即的危险，以及如果曾与案主说明和讨论未付款所造成的临床上与其他的后果，则社会工作者可以终止对逾期未付款的案主的服务。

（d）社会工作者不应为了与案主建立社交的、财务的或是性的关系而终止其服务。

（e）当社会工作者预备终止或中断对案主的服务时，应立即通知案主，并且依照案主的需求和意愿寻求服务的转案、转介或延续服务。

（f）社会工作者如果要离开受雇机构，应该知会案主适当选择延续服务以及这些选择的优点与风险。

二、社会工作者对同事的伦理责任

2.01　尊重

（a）社会工作者应尊重同事，并且正确而公正地陈述同事的资格、观点和职责。

（b）社会工作者在与案主或其他专业人员沟通时，应避免对同事不当的负面评论。不当的负面评论是指对同事的能力水准或是其个人特征如：种族、族群、国籍、肤色、性别、性倾向、年龄、婚姻状况、政治理念、宗教信仰或身心障碍等的贬抑批评。

（c）社会工作者应与其他社会工作同事或其他专业同僚合作，以增进案主的福祉。

2.02　保密

社会工作者对于与同事在专业关系和转介流程中所分享到的案主资料，应予以保密。社会工作者应确保这些同事了解社会工作者尊重隐私权以及有关隐私权例外情境的职责。

2.03　部门合作

（a）社会工作者担任部门团队的成员时，应基于社会工作专业的观点、价值与经验，以参与并贡献于影响案主福祉的决策。建立部门团队整体的与个别成员的专业及伦理职责。

（b）社会工作者所投入的团队决定若引发伦理的顾虑，应透过适当的管道来尝试解决歧见。如果这些歧见无法解决，社会工作者应寻求其他的途径来说明与案主的福祉一致的关切。

2.04　同事涉入争议

（a）社会工作者不应利用同事与雇主间的争议，以求取职位或社会工作者其他个人利益。

（b）社会工作者与同事发生争议时，不应使案主受到剥削，也不应该不适当地与案主讨论社会工作者与同事间的冲突。

2.05　咨询

（a）社会工作者为案主最佳利益着想，应寻求同事的建议与咨商。

（b）社会工作者应了解同事的专长领域与能力。社会工作者寻求同事的咨询时，应仅就拥有与咨询主题相关知识、专长和能力的同事为限。

（c）社会工作者为达成咨询目标而向同事咨询案主问题时，应尽量减少资讯的揭露。

2.06　转介服务

（a）当其他专业人员的特殊知识或专长，对提供案主完整的服务是必要的时，或是当社会工作者认为自己的服务没有效果时，或无法与案主有合理的进展，以及需要更进一步的服务时，社会工作者应将案主转介给其他专业人员。

（b）当社会工作者要将案主转介给其他专业人员时，应采取适当步骤以促进并依序地完成转介的责任。社会工作者将案主转介给其他专业人员时，在获得案主的同意下，要将所有适切的资讯提供给新的服务提供者。

（c）当转介的社会工作者并未提供专业的服务时，社会工作者禁止在转介时给予或接受报酬。

2.07　性关系

（a）社会工作者在担任督导或教育者时，不应与受督导者、学生、受训者，或在其专业权威之下的其他同事发生性行为或性接触。

（b）当有利益冲突的可能时，社会工作者应该避免与同事产生性关系。社会工作者已经或是即将与同事涉及性关系，必要时有义务转换专业职务以避免利益冲突。

2.08　性骚扰

社会工作者不应对受督导者、学生、受训者或同事进行以下的性骚扰：性的示好、性的诱惑、要求性行为及其他含有性本质的语言或肢体的接触。

2.09　同事之个人问题

（a）当社会工作者直接知道社会工作同事因为个人问题、心理社会压力、物质滥用或心理健康的困难而损及他们的表现及影响他们的实务工作效果时，如果可行，应与同事咨询讨论，并帮助其采取补救的行动。

（b）当社会工作者相信同事的个人问题将影响其实务工作的效果，而这位同事并未采取充分的步骤去面对处理时，社会工作者应透过由雇主、机构、美国社会工作者协会、认照及管制单位和其他专业组织所建立的适当管道来采取行动。

2.10　同事之能力不足

（a）当社会工作者直接知道其同事的能力不足时，如果可行，应与同事咨询讨论，并帮助其采取补救的行动。

（b）当社会工作者相信同事是能力不足的，而这位同事并未采取充分的步骤去面对处理时，社会工作者应透过由雇主、机构、美国社会工作者协会、认照及管制单位和其他专业组织所建立的适当管道来采取行动。

2.11　同事之不伦行为

（a）社会工作者应采取适当的规范来劝阻、预防、揭穿和纠正同事的不伦行为。

（b）社会工作者应知晓处理同事不伦行为的现有政策与程序。社会工作者必须熟悉联邦、州和地方政府处理伦理申诉的程序。这些包括由美国社会工作者协会、认照及管制单位、雇主、机构，和其他专业组织所指定的政策和程序。

（c）当社会工作者相信同事的行为不伦时，如果可行或讨论是有用的，应与其讨论大家的关切并寻求解决。

（d）如果必要，当社会工作者相信同事的行为不伦，社会工作者应透过一些适当的正式管道来采取行动。（例如：州政府负责认照委员会或管制单位、美国社会工作者协会的调查委员会，或其他的专业伦理委员会。）

（e）社会工作者应该为受到不正义的不伦行为起诉的同事辩护和给予帮助。

三、社会工作者在实务实施的的伦理责任

3.01　督导与咨询

（a）社会工作者必须具备适当的知识和技术以提供督导或咨询，然应仅限于自己知识与能力范畴内提供督导与咨询。

（b）社会工作者在提供督导或咨询时，有责任设定一个清楚的、适当的和具文化敏感度的关系界限。

（c）社会工作者不应该和受督导者发生双重或多重关系，以避免对受督导者产生剥削或潜在伤害的危险。

（d）社会工作者在担任督导时，对于受督导者的表现应予以公正与尊重的评量。

3.02　教育和训练

(a) 社会工作者在担任教育者、实习督导或训练者时，应仅限于自己的知识与能力范畴内提供指导，且提供的是专业中最合乎潮流的、有助益的资讯和知识。

(b) 社会工作者在担任教育者或实习督导时，对于学生的表现应予以公正与尊重的评量。

(c) 社会工作者在担任学生的教育者或实习督导时，若是由学生提供对案主的服务，则有责任采取行动确认案主已依程序被告知。

(d) 社会工作者在担任学生的教育者或实习督导时，不应该和学生发生双重或多重关系，以避免对学生产生剥削或潜在伤害的危险。社会工作教育者和实习督导，有责任设定一个清楚的、适当的和具有文化敏感度的界限。

3.03　绩效评估

社会工作者应以公正而慎重的态度对其他人的表现加以评估，并依据清楚且明示的评量标准为之。

3.04　案主记录

(a) 社会工作者有责任确保记录的正确性而且能反映出所提供的服务。

(b) 社会工作者应保持记录的内容是充分的且合乎时效的，以利于未来服务的提供和确保服务的延续性。

(c) 社会工作者的档案应尽可能地、适当地保护案主的隐私权，且仅记载与服务直接相关的资讯。

(d) 社会工作者在服务结束时应保存记录以供未来需要时使用，并依州政府法律或相关契约要求，保留记录若干年。

3.05　付账

社会工作者应设立并维持能正确反映所提供服务本质与内容的付费方式，并能指明实务实施中由谁提供服务。

3.06　转案

(a) 当案主在接受其他机构或同僚的服务而来寻求社会工作者的服务时，社会工作者在同意提供服务之前应审慎考量案主的需求。为了降低可能的混淆与冲突，社会工作者应与未来可能的案主讨论他与其他服务提供者关系的本质，及与新的服务提供者建立关系后的意涵，其中包括可能的利益与风险。

（b）当新的案主曾接受其他机构或同僚的服务，社会工作者在考量案主的最佳利益下，应与这位案主讨论是否向他先前服务提供者提请咨询。

3.07　行政

（a）社会工作者应在机构内外为案主需求提供充分之资源而辩护。

（b）社会工作者应倡导资源分配流程是公开且公平的。当不是所有案主的需求都能被满足时，应建立一个没有歧视、适当且一致的配置流程。

（c）身为行政者时，社会工作者有责任确保机构或组织有足够资源来提供员工适当的督导。

（d）社会工作行政者有责任确保他们所负责的工作环境是符合且遵守美国社会工作者协会的伦理守则。也有责任消除他们组织内违背、抵触或不鼓励遵守伦理守则的情形。

3.08　继续教育与人力资源

社会工作行政者和督导有责任为他们负责的所有职员提供或安排继续教育与人力发展。继续教育与人力发展应讲授有关社会工作实务和伦理的新知识与未来发展。

3.09　对雇主的承诺

（a）社会工作者一般应坚持对雇主和受雇组织的承诺。

（b）社会工作者应致力于改进受雇机构的政策、程序及服务的效率与效果。

（c）社会工作者有责任确保雇主能了解社会工作者应遵循美国社会工作者协会的伦理守则的义务，以及这些义务所赋予社会工作实务的意涵。

（d）社会工作者不应让受雇组织的政策、程序、规定或行政命令抵触他们的社会工作的伦理实务。社会工作者有责任确保受雇组织的实务工作是与美国社会工作者协会的伦理守则是一致的。

(e) 社会工作者应采取行动以预防或消除受雇组织在工作分派、雇佣政策和做法上的歧视。

(f) 社会工作者仅在组织实行公正的人事制度下受雇或安排学生实习。

(g) 社会工作者应尽心地管理受雇组织的资源，适切且明智地保管基金、决不滥用基金或不依指定用途使用基金。

3.10　劳资争议

(a) 社会工作者可以参与有组织的活动，包括：工会的组成和参与，以改善对案主的服务与工作条件。

(b) 社会工作者应在专业价值、伦理原则和标准的指引下投入劳资争议、抗争行动或罢工。在实际或可能具威胁性的罢工或抗争行动发生时，社会工作者若考虑到他们身为一个专业人员的首要义务，则各种不同的意见是可被接受的，社会工作者应该在决定投入行动前，审慎地检视相关的议题及其对案主可能的影响。

四、社会工作者作为专业人员的伦理责任

4.01　能力

(a) 社会工作者在接受任务或受雇时，应仅立基于现有的能力，或具有取得必备能力的意愿。

(b) 社会工作者应致力达成与维持熟练的专业实务与专业功能的发挥。社会工作者应批判地检视与取得最新的社会工作有关知识。社会工作者应经常阅读专业文献并接受与社会工作实务和社会工作伦理相关的继续教育。

(c) 社会工作者根据已有知识来提供服务，包括与社会工作和社会工作伦理相关的实证基础知识。

4.02　歧视

社会工作者不应从事、纵容、推动或配合各种形式的歧视，包括源自于种族、族群、国籍、肤色、性别、性倾向、年龄、婚姻状况、政治理念、宗教信仰或身心障碍等的歧视。

4.03　个人行为

社会工作者不应允许他们个人的行为干扰到他们执行专业职责的

能力。

4.04　不诚实、诈欺、诱骗

社会工作者不应参与、宽容或涉及有关于不诚实、诈欺或诱骗等行为。

4.05　个人问题

（a）社会工作者不应该让自身的个人问题、心理社会压力、法律问题、物质滥用或心理健康问题影响他们的专业判断与表现，或是危害到社会工作者对其负有专业职责的人之最佳利益。

（b）当社会工作者自身的个人问题、心理社会压力、法律问题、物质滥用或心理健康问题影响他们的专业判断与表现时，应立即寻求咨询，并采取适当的补救行动，包括：寻求专业协助、调整工作量、结束实务工作或采取其他必要措施，以保护案主及其他相关人员。

4.06　失言

（a）社会工作者的言语和行为，应清楚地区分是代表个人或是代表社会工作专业、某个社会工作专业组织，或社会工作者的受雇机构。

（b）社会工作者若代表专业社会工作组织发言，应正确地代表其在组织中正式的与被授权的地位。

（c）社会工作者应确认他们对案主、机构和社会大众所陈述的专业资格、证书、教育程度、能力、会员身份、所提供的服务，和可以达成的结果都是正确的。社会工作者应只能表述他们实际拥有的相关专业资格，并对其他人任何不正确或是欺骗的资格陈述采取行动更正之。

4.07　招揽

（a）因为潜在的案主之特殊情况，而使其较容易受到不当诱导、操纵或强制的影响，所以社会工作者不应对潜在的案主进行强行招揽。

（b）因为案主或其他人的特殊情况而较容易受到不当诱导，所以社会工作者不应要求案主或其他人为自己的行为负责任。

4.08　招认功绩

（a）社会工作者仅对自己曾实际执行的工作与贡献过的事务享有责任和功绩，这包括了著作权。

（b）社会工作者应诚实地承认其他人所做的努力和贡献。

五、社会工作者对社会工作专业的伦理责任

5.01　专业的廉正

(a) 社会工作者应致力于维持并提升高标准的实务工作。

(b) 社会工作者应支持和促进专业的价值、伦理、知识与使命。社会工作者应透过适当的调查和研究、积极的讨论，及对专业负责任的批判来保护、提高与增进专业的廉正。

(c) 社会工作者应贡献时间和专长，以促进对社会工作专业的价值、廉正与能力的尊重。这些行动包括：教学、研究、咨询、服务、立法公听会、社区中的演说，以及参与专业组织。

(d) 社会工作者应对社会工作知识基础有所贡献，并且和同僚分享自己在实务工作、研究和伦理方面所得的知识。社会工作者应寻求对专业知识的贡献，并且在专业会议和研讨会中分享知识。

(e) 社会工作者应采取行动以预防不被认可和不符资格的社会工作服务。

5.02　评估与研究

(a) 社会工作者应监督和评估政策、方案的执行和实务工作的介入。

(b) 社会工作者应促进与催生对知识发展有益的评估和研究。

(c) 社会工作者应批判地检视与取得最新的社会工作有关知识，并且在专业的实务中充分地使用评估与研究所得到的证据。

(d) 社会工作者在从事评估或研究时应审慎考量可能产生的后果，而且应该遵循已发展出的对评估和研究参与者保护的指引，并适时向机构的审查委员提出咨询。

(e) 社会工作者在从事评估或研究时，应获得参与者的自愿参与和书面的告知后同意；对于拒绝参与的情况，应该没有任何潜藏的或实质的剥削或处罚；也不能不当地诱导参加。应对参与者的福祉、隐私权和尊严予以适当的尊重。告知后同意的资讯应该包括：请求参与的性质、范围和期间、阐明参与研究的危险性与利益。

(f) 当评估或研究的参与者没有能力给予告知后同意时，社会工作者应对参与者适当地解说，获得参与者能力范围内的同意，并且取得适当代理人的书面同意。

(g) 社会工作者从不设计或执行未经参与者同意程序的评估或研究，例如：自然观察法和档案研究。除非以下的例外情况：对研究进行严格和负责的审查而发现它对未来具有科学性、教育性、应用性的价值；同时除非同等效果的替代方案并不需要告知后同意或告知后同意并不易得到。

(h) 社会工作者应知会参与者，他们有权利在任何时间点退出评估和研究而不会受到任何处罚。

(i) 社会工作者应采取适当行动以确保评估和研究的参与者有权获得适当的支持性服务。

(j) 社会工作者在从事评估和研究时，应保护参与者免于不当的身体或精神的痛苦、伤害、危险或剥削。

(k) 社会工作者在从事服务工作的评估时，其讨论应仅限于专业的目的，而且只与从专业的角度关心此一资讯的人讨论。

(l) 社会工作者在从事评估或研究时，应确保参与者和从他们身上所获得的资料的匿名性及保密性。社会工作者应告知参与者保密性的任何限制、为保障保密性所采取的行动、记载研究资料的记录何时将被销毁。

(m) 社会工作者在报告评估和研究结果时，除非获得适当的同意授权揭露，否则应除去足以辨识身份的资讯以保障参与者的隐私权。

(n) 社会工作者应正确报告评估和研究的发现。他们不应该伪造或曲解结果，对于经标准发行程序出版的资料中若发现错误，应采取行动校正之。

(o) 社会工作者在从事评估或研究时，应留意和避免与参与者有利益冲突或双重关系。当有真实的或潜在的利益冲突发生时，应知会参与者并采取以参与者利益为优先的解决行动。

(p) 社会工作者应该教育自我、学生和同僚有关研究实务的责任。

六、社会工作者对广大社会的伦理责任

6.01　社会福利

社会工作者应促进本土社会及全球的整体福祉，并增进人们及其社区与环境的发展。社会工作者应倡导与人类基本需求满足有关的生活条件，并促使社会、经济、政治和文化价值与制度能符合社会正义的实现。

6.02　公共参与

在社会政策与制度的发展过程中，社会工作者应促进社会大众了解如何参与公共事务。

6.03　公共紧急事件

社会工作者应尽最大可能为公共紧急事件提供适当的专业服务。

6.04　社会和政治行动

（a）社会工作者应参与社会政治行动，确保所有人民都能公平地接近其所需要的资源、就业服务和机会，以使个人基本需求获得充分的满足与发展。社会工作者必须觉知政治角力对实务工作的影响，应倡导政策与立法的改变，以改善满足人类基本需求的社会条件，并提升社会正义。

（b）社会工作者应采取行动以扩大所有族群的选择和机会，并对于易受害者、弱势者、受压迫者、受剥削的个人和团体予以特别的关注。

（c）社会工作者应促进人们对美国境内与全世界的多元文化与社会的尊重。社会工作者应促使政策与实务工作均宣示对差异的尊重、支持对文化知识与资源的扩展、倡导展现文化能力的方案与制度、促成保护所有族群权益在社会公正与公平上的政策实施。

（d）社会工作者应采取行动以防止和消除那些源自于种族、族群、国籍、肤色、性别、性倾向、年龄、婚姻状况、政治理念、宗教信仰或身心障碍所造成的支配、剥削和歧视。

参考文献

1. 王思斌主编：《社会工作概论》第二版，高等教育出版社，2006年版。

2. 欧文图特·威特、劳伦斯·杨：《挪威的社会工作和社会福利》，邹学银等译，中国社会出版社，2004年版。

3. 民政部社会工作司编：《国外及港台地区社会工作发展报告》，中国社会出版社，2010年版。

4. 王定璋：《尚书之谜》，四川教育出版社，2001年第2版。

5. 戴维·A. 哈德凯瑟、帕翠霞·R. 鲍沃斯、斯坦利温内斯：《社区工作理论与实务》第二版，夏建中译，中国人民大学出版社，2008年版。

6. O. 威廉·法利、拉里·L. 史密斯、斯科特·W. 博伊尔：《社会工作概论》，隋玉杰译，中国人民大学出版社，2010年版。

7. 拉尔夫·多戈夫、弗兰克·M. 洛温伯格、唐纳·哈斯林：《社会工作伦理》第七版，中国人民大学出版社，2010年版。

8. 周沛：《社区社会工作》，社会科学文献出版社，2002年版。

9. 辛一山：《中国式国际关系理论》，时事出版社，2012年版。

10. 陶立群主编：《中国老年人社会福利》，中国社会出版社，2002年版。

11. 周弘主编：《国外社会福利制度》，中国社会出版社，2004年版。

12. 马洪路主编：《残障社会工作》，高等教育出版社，2007年版。

13. 风笑天主编：《社会研究方法》，高等教育出版社，2012年版。

14. 舒大刚：《墨子的智慧》，中央编译出版社，2008年版。

15. 魏洪森、曾国屏：《系统论》，清华大学出版社，1995 年版。

16. 来瑞·赖恩、［美］邓福贞、徐琦编著：《社区社会学》，中国社会出版社，2004 年版。

17. 艾伦·特韦尔威特里：《社区工作》，陈树强译，中国社会出版社，2002 年版。

18. 孙立亚等编译：《社区组织手册》，中国社会出版社，2004 年版。

19. 史柏年主编：《社会保障概论》，高等教育出版社，2007 年版。

20. 郑杭生主编：《社会学概论新修》，中国人民大学出版社，2005 年版。

21. 张曙编著：《社会工作行政》，社会科学文献出版社，2002 年版。

22. 张昱、费梅苹：《社区矫正实务过程分析》，华东理工大学出版社，2008 年版。

23. 陆士桢、王玥：《青少年社会工作》，社会科学文献出版社，2005 年版。

24. 罗伯特·费尔德曼：《发展心理学》，苏彦杰等译，世界图书出版社，2007 年版。

25. 马凤芝主编：《社会工作实务》，中国社会出版社，2010 年版。

26. 范明林、张洁编著：《学校社会工作》，上海大学出版社，2005 年版。

27. 王思斌主编：《社会工作导论》，高等教育出版社，2005 年版。

28. 吴水丽主编：《社工先行者印记》，中国社会出版社，2010 年版。

29. 全国社会工作者水平考试教材编写组编写：《社会工作法规与政策》，中国社会出版社，2007 年版。

30. 范克新、消苹：《团体社会工作》，社会科学文献出版社，2001 年版。

31. 彼得伯克：《什么是文化史》，蔡玉辉译，北京大学出版社，2000 年版。

32. 章友德主编:《青少年社会工作》,天津大学出版社,2010年版。

33. 艾伦内廷、彼得凯特纳、史蒂文麦克默特里:《社会工作宏观实务》,中国社会出版社,2004年版。

34. 马尔科姆·派恩:《现代社会工作理论》第三版,冯亚丽、叶鹏飞译,中国人民大学出版社,2008年版。

35. 张唯编著:《个案社会工作》,华东理工大学出版社,1999年版。

36. 向雪松:《社会工作理论》,格致出版社、上海人民出版社,2007年版。

37. 朱眉华、文军主编:《社会工作实务手册》,社会科学文献出版社,2006年版。

38. 范明林编著:《社会工作理论与实务》,上海大学出版社,2007年版。

39. 张立文主编:《和景易学与中国文化》,人民出版社,2005年版。

40. 龚群:《社会伦理十讲》,中国人民大学出版社,2010年版。

41. 黑格尔:《法哲学原理》,商务印书馆,1961年版。

42. 阿尔弗雷德·卡杜山、丹尼尔·哈克尼斯:《社会工作督导》,郭名倞、寇豪宁、马信蕾、高云红译,中国人民大学出版社,2008年版。

43.《礼记集说》,上海古籍出版社,1987年版。

44. 朱熹注:《大学、中庸、论语》,上海古籍出版社,1987年版。

后　记

本研究是广州市同创社会工作服务中心在广州市承担政府购买社会服务项目和社会筹资社会服务项目这两个项目的基础之上完成的。

广州市同创社会工作服务中心由广州高校社会工作专业教师和资深志愿者共同发起创办的专业社会工作服务机构，成立于2009年8月，是按《中华人民共和国社团登记管理条例》规定登记成立的非营利性社会服务机构，亦是广州市番禺区第一个专业社工机构。该机构坚持“以人为本，助人自助”的工作理念和服务宗旨，遵循社会工作专业伦理规范，综合运用社会工作专业知识、方法和技能，开展困难救助、矛盾调处、权益维护、心理疏导、行为矫治、关系调适等公益性社会服务工作。

广州市同创社会工作服务中心依托国内高校资源的理论支持、香港专家的专业督导，充分利用本土机构的地利优势，高效整合管理团队和社区社会、高校资源，形成强大的合作网络，按照注重专业、协同互动原则，建立了“社会工作专业人员＋志愿者”联动服务模式，为广大居民提供了优质、专业的服务，不但极大地促进了机构的可持续发展和社会工作本土化发展，而且为当地政府关于不断满足社区居民物质、文化和生活需要，着力提高居民生活质量和幸福指数，推进社会主义和谐社会建设，促进“加快转型升级，建设幸福广东”战略政策的顺利实施做出了贡献。

更为重要的是，该机构在不断总结经验的基础之上，集中力量进行社会工作理论、社区发展和社会变迁的理论和实证研究，成立了单独的社会工作研究室，由专人负责研究和开发工作。目前已经取得主要成果有：《“新南沙人”的社区融入研究》（研究报告）、《“谷围新村人”的身份认同与社区融合研究》（研究报告）、《广州市社区社会工作者绩效考核评估标准研究》（研究报告）与《中国渔民——龙穴岛渔民社会的变迁》（专著）等。

目前，该机构还承担了黄阁镇家庭综合服务中心项目、大龙街家庭综合服务中心项目和新造镇家庭综合服务中心项目。并成立了大岗镇家庭综合服务中心、龙穴街家庭综合服务中心。其中涉及的主要服务项目包括：社会工作者和社会服务提供者专业培训，推动社区建设工作，家庭服务、儿童及青少年服务、长者、残疾人服务等等。同时，机构还于2010—2012年期间成功承接了番禺区团委的市桥西片“青年地带”项目（广州购买服务试点项目，并且经专家评估，评估结果三次都获得“优秀”）和南村镇“青年地带”项目。同时经过努力，目前自筹资金开展了两个项目：一个是新桥少年活动中心“关爱外来工儿童”服务项目，一个是石基小金雁社区公益服务中心“金雁儿童之家”服务项目。

在这里要感谢所有翻译西方社会工作理论和模式的翻译工作者，以及我国社会工作理论研究者，因为本书大部分的结论和意见都是建立在原有的研究基础之上的。在此特别感谢广州市同创社会工作服务中心的社工同仁，以及番禺区大龙街、新造镇，南沙大岗镇、黄阁镇、龙穴街等有关部门的领导和朋友，没有他们的鼓励、支持和配合，这项工作要完成是不可能的。

最后，由于我们实践不够和认知有限，加上中国式的社会工作理论的构建是一项艰巨的工程，本书存在错漏在所难免，有请方家赐教！对于本书的种种错漏我们将对此负责，对于各位建议和意见，我们将慎重考虑，并在未来修正和增补时正式回应。

宋海啸

2013年5月于广州